普通高等教育"十二五"规划教材

商务谈判

主　编　蔡玉秋
副主编　张永强　李　爽
编　写　张宇慧　郝文艺
　　　　郭　琦　朱丽献
主　审　于尔弘

中国电力出版社
CHINA ELECTRIC POWER PRESS

内容提要

本书为普通高等教育“十二五”规划教材。

全书共分为十一章，主要内容包括商务谈判概述，商务谈判准备，商务谈判的思维、心理与伦理，商务谈判过程，商务谈判中的价格谈判，商务谈判沟通，商务谈判策略，商务谈判的礼仪与礼节，商务谈判僵局的处理，商务谈判的风险与规避和国际商务谈判。本书注重对基础理论的把握，注重对学生分析问题和解决问题能力的培养。

本书可作为普通高等院校经济管理类专业的教学和参考用书，也兼顾了广大实际工作者学习的需要，可供政府、经济、外贸、工商企业管理人员和购销人员阅读。

图书在版编目（CIP）数据

商务谈判／蔡玉秋主编．—北京：中国电力出版社，2011.2（2018.1 重印）
普通高等教育“十二五”规划教材
ISBN 978-7-5123-1237-1

Ⅰ．①商… Ⅱ．①蔡… Ⅲ．①贸易谈判－高等学校－教材 Ⅳ．①F715.4

中国版本图书馆 CIP 数据核字（2011）第 006318 号

中国电力出版社出版、发行
（北京市东城区北京站西街 19 号 100005 http://www.cepp.sgcc.com.cn）
北京雁林吉兆印刷有限公司印刷
各地新华书店经售
*
2011 年 2 月第一版 2018 年 1 月北京第四次印刷
787 毫米×1092 毫米 16 开本 14.75 印张 354 千字
定价 **24.00** 元

前　言

商务谈判是一门研究有关商务活动规律的学科，也是市场营销、国际贸易、工商管理等专业的必修课程。随着商品经济的发展、国际经济地位的不断提升，商务谈判在社会现实生活中显得越来越重要，伴随而来的是商务谈判人员也越来越受到社会的青睐。在此背景下编者萌生了编写此教材的想法，愿此教材能对读者有些帮助。

本书共分为十一章，囊括了商务谈判的基本理论和商务谈判实务两部分。

本书注重对基础理论的把握，注重对学生分析问题和解决问题能力的培养。在开篇引入案例，在每一章最后都有对案例的思考。

本书由东北农业大学经济管理学院蔡玉秋担任主编，哈尔滨师范大学于尔弘担任主审，东北农业大学经济管理学院张永强、李爽担任副主编。具体编写分工如下：第一章由蔡玉秋编写，第二、十一章由李爽编写，第三、八章由张永强编写，第四、六章由海南大学经济与管理学院张宇慧编写，第五章由八一农垦大学郝文艺编写，第七、九章由海南大学经济与管理学院郭琦编写，第十章由辽东学院朱丽献编写。

本书在编写的过程中，参阅了大量的资料，并在此基础上广泛地吸收同行的经验，在此致以诚挚的感谢。

限于编者水平，时间仓促，书中难免有纰漏，恳切地希望专家、学者和同行批评指正。

编　者

2010 年 11 月

目　　录

第一章 商务谈判概述

学习目的和要求

通过本章的学习，应使学生掌握商务谈判的含义、特点及相应的基本原理，并能够将其运用到现实生活中去；理解谈判的基本属性、谈判在社会中的作用和意义，养成理论联系实际的习惯，并为以后各章的学习打下基础。

第一节 谈判的概念

谈判是人类生活不可缺少的一项活动，它存在于社会生活的各个方面。随着社会经济的全球化和一体化的发展，谈判已经成为企业、国家之间交流的必要手段。

一、谈判的含义

在了解商务谈判前，首先必须弄清楚谈判的基本含义。谈判的定义有很多解释。

美国谈判学会主席 Gerard I.Nierenberg 在其所著的《The Art of Negotiating》中把谈判定义为：每一个要求满足的愿望、每一项寻求满足的需要，至少都是诱惑人们展开谈判过程的潜因。只要人们为了改变相互关系而交换观点，只要人们为了取得一致磋商协议，他们就是在谈判。咨询顾问 C.Wayne Barlow 在《谈判技巧》一书中将谈判定义为：一种双方致力于说服对方接受其要求时所运用的一种交换意见的技能，其最终目的就是要达成一项对双方都有利的协议。英国学者 P.D.V.Marsh 在《Contract Negotiation Handbook》一书中将谈判定义为：有关各方为了自身的目的，在一项设计各方利益的事务中进行磋商，并通过调整各自提出的条件，最终达成较为满意的协议，这样一个不断协商的过程就是谈判。全美公关协会主席杰勒德.I.尼仁贝格先生认为：谈判不是一场棋赛，要求决出胜负，也不是一场战争，要将对方置于死地。相反，谈判是一场互惠的合作事业。英国谈判专家 Bill Scott 认为：谈判是双方面对面地会谈的一种形式，它涉及的双方即你方和我方。哈佛商学院的专家在其教材中指出：所谓谈判，就是具有利害关系的双方或多方为谋求一致而进行协商洽谈的沟通协调活动。

樊建廷在《商务谈判》一书中认为：谈判是人们为了各自的目的而相互协商的活动。赵大生在《涉外公共关系与谈判技巧》中指出：谈判是个人、组织、国家之间，就一项涉及双方利害关系的标的物，利用协商的手段，反复调整各自的目标，在满足己方利益的前提下取得一致的过程。雷鸣在《谈判与推销》一书中把谈判定义为：双方的每一个愿望和需要相互对立时，为了取得一致协议进行的沟通活动。

通过对各种解释进行归纳，可知谈判至少包括以下几方面内容：

第一，谈判活动必须是在两个或两个以上的参与者之间进行，谈判的各方必须有一定的利害关系，这种利害关系可以是潜在的，也可以是现实的。

第二，谈判建立在人们需要的基础上。人们的需要包括交换意见、改变关系和寻求同意。

这些需要促使人们去谈判，并且人们的这些需要越强烈，谈判的动因就越明确。

第三，谈判的各方之间存在着某种观点、立场、利益等方面的分歧和冲突，他们试图通过谈判缩小或消除分歧，缓和或解决冲突，建立或改善关系，并就所争执的问题相互让步，进而达成协议。

第四，谈判是各方当事人运用策略和技巧，相互磋商与协调，努力达成协议的过程或行为。

总之，所谓谈判就是具有利害关系的各方为了满足各自的需要，就关心的问题进行磋商，就所争执的问题相互协调和让步，努力达成协议的过程和行为。

二、谈判的属性

谈判的定义已经揭示了谈判的属性。认识和掌握谈判的属性对谈判实践有着十分重要的意义。

（1）首先是对立与合作的统一。只要是谈判就一定是双方在某些问题上存在着利益的对立，同时也一定存在着合作的基础，缺少其中之一就不是谈判，两者相互对立又相互依赖。

合作是对立的基础，不能合作就无须对立。合作是对立的归宿，对立是客观存在的，但只有合作才能获得利益，也是合作目的的手段。

（2）其次是利益驱动。需要是人类行为的最原始动力，这是心理学关于人类行为的一条基本原理。获得利益就是某种需要的满足，心理学的需要原理也适用于谈判行为。获得利益是所有的谈判行为的原始动力。参加谈判人员必须明确自己的谈判利益，也必须清楚对方的谈判利益所在。

（3）再次是双向沟通。谈判是一个双向共同的过程，是谈和判的交替过程。

谈判结果受到很多因素的影响，这些因素都通过沟通产生作用。沟通的学问涉及很多学科的知识，谈判人员应该对社会学、心理学、逻辑学、经济学、哲学、管理学、信息学、语言学、历史学等有较深研究，应该对当前的形势有透彻的掌握，同时还应该具备听、说、问、答等技巧。

（4）最后是艺术性。谈判是一门艺术，更是一门理论。在谈判当中有很多不确定因素，艺术的掌握单靠理性思辨和逻辑论证是不够的，更多地是靠亲身实践。

第二节　商务谈判的概念和特征

一、商务谈判的概念

谈判涉及生活的各个方面，如外交、军事、商务等领域，而不同方面的谈判有不同的规范。商务谈判是其中很大的一个方面，也是本书的主题。因此首先对商务概念加以界定。

（一）商务的定义

按照辞海的解释，商务应该理解为商业活动，即贸易或交易，指商品的买卖行为。

按照《英国朗曼现代英语词典》的解释，“commerce”意为“The buying and selling of goods，between different countries”，即在不同国家采购和销售货物。而“trade”则意为“The businese of buying，selling or exchanging goods，within a country or between countries”，即在国内或国家间采购、销售或交换货物的交易。

从以上的定义来看，商务可定义为：国内及国家间的货物或商品的买卖行为。

（二）国内商务与国际商务的区别

由于国内商务与国际商务有明显的区别，对此必须有所认识。

从概念上讲，国内商务是指本土，即关内的交易活动；而国际商务是指远洋，即关外的交易活动。国内商务与国际商务差异的对比见表 1-1。

表 1-1　国内商务与国际商务差异对比表

类别 差异 科目	国际商务	国内商务	类别 差异 科目	国际商务	国内商务
交易地域	跨国界出关	境内，关内	交易对象	不同国籍	同一国籍
合同支付	一般用外汇	本国货币	交易环节	复杂	简单
适用法律	自主选择	不能自主选择	争议处理	国际仲裁	国内仲裁或诉讼
管辖法律	多个司法体系	单一司法体系	外交政策	影响大	无影响
引用惯例	国际、国内	国内			

（三）商务谈判

经过上述分析，商务谈判应定义为：双方或多方为妥善解决国内及国际货物（商品）买卖（采购和销售）中的问题，并力争达成协议而彼此沟通的行为或过程。

二、商务谈判的构成

认识任何事物多从结构开始，商务谈判由商务谈判的主体、商务谈判的客体和商务谈判的背景三个基本因素构成。

（一）商务谈判的主体

在商务谈判活动中，主体是指参与谈判的当事人。

在商务活动中，谈判主体是主要因素，起着至关重要的作用。商务谈判活动的成效在很大程度上取决于谈判主体的主观能动性和创造性。谈判主体可以是单个人，也可以是一个群体。

（二）商务谈判的客体

商务谈判的客体是进入谈判主题活动领域的议题。谈判活动的内容是由谈判客体决定的。

要想取得符合目的的谈判结果，必须事先深入研究谈判的议题，明确我方和对方的利益，还要明确利益的反面，即我方最担心、最害怕的是什么。除此之外，还必须掌握大量与谈判议题有关的信息。

（三）商务谈判的背景

谈判当事人与谈判议题均处于某个特定的客观环境之中，这就是谈判的背景。客观存在的谈判背景会给当事人与议题刻上谈判的特征标记，揭示谈判的影响因素及评价各方的谈判地位，为谈判提供依据。

1. 政治背景

政治背景是指本国政局的稳定状态及政策的要求，以及交易方所在国之间的外交状态。国内与国际商务活动的政治背景不同，其影响和谈判要求也各有不同。

（1）国内商务谈判。国内商务谈判中，政治背景的含义多指政局及政策状况。

1）全局状况。全国总的局势。

2）局部状况。由于区域发生的重大事件以及地方政治人物的变化，地区性的变化是不可避免的。谈判中应注意使交易摆脱个别权力人物的制约，或使交易更加公众化，或采取措施突出交易本身的意义等。

3）中央政策。原则上中央政策是稳定的，但不排除与时俱进的调整。如果在谈判中不关注，就会出现一些问题，甚至出现合同纠纷。这要求在谈判前查阅并了解现行的政策。

4）地方政策。地方自定的各种行政规章、制度、办法等，既是全国性法律规范的补充，也是地方保护主义的温床。谈判时要求：先搜集交易地方的地方法规、施政的规章；然后在此基础上，评估交易的成本与可行度并作为谈判的要点；最后，在合同谈判时，要将某项文件规章与合同义务相连，在处理纠纷的条款中应明确在双方所属地区之外的第三地处理。

（2）国际商务谈判。国际商务谈判的政治背景较为复杂。它既涉及两国各自的政局，又包括两国之间的外交关系，通常情况下后者对谈判的影响较大。外交关系主要包括友好和敌对。

友好，即交易所在国是盟友，地缘友好，文化、宗教友好等。友好关系是谈判的催化剂，在谈判时，应掌握友好类别，以便利用。还应注意适时利用友好关系，看准对象，看准时机。

敌对，即交易方所在国之间外交关系紧张。在商务活动中常伴随着各种禁令，对交易双方产生制约，甚至决定交易失败。此时，谈判应注意履约保证措施及实现的可能。另外，对谈判采取严格的保密措施，以给交易留出回旋余地。最后，应提高谈判效率，缩短谈判时间，既降低成本又抓紧时机。

2. 经济背景

经济背景是指谈判当事人与标的所处的宏观和微观经济条件，是影响谈判条件的直接经济因素。

（1）宏观经济因素。谈判时的宏观经济因素主要是指交易的货币汇率变化、交易人所在国通货膨胀、股市涨跌、经济发展快慢等。这些因素既反映交易方履约的能力，又反映交易条件的高低。因此，谈判中应将宏观条件微观化，即量化到具体的交易条件上。为此，应准确地了解个性因素的现时指标，并预测其未来的趋向。有的履约时间长的合同还要按该原则预测未来变化，并在预测评估价值后，再计现价中，使成本固定为未来的支付价。

（2）微观经济因素。谈判时的微观经济因素主要是指标的物所处的市场状态和谈判当事人所在的企业的经营状况。

1）标的物市场状态。标的物市场状态是决定其市场身价的要素，也是谈判经济条件的难易信号。其状态有垄断市场、供大于求、供小于求和供需平衡四种。

垄断市场，即品质、产量、市场占有率、知名度及服务方面均占绝对的、支配性的优势状态。在此情况下，拥有垄断地位的谈判一方在谈判中应巧妙地运用优势获得谈判利益；其次，善于寻找强者的弱点，力争有所突破，推动谈判；另外，还要充分运用可调用的谈判时间和机会，以减少经济上的损失。

供大于求，是指标的物的供家多，供应量大于需求量的状态。这时供方成为求人者，谈判地位微弱。在谈判策略上要加强“阶梯”，即把让步条件分为几等，在对方进攻时可逐渐退让，以保底线。避开弱点，大力宣传强点。尽可能地利用对方的耐心，抓住机会说服对方。此外还要善于设计多种可能，使对方有所作为。

求大于供，需求量大于供应量。作为供方，在谈判时应突出抓住眼前利益，同时兼顾长远利益，要使两者之和最大化。作为买方，在谈判时应纵观需求时间的长度，合理地安排进度和交付进度，以避开市场一时之不利。同时要善于用“远势”，即未来之优势去抑制供家的气势，使谈判结果尽可能地公平。

供求平衡，供应量与需求量大体相当。谈判中可能出现两种情况，一种是“势均力敌”，另一种是“造势”。此时，要求造势者看准谈判时机，抓住适当理由或起因，并且备好退路，否则会弄巧成拙，贻误谈判。

2）当事人企业状况。当事人企业状况是指企业生产、销售、资本运作的现实情况。它决定于交易需求的紧迫程度和谈判态度。所以，谈判时一定要保守自己的相关秘密，并且尽力搜取对方这方面的信息。

三、商务谈判的特征

商务谈判是一门科学，又是综合运用多学科知识于商务活动的一门艺术。它具有以下特点：

（1）谈判对象的广泛性和不确定性。商务谈判是跨地区、跨国界的。如购销谈判中的商品，从理论上讲，可以出售给任何人。作为卖方，其商品销售范围具有广泛性；作为买方，其采购可以在商品国各地乃至世界各地。此外，为了使交易更加有利，也需要广泛接触交易对象。但是，不论是买方还是卖方，每一笔交易都是同具体的交易对象成交的。

谈判对象的广泛性和不确定性，决定谈判者不仅要充分了解市场行情，及时掌握价值规律和供求关系，还要选择适当的广告媒体等宣传自己，树立形象，经常与社会各方面保持联系，维持老客户，发展新客户。

（2）谈判双方的排斥性和合作性。在商品经济社会中，人们在生产、交换、分配等方面存在着各自不同的物质利益，而参与商务谈判的双方都希望对方能按己方的意愿行事，所以利益上的矛盾和冲突在所难免。

在购销谈判中，卖方希望把价格定得尽可能地高一些，而买方则希望尽量压低价格；供应方希望交货期尽量长一些，而买方却要求尽早提货。借款谈判中，借方总是希望借款期限延长一些，利息低一些；而贷方则希望利息高一些，期限短一些。以上这些行为反映了双方具有排斥性。没有排斥性，也没有谈判的必要。相反，如果只有排斥性，没有协商合作性，谈判也不会进行下去。

在谈判活动中，谈判双方都要从对方那里得到满足，双方都是以对方的要求和策略为自己思考的起点，所以谈判又具有合作性。谈判目的是达成协议，不是一方战胜另一方。在谈判中，双方要不断调整自己的行为和态度，做出必要的让步，而且能理解对方的要求，这样，谈判才能取得成功，最终达成双方都满意的协议。

（3）谈判具有多变性和随机性。谈判的多变性和随机性，是经济谈判中最常见的、最富有挑战性的现象。经济运行处于激烈的竞争和瞬息万变的市场中，作为经济活动重要组成部分的商务谈判，它的进展和变化是和谈判主体的思维和行为方式相联系的。因而它不仅比一般经济活动变化得更快、更丰富，而且更难以预料。由于谈判的议题情况、格局、环境和策略的多变性，谈判会表现出各种各样的变化形式。

因势而变，即根据经济形势或谈判形式的发展变化而变化。对谈判双方来说，谈判形式不断变化，有时利于这一方，有时利于另一方。双方应根据自己所处的优势、均势、劣势，采取不同的策略，以不变应万变。

因时而变，即随着时间的变化而变化。不同的时间，谈判双方的位势可能不同，谈判主体的精神状态也会有很大变化。成功的谈判者往往把时间安排作为谈判策略的重要组成部分。

因机而变，机即机会、时机。在谈判中，当机会偶然出现时，谈判的一方应善于把握机会，当机立断，调整自己的谈判计划和策略，促成谈判状况的改变或改善。

（4）谈判的公平性和不平等性。商务谈判既受当时国际、国内供求关系的影响，也受价格波动的影响。每一次谈判的具体结果，双方在需求满足问题上是具有不同的得失的。也就是说，谈判结果总是不平等的，即谈判双方可能一方需求满足的程度高些，另一方需求满足的程度低些。导致谈判结果不平等的因素有两个：一是谈判双方各自拥有的实力；二是谈判双方各自所掌握的谈判技巧。但不论谈判结果如何不平等，只要最终协议是双方共同达成的，并且谈判双方对谈判结果都具有否决权，就说明双方在谈判中的权利和机会是均等的，谈判便是公平的。

四、商务谈判结果的评价

一场成功的谈判是指双方都有所收获、有所付出，这是共有的、相同的，这也是谈判可以进行比较评价的基础。

具体可从以下三个方面来衡量：

第一，谈判目标。谈判是为了满足各自的需求而发生的，所以，评价谈判成功的首要标准是各自的需求是否得到满足。

第二，谈判效率。谈判是否有效率？效率涉及到时间、精力和金钱等因素。

第三，人际关系。理想的谈判结果，一方面应该收获大于付出，另一方面在收获中要掌握好物质利益和关系利益的平衡，追求了物质利益却损失了关系利益也是得不偿失的，特别是面对需要长期合作的谈判对手。

第三节 商务谈判的类型

商务谈判按照不同的划分标准，大致分为以下几种类型。

一、按地域范围分类

商务谈判按地域范围，可分为国际商务谈判和国内商务谈判。国际商务谈判和国内商务谈判在第二节中已经有了阐述，这里不再赘述。

二、按谈判主体分类

1. 一对一谈判

一对一谈判是指谈判双方各由一位代表出面谈判的方式。

项目小的商务谈判往往是一对一式的。出席谈判的各方虽然只有一个人，但并不意味着不做准备。一对一谈判是一种最困难的谈判，因为双方谈判者只能各自为战，得不到其他成员的帮助。因此，在安排人员的时候，必须选择有主见，决断力、判断力强，善于单兵作战的人。

2. 小组谈判

小组谈判是指每一方都由两个以上的人员参加协商的谈判类型。小组谈判是一种比较常见的类型。

3. 大型谈判

谈判项目较多，谈判内容比较复杂，各方参与人数超过12个人时，则称其为大型谈判。大型谈判要求准备必须充分、计划必须详细而全面，因为大型谈判一般都关系到国计民生乃至国家的声望。

三、按谈判透明度分类

商务谈判按谈判透明度可分为公开谈判、半公开谈判和秘密谈判。

公开谈判是指谈判的全部内容及安排都不作保密处理。

半公开谈判是指有关谈判内容及安排在一定条件下，部分地对外进行披露。

秘密谈判是指谈判的全部内容及安排均不对外披露。

四、按谈判内容分类

商务谈判按谈判内容可分为合同条款谈判、货物买卖谈判、技术买卖谈判、劳务合作谈判、工程项目谈判、资金谈判、租赁业务谈判等。

五、按谈判地点分类

商务谈判按谈判地点可分为主场谈判、客场谈判和主客场轮流谈判。

主场谈判是指在参与此次谈判的某一方的所在地或国家进行。

客场谈判是指参与此次谈判的某一方在谈判对手所在地区或国家进行。

主客场轮流谈判是指在参与此次谈判的各方所在地轮流进行谈判。

第四节 商务谈判的原则和作用

一、商务谈判的原则

1. 平等自愿原则

谈判的实质是利益的交换，就是通过合作获得利益。交换、合作是出于内在的需要而进行的行为过程，也是以平等自愿为前提和基础的。商务谈判中，自愿原则是指谈判当事各方，是出于自身利益目标的追求和互补互惠的意愿来参加谈判的，而非受他人或外界势力驱使。自愿，表明谈判各方具有独立的行为能力，能够按照自己的意志在谈判中就有关权利和义务作出决定，同时，只有自愿，谈判各方才会有合作的诚意，最终取得各方都满意的谈判结果。如果一方是被迫的，被迫的一方势必带有抵触情绪，甚至会在于己不利的情况下退出谈判，那么谈判就不会有结果，或变成中途破裂。可以说，自愿原则是商务谈判的基础。

商务谈判中，平等原则是指无论各方的经济实力强弱、组织规模大小，其地位都是平等的。当事各方对于交易项目及其交易条件都拥有同样的否决权，协议只能在通过协商取得一致意见时达成，不能一方说了算或少数服从多数。谈判各方必须充分认识平等的权利和地位，自觉贯彻平等原则。贯彻平等原则，要求谈判各方互相尊重，以礼相待；任何一方都不能仗势欺人，以强欺弱，把自己的意志强加于别人。

2. 求同合作原则

求同原则是指在谈判中面对利益分歧，从大局着想，努力寻求共同利益。

谈判过程中，各方必然会就协议条款发生这样或那样的争议，存在利益分歧。正是由于需求的差异和利益不同，才可能产生需求的互补和利益的契合，才会形成共同利益。求同原则，要求各方首先要立足于共同利益，把谈判对方当作合作的伙伴，而不是谈判对手。

合作原则是企业进行经营活动和参与市场竞争的重要手段。参与谈判的各方都是合作者，而非竞争者，更不是敌对者。

人们谈判是为了满足需要，建立和改善关系，是一个协作的过程，这就要求参与谈判的双方进行合作和配合。不能把对方看作对手或敌手，以免两败俱伤。

3. 合法原则

合法原则是指在谈判及合同签订的过程中，要遵守国家的法律、法规和政策。国际商务谈判还应遵守国际法则和对方国家有关法规及贸易惯例。商务谈判的合法原则具体体现在以下三个方面：第一，谈判主体合法，即谈判各方与各组织及谈判人员具有合法资格；第二，谈判议题合法，即谈判内容、交易项目具有合法性；第三，谈判手段合法，即通过公正、公平、公开的手段达到谈判目的。

在商务谈判中只有遵守合法原则，谈判及其协议才具有法律效力，当事各方的权益才能受到法律的保护。

二、商务谈判的作用

概括起来说，商务谈判的作用主要有以下两点。

1. 有利于促进商品经济的发展

商品经济的发展，使得谈判越来越发挥着应有的作用。这是因为商品经济实行等价交换，排斥一切特权干预，只有通过买卖双方的平等协商谈判，才能在互利的基础上达成双赢的结果，进一步促进商品经济的发展。

实践证明，商品经济越是发达，谈判的应用就越广泛，谈判的形式就越多样化、复杂化。同时，谈判广泛运用于社会生产、生活的各个领域，又进一步促进了社会的繁荣与经济的发展。现今，谈判已经成为商品经济社会不可缺少的组成部分，成为各种组织和公众解决彼此矛盾、争议和调整人际关系的重要手段。

2. 有利于加强企业间的经济联系

商务谈判大多是在企业与企业之间、企业与部门之间进行的。随着经济的发展、社会分工和社会化的发展，企业间的联系和合作越来越密切，迫切需要各种有效手段来处理相关事务。商务谈判理所当然地成为企业之间经济联系的桥梁和纽带。

本章小结

谈判存在于我们生活的每一个角落。每个人都生活在一张巨大的谈判桌上，无论你是否喜欢，都需要与他人进行谈判。随着商品经济的发展，谈判特别是商务谈判越来越占据非常重要的地位。商务谈判是指双方或多方为妥善解决国内及国际货物（商品）买卖（采购和销售）中的问题，并力争达成协议而彼此沟通的行为或过程。商务谈判的基本要素包括商务谈判的主体、商务谈判的客体和商务谈判的背景。商务谈判体现了谈判对象的广泛性和不确定性、谈判双方的排斥性和合作性、谈判具有多变性和随机性以及谈判的公平性和不平等性。

复习思考题

1．什么是商务谈判？

2．商务谈判的特征是什么？

3．商务谈判的构成要素有哪些？

参考案例

美国约翰逊公司的研究开发部经理，从一家有名的A公司购买了一台分析仪器，使用几个月后，一个价值2.95美元的零件坏了，约翰逊公司希望A公司免费调换一只。A公司却不同意，认为零件是由于约翰逊公司使用不当而损坏的，并特别召集了几名高级工程师来研究，寻找证据。双方为这件事争执了很长时间，几位高级工程师费了九牛二虎之力终于证明了责任在约翰逊公司一方，取得了谈判的胜利。但此后整整20年时间，约翰逊公司再未从A公司购买过一只零件，并且告诫公司的职员，今后无论采购什么物品，宁愿多花一点钱，多跑一些路，也不与A公司发生业务交往。请你来评价一下，A公司的这一谈判究竟是胜利了还是失败了？原因何在？

第二章　商务谈判准备

学习目的和要求

通过本章的学习，使学生了解谈判班子的规模、谈判人员应具备的素质、谈判人员如何配备、谈判班子成员如何分工与合作；掌握谈判环境、谈判市场行情和信息的收集方法；掌握谈判方案的拟定；了解谈判物质条件的准备。

谈判科学之父尼尔伦伯格曾说："事先有准备的谈判者，最有成功的把握。"常言道："良好的开始是成功的一半。"我国古代先哲们早就提出："凡事预则立，不预则废。"迈克尔·唐纳逊认为："有些人以为（谈判）力量来自于身份、态度或神通广大，但要想增强自己的力量，你能做的最简单也最有效的一件事就是准备。你可能会遇到世界上最了不起的谈判对手，但如果你有备而来，这样的对手也不在话下，相信你还会胜他一筹。"商务谈判能否取得成功，不仅取决于谈判桌上的唇枪舌剑、讨价还价，而且有赖于谈判前充分、细致的准备工作。可以说，任何一项成功的谈判都是建立在良好的准备工作的基础之上的。本节主要讲述商务谈判的人员准备、物质准备、情报准备及拟定谈判方案。

第一节　谈判人员准备

谈判的主体是人，因此，筹备谈判的第一项工作内容就是人员准备，即组建谈判班子。谈判班子的素质及其内部协作与分工的协调对于谈判的成功是非常重要的。

一、谈判班子的规模

组建谈判班子首先碰到的就是规模问题，即谈判班子的规模多大才是最为合适的。

根据谈判的规模，谈判可分为一对一的个体谈判和多人参加的集体谈判。个体谈判即参加谈判的双方各派出一名谈判人员完成谈判的过程。美国人常常采取此种方式进行谈判，他们喜欢单独或在谈判桌上只有极少数人的情况下谈判，并风趣地称此人为"孤独的守林人"。个体谈判的好处在于，在授权范围内，谈判者可以随时根据谈判桌上的风云变幻做出自己的判断，不失时机地作出决策以捕获转瞬即逝的机遇。而不必像集体谈判时那样，对某一问题的处理首先要在内部取得一致意见，然后再做出反应，因此常常贻误战机，也不必担心对方向自己一方谈判成员中较弱的一人发动攻势以求个别突破，或利用计谋在己方谈判人员间制造意见分歧，从中渔利。一个人参加谈判独担责任，无所依赖和推诿，全力以赴，因此会产生较高的谈判效率。

谈判班子由一个人组成，也有其缺点，那就是只能适用于谈判内容比较简单的情况。在现代社会里，谈判内容往往是比较复杂的，涉及面很广。从涉及的知识领域来讲，谈判内容包括商业、贸易、金融、运输、保险、海关、法律等多方面的知识，谈判中需要收集的资料也是非常之多，这些绝非个人的精力、知识、能力所能胜任的，何况还有"智者千虑，必有一失"之说。

在通常情况下，谈判班子的人数在一人以上。在由多个人组成谈判班子的情况下，可以满足谈判多学科、多专业的知识需要，谈判人员之间取得知识结构上的互补，发挥综合的整体优势。其次，谈判人员分工合作、集思广益、群策群力，形成集体的进取与抵抗的力量，常言说得好："三个臭皮匠，顶过一个诸葛亮"，"一个人是一条虫，齐心协力一条龙"。因此，成功的谈判有赖于谈判人员集体智慧的发挥。研究日本问题的专家指出，日本人就像一群小鱼在鱼王的率领下在大海中游行，如果遇到危险的信号，不是四处逃散，而是随着鱼王迅速调转方向集体脱险，这可以说是日本民族精神的形象描绘，从中也可悟到日本为什么会成为东方民族经商的代表。

谈判班子人数的多少没有统一的标准，谈判的具体内容、性质、规模以及谈判人员的知识、经验、能力不同，谈判班子的规模也不同。实践表明，直接上谈判桌的人不宜过多。如果谈判涉及的内容较广泛、较复杂，需要由各方面的专家参加，则可以把谈判人员分为两部分，一部分主要从事背景材料的准备，人数可适当多一些；另一部分直接上谈判桌，这部分人数以与对方相当为宜。在谈判中应注意避免对方出场人数很少，而我方人数很多的情况。

二、谈判人员应具备的素质

人是谈判的行为主体，谈判人员的素质是筹备和策划谈判谋略的决定性主观因素，它直接影响整个谈判过程的发展，影响谈判的成功与失败，最终影响谈判双方的利益分割。可以说，谈判人员的素质是事关谈判成败的关键。

那么，一个优秀的谈判人员应具备怎样的素质呢?

在心理学中，素质是指人的神经系统和感觉器官的先天的特点。然而从广义上理解，人的素质不仅有生理、心理两个方面的基本特点，而且也包含了一个人的知识修养和实际能力方面的内容，人的素质可以在实践中得到逐步发展与提高。

一个优秀的谈判人员应该具备怎样的素质？弗雷斯·查尔斯·艾克尔在《国家如何进行谈判》一书中曾提出："根据 17、18 世纪的外交规范，一个完美无缺的谈判家，应该心智机敏，而且有无限的耐心；能巧言掩饰，但不欺诈行骗；能取信于人，而不轻信于人；能谦恭节制，但又刚毅果敢；能施展魅力，而不为他人所惑；能拥有巨富，藏娇妻，而不为钱财和女色所动。"当然，对于谈判人员的素质，古今中外向来是仁者见仁，智者见智。但是，一些基本的要求却是共同的，并历来为许多谈判者所遵奉。一个商务谈判人员应该在自身素质培养方面做好哪些准备?这个问题就如同一个运动员必须取得何种资格条件方能参加重大国际比赛一样的重要。一般来讲，商务谈判人员必须具备下述几方面的素质条件。

（一）知识素质

通晓相关知识是任何一个以商务活动为职业的人员开展工作的基础，对于一个谈判人员来讲也不能例外。通常，除了国际贸易、国际金融、国际市场营销这些必备的专业知识以外，谈判人员同时还要把握心理学、经济学、管理学、法学、财务会计、历史学等方面的知识。谈判是一个人与人之间、团体与团体之间的利益关系协调磋商的过程。这种协调需要谈判者有较强的洞悉与体察对方心理状态及其变化的能力，并能借以做出针对性的反应。这种协调不仅反映为谈判一方与对手之间的外部的相互适应过程，还更多地反映为谈判一方内部的观点、意见、立场的统一过程，以及对谈判策略、谈判方式及谈判进程的选择与控制等。因此，对谈判队伍的组织协调与控制必须借助于科学的方法来指导。

谈判既然是对现存利益的分割或对未来共同创造利益的分享，那么资金的筹措与利用的效率，包括价格、利率的变动就成了直接影响谈判双方利益的敏感因素，所以懂得一些经济学、金融学理论及其操作技巧是谈判者能够统揽全局，进而做到知己知彼、进退自如的前提。

政治学、经济学、商法方面的知识也是商务谈判人员的知识结构中十分重要的组成部分。政治与经济是不可分离的。经济是基础，政治又反作用于经济，这是社会存在与社会意识对立统一的关系所决定的，无论是发达国家还是发展中国家都是如此。在国际经济活动中实行的普惠制、最惠国待遇，以及有些发达国家出于某种政治目的，对发展中国家进行的经济制裁都是政治与经济相结合的表现。各个国家在对外贸易中也存在着国别政策。所以，具有政治方面的知识不仅是必要的，而且对于搞清商务活动背后种种非经济因素的影响，并因势利导地去实现其可能给商务交易所带来的潜在利益将起到积极的作用。

除了上述方面的知识以外，掌握宏观经济学的知识非常有助于培养与提高谈判人员对经济形势的观察力和判断力，从而使谈判者更好地把具体的商务谈判放在整个经济发展的格局中去考虑。放眼宜远，量物宜长，由此而争取短期利益与长期利益的同步增长。同时，各个国家有自己的国情，各国都是依据本国的利益制定各种相应的经济政策的。从另一个国家的角度去看待这些政策往往会让人感到难以理解与无所适从，然而，对于这些国家来说，出于对国家利益的考虑，则非这样做不可。因此，在国际经济合作中必须重视对对方国家特殊政策的了解与研究。

商务谈判，特别是国际商务谈判必然会涉及许多法律问题，不仅在讨论合同条款时要尽可能做到仔细、详尽，而且要注意合同引起争议时有关适用法律的规定。因此，谈判者不仅要有较强的法律意识，也要尽可能熟练地掌握本国经济法以及国际经济法的有关规定。

学习与掌握有关工程技术知识对于一个商务谈判人员来说则是必不可少的，否则合同中有关的技术标准、验收标准等条款的确定就会变得相当困难，同样在合同的实施过程中也会不断出现类似的争议与纠纷。这些问题的解决虽然可以由工程技术专家协助处理，然而，一般而言，在发展中国家中很少有既是技术专家同时也是国际商务活动专家的谈判人员。因此，如果商务谈判人员本人缺乏必要的工程科学知识，那么无论是内部沟通还是与合作方沟通都会缺乏必要的基础。所以，许多国家在培养工商管理硕士（MBA）时，比较倾向于招收那些具有理工科背景的学生，然后再让他们进一步接受系统的商务知识教育。

在一些涉及面较广的商务谈判中，我们经常可以发现，来自发达国家的谈判人员常常只有几个人出场，而发展中国家却会以数倍于对方的人员坐到谈判桌上去。这反映了发展中国家相对于发达国家而言，既懂技术、又懂商务的复合型人才比较缺乏，说明了掌握上述各种知识的必要性和迫切性。

在知识结构上，商务谈判人员还要了解有关国家和地区的社会历史、风俗习惯以及宗教等状况，否则就会闹笑话。比如，有的谈判者向来自热带地区国家的商人大谈要用“滚雪球”的方式积累资金，使对方百思不得其解。此外，还要了解对方谈判人员在其特有的文化背景下所形成的谈判作风与谈判方式。比如，对有些商务谈判人员由于长期生活习惯所形成的迟到、散漫等现象要能给予宽容。更多地了解对方的情况，可以避免在与其交往过程中失礼。更重要的是，可以避免在谈判中判断失误、沟通中断，以至于不能有效地做出必要的反应。如果商务谈判人员对对方的情况比较了解，对其文化背景比较熟悉，注意语言表达方式要符合对方的习惯，那么他的想法和观点也就比较容易被人接受了。

知识的增长主要靠自己有心积累，要仔细观察，多考虑一些问题，在平时多听、多学、多分析和多实践。天长日久，日积月累，知识就会丰富起来，就能得心应手地驾驭谈判的过程。

不言而喻，熟练掌握一门外语在国际谈判中具有十分积极的意义。在国际谈判中，商务合同可能会用外语写成。作为国际商务谈判人员懂得外语，不仅便于沟通，而且能更准确地在合同中表述出双方所达成的一致意见。当然，这并不是排斥国际商务活动中翻译人员的作用，谈判人员懂得外语与充分发挥翻译的作用不仅不是矛盾的，而且在谈判过程中，翻译人员的翻译过程可以为谈判者赢得一个更长的思考时间。不少国际商务谈判人员都很善于利用这种技巧来获得对问题的深思熟虑的时机，这一点是值得我们学习和借鉴的。

全面的知识结构不仅构筑了一个谈判人员的自信与成功的背景，而且在谈判实践中，当他碰到某些复杂的专业问题时，这种背景也能帮助他很快地找到通往成功之路的钥匙，至少他会知道该向谁请教什么问题。

一个商务谈判人员必须善于与别人讨论，向别人学习。要敢于启齿说自己不懂，然后才能诚恳地向别人请教，这才是聪明的谈判者。一个优秀的谈判人员有了较为广博的知识，可是终究不可能涵盖各项谈判中所需要的全部知识，如与外商交往中需要了解和尊重对方的宗教习俗，谈判项目涉及的某些具体技术标准、法律条文、金融财务手段的运用等专业问题。如果采取得过且过甚至不懂装懂的态度，那一定会破坏和谐的谈判气氛，最终损害自身利益。其实，这也是一种对工作不负责任的态度。对于一个谈判人员而言，十分重要的是要善于了解谈判可能涉及的各个方面问题，而后及时地去研究乃至向别人讨教。可怕的是对于一些重要问题，谈判人员根本就意识不到其存在，甚至忽略其影响，当这些问题导致不能挽救的后果时才幡然悔悟，然而已为时过晚。

谈判人员应该谦虚好学，善于从各方面专家那里吸取所需要的知识。提倡这种良好的学习作风还有利于增强谈判小组中各方面专家的彼此互补合作，增强团体合作精神以及谈判实力。谦虚好学不仅是指谈判一方内部的相互学习，取长补短，它还体现在向有经验的外商虚心求教。特别是像我国这种发展中国家在同发达国家进行商务合作时，更要善于向他们学习。在国际商务谈判中，发达国家在处理技术、项目管理、国际惯例、支付方式等问题方面积累了丰富的经验。认真听取、分析外方提出的意见、建议，或者由我方提出一些具体设想，请外方加以充实完善，或许不仅给外方带来方便，而且也会为我方节约大笔的资金。这种学习对象可以是曾经与我们友好合作过的国外厂商、国际金融机构、商务咨询公司、会计师事务所，也可以是现实的谈判对手。

个人不可能事事精通，但只要充分认识到“三人行，必有吾师焉”，“十步之内，必有芳草”的道理，就能克服盲目自信的障碍，从而避免给工作造成不必要的损失，博采众长，最终比较完美地完成任务。可以说，谦虚好学是任何一个商务谈判人员成长的必要途径。

（二）心理素质

耐心、毅力是一个谈判人员应该具备的基本素质。有时谈判是一项马拉松式的工作，在长时间的谈判中始终如一地保持镇静、信心与机敏不是一件容易的事情。周恩来总理是一位举世公认的谈判高手。他虽然经常夜以继日地工作，但只要一到谈判场合，他总是精神抖擞。在谈判中，人们有时发现女服务员会不时地递上一块热毛巾，这时，他身边的同志就会明白总理一定是连续几夜不眠了，他宁愿以热毛巾擦脸醒脑，也不愿中断谈判休息片刻，这种精神实在叫人钦佩。

在商务谈判中，谈判一方可能也会以拖延时间来试图消磨另一方的意志，以求获取更好的谈判条件，对付这种伎俩没有坚忍的毅力是不行的。

这种意志力、忍耐力还表现在，一个谈判人员无论在谈判的高潮阶段还是低潮阶段，都能心平如镜。特别是当胜利在望或陷入僵局时，更要善于控制自己的情感，喜形于色或愤愤不平不仅有失风度，而且也会让对手抓住弱点与疏忽，造成可乘之机。

顽强的意志品质也是与一个谈判人员对工作一丝不苟、认真负责的态度和坚持原则的精神联系在一起的。谈判人员经常会面临四面受压的局面，压力既有来自谈判对手一方的，也有来自自己一方的。当谈判陷入争执不下、久拖未果的境地时，这种压力还会呈现几何级数地增长。来自内部的压力往往是由于某些领导者不了解实际情况，急于求成，以主观臆断代替客观分析，以行政命令干预谈判具体工作所造成的。然而领导者的决策正确与否，跟具体工作人员的工作水平、工作作风关系密切。在具体的项目谈判中，谈判人员一定要坚持实事求是的原则，不管谁说了什么，不管周围的压力有多大，都应该据实测算分析，如实反映报告，这样才能帮助领导做到心中有数，保证决策的正确性，为项目合作争取有利的条件。

谈判的压力也常常来自于谈判对手的“沙文主义”立场。有些厂商总是以自己的优势地位来强迫对方接受他们提出的不平等条件。例如，在有些发达国家提供政府贷款的项目谈判中，某些厂商总是希望从他们国家提供的具有捐助成分的款项中尽可能多地把钱挖回去，联手报价，并不断地施加压力。对此，我们要明确告诉外商：“政府贷款是两国之间的友好关系的象征，它同具体厂商无关”。我们要坚持使用客观标准来进行商务谈判，坚持平等、互利、公平、合理的合作准则，坚持把达成协议的基础建立在相互合作的原则上，而不是屈服于压力。

能否在谈判中顶住来自内部和外部的压力，不但是对谈判人员耐心与毅力的考验，也是对谈判人员能否坚持原则的考验。谈判者应该从工作实际出发，严格按商务谈判的客观规律办事，善于顶住来自各方面的压力，有效维护国家利益，争取项目的最大效益。

（三）仪态素质

不卑不亢、有理有节始终是商务谈判人员应该坚持的谈判态度，从另一个角度看，这也是谈判双方把谈判引向成功的基础。这句话看起来简单，但要准确地把握分寸却是很不容易的事情。如何表现强硬?如何表现灵活?如何表现妥协?这些技巧的掌握来自于平时不断地积累经验。有的人认为对谈判对手要客气些，甚至于认为对方讲的都是对的，这样会连对方都瞧不起你。但也有些人有莫名其妙的优越感，虚狂孤傲，在实际谈判中表现粗鲁，常常将不平等的条件强加于人。如在有些发展中国家，某些人在与发达国家的商人交往过程中常常表现出既相当自卑、盲目崇洋，又过分骄傲、妄自菲薄的矛盾心理。所有这些都是不正确的态度。当然，如果个别商人企图欺骗我们，向我们推销劣质产品，那我们就要识破并制止他们的行为，予以必要的反击。同时，我们也不能因为自己手上有些筹码而自鸣得意，摆出一副高高在上的架势，趁机向外商提出一些过分和无理的要求，动辄以最后通牒方式向对方压价，即使对方报价相当合理也无动于衷。又如当项目管理中出现问题时，又常常不顾实际情况推诿责任。自卑就受人欺辱，而莫名其妙的傲慢与拒绝妥协也不是理智的反应。在商务谈判中，我们应该始终遵循周恩来总理曾经说过的“不卑不亢，有理有节，互相尊重，友好协商”的方针。

在与对手的谈判中，要表现出应有的诚意，要树立一种认真负责的形象，及时答复对方提出的问题，严格履行曾经允诺过的东西。如对方给你一个电传，你要及时回复；对方有些做法不对，你要适时指正；我们自己做法不妥，要敢于承认。同时，不轻易向对方承诺，而一旦承诺就要尽力履行。这样对方就会认为你是可靠的。寻求有效的合作有时需要营造竞争的局面。然而，有时我们准备招标一个项目，便随随便便向一些商家发出邀请洽谈的函电，这是不妥当的。对方会以为这只是我们的摸底与试探，因而就不予以重视，结果来洽谈的商人就会十分有限，竞争也就无从谈起。所以在商务交往中，态度一定要诚恳，要通过适当的渠道让有关厂商充分了解我们的意图，让他们感到合作的条件已经具备，接下去的谈判将不是一个旷日持久、漫无边际的过程，于是就会出现“众商”汇集。这样就能广泛地选择合作伙伴，在公平竞争中占有优势地位。事实上，在商务谈判中，认真、诚恳的态度也是不卑不亢的作风的自然延伸。

（四）谈判技能素质

知识广博是一个谈判人员素质构成中的基本因素，而技能则是知识的外在表现与具体应用。

（1）一个谈判人员应该有必要的运筹、计划能力。谈判的进程如何把握?谈判在什么时候、什么情况下可以由准备阶段进入到接触阶段、实质阶段，进而达到协议阶段?在谈判的不同阶段要注意重点的转移，采取何种技巧、策略?对此，谈判者都要进行精心设计与统筹安排。当然，这种计划离不开对谈判对手背景、需要、可能采用的策略的调查了解与充分估价，由此才能做到知己知彼、成竹在胸。

（2）要懂得所谓谈判就是靠“交谈”来消除双方观点的分歧，达成彼此观点一致的过程，因此语言驾驭能力就是谈判者的基本素质之一。这就要求谈判者能够善于表达自己的见解，叙述条理清晰，用词准确明白。即使对于某些专业术语，也能以简明易懂的语言加以解释。同时，谈判者还要善于说服对方接受自己的观点与条件，善于通过辩论来批驳对方的立场，维护自己的利益。谈判者驾驭语言方面的不足不仅容易引起交流中的误解，造成沟通障碍，而且会使自己的合理要求在谈判结果中得不到有效表达和保障。当然，我们强调提高语言驾驭能力并不是提倡在谈判中泛泛而谈，虚张声势，这种做法会伤害谈判气氛，使对方产生不满。如有的谈判者在解释自己的观点时常常词不达意，漫无边际。我们强调语言驾驭能力，是因为谈判的过程是双方表达、辩论与说服的过程，谈判也只有在这种多层次、全方位的沟通过程中才能达成逐渐趋向一致的结果。

（3）对谈判进程的把握，谈判中语言技巧的运用，都离不开对谈判对手的了解与认识。而这种了解与认识的依据不能仅仅从对对手的背景调查中得到，面对面的谈判为了解与认识谈判对手提供了直接的机会和丰富的信息。这就需要依赖于谈判人员的观察能力，对对手在口头语言、动作语言、书面语言等各方面表述中所体现的心理状态及其细微变化的体察能力，而且还要求谈判人员捕捉到信息后能做出迅速的判断与有效的反应。理论与实践的结合，是提高这种观察力的重要途径。

（4）创造力与灵活性是谈判人员素质中“天然”的组成部分，与谈判人员意志力的坚忍、顽强互为补充、相得益彰，并在谈判中具体表现为既不轻易退让，又能善于妥协的谈判能力。如果一个人在谈判中只是表现出单纯的“原则性”和百折不挠的精神，那往往会与对方陷入争执状态，这时候坚持强硬的立场常常使僵持局面得不到化解。在这种情况下，谈判人员发挥应有的创造力、想象力，并在制订与选择方案上表现出灵活性，对于推动谈判的发展具有关键性的作用。1972年《中美上海联合公报》中美国方面对台湾问题的立场表述，1978年埃以戴维营和谈中关于把西奈半岛划分为非军事区的做法都是典型的例证。所罗门说过，“没有幻想的人只有毁灭”，这一点在谈判者身上的表现尤为重要。

（5）商务谈判人员应该有较强的人际交往能力，特别是要注意积累各方面的关系。同政府官员、金融机构、工商企业等各界朋友建立广泛的联系，这样在谈判时，就可能获得一个方便的信息通道或若干义务咨询顾问，这对了解谈判对手、确定谈判方案、突破谈判僵局都大有益处。

（五）礼仪素质

礼仪是一种知识、修养与文明程度的综合表现，它在人际交往的许多细小环节中都体现了出来。如赴约要遵守时间，既不要早到，也不要晚到。宴会时要注意主人对餐桌次序的安排，在正式场合要注意穿戴合适。

在礼仪上我们还要保持冷静的头脑。对方有时夸奖你年轻精干，你别太当真了，那是人家在恭维你、取悦于你。当称赞你英语很好，你也别太得意，那很可能因为你是中国人，你说的英语作为外国人还过得去。有时候，我们在宴请中总是介绍中国菜如何“美味”，外国客人会不住地点头称是，可能对方只是出于礼貌而敷衍。曾有一位美国公司的总裁访问中国的香港，香港分公司的部下请他吃中国菜。在宴会上，总裁先生赞叹不已。可当宴会一结束，这位总裁掉头就问助手：“哪儿能买到三明治?”由此可见，一个人的习惯不是一下子就能改变的。

礼仪是一个人修养的反映，在商务谈判中也是影响谈判气氛与进程的一个重要因素。在和高层商务人员交往时，不注意细节，对方会觉得不受尊重，或者认为差距太大不值得交往。因此项目谈判人员要十分注意社交的规范性，尊重对方的文化背景和风俗习惯。这对于赢得对方尊重和信任，推动谈判的顺利进行，特别是在关键场合、同关键人物谈判时往往能起到积极的作用。

注重礼仪的内容还包括谈判人员在谈判破裂时能给对方留住面子，不伤人感情，并为以后的合作与交往留下余地，做到“生意不成友情在”。这样就会有越来越多的客商愿意与你发展合作关系。

（六）精力充沛

商务谈判往往是一项牵涉面广、经历时间长、节奏紧张、压力大、耗费谈判人员体力和精力的工作。如果赴国外谈判，还要遭受旅途颠簸、生活不适之苦。如果接待客商来访，则要尽地主之谊，承受迎送接待、安排活动之类。所有这些都要求谈判人员必须具备良好的身体素质，同时也是谈判人员保持顽强意志力与敏捷思维的物质基础。撒切尔夫人的铁腕风范不仅表现在她的政治手腕与处世态度上，也反映在她可以在十几小时内完成对几个国家的旋风式的访问中。这些政界、商界谈判高手的成就显然离不开他们强健体魄的支持。

商务谈判人员的素质要求很高，但这并不等于要求一个人只有全面具备了各项素质后，才能够坐到谈判桌上。这就像要求一个初上赛场的短跑运动员非要有打破世界纪录的能力才准许站到百米起跑线上一样不切实际。滴水穿石，非一日之功。一个谈判高手的成长也要经历实践的磨炼与摔打。所以，我们提出的各项素质要求应成为一个谈判人员毕生追求的目标，在商务谈判生涯中时时处处都需要提醒自己注意积累。谈判人员必须热爱自己的工作，由此才能志向远大，眼界开阔，而后才能不断努力进取，自觉地培养与提高自己的谈判素质。没有工作热情和献身精神，一个商务谈判人员也不可能成为一个谈判场上的高素质人员。对工作热忱投入，可以说是一个谈判高手成长的起点，也构成了一个谈判人员最基本的素质内涵。

三、谈判人员的配备

谈判人员个体不但要有良好的政治、心理、业务等方面的素质，而且要恰如其分地发挥各自的优势，互相配合，以整体的力量征服谈判对手。谈判人员的配备直接关系着谈判的成功，是谈判谋略中技术性很强的学问。

在一般的商务谈判中，所需的知识大体上可以概括为以下几个方面：

第一，有关技术方面的知识。

第二，有关价格、交货、支付条件等商务方面的知识。

第三，有关合同法律方面的知识。

第四，语言翻译方面的知识。

根据谈判对知识方面的要求，谈判班子应配备相应的人员：①业务熟练的经济人员；②技术精湛的专业人员；③精通经济法的法律人员；④熟悉业务的翻译人员。

从实际出发，谈判班子还应配备一名有身份、有地位的负责人组织协调整个谈判班子的工作，一般由单位副职领导兼任，称首席代表，另外还应配备一名记录人员。

这样，不同类型和专业的人员就组成了一个分工协作、各负其责的谈判组织群体，其群体结构如图 2-1 所示。

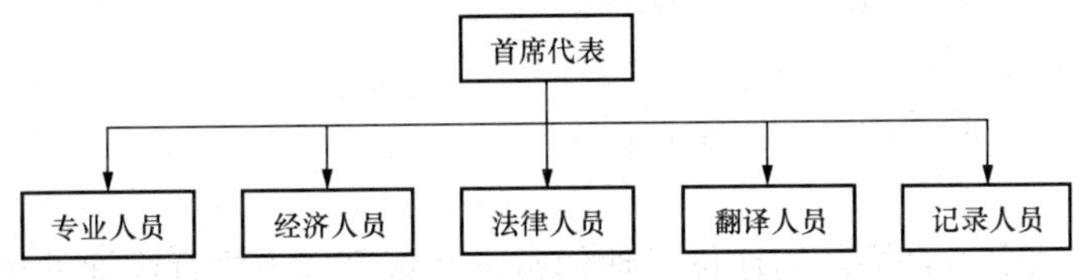

图 2-1　谈判组织群体结构

在这个群体内部，每位成员都有自己分工明确的职责。

1. 首席代表

首席代表是指那些对谈判负领导责任的高层次谈判人员，他们在谈判中的主要任务是领导谈判组织的工作，这就决定了他们除具备一般谈判人员必要的素养外，还应阅历丰富、目光远大，具有审时度势、随机应变、当机立断的能力，具有善于控制与协调谈判小组成员的能力。因此，无论从什么角度来认识他们，都应该是富有经验的谈判高手。其主要职责是：

（1）监督谈判程序。

（2）掌握谈判进程。

（3）听取专业人员的建议、说明。

（4）协调谈判班子成员的意见。

（5）决定谈判过程中的重要事项。

（6）代表单位签约。

（7）汇报谈判工作。

2. 专业人员

专业人员是谈判组织的主要成员之一。其基本职责是：

（1）阐明己方参加谈判的愿望、条件。

（2）弄清对方的意图、条件。

（3）找出双方的分歧或差距。

（4）同对方进行专业细节方面的磋商。

（5）修改草拟谈判文书的有关条款。

（6）向首席代表提出解决专业问题的建议。

（7）为最后决策提供专业方面的论证。

3. 经济人员

经济人员又称商务人员，是谈判组织中的重要成员。其具体职责是：

（1）掌握该项谈判总的财务情况。

（2）了解谈判对手在项目利益方面期望的指标。

（3）分析、计算修改中的谈判方案所带来的收益变动。

（4）为首席代表提供财务方面的意见、建议。

（5）在正式签约前提供合同或协议的财务分析表。

4. 法律人员

法律人员是构成谈判项目的必然成员，如果谈判小组中有一位精通法律的专家，将会非常有利于谈判所涉及的法律问题的顺利解决。其主要职责是：

（1）确认谈判对方经济组织的法人地位。

（2）监督谈判在法律许可范围内进行。

（3）检查法律文件的准确性和完整性。

5. 翻译人员

翻译人员在谈判中占有特殊的地位，他们常常是谈判双方进行沟通的桥梁。翻译的职责在于准确地传递谈判双方的意见、立场和态度。一位出色的翻译人员，不仅能起到语言沟通的作用，而且必须能够洞察对方的心理和发言的实质，既能改变谈判气氛，又能挽救谈判失误，增进谈判双方的了解、合作和友谊，因此，对翻译人员有很高的素质要求。

在谈判双方都具有运用对方语言进行交流能力的情况下，是否还需配备翻译人员呢?现实谈判中往往是配备的。因为利用翻译提供的重复机会，可争取更多的思考时间。谈判中使用翻译人员，可利用翻译复述谈判内容的时间，密切观察对方的反应，迅速捕捉信息，考虑对付对方的战术。

6. 记录人员

记录人员在谈判中也是必不可少的，一份完整的谈判记录既是一份重要的资料，也是进一步谈判的依据。为了出色地完成谈判的记录工作，要求记录人员要有熟练的文字记录能力，并具有一定的专业基础知识。其具体职责是准确、完整、及时地记录谈判内容。

四、谈判班子成员的分工与合作

一场成功的谈判往往可以归结为谈判人员所具有的良好个人素质，然而单凭个别人高超的谈判技巧并不能保证谈判获得预期的结果，还需谈判班子人员的功能互补与合作。就好像一场高水准的交响音乐会，之所以最终赢得观众雷鸣般的掌声，离不开每位演奏家的精湛技艺与和谐配合。

如何才能使谈判班子成员分工合理、配合默契呢?

具体来讲，就是要确定不同情况下的主谈人与辅谈人、他们的位置与职责以及他们之间的配合关系。

所谓主谈人，是指在谈判的某一阶段或针对某一个或几个方面的议题，由谁为主进行发言，阐述己方的立场和观点，此人即为主谈人。这时其他人处于辅助的位置，称为辅谈人。一般来讲，谈判班子中应有一名技术主谈，一名商务主谈。

主谈人作为谈判班子的灵魂，应具有上下沟通的能力，有较强的判断、归纳和决断能力，必须能够把握谈判方向和进程，设计规避风险的方法，必须能领导下属齐心合作，群策群力，突破僵局，达到既定的目标。

确定主谈人和辅谈人，以及他们之间的配合是很重要的。主谈人一旦确定，那么，本方的意见、观点都由他来表达，从一个口子对外，避免各吹各的调。在主谈人发言时，自始至终都应得到本方其他人员的支持，比如，口头上的附和“正确”、“没错”、“正是这样”等。有时在姿态上也可以做出赞同的姿势，如眼睛看着本方主谈人不住地点头等。辅谈人的这种附和对主谈人的发言是一个有力的支持，会大大加强他说话的力量和可信程度，如己方主谈人在讲话时，其他成员东张西望、心不在焉，或者坐立不安、交头接耳，就会削弱己方主谈人在对方心目中的分量，影响对方的理解。

有配合就有分工，合理的分工也是很重要的。

（一）洽谈技术条款时的分工

在洽谈合同技术条款时，专业技术人员处于主谈的地位，相应的经济人员、法律人员则处于辅谈人的地位。技术主谈人要对合同技术条款的完整性、准确性负责，在谈判时，除了要把主要的注意力和精力放在有关技术方面的问题上外，还必须放眼谈判的全局，从全局的角度来考虑技术问题，要尽可能地为后面的商务条款和法律条款的谈判创造条件。对商务人员和法律人员来讲，他们的主要任务是从商务和法律的角度向技术主谈人提供咨询意见，并适时地回答对方涉及商务和法律方面的问题，支持技术主谈人的意见和观点。

（二）洽谈商务条款时的分工

很显然，在洽谈合同商务条款时，商务人员、经济人员应处于主谈人的地位，而技术人员与法律人员则处于辅谈人的地位。

合同的商务条款在许多方面是以技术条款为基础的，或者是与之紧密联系的。因此在谈判时，需要技术人员给予密切的配合，从技术角度给予商务人员以有力的支持。比如，在设备买卖谈判中，商务人员提出了某个报价，这个报价是否能够站得住脚，首先取决于该设备的技术水平。对卖方来讲，如果卖方的技术人员能以充分的证据证明该设备在技术上是先进的、一流水平的，即使报价比较高，也是顺理成章、理所应当的。而对买方来讲，如果买方的技术人员能提出该设备与其他厂商的设备相比在技术方面存在的不足，就会动摇卖方报价的基础，而为本方谈判人员的还价提供依据。

（三）洽谈合同法律条款时的分工

事实上，合同中的任何一项条款都是具有法律意义的，不过在某些条款上法律的规定性更强一些。在涉及合同中某些专业性的法律条款的谈判时，法律人员也以主谈人的身份出现，法律人员对合同条款的合法性和完整性负主要责任。由于合同条款法律意义的普遍性，因而法律人员应参加谈判的全部过程。只有这样，才能对各项问题的发展过程了解得比较清楚，从而为谈判法律问题提供充分的依据。

第二节 谈判所需知识的积累和信息的收集

随着科学技术的飞速发展，我们已进入了信息爆炸的时代。了解信息，掌握知识，已成为人们成功地进行各种活动的保证。谈判则是人们运用信息获取所需事物的一种活动，所以，谁掌握了信息，谁就掌握了谈判的主动权，有了赢得谈判成功的基本保证。国际著名谈判大师基辛格说："谈判的秘诀在于知道一切、回答一切。"

一、了解谈判环境

英国谈判专家戴维·马什在《合同谈判手册》中，把谈判环境因素概括为政治环境、宗教信仰、法律制度、商业惯例、社会习俗、财政金融状况、基础设施与后勤供应系统和气候条件等几类。他同时指出，环境对谈判的结果形成"有莫大的影响力"。如同人类生存先需要适应环境一样，谈判前对环境的了解也是谈判准备工作的第一步。谈判的环境因素包括政治与法律环境和社会文化环境。

（一）政治与法律环境

任何国家的经济活动都离不开政府的调节控制。社会经济活动都是在国家的宏观计划调节下进行的，政府的各项方针、政策为经济发展指明了方向，创造了宽松的市场环境，从而保证了经济活动的顺利进行。企业的各种经济活动也是在这些方针指导下进行的。这就要求谈判人员必须了解党和政府的有关方针、政策，以及与此相适应的各种措施、规定，以保证交易的内容、方式符合政府的有关规定，保证合同协议的有效性、合法性。

同时，及时地了解党和政府方针、政策的调整也是十分重要的。进入新的世纪，中国已经加入了世界贸易组织，对外交往的不断扩大，使得中国的改革开放进程进一步加快。21 世纪被称为中国经济腾飞的世纪，中国经济的高速发展为中国对外交往的扩大、贸易的发展创造了极为有利的条件。随着中国计划经济体制向市场经济体制的转轨，政府的各项方针、政策也会有较大的变化，甚至是重大变化，这些都需要企业及时了解掌握。

对于国际间的贸易往来，谈判人员还要了解、掌握有关国际贸易的各种法规条例，了解对方国家政府的关税政策、贸易法规、进出口管理制度，对我国是否实行禁运或限制进出口的种类范围，以利于我方制定正确的谈判方针、计划，避免谈判中出现不必要的分歧、误会，促使谈判顺利进行。例如，各国都有贸易出口管制措施，但是，各国间出口管制的内容及商品品种却有很大差别。某种商品在某国可能是国内紧缺物资，限量出口，但在另一国可能是剩余商品，大量出口。了解这些信息，有利于我们选择谈判对手，制定正确的谈判目标，确定在谈判中的基本策略。

（二）社会文化环境

在国际贸易谈判中，了解不同文化背景下的消费习俗、消费心理和购买行为也是十分必要的。这是因为所交易的产品从设计、命名、商标、包装、运输以至交货日期都可能在不同程度上与消费习俗、购买心理有一定的联系，影响买方的经营与销售。

不同的社会文化背景就会形成不同的价值观念与行为取向，正所谓"一方水土养一方人"。

1. 宗教信仰

据了解，宗教信仰者占全球人口总数的近 15%，这是一个需要商务工作者引起重视的数字，所有的宗教信仰者都有着一定的工作、生活及社交规范，只有了解了这些规范，你才有可能为对方所接纳，才谈得上能一起“坐下来，好商量”。否则，很可能会因为冒犯而被视为“敌人”。

传统的宗教信仰包括信仰佛教、道教、伊斯兰教以及基督教等，不同宗教及教派都有着不同行为礼仪及价值取向，也只有了解并遵守这些教规才能保证商务活动的正常进行。

2. 社会习俗

相比南方人的清丽、典雅，北方居民则更显得纯朴、豪爽，这点从歌声中也能听得出来，越剧、沪剧的吴侬细语和黄土高坡的信天游、东北二人转形成了鲜明的对比，与此相对应的是我国各地的民俗风情也明显不同。

社会习俗的具体内容繁多，概括起来主要有以下几方面：

（1）符合当地礼仪规范的衣着、饮食与称呼礼仪。

（2）工作与娱乐、休息的关系。

（3）赠礼的礼仪及回赠的礼仪。

（4）对荣誉、名声、面子的不同理解。

（5）朋友的标准。

（6）基本价值观。

（7）时间的价值与效率。

（8）友情与金钱的取舍等。

二、掌握市场行情

随着现代社会生活节奏的不断加快，企业间的竞争也更加激烈，市场行情瞬息万变，这一切促使人们十分重视信息的收集与掌握。在谈判中，必须及时、准确地了解与标的对象有关的市场行情，预测分析其变化动态，以掌握谈判的主动权。这里所讲的市场行情是广义的，不仅仅局限于对价格变化的了解，还应包括市场同类商品的供求状况，相关产品与替代产品的供求状况，产品技术发展趋势，主要竞争厂家的生产能力、经营状况、市场占有率，市场价格变动比例趋势，相关产品的零配、供应，以及影响供求变化显现与潜在的各种因素。

掌握市场行情，并不是要把所有市场信息都收集起来，不分轻重、主次、真假，一概加以考虑研究。为保证信息、情报的准确、可靠，必须对所收集的市场信息进行反复筛选、过滤、加工、整理，使原始的情报信息变成对谈判交易活动有用的市场情报。鉴别和筛选情报、信息主要应从客观性、及时性、全面性、典型性、适应性几方面加以考虑。

1. 供求状况

一般而言，在买方市场条件下，卖方处于劣势；反之亦同理。但不同地区、不同时间的市场供求也会发生某种变化，简单地说，甲地的滞销商品在乙地并非肯定滞销，特别是时尚品，它与消费地域密切相关，不可一概而论。

2. 供求动态

供求动态即市场供求变化的提前量，有些新产品、新时尚在市场投入期往往不被人所看好，而一旦被消费者知晓，就会形成消费热潮，对此商务人员要做好充分论证。

3. 相关产品（或服务）分析

相关产品包括替代品、补充品以及前续产品与后续产品等。

替代品：包括功能相近的不同品牌的产品、功能上升级换代的产品等多种类型。往往替代品的快速发展会导致主项产品的价格下降，甚至被挤出市场。

补充品：人们在消费主项产品时，必须附带消费的产品，如汽车与汽油、闲暇时间与娱乐、电脑与网络。补充品的快速发展（或低价位）可以为主项产品本身的发展创造条件。

前续产品：即生产主项产品必须的原材料或初级加工产品（服务）。如汽车与钢材价格及进口关税、酒类与粮食供应价格，前续产品的充裕有助于主项产品（服务）的供应量增加和成本下降。

后续产品：因主项产品（服务）而派生的为主项产品提供直接服务的产品或行业，如汽车与维修、美容。与前续产品同样，它也能促进主项产品的社会需求。

三、摸清对方情况

古语曰："知己知彼，百战不殆。"只有了解和掌握谈判对手的情况，才能有针对性地制订我方的谈判策略。收集谈判对手的情况，可以从已收集的市场信息中加以筛选，但这类情报具有较强的目的性和特殊性，还要采用其他的信息收集方法，以掌握更多的信息。

（1）案头调查法。当双方成为谈判对手，准备进行贸易洽商时，为了便于对方了解本企业或产品的情况，常常相互间提供一些资料，如商品目录、报价单、企业情况简介、产品说明书等。有些企业为了招揽客户，还专门把印有企业生产经营所有产品的一览表、小册子赠送给可能成为交易对象的客户。所以，谈判人员应首先把这些资料收集、整理起来，进行分析研究。这种调研方法投资少、见效快，简便易行。

（2）直接调查法。这是由谈判人员通过直接、间接地接触获取有关情况和资料的方法。例如，谈判人员可以向本企业那些曾和对方有过交往的人员进行了解，也可以通过函电方式直接与对方联系，而对较重要的谈判，双方则可能安排非正式的初步洽商。这种预备性接触好处很多，不仅可以使我们有机会正面观察对方的意图以及立场、态度，而且也可以使对方对我们的诚意、观点有所了解，以此促进双方在平等互利、互谅互让的基础上通力合作。

（3）购买法。当交易规模、数量较大时，有时采取先小批量购买的方式直接了解对方的产品情况。在收集、掌握对方资料的基础上，要对谈判对方进行认真的分析与研究，以便进一步明确谈判对手的意图、目的，从而推测出双方在哪些方面能够取得一致意见，在哪些方面可能出现问题、分歧，会谈会有怎样的成果，据此制订调整我方的谈判方针、策略，使目标制订得更加切合实际。

分析的内容还可以拓展到对方的公司或企业是属于保守型还是开放型?是处于不断扩大生产经营规模的成长中的企业，还是已占有足够市场份额的大型企业?它们与其他客户是怎样交易的?有着什么样的声誉?我方与对手的实力对比如何?双方的优劣势各是什么?只有在认真分析研究的基础上，才能把众多杂乱的信息归纳为切实可用的情报，使之发挥出奇制胜的作用。

最后，了解对手还包括了解对方参加谈判人员的个人情况，尽可能了解和掌握谈判对手的性格、爱好、兴趣、专长，了解他们的职业、经历以及处理问题的风格、方式等。特别是在一对一的谈判中，掌握对手的兴趣、爱好，投其所好，会使你取得意想不到的成功。

四、谈判信息资料的收集

为了更好地了解谈判对手，可通过多方面的调查研究，搜集谈判对手的信息资料，为正式洽谈工作的开始做好准备。怎样才能获得有关谈判对手的信息资料呢?通常情况下，有以下几方面的途径。

（一）从国内的有关单位或部门收集资料

这些可能提供的信息资料的单位有：

（1）商务部。

（2）中国对外经济贸易促进委员会及其各地的分支机构。

（3）中国银行的咨询机构及有关的其他咨询公司。

（4）与该谈判对手有过业务往来的国内企业和单位。

（5）国内有关的报刊、杂志、新闻广播、互联网等。

（二）从国内在国外的机构及与本单位有联系的当地单位收集资料

这些可能提供信息资料的单位有：

（1）我国驻当地的使馆、领事馆、商务代办处。

（2）中国银行及国内其他金融机构在当地的分支机构。

（3）本行业集团或本企业在当地开设的营业分支机构。

（4）当地的报纸、杂志、互联网等；国外的许多大银行，如巴克利银行、劳埃德银行、大通银行等，都发行自己的期刊，这些期刊往往有最完善的报道，而且一经获取就可得知许多信息。

（5）本公司或单位在当地的代理人。

（6）当地的商会组织等。

（三）从公共机构提供的已出版和未出版的资料中获取信息

这些公共机构可能是官方的，也可能是私营的，它们提供资料的目的，有的是作为政府的一项工作，有的则是为了赢利，也有的是为了自身的长远利益需要，因此我们作为企业或单位的业务洽谈人员，应该熟悉一些公共机构，甚至要熟悉这些机构里的工作人员，同时还要熟悉他们提供资料的种类及发行途径。下面列举几种资料来源。

（1）国家统计机关公布的统计资料。比如工业普查资料、统计资料汇编、商业地图等。

（2）行业协会发布的行业资料，这些资料是同行企业资料的宝贵来源。

（3）图书馆里保存的大量商情资料。比如贸易统计数字、有关市场的基本经济资料、各种产品交易情况统计资料，以及各类买卖机构的翔实资料等。

（4）出版社提供的书籍、文献、报纸杂志等。比如出版社出版的工商企业名录、商业评论、统计丛书、产业研究等。目前，许多报刊为了吸引读者，也常常刊登一些市场行情及其分析报道。

（5）专业组织提供的调查报告。随着经济的发展，出现了许多专业性组织，比如消费者组织质量监督机构、股票交易所等专业组织，也会发表有关统计资料和分析报告。

（6）研究机构提供的调查报告。许多研究所和从事商业调研的组织，除了为单独委托人完成工作以外，为了提高自身的知名度还经常发表市场报告和行业研究论文等，这些都是我们收集信息的很好途径。

（四）本企业或单位直接派人员到对方国家或地区进行考察而收集的资料

如果派人员出国进行考察，在出国之前应尽量地收集对方的有关资料，在已有资料中分析出真实、不真实、可能还有新增内容、尚需进一步考察等几个部分，以便带着明确的目的和问题去考察。在日程安排上，应多留些时间供自己支配，切不可让对方牵着鼻子走，并且要善于捕捉和利用各种机会，扩大调查的深度和广度，以便更多地获取第一手资料。

五、谈判资料的整理与分析

在通过各种渠道收集到资料以后，必须对收集来的资料进行整理和分析。整理和分析谈判资料有下面两个意图。

（1）鉴别资料的真实性与可靠性，即去伪存真。在实际情况下，由于各种各样的原因，在所收集的资料中某些资料可能比较片面、不完全，有的甚至是虚假的、伪造的，因而必须进行整理和分析。比如，某些人可能自己另有所图，于是提供了大量有利于谈判的信息，而将不利于谈判的信息或是掩盖或是扭曲，以达到吸引对方的目的；有些人可能自己没有识别真伪的能力，而将道听途说的信息十分“真实”地提供出来。经过资料的整理与分析，才能做到去粗取精、去伪存真，为我方谈判所用。

（2）在资料具备真实性、可靠性的基础上，结合谈判项目的具体内容，分析各种因素与该谈判项目的关系，并根据它们对谈判的重要性和影响程度进行排队。通过分析，制订出具体的谈判方案与对策。

信息资料的整理一般分为对资料的评价、筛选、分类和保存四个阶段。

1. 对资料的评价

对资料的评价是指对已收集的资料进行重要程度的确认，认真区分资料的有用性。无论现在还是将来，都不会有任何用途的资料，应该毫不犹豫地舍弃。如果现在可以立即利用的资料，应直接让谈判人员获知。将来有可能用上的资料，应妥善保存，以备不时之需。

2. 对资料的筛选

在资料中对于不要的或用处极小的资料，应及时丢弃。如果保存，就会浪费大量的空间与费用。因此，应不断地对收集的资料进行清理。资料的筛选方法大体如下。

（1）查重法：对于重复出现的、完全相似的资料，首先剔除重复部分；而对于重复出现，但并不完全相同的资料，可以保留一部分。

（2）时序法：即逐一分析按时间顺序排列的资料，在同一时期内，取较新的，舍弃较旧的，这样可能使信息资料在时效上更有价值。

（3）类比法：是指将信息资料按产品、业务、空间或地区，分类对比，接近实质的保留，其余的舍弃。

（4）评估法：是指由专业人员或资深人员对资料进行评估后，再决定资料的取舍。

3. 对资料的分类

在资料整理阶段，对筛选出来的资料认真地进行分类，是最耗费时间的一项工作，但也是极其重要的环节。资料分类的方法大致有下面三种。

（1）项目分类法：是指在分类过程中，可以根据资料的使用目的、资料的内容、资料的性质等依据，对现有的资料进行分类，以备不同的谈判项目所需。

（2）从大到小分类法：即从设定大的分类项目开始，大项目最好不超过10项，经过实践后，若觉得有必要再细分时，可以把大项目再进行细分，但不要分得太细，以免出现重复。

（3）ABC分类法：是指按不同的资料对谈判项目重要性的不同，分为不同资料。如果该资料对谈判项目有着重要的作用，在谈判时肯定会用上的，那么我们将它定为A级，进行重点整理与保存；如果资料对谈判可能有作用的，那么我们就将它定为B级，要较重点地进行整理与保存；如果资料谈判作用不大，但资料有一定价值，我们目前不会使用的，定为C级，进行一般的处理即可。

4. 对资料的保存

把分好类的资料妥善地保存起来，即使经常使用的资料也不能随便放，要分门别类地放到专门的资料架或卡片箱中，以便随时查找该类资料或加放同类资料。

第三节 拟订谈判方案

方案是人们在行动前预先拟订的具体内容和行动步骤的框架，制订周密、细致的谈判方案是保证谈判顺利进行的必要条件。所以，拟订谈判方案是谈判准备工作的核心。拟订谈判方案应包括以下几方面内容。

一、选择谈判对手

由于谈判至少是两方以上发生的行为，因此要进行谈判，必须要确定谈判对手。但谈判又是双方自愿的行为，还要考虑对方能否成为我方的贸易伙伴。双方在谈判中的实力和地位如何，对我们应在谈判中采用的风格和策略影响很大。如果谈判双方有可能存在经常性的贸易行为，就必须重视对对方企业乃至个人情况进行详细的调查研究，并估计谈判双方的实力，寻找那些可能增进双方友谊、促进双方感情交流的机会。如西方一些大企业之间经常安排球队互访比赛，召开各种形式的联谊会，其目的都是为增强双方的友谊、融洽双方关系，以利于双方洽谈。

如果没有可能或不必要与对方建立长期的贸易关系，其战略战术应有所变化，至少在谈判中不能给对方以过多的让步，不必花费过多的精力维系双方的友谊与交往。

此外，如果进行经常性的贸易，应注意与具有良好信誉的客户建立联系并大力维护双方关系。在选择谈判对手时，一般应确定在三四家以内。

如果谈判内容广泛，交易比较复杂，可将对手确定在两家以内。否则，对手过多，会分散我方注意力，难于处理和控制复杂的谈判过程。谈判另一方也因竞争对手较多而失去谈判的信心，反而不利于谈判进行。

然而，如果只选择一家企业作为谈判对手，而无法进行比较和鉴别，对方也可能利用这一局面，向我方提出苛刻的要求，迫使我方做出较大让步。所以，至少应考虑两家以上的企业作为谈判对手。

对一次性买卖，谈判对手的数目则不必受到限制。如果是大项目，企业可以采取招标的方式，在对方递价的基础上，确定谈判对手。

二、制订谈判目标

目标是人们行动预期达到的成果或结果，也是考核或检查人们行动效率的标准。

谈判目标就是检验谈判效率和成果的依据和标准，也是谈判思想、方针、策略的具体化和数量化。目标制定得正确与否，以及能否达到目标，意味着谈判活动的成败与效率的高低，因而正确地制定与实现谈判目标，对于整个谈判具有决定性的意义。

由于谈判是一个持续发展的过程，因此，谈判目标也要有阶段性目标或分目标。从战略角度来讲，目标可以分为企业总目标、谈判目标和谈判某一阶段的具体目标三个层次。

（一）企业总目标

任何企业的生产经营活动都离不开目标体系，如企业发展的长期目标、中短期目标、企业总体目标、部门目标等。目标在企业的生产经营活动中具有重要意义，决定着企业在一定时期内的生产经营方向和奋斗目标。它是企业目的和任务的转化、分解。企业主要是根据各个不同的具体目标进行生产经营活动。

谈判内容是企业生产经营活动的一部分，必须要服从和维护企业的总体目标，这就要求在制订谈判目标时以企业的总目标为标准。如为了保证企业在2000年开工率达到100%，要确保得到总数为500万元的订单，这里，得到总数为500万元的订单并不是一次谈判所要达到的目标，但是，每次谈判都要考虑到这一总体目标，总体目标的实现依赖于每个部分目标的完成。500万元的订单，如果需要五次交易实现的话，那么，每次谈判至少要实现100万元的分目标。所以，总目标是制订分目标的依据和标准。总目标确定后，谈判人员就可以明确在每次谈判中的目标和责任，明确自己所处的地位及谈判成功的意义，从而采取相应的谈判策略与技巧，以保证实现企业的总目标。

（二）谈判目标

这是指每次谈判所要达到的目标。它是谈判活动的总目标，对企业生产经营活动来讲，它又是分目标、具体目标。分目标的实现对完成总目标有极其重要的意义，也是谈判成功的标志。

谈判目标，即分目标的制定，既要考虑企业的总体目标，也要考虑企业的实际状况、谈判对手的实力、双方力量对比，以及市场供求变化因素。例如，企业2000年的总目标是确保得到500万元的订单，在市场供需稳定的情况下，谈判的对方又是老客户，关系较好，而企业目前又迫切需要得到订单，以保证生产的连续性。这样在第一季度中，就可以把谈判的总目标定为150万元。必要时，可以在其他方面给对方一定的让步或优惠，如提前交货等，以确保目标的实现。

谈判目标的制订极为重要，它关系到企业总体目标的实现，又决定了在谈判中每一阶段具体目标的制订，以及在谈判中所采取的策略。因此，在制订谈判目标时需要十分慎重，要在综合多方信息、资料的基础上，反复研究确定。确定谈判目标一般包括交易额、价格、支付方式、交货条件、运输、产品规格、质量、服务标准等几个要素。

但是，仅仅列出单一的谈判目标还是很不够的，它只是具体的指标，还要从总体上综合考虑谈判可能出现的结果，并制订相应的目标，这就是谈判的最优期望目标、可接受目标和最低限度目标。因为在实际谈判中，谈判的双方都会遇到这样的问题：我方应该首先报价吗?如果首先报价，开价多少?如果是对方首先报价，我方应还价多少?倘若双方就价格争执不下，那么，在什么条件下我方可接受对方的条件？在什么情况下，我方必须坚守最后防线？要更好地解决这些问题，就必须认真研究、制订谈判的最优期望目标、可接受目标和最低限度目标。

1. 最优期望目标

它是指在谈判桌上，对谈判人员最有利的一种理想目标，它在满足某方实际需求利益之外，还有一个“额外的增加值”。谈判实践中这一目标往往很难实现，因此，真正较为老练的谈判人员在必要时可以放弃这一目标。但这并不是说，这种最优期望目标在谈判桌上没有积极意义，它往往是谈判进程开始时的话题。

美国著名的谈判专家卡洛斯向两千多名谈判人员进行的实际调查表明，一个良好的谈判人员必须坚持“喊价要狠”的准则。这个“狠”的尺度往往接近喊价者的最优期望目标。在讨价还价的磋商过程中，倘若卖主喊价较高，则往往能以较高的价格成交；倘若买主出价较低，则往往也能以较低的价格成交。因此，在谈判桌上，卖方喊价高或买方还价低的时候，都会带来对自己较为有利的谈判结果。

比如：在资金供求谈判中，需方可能实际只想得到 200 万元，但谈判一开始，需方可能报价 250 万元。这 250 万元就是需方的最优期望目标。这个数字比它实际需要的 200 万元多 50 万元。用一简式表达就是

$$E=Y+\Delta Y$$

式中 Y——需方的实际需求资金数额；

ΔY——报价，即增量；

E——需方的最优目标。

但是，供方绝不会做提供 250 万元资金的慷慨之事。根据供方了解的信息（如偿还能力、经济效益高低和利率等情况），他明知对方实际只需要 200 万元，为了使谈判深入下去，使主动权掌握在自己手中，就故意压低对方的报价，只同意提供 150 万元。如此这般，几经交锋，双方列举各种理由予以论证，谈判结果既不是 250 万元也不是 150 万元，可能是略低于或者高于 200 万元。

如果一开始需方不提出 250 万元，或供方不提出 150 万元，谈判就无法进行。为什么在谈判中形成这种习惯，其原因极为复杂，涉及心理、信誉、利益乃至历史成见等诸多因素。需要说明的是，最优期望目标不是绝对达不到的。一个信誉极高的企业和一家资金雄厚、信誉良好的银行之间的谈判，达到最优期望目标的机会是完全可能存在的。

2. 最低限度目标

它是指在谈判中对某一方而言，毫无讨价还价余地，必须达到的目标。换言之，最低限度目标即对某一方而言，宁愿离开谈判桌，放弃合作项目，也不愿接受比这更少的结果。最低限度的确定主要考虑到以下几点因素。

（1）价格水平。价格水平的高低是谈判双方最敏感的一个问题，是双方磋商的焦点。它直接关系到获利的多少或谈判的成败。影响价格的因素有主观与客观之分。主观因素包括营销的策略、谈判的技巧等可以由谈判方决定，而影响价格的客观因素主要有以下几种。

1）成本因素。这里的成本主要是指“市场成本”，一般是指产品从生产到交货的一切费用。具体来说，它包括生产该产品所需的原材料、劳动力和管理费用以及为购销该商品所耗费的调研、运输、广告费和关税、保险费、中间商的佣金等费用。

2）需求因素。需求因素对价格水平的影响主要通过需求弹性加以体现。考虑市场的供需情况、同类产品的市场价格等因素，从而合理确定价格策略。

3）竞争因素。决定价格下限的是商品成本，决定价格上限的则是顾客的需求程度。在上限与下限之间所订的价格的高低，则由竞争来决定。也就是说，价格的确定不以个别成本为依据，而是取决于既定需求条件下同类商品的竞争状态，取决于由竞争形成的社会平均成本和平均利润。一方面，主要是注意竞争者的多少，竞争者越多，说明竞争越激烈，价格的变化也就越大。另一方面，要注意竞争的激烈程度，不同市场下，竞争的程度也就有所不同，在谈判中就要充分利用这一点。

4）产品因素。不同性质和特征的产品，买方的购买习惯也就有所不同。一般来说，消费品价格的灵活性大，而工业品的价格灵活性小。此外，人们对于不同产品的利润率存在不同的期望，也就导致谈判者的不同价格目标。

5）环境因素。天时、地利、人和，而环境是指三者的统一体，当环境对谈判某一方有利

时，其希望通过价格得到的利益也就更大些，买方可能会进一步要求降价，而卖方则可能会要求提价。因此，我们应该善于把握住机会，使环境向有利于自己一方的方向发展。

（2）支付方式。不同的支付方式通过价格对谈判的预期利润会造成较大影响。现款交易与赊款交易就会存在不同的风险性，如果直接付款可以在价格上进行适当的优惠，但如果赊款的话，就不能在价格上有所退让，力争将由于时间带来的资金损失降到最小，而且赊款带来的债务人不付款或扣款的现象也普遍存在。

特别是在进出口贸易中，卖方常常会遇到不利的支付条件。在国际贸易中的跟单托收支付方式、付款交单和承兑交单对出口方的影响大不相同，除了收汇风险不同之外，还间接影响交易商品的单位价格。例如，同一售价为100万美元的商品，若采用付款交单方式，售价为100万美元；若采取承兑交单支付方式，售价为102万美元。即便如此，对卖方来说前者也是更为有利的货款支付方式。因为表面看，前者比后者少收2万美元，但由于后者付款时间靠后，卖方会承受利息损失，并且在买方承兑交单后卖方就须交单，卖方承担的风险更大，因此，实际上承兑交单这种付款方式对卖方是不利的。

（3）交货及罚金。在货物买卖中，交货的期限对双方都有利害关系。在商务合同中，交货期限作为根本条款或是重要条款有明确的规定，一方若未按时交货就要赔偿对方的经济损失。一般情况下，卖方总是希望迟交货，而买方总是希望卖方能早交货。按照国际惯例，卖方报价中的交货期一般为签约后两个月。若买方提出要在签约后一个月交货，否则卖方就需交纳迟交罚金。卖方就要根据买方提出的要求，对各方面因素进行综合考虑后，提出交货条件方面的最低可接受限度为：如果不增加额外罚金的话，可以同意对方提出的提前交货要求。

（4）保证期的长短。保证期是卖方将货物卖出后的担保期限。担保的范围主要包括货物的品质和适用性等。关于保证期限的长短，从来都是商务谈判中双方据理力争的焦点问题之一。卖方一般会尽力缩短保证期，因为保证期越长，卖方承担的风险越大，可能花费的成本也就越大，买方总是希望保证期越长越好，因为保证期越长，买方获得的保障程度越高。但是，由于保证期的长短事关卖方信誉及竞争能力，事关交易能否做成和怎样做成的问题，因此卖方在通常情况下是会仔细考虑保证期问题的。那么卖方根据出现的情况，确定了关于保证期的最低可接受条件是：如果能保证在保证期内风险不大的话，可以答应对方延长保证期的要求。

3. 可接受目标

可接受的目标是谈判人员根据各种主要客观因素，通过考察种种情况，经过科学论证、预测和核算之后所确定的谈判目标。可接受的目标是介于最优期望目标与最低限度目标之间的目标。在谈判桌上，一开始往往要价很高，提出自己的最优目标。实际上这是一种谈判策略，其目的完全是为了保护最低目标或可接受目标，这样做的实际效果往往超出了谈判者的最低限度要求，通过双方讨价还价，最终选择一个最低与最高之间的中间值，即可接受目标。

实际上业务谈判中，往往双方的最后成交值是某一方的可接受目标。可接受目标能够满足谈判一方的某部分需求，实现部分利益目的。可接受目标往往是谈判者秘而不宣的内部机密，一般只在谈判过程的某个微妙阶段挑明，因而是谈判者死守的最后防线，如果达不到这一可接受的目标，谈判就可能陷入僵局或暂时休会，以便重新酝酿对策。

可接受目标的实现，往往意味着谈判的胜利。在谈判桌上，为了达到各自的可接受目标，双方会各自施展技巧，运用各种策略。

（三）谈判某一阶段的具体目标

具体目标又是对谈判目标的分解，有些谈判，特别是交易复杂、规模较大的谈判，制订阶段目标十分必要，它可以使谈判人员随时检查和调整谈判进程以及谈判成果。

谈判具体目标的制定要相对灵活，可根据谈判内容、预计的谈判期限和谈判的规模而定。如谈判初始阶段是了解对手报价，提出我方条件；第二阶段，就交易主要内容进行协商，进一步讨论产品规格、价格、质量、交货期限、运输等条款，确定双方存在争议的有关问题；收尾阶段，审议合同条款，复查协商的所有内容，商谈履行合同事宜。

综上所述，谈判目标是使谈判顺利、有效进行的保证。在划分目标的同时，一定要注意相互之间的衔接与连贯，企业总目标是制定谈判目标的依据，阶段目标又是实现谈判目标的保证，三者缺一不可。

三、谈判方案的基本要求

谈判方案是谈判人员在谈判前预先对谈判目标等具体内容和步骤所作的安排，是谈判人员行动的指针和方向。有了谈判方案，就会使参加谈判的人员做到心中有数，明确努力方向，打有准备之仗。谈判方案应对各个阶段的谈判人员、议程和进度做出较周密的设想，对谈判工作进行有效的组织和控制，使其既有方向，又能灵活地左右错综复杂的谈判局势，使谈判沿着预定的方向前进。

从形式上看，谈判方案应是书面的。文字可长可短，可以是长达几十页的正式文件，也可以是短至一页的备忘录。一般来说，一个成功的谈判方案应该注意以下几个方面的基本要求。

（1）谈判方案要简明扼要。所谓简明扼要，就是要尽量使谈判人员能容易地记住其主要内容与基本原则，在谈判中能随时根据方案要求与对方周旋。谈判的方案越是简单明了，谈判人员照此执行的可能性就越大。谈判是一项十分复杂的业务工作，在谈判桌上参加谈判的人员必须清晰地记住谈判的主题方向和方案的主要内容，在与对手交锋时才能按照既定目标，自如地应付错综复杂而多变的谈判局面，驾驭谈判局势的发展。因此，制订谈判方案时要用简单明了、高度概括的文字加以表述，以便在每一个谈判人员的头脑中留下深刻印象。

（2）谈判方案要具体。谈判方案的简明扼要不是目的，它还要与谈判的具体内容相结合，以谈判的具体内容为基础，如果没有具体内容，就很难对它进一步概括、简明扼要地予以表达。谈判方案的内容虽然有具体要求，但不等于把有关谈判的细节都包括在内。如果事事巨细、样样俱全，执行起来必然十分困难。

（3）谈判方案要灵活。由于谈判过程千变万化，方案只是谈判前某一方的主观设想或各方简单磋商的产物，不可能将影响谈判过程的各种随机因素都估计在内，所以，谈判方案还必须具有灵活性，要考虑到一些意外事件的影响，使谈判人员能在谈判过程中根据具体情况灵活运用。例如，对可控因素和常规事宜应安排细些，对无规律可循的事项可安排粗些。

第四节 物质条件的准备

物质条件的准备工作包括谈判场所的选择和谈判人员的食宿安排两个方面。从表面上看，这同谈判内容本身关系不大，但事实上不仅联系密切，甚至关系到整个谈判的发展前途。

一、谈判场所的选择

谈判专家对于谈判地点的选择有两种意见：一种意见认为谈判地点不论设在哪一方都各有利弊。如果谈判地点设在我方办公室或会议室，其优点是：①避免由于环境生疏带来的心理上的障碍，而这些障碍很可能会影响谈判的结果。②获得额外的收获。我方可借“天时、地利、人和”的有利条件，向对方展开攻势，以求让步。③可以处理谈判以外的其他事情。④便于谈判人员请示、汇报及沟通联系。⑤节省旅途的时间和费用。综合上述优势，谈判地点争取在己方的最有利之处在于己方自由发挥，就像体育比赛一样，在己方场地举行谈判洽商活动，获胜的可能性就会更大。一些谈判学家所做的研究也证明了这一点。美国专家泰勒尔的实验表明：多数人在自己家的客厅与人谈话，比在别人的客厅里更能说服对方。这是因为人们一种常见的心理状态，就是在自己的所属领域里，能更好地释放能量与本领，所以，行为成功的概率就高。这种情况也适用于谈判。

如果谈判地点设在对方的办公室或会议室，也有其优越性：①可以排除多种干扰，全心全意地进行谈判。②在某些情况下，可以借口资料不在身边，拒绝提供不便泄露的情报。③可以越级与对方的上级洽谈，获得意外收获。④对方需要负担起准备场所和其他服务的责任。

正是由于上述原因，在多轮谈判中，谈判场所往往交替更换，这已是不成文的惯例。当然，谈判地点在哪一方还取决于许多其他客观因素，如考察生产过程、施工基地、投资所在地的地理环境等。有时，中立地点也是谈判的合适地点。如果预料到谈判会紧张、激烈，分歧较大，或外界干扰太大，选择中立地点就是上策。

但是，不论哪一方做东道主，都不应忽视对谈判地点的选择和谈判场所的布置。在某种程度上，它直接影响谈判人员的情绪，影响会谈的效果。

首先，谈判场所不要过于嘈杂，场所的光线、温度也要适宜，当然，从谈判战术的角度讲，就更有艺术性。日本老资格政治家河野一郎在他的回忆录中清晰地描述了20世纪50年代他与前苏联领导人布尔加宁的一次谈判，就是利用环境的优势轻取对手。当他来到谈判会议室准备就坐时，苏联人按惯例让他先行选择，河野环视了一下，就近选了一把椅子说：“我就坐在这儿吧。”布尔加宁说了声“好”，便在河野对面坐了下来。事后，河野讲，他选的椅子在方向上是背光线的，谈判中他很容易看到对方的表情，甚至布尔加宁流露出的倦容。河野曾宣称这是他多年外交谈判的一个秘诀。

二、通信设施的完备

谈判人员能够很方便地打电传、电报、电话、浏览互联网，要具备良好的灯光、通风和隔音条件。最好在举行会谈的会谈室旁边，备有一两个小房间，以利谈判人员协商机密事情。主要谈判场所也可以配备一些专门的设施，可供谈判人员挂些图表或进行计算。除双方都同意，否则不要配有录音设备。经验证明，录音设备有时对双方都会起到副作用，使人难以畅所欲言。

三、谈判房间的布置

谈判房间的布置，如选择什么形状的谈判桌，怎样安排谈判人员的座位等也很重要。一般来讲，比较大型、重要的谈判，谈判桌可选择长方形的，双方代表各居一面。但如果谈判规模较小，或双方人员比较熟悉，可以选择圆形谈判桌，这可以消除长桌那种正规、不太活泼的感觉。双方团团坐定，会形成一个双方关系融洽、共同合作的印象，而且彼此交谈容易，气氛随便。有时，出于需要，还可以采用任意排位方法就坐，它适合于小规模的、双方都比较熟悉的谈判，或是比较特殊的谈判。例如，以色列和中东国家的和平谈判，由于双方的立场极为对立，要有中间调节人，即第三方出席谈判，为此，专门发明了一种T形谈判桌。有些谈判，还可以不设谈判桌，但要事先确定一种有效的信号控制方法，以便随时根据情况发出指令，控制局面。

与谈判桌相配的是椅子，椅子要舒适，不舒适使人坐不住，但也不能过于舒适，太舒适使人易产生睡意，精神不振。此外，会议所需的其他设备和服务也应周到，如烟灰缸、纸篓、笔、记事本、文件夹和各种饮料等。

四、食宿安排

由于谈判是艰苦复杂、耗费体力与精力的一种交际活动，因此，用膳、住宿安排也是会谈的内容。东道主一方对来访人员的食宿安排应周到细致、方便舒适，但不一定要豪华、阔气，按照国内或当地的标准条件招待即可。要根据谈判人员的饮食习惯，尽量安排可口的饭菜。许多外国商人，特别是发达国家的客商，十分讲究时间、效率，反而不喜欢繁琐冗长的招待仪式，但适当组织客人参观游览，参加文体娱乐活动也是十分有益的。它不仅能很好地调节客人的旅行生活，也是增进双方私下接触、融洽双方关系的有利形式，有助于谈判的进行。

本章小结

谈判人员准备就是组建谈判班子，它包括谈判班子的规模、谈判人员应具备的素质、谈判人员的配备和谈判班子成员的分工与合作等内容。优秀的谈判人员应具有坚强的政治思想素质、健全的心理素质和合理的学识结构。根据谈判对知识方面的要求，谈判班子应配备相应的人员：专业熟练的经济人员，技术精湛的专业人员，精通经济法的法律人员和熟悉业务的翻译人员。

谈判所需知识的积累主要包括：了解政治与法律环境、社会文化环境等谈判环境；掌握市场行情、摸清对方情况。信息的收集应从公开的资料和未公开的资料中分析获取，也可以由人员实地调查了解，并对资料进行整理与分析。

拟订谈判方案，应当从选择谈判对手、制订谈判目标和谈判某一阶段的具体目标进行设计。物质条件的准备包括谈判场所的选择、通信设备的完善、谈判房间的布置和食宿安排。

复习思考题

1. 优秀的谈判人员应具备什么样的素质？
2. 怎样进行谈判人员的配备？
3. 影响谈判的环境因素有哪些？
4. 如何拟订谈判方案？
5. 谈判的物质条件准备包括哪些内容？

参考案例

案例1：

迪巴诺面包公司是纽约一家有名气的面包公司，但是纽约一家大饭店却从未向它订购过面包。4 年来，公司经理迪巴诺每星期去拜访大饭店经理一次，也参加他所举行的会议，甚至以客人的身份住进大饭店，不论他采取正面攻势，还是旁敲侧击，这家大饭店仍是丝毫不为其所动，这反而更激起了迪巴诺推销面包的决心。但需要采取什么方式呢?通过调查，迪巴诺发现，饭店的经理是美国饭店协会的会长，特别热心于协会的具体工作，凡是协会召开的会议，不论在何地，他都一定参加。这一次，迪巴诺去拜访他时，便谈起协会的有关事情，果然引起了他的兴趣，饭店经理滔滔不绝地讲了协会的各种情况，声称协会给他带来了无穷乐趣，并邀请迪巴诺参加。在两人的交谈中，丝毫没有涉及购买面包的事宜。但几天后，饭店的采购部门打来电话，表示要购买迪巴诺公司的面包。这使得迪巴诺感慨万分，单纯为了推销面包，历时 4 年，竟连一粒面包渣也没卖出去，可仅仅对饭店经理所热心的事情表示关注，形势竟完全改观。

案例 2：

美国有位谈判专家想在家中建一个游泳池，建筑设计的要求非常简单：长 30 英尺，宽 15 英尺，有水过滤设备，并且在 6 月 1 日前做好。谈判专家对游泳池的造价及建筑质量方面是个外行，但这难不倒他。在极短的时间内，他不仅使自己从外行变成了内行，而且还找到了质量好、价格便宜的建造者。

谈判专家先在报纸上登了个想要建造游泳池的广告，具体写明了建造要求，结果有 A、B、C 3 位承包商来投标，他们都交给他承包的标单，里面有各项工程的费用及总费用。谈判专家仔细地看了这 3 张标单，发现所提供的温水设备、过滤网、抽水设备、设计和付钱条件都不一样，总费用也有差距。接下来的事情是约这 3 位承包商来他家里商谈，第一个约在早上 9 点，第二个约在早上 9 点 15 分，第三个约在早上 9 点 30 分。第二天，3 位承包商如约而来，他们都没有得到谈判专家的马上接见，只得坐在客厅里彼此交谈着等候。10 点钟的时候，谈判专家出来请第一个承包商 A 先生到书房去商谈。A 一进门就宣称他的游泳池一向是造得最好的，好的游泳池的设计标准和建造要求他都符合，顺便还告诉谈判专家 B 通常使用陈旧的过滤网，而 C 曾丢下许多未完的工程，而且他现在正处于破产的边缘。接着谈判专家同承包商 B 进行谈话，从他那里了解到其他人提供的水管都是塑胶管，他所提供的才是真正的铜管。承包商 C 告诉谈判专家的是，其他人使用的过滤网都是品质低劣的，并且不能彻底做完，拿到钱以后就不管了，而他则绝对保质保量。谈判专家通过静静地倾听和旁敲侧击的提问，基本弄清了游泳池的建筑设计要求及 3 位承包商的基本情况，发现 C 的价格最低，而 B 的建筑设计质量最好，最后他选中了 B 建造游泳池，而只给 C 提供的价钱。经过一番讨价还价之后，谈判终于达成了一致。

第三章 商务谈判的思维、心理与伦理

学习目的和要求

通过本章的学习，了解商务谈判活动中有关思维方式、心理素质要求和职业道德要求的知识；掌握如何在商务谈判中运用辩证思维、策略变换来提高心理素质，遵循伦理道德规范的能力；学习在商务谈判中正确运用思维方法、心理战以及伦理道德与法律等项技能。

第一节 商务谈判的思维

在商务谈判中，自始至终都是谈判者的思维在起作用，思维是商务谈判的原动力，一个成功的谈判与正确的思维有关。商务谈判思维是商务谈判前的准备阶段的思维活动与谈判过程中的临场的思维活动的总称。谈判是人类行为的一种有用的工具，在谈判中"斗智"、"斗法"，谈判策略的千变万化，就是双方思维能力的较量。成功的商务谈判对双方来说，亦是正确、合理思维的结果。

一、商务谈判的辩证思维

在商务谈判中能够具体地、全面地、深入地反映事物的本质思维就是辩证思维。因此，提高谈判的思维能力最重要的是要学习和运用辩证思维，以精通各种谈判因素的正确关系，然后才能在谈判中驾轻就熟。

辩证思维是用唯物辩证法的观点和方法来认识世界、思考问题的一种科学思维方式。它强调用客观而不是主观的、用普通联系而不是相互割裂的、用全面系统而不是片面破碎的、用运动发展而不是静止不动的观点来观察世界、认识事物、思考问题。掌握辩证的思维模式，全面把握辩证法提供的科学思维方法，就能够客观、全面、辩证地去观察和分析整个谈判活动，准确地认识问题并有针对性地采取措施，使谈判活动的变化朝着有利于己方的方向发展。

下面选择一些常见的商务谈判关系因素略作辩证分析。

1. 要求与妥协

谈判既是要求也是妥协。A"要求"是为了要B"妥协"，B"妥协"就是为了"要求"A。所以，在任何谈判启动之前必须要准备好足够的"要求"和"妥协"的条件。如果只有要求而缺乏妥协，所得就小；如果只有妥协没有要求，吃亏就大。如果只准备了一点，就像车只有一个轮子。

2. 一口价

只要双方同意谈判，就等于否定了一口价，只要坐在谈判桌前，也等于否定了"标准价"。无论拿出印刷的标准价格表，还是某年某月与某人签订的合同都不能成为标准价。这些只能当作谈判的工具，价格的幌子，谁承认它们，就等于作茧自缚。只要你不承认，你就自由了，就可以放手谈判；只要放手谈判，就可以讨价还价，改变原价，争取谈判后的新价。

3. 丑话

丑话就是申明规则和违规惩罚，讲明道理和要求“无理”赔偿，实际上就是提前摆出那些与利害相关的话。不敢在谈判中讲丑话是谈判者的一大忌。尤其在熟人、朋友或特殊关系的对手之间，谈合作类的项目，不敢设想或顾虑未来的危机，可能发生的纠纷，怕说出来“伤感情”、“不留面子”等等。殊不知讲丑话是谈判的重要内容。丑话不讲透，谈判就未完。隐患未除、尾巴未除，那就真的要“丑”、“露”了。

4. 舌头和耳朵

美国人称美元、信息和舌头是现代社会的三大原子弹。多数人认为谈判时群儒舌战，是口舌之争。其实在整个谈判的过程中，耳朵的功能是更加重要的。因为说的前提是思考，而思考的基础是信息，特别是来自谈判对方的陈述信息，所以在商务谈判中，认真听取对方的陈述是头等重要的大事。倾听是谈判中的“从容不迫”策略，学会倾听是学习谈判艺术的第一课。

5. 啰嗦与重复

这两者之间能够区分，却容易混淆，啰嗦绝不可取，重复却需强调。谈判本身就带有很强的重复性，甚至可以说谈判是最难进行语言沟通的交往活动，所以必须学习重复艺术。重复虽然不涉及新信息，是多余信息的传递，但是传送多余信息可以避免误解，有助于对方理解，给对方一段轻松地舒展思维的时间，并加强其信息接受能力和信息记忆存储。重复有四种层次：一是相同语汇的重复；二是同一种概念善于用不同的词汇和句子表达；三是相同的内容可以反复、具体地举出新例子加以解释；四是善于从不同的角度、不同的层面，多元思维，概括综合本方的中心议题。后三个层次在口才学上被称为“能动的、聪明的、智能的重复”。

6. 让步中的互相与对等

在商务谈判中，有不让步、互相让步和对等让步三种情况。好像不让步是不能成立的，其实，在十分不公正的前提下，处于劣势的一方是根本无步可让的；而互相让步又常常被曲解为“对等让步”，这种诡辩逻辑是谈判中的“诡道”，谈判者必须十分明晰这些分别，万不可落入陷阱。缜密地思考这一对概念是谈判中攻守必备的知识。

7. 说理与挖理

谈判中，不会阐述道理，可以说就不会谈判。准备谈判，就要准备说理。客观存在的理由，要善于运用；客观理由不明显，要善于挖掘与发挥，并巧妙地用于进攻或防御。只有以理由开路，谈判才有可能顺利地抵达协议的彼岸。从谈判思维的角度看，说理的过程就是挖掘理由的过程，而“挖掘”的含义包括搜寻、联想、分解、组合、编制、改造、借用、比附、置换和推想等，离开这些“挖掘”，说理也就基本不存在了。

8. 谎言的是非功过

谈判中有一种现象，那就是“撒谎”。在开场之后，论战之中、讨价还价之时往往也是谎言“大比拼”的时候。作为谈判伦理，要求“诚实”、“良好愿望”与“光明正大”；但是谈判过程中双方的关系与谈判前后双方的关系性质是不同的。在谈判过程中，双方相互试探，相互调整，谎言其实也是一种策略，人们无法将实话、真话和盘托出；谈判的过程就是从虚话走向实话，从假话走向真话的漫长曲折的历程。只要使用者将其控制于“非交易本质”的论述上，对成交的基础不发生根本的影响，就无可厚非。因为“谎言”只是在双方争夺的利润区间发挥作用，对交易的本质不产生负影响。在谈判桌上绝不说假话的人和光说假话的人都是不存在的。

二、谈判思维的基本特点

1. 发散性

促使思维的发散化，力求充分发挥思维的想象力、创造力，开阔思路和视野，从多个角度、多个方向不断地对事物进行全方位的扫描透视。在谈判中，发散性思维的具体运用主要有两种情况：一是把与交易内容有关的所有议题都联系起来，列入谈判，而不是孤立地就某个议题而谈某个议题，例如在货物买卖谈判中商谈价格时，就要考虑到订货数量、产品质量、交货时间等问题；二是在讨论某个议题时，不是只讨论这个议题所涉及的某几个方面，或一二个主要方面，而是要讨论所有有关的方面。

2. 多样性

促使思维多样化，要从事物之间的直接联系和间接联系、内部联系和外部联系、必然联系和偶然联系及因果联系等普遍联系中，寻找解决问题的新路子与新方法。例如，向国外投资创办独资企业，在与东道国政府谈判时，某些问题难以谈通，这时就应使思维多样化，就应该想到经济活动受到政治、文化、法律等多种因素的密切影响。在这种情况下，可以请我国政府或友好合作协会出面，通过政府或民间团体之间的关系来帮助解决问题。实践表明，这往往是行之有效的。

3. 动态性

促使思维动态化，在动态中调整和优化思维。人们对问题的认识和分析常常是依据一定的环境条件和针对事物当时的某一状态而进行的，因而是相对的、静止的。由于事物的不断发展、事物之间联系的不断改变，过去是正确的认识和分析结论，现在可能不那么正确，甚至是错误的。因此，如果思维是静态的，只是抱着过去的认识和看法不放，就会脱离实际。商务谈判的特点之一是其复杂性和多变性。随着谈判双方意见交流的展开，各种因素都在不断地变动，人们的思维必须紧紧抓住这种变动，迅速地调整思维的方向、重点和角度，优化思维的过程和结构。

4. 超前性

争取思维的超前。谈判中，如果能在思维上领先于对方一步，超前考虑到某些问题，准确预见到某个事物发展变化的趋势，那么必然在谈判中占有极大的主动，并获得巨大的利益。

三、商务谈判中的现代思维方式

1. 散射思维

散射思维是同时对谈判议题的各方面进行全方位扫描的思维活动形式。它的具体方法是对有关信息进行筛选、过滤、加工、整理和鉴别，筛除与谈判内容无关的信息，留下与谈判密切相关的可靠信息。分析处理后的信息应分别具有客观性、真实性、时效性、全面性、典型性、权威性和适应性等。散射思维的特点是思维的立体性和转移性，使得思维灵活、流畅。散射思维的优点在于多路出击，消除死角，使讨论议题各个方面暴露在谈判桌上，以便各个击破，从而推动谈判的进行，促进谈判的发展，大幅度提高谈判成功的概率。优秀的谈判者在运用散射思维方式时善于转移“思路”，思维的触角犹如快捷变频的雷达，随心所欲地更换频率使路路畅通。如果做不到流畅转移，思维就会显得呆滞，会出现“暂时的死角”，使对手有喘息的机会，最终影响谈判的顺利进行。

例如，在一笔煤炭交易的价格谈判中，当作为卖方出现时，买方的散射思维可以这样来扫描：首先想到“煤质”，即发热量、全水分（即在空气中外在水分及煤的内在水分直接影响煤炭的质量），作为动力煤还要求含硫量、含氯量，作为家庭用块煤还要求燃烧后残渣量等。其次是“价格性质”，即离岸价或到岸价。由于煤炭系大宗商品，运输风险较大，多数用户要求报到岸价。而到岸涉及船及目的港，船大运费低、船小运费高。第三是“价格政策”，即针对地区市场的竞争情况，国家统一协调价格及对该笔交易的利润追求。价格可以调整多少？在这些因素中，可以动用的有哪些？通过全方位扫描分析，犹如水银泻地、层层渗透把谈判的症结打通。总之，散射思维要求对某一论题进行多角度、全方位的思考分析，开阔思路，打破僵局，得出客观的结论。

2. 逆向思维

逆向思维是指在思维过程中从已有的结论逆向推论其条件前提的思维方式。逆向思维的公式是：结论——推向依存的条件前提——评价条件前提的客观性与真实性——肯定或否定结论。逆向思维是一种违反常规思维的思维方式，是一种创新性的思维方式。因而，谈判中运用逆向思维方式容易发现一些在正常思维条件下不易发现的问题，利用这些问题可以作为与对方讨价还价的条件或筹码。例如，卖方 4 套设备的总报价为 450 万美元，按逆向思维对买方报价进行确认：设定利润率为 20%的正常水准，则其总成本为 360 万美元，而根据卖方在报价中各部分价格所占的百分比，4 套设备的成本分别为 120 万美元、100 万美元、80 万美元和 90 万美元，第四套设备的成本显然不可能有那么高，卖方价格的计算基础不真实，应调整报价。

3. 超常思维

超常思维是指超越常规、打破思维定势，用不同于一般思维的方式进行思考的思维形式。在谈判实践中，人们常常有这样的感觉，困难不是来自于对方实力的威胁，而是自己谈判思路的枯竭或是感觉到谈判对手咄咄逼人的思维攻势。在对手快捷、奇特思维的攻击下，如果谈判者顺其应答，往往会发现自己十分被动、处处受制于人。而此时超常思维便是进攻和防卫最有效的谈判武器。运用超常思维，可以超出对手的想象力，能有效地控制谈判局势，有时甚至能使对方立刻接受你的方案。

超常思维具有不同于一般性或逻辑性思维的特点，它的主要特征是机智、灵活、富于创造性。它没有固定的格式，有时需从正面进攻，有时要从反面思考，有时又要从侧面挖掘。它提倡逆向、横向、多向思维，提倡多角度、多方位思维，它排斥常规思维和常态思维。常规思维可能会使思维如“水过鸭背”，点滴不进，使谈判陷入僵局，而超常思维则使思维相互摩擦而产生思维的火花，结出谈判的硕果。

例如，曾任前苏联驻挪威全权贸易代表的柯伦泰，在前苏联急需食品的情况下，与挪威商人谈判购买鲜鱼事宜。挪威商人想趁机大捞一把，谈判时开价很高，柯伦泰则竭力与对方讨价还价，谈判出现僵局。后来，柯伦泰主动让步，慷慨地说：“好吧！我同意你们提出的价格。如果我的政府不批准这个价格，我愿意用自己的工资来支付差额。但是，我的收入有限，自然要分期支付，可能要支付一辈子了。”“如果你们同意的话，就这么决定吧！”挪威商人听了她的话，个个面面相觑，他们无论如何也想不到柯伦泰会说出这样的话来，他们被她的一片爱国之心感动了，最后一致同意将鲜鱼的价格降到最低。

4. 动态思维

动态思维是一种依据客观外界的变动情况而不断地调整、优化思维的程序、方向和内容，以达到思维目标的思维活动。动态思维强调在思维过程中与客观外部环境的信息交流与协调，通过信息的交流与协调来不断地调整、修正思维的方向和目标，提高思维的正确性和有效性。

商务谈判具有其复杂性和多变性的特点。随着谈判双方意见交流的展开，各种因素都在不断地变动，谈判人员的思维必须紧紧抓住这种变动，迅速地调整思维的方向、重点和角度，优化思维的过程和结构。

例如，在一场设备出口谈判中，原先我们与对方一直在现汇支付的基础上进行谈判，但随着谈判的深入和各方面情况的逐步展开，对方突然提出因外汇支付能力有限，希望用产品进行支付，即由现汇贸易改为补偿贸易。这一要求的提出必然打乱了我方对谈判的各种因素、谈判目标的原有设想。在这时，我们就应该迅速调整思维，考虑由现汇贸易改为补偿贸易的可能性对我方的利与弊，以及我们在新的支付条件下应该考虑哪些因素、各因素之间的关系和目标。如果我们仍然抱着现汇支付条件下对谈判中的各因素和关系的分析不放，不研究新的问题，那么我们势必吃亏。

5. 跳跃思维

跳跃思维是指在谈判中把事物发展过程的某些内容跳跃过去，而迅速抓住自己想要说明问题的思维方式。这种思维方式由于能在复杂的事物或大量的信息面前迅速抓住问题的本质，因而被谈判者普遍采用。跳跃思维方式的心理基础是找到要害，一举成功，无论在说明问题还是反击对方时，运用这种思维方式均能取得有利的效果。例如，在国际推销贸易的谈判中，谈判会涉及产品规格、质量、数量、包装条件、价格、交货期、结算方式、许可证等多项内容，谈判议题纷杂。这么繁杂的谈判议题需要逐一进行详细讨论，但在决定是否拍板时就必须用跳跃思维，把复杂事项跳过去，而要抓住要害。否则不仅延误谈判时间，而且也很难将己方的实际利益解释清楚。

第二节　商务谈判的心理

商务谈判的心理是指在商务谈判活动中谈判人员的各种心理活动，它是商务谈判人员在谈判活动中对各种情况、条件等客观现实的主观能动的反映。例如，当谈判人员在商务谈判中第一次与谈判对手会晤时，对手彬彬有礼、态度诚恳、易于沟通，谈判人员就会对其产生好的印象，并对谈判取得成功抱有希望和信心；反之，如果谈判对手态度狂妄、盛气凌人、难以友好相处，谈判人员就会对其留下不好的印象，从而对谈判的顺利开展存在忧虑。

一、商务谈判人员应具备的基本心理素质

1. 自信

自信是成功的动力与源泉。谈判是一项艰难的工作，缺乏自信的人是很难战胜对手的，除非对手比你弱。谈判桌上各抒己见，常互不相让，你若表现出充分的自信，就会给对方造成很大的精神压力，对方会觉得你是难以战胜的，因而往往在希望成交的前提下主动放弃一些努力。所以，在商务谈判中，不管遇到什么样的困难和压力，都要有坚持到底的决心和必胜的信心，就算有时想求和，也要不卑不亢。

因此，作为一名优秀的谈判人员，一旦到了谈判桌上，要给对方一种非常自信的姿态，要相信自己会是胜利者，并给自己树立正确的观念：

（1）相信自己一定能取胜。

（2）态度积极，坚持正确的主见。

（3）镇静沉着，临危不乱。

（4）“请给我一些时间考虑”并不是一句丢人的话。

不过，自信的表露不可以给人以自傲、自负、难以接近的感觉，而是相反，越是在热情亲切、平易近人中体现出自信，越是有着不可抗拒的力量。这种力量会使他人更信任、更敬佩、更喜爱你，这在谈判中对你是十分有利的。

2. 乐观

谈判往往是一场旷日持久的较量。谈判过程中充满了变数，常常是谈了几天几夜，可到最后关头却突然因为一个小小的问题而导致谈判的破裂。因此，要求谈判人员在谈判过程中不屈不挠，保持一种积极、乐观的态度。

3. 诚心（诚意）

诚心也是谈判人员在谈判中应具备的心理素质之一。在谈判过程中，只有双方都有了谈判的诚意，才能有一个良好的开局，才能在出现僵局时取得和解和让步，也才能在双方实力相差悬殊时给予弱势方真心实意的理解。要做到在谈判中有诚意，就要求在谈判中，对于对方提出的问题要给予及时的回答；自己造成的错误要敢于承认和补救；给予对方承诺后要切实履行自己的诺言。诚心诚意的谈判能使谈判双方达到一种最佳的谈判心理状态，保证谈判气氛的融洽，排除一些细小的干扰，提高谈判的效率，取得最佳的谈判效果。

4. 意志力

意志力是为了达到既定的目的而自觉地努力的心理状态，而耐心则是意志力表现的一种。耐心是在心理上战胜谈判对手的一种战术与谋略，也是成功谈判的心理基础。在谈判中，耐心表现为不急于取得谈判的结果，能够很好地控制自己的情绪，掌握谈判的主动权。

许多重大的谈判，不是一轮两轮就能完成的，有时会拖很长时间。谈判经常会出现拉锯式的僵局。最难忍的时候往往就是最有希望的时候，最后的转机往往取决于最后几分钟。如果没有坚韧不拔的意志和忍耐持久的恒心，是难以适应的。缺乏耐心、遇事急躁的人是不能参加商务谈判的，这种人往往只会适得其反，正所谓成事不足、败事有余。

需要指出的是，耐心不同于拖延。在谈判中，有些人经常运用拖延战术来打乱对方的战术运用，或借以实施己方的策略，这并不表明其具有耐心。耐心主要是指人的心理素质，从心理上战胜对方。在谈判活动中，谈判人员要从始至终保持耐心，这样才能应付各种艰难、复杂的谈判。

例如，美国前总统卡特是一个富有伦理、道德的正派人，他的最大特点就是惊人的耐心。埃及和以色列两国的争端由来已久，积怨颇深，谁也不想妥协。当时的美国总统卡特邀请他们坐下来进行谈判，地点确定在戴维营。那里尽管设施齐备、安全可靠，但没有游玩之处，散步成了人们主要的消遣方式。两国谈判代表团住了几天之后，都感到十分厌烦。但是每天早上八点钟，萨达特和贝京都会听到敲门声，接着就是那句熟悉的话语：“你好，我是卡特，再把那个乏味的题目讨论一天吧。”结果到了第13天，双方谁都忍耐不住了，再也不想为谈判中的一些问题争论不休了，于是就有了著名的《戴维营和平协议》。它的成功，有一半归功于卡特总统的耐心与毅力。

5. 果断

果断是指一个人善于适时地、坚决地完成某件事情和进行适时决策的能力特点。谈判中的果断是建立在信息准确可靠、于己有利的基础之上的，该断不断、不该断也断均有后患。成功的谈判人员总是把果断作为自己的基石。

果断是一个优秀谈判人员良好的心理素质、战略眼光、领导能力和专业知识等因素的综合反映。具有果断能力的谈判人员，才能更好地动员各种内在和外在的力量，团结协作，夺取胜利。当代法国的许多专家把具备果断能力的决策人称为具有“价值10亿美元头脑的人”。

例如，我国有家工厂获悉在国外市场，因豆浆比牛奶更有营养，豆浆机销路大增，十分抢手。看准这一商机后，这家工厂立即着手研制小型电动豆浆机，半个月出样，一个月鉴定合格后，投入批量生产。与外商洽谈时，豆浆机马上成为争相订购的热门货。这一抢夺商机、迅速开拓国际市场的果断决策，使企业大获其利。

二、商务谈判心理禁忌

1. 盲目谈判

俗话说：不打无准备之仗。一切尚未知己知彼、尚未准备充分的谈判都不能盲目地开始。在谈判正式开始之前，应该搜集与谈判相关的资料和信息，在充分研究的基础上，初步构想谈判的策略，把握谈判的重点。只有这样，才能做到知己知彼，百战不殆。因此，谈判人员一定要克服盲目介入，充分做好谈判之前的准备工作，避免一上谈判桌就陷入被动局面。

2. 自我低估

毛泽东曾经说过：在战术上重视敌人，在战略上藐视敌人。天下没有打不败的敌人，天下没有不可取胜的谈判。“高度重视—充分准备—方法得当—坚持到底”，这是取得谈判胜利的普遍法则。就算是面对强大的谈判对手，谈判人员也没有理由自我贬低、自我低估。

3. 无法突破

在谈判中，谈判人员要禁忌出现被对方抛出的一大堆数字、先例、原则或规定所唬住，无法寻找到突破口的谈判现象。要知道，谈判中没有不使用数字、原则的谈判，也没有不能突破数字、原则的谈判。在谈判双方的“谈”与“判”中，情况瞬息万变，谈判人员要善于寻找突破口，能够从对方提出的各种专业性术语或数据中解脱出来，抓住问题的实质，击中对方的要害，取得谈判的重大突破和进展。

4. 感情用事

严格来讲，谈判是一件非常严肃的事情，它是企业实现经济利益的常见的业务活动。因此，对于谈判人员而言，谈判是代表企业去实现其经济利益的重大使命，谈判者切不可在谈判中感情用事。对于谈判对方提出的所有条件和问题，谈判人员都要冷静地分析，客观地判断，谨慎地作出答复，否则容易酿成大错，给企业带来经济损失，同时也给自己留下遗憾。

5. 拒不妥协

只顾自己、拒不妥协的谈判基本上都会是失败的谈判，双赢哲学是当今世界的基本谈判哲学。当然，双赢并不是指在利益上的完全均衡，由此而导致的从“拒不妥协”到“事事妥协”，同样也是一种错误的观点。要知道，没有妥协就没有谈判，善于妥协是有智慧的表现。因此，理想的谈判应该是对双方都有利的谈判。

6. 经验束缚

有哲人曾指出：主观臆断是一般人的通病。作为谈判者就是要敢于冒风险、敢于挣脱过去经验的束缚、敢于提出疑问，学会从现有的经验中作些新的尝试，别让有限的经验成为永恒的事实。

7. 掉以轻心

谈判永远是不可掉以轻心的。谈判获胜前不能掉以轻心，获胜后更不能掉以轻心，否则，要么是功败垂成，要么是成而树敌。一般来讲，在谈判中一方设置陷阱的情况经常发生，有些商家在提出条件时，故意掩盖事情的真相，如果谈判者不能及时地发现问题，很容易让“糖衣炮弹”所迷惑，为合同的履行埋下祸根。一旦情况发生了变化，对方以各种理由不执行协议，将导致前功尽弃。

8. 缺乏耐心

谈判是一种耐力的竞赛，没有耐力素质的人不宜进入谈判。一路春光明媚的谈判，往往都含有某种潜在的危机。所以，耐心是谈判过程中一个不可忽视的制胜因素。

三、不同类型的谈判对手心理

不同的职位与年龄，不同的谈判阶段，谈判人员的心理状态是不同的。若以追求（目标）代表心理，那么谈判心理可分为下述几种类型。

1. 权力型

这种人对成绩的追求是狂热的，他们常常无视别人的反应和感觉，为了取得最高成就不惜付出任何代价。对于具有与其同样雄心、同样目标和同样手段的人，他们将会无情打击。这类人在谈判桌上喜欢发号施令；惯用高压政策、边缘政策主宰谈判进程，不给别人留下任何余地，又不善于真正地引导谈判；在大部分问题上，我行我素，以自我为中心，以结论由自己做出为满足，为达到自己的预期目标而强使权力，甚至不近人情。他们求胜心切，放松决策，敢冒风险，在推脱声中赶到决策现场，大胆拍板。正因为这样，他们攫取到更多果实，获得了更大的权力。显然，权力型的谈判人员是谈判的劲敌。

与权力型谈判人员谈判，禁忌有以下三点：

（1）试图去控制他、支配他。

（2）逼迫他作出更多的让步，提出相当苛刻的条件。

（3）感情用事，不冷静。

2. 进取型

进取型谈判对手以取得成功为满足，这种类型的谈判者，是商界的幸运儿，他们在温文尔雅的外表下，暗藏着雄心，为了达到目的，他们在拼命努力。他们对谈判中定的目标十分注意，并强烈地追求目标的实现，以其实现程度的高低、大小作为自己谈判成功的标志。他们办事的方法隐蔽，手段精巧。在谈判中，他们十分随和，能迎合对手的兴趣。外表也充满着引人的魅力，在不知不觉中说服对方。同这类人谈判，可让他负责谈判程序的准备，以满足他的进取欲望，让他第一个陈述，从而使他觉得自己获得了某种特权，但是要控制整个谈判的程序。

同进取型谈判人员谈判，禁忌有以下四点：

（1）不让他插手谈判程序的安排。

（2）不听取他的建议。

（3）让他轻易得手。

（4）屈服于他的压力。

3. 关系型

关系型谈判对手以与别人保持良好的关系为满足，谈判者重视谈判目标，但更关注上级和同事对自己的看法，以及同谈判对手的关系。他们不愿意接受挑战，不愿意冒谈判陷于“紧张局势”的风险，也不愿意接受对目前造成威胁的局面，维持现状是他们的最大愿望。办事喜欢多请示上级，需要被上级不断地承认和赏识。由于环境总在变化，变化又意味着不安全。因此，他们总是怀着一种恐惧心理，需要上级不断地许诺和承认，只有这样，他们的心灵才能获得安宁，才能确信天下太平，才能得到赏识。谈判中他们愿意多听对方的意见，将“下情上报，上情下达”作为自己的目标，以当谈判桌上的传声筒为满足。关系型的谈判者，有一个良好的人际关系。人际关系好，是他们追求的重要目标。为了人缘好，他们可能不惜代价，他们需要别人的欢迎和赞扬，任何对他们不利的议论言谈，都会引起他们的焦虑。在良好的人际关系与和善的气氛中，他们才能发挥最大的作用。这些人对理论、概念不感兴趣，也不喜欢长篇陈述，某些现成的方法对他们更具有吸引力，他们追求稳定和安全。这类谈判对手在谈判中更容易处于被动地位。

与关系型谈判者谈判，禁忌有以下三点：

（1）不主动进攻。

（2）对他让步过多。

（3）对他的热情态度掉以轻心。

第三节　商务谈判的伦理

商务谈判是相关各方为了解决共同关心的问题而产生的，他们努力找到建立联盟关系的方式，或至少对一些主要问题达成一致。鼓励人们去选择某个被倡导的立场或建议的行为，其采用的手段有高尚、正当和不道德之分。为了避免说服向着不道德的方向发展，谈判双方需要共同制定一条伦理道德底线。商务谈判是不同利益主体之间进行的一种市场交易行为，虽然这种交易行为有其内在的规则和要求，但作为一种人际交往活动，伦理道德往往制约着谈判人员的行为，使谈判策略与技巧的运用常常面临着道德困惑和道德风险。因此，正确认识商务谈判中的伦理道德，是运用谈判策略、谋取谈判效益不可忽视的一个问题。

一、商务谈判的伦理观

谈判人员在谈判中的行为受到伦理的约束。谈判伦理是理性的，是意识的产物，它既可以成为指导谈判的理论，也可以是谈判追求的结果。

1. 主动伦理标准和被动伦理标准

在谈判过程中，谈判人员会受到主动伦理标准和被动伦理标准的影响。主动伦理标准是谈判人员从本身的认识和修养出发，用以约束自己谈判言行的道德标准。在谈判初次交手时，约束谈判人员言行的是主动伦理标准，如对老者表现出的持重与分寸感，对年轻人表现出的礼貌与谨慎，无不反映其主动伦理的一面。被动伦理标准是指受谈判对手言行的影响而做出的相应反映的行为标准，或称“因果报应”行为准则。谈判人员是具有智慧的人，他们不应也不可能置对手言行于不顾，在谈判中自作多情或一意孤行。为了实现实实在在的谈判结果，必须研究对手，根据对手的表现采取相应的措施，谈判中采取的策略，就是针对对方谈判人员而实施的计谋，也是被动伦理的一种体现。比如，面对拂袖而去的谈判人员，不必因为“礼貌”而去请回他；面对“漫天要价”的人，以“坐地还盘”或“大杀价”应对。所以，一个谈判人员的伦理观念是兼顾主动伦理与被动伦理标准的，其动机和行为无不根据主动与被动的伦理因素进行调整，以求得最佳的谈判效果。

2. 谈判伦理的本质

提到伦理，有人可能觉得它是一种约束，是一种消极的限制，其实不然，谈判伦理对谈判具有积极的促进作用，它能指引着谈判向正确和成功的方向进行。谈判人员应正确理解其存在的意义，并有效地利用伦理观念指导自己的谈判实践活动。谈判伦理尤如体育比赛的竞赛规则，给谈判双方提供了谈判准则，正如运动员要研究和熟悉竞赛规则一样，谈判人员也应了解伦理观念给谈判提供的规则，一方面要遵守规则，另一方面要运用规则去进取。谈判人员在研究伦理规则时，应首先了解什么是“谈判伦理禁区”，尽量不在“禁区”内犯规，谈判高手还会利用“合理犯规”去追求自己的谈判目标。所谓“谈判伦理禁区”，是指一切使谈判无效、合同无效或造成合同撤消，甚至引起诉讼、追索、损害和赔偿的犯规，这些均为禁区。遵守谈判伦理，并不意味着限制谈判对手能力和智慧的发挥，而是明确了哪些行为是谈判人员不该有的行为，哪些事情不能做。“没有规矩，不成方圆”，有了这些规则，谈判人员在遵守这些规则的前提下，积极、主动、进取性地开展工作就有了行为规范。

3. 商务谈判伦理与法律

商务谈判作为社会中一种人与人之间的经济交往行为，必然要借助一定的伦理观念和道德准则，去规范这种行为中的社会关系和人际关系，以维护一定的公共秩序。因此，商务谈判行为受到一定的道德观念的约束和影响，并有一个道德评价的问题，产生出商务谈判伦理道德观。法律约束是国家以法律形式确定谈判双方的权利、义务关系，具有普遍性、强制性和严肃性，是一种显约束和硬约束。而伦理约束是一种批判的武器和舆论的力量，以评价人们的善恶为其职能，它的作用主要表现在使谈判者的行为有所趋避、有所选择，是一种隐约束和软约束。伦理约束并不具有普遍的、强制的约束力，谈判人员可以遵守，也可以不遵守。不遵守，其面临的是道德风险。

然而，伦理与法律对谈判行为的约束范围不是完全重叠的，在伦理与法律之间往往可以找到回旋的余地，谈判中的行为常常处于违法与道德风险的边缘，谈判中行为的取舍常常遇到法律制裁与道德鞭笞两种不同的后果。作为谈判人员，首先要遵循法律的约束，这是不可动摇的；其次要慎重考虑道德的约束，遵守人们公认的、反映社会正义和时代进步的道德准则，但不能为道德约束捆住了手脚，失去了谈判应有的灵活性和策略性。因伦理道德具有较强的区域性、时代性和民族性，因此伦理约束的边界在于综合评判“道德风险”带来的得与失（如信用、名誉、长期利益等），如果冒“道德风险”的失大于得，显然应遵从伦理的约束。可见，伦理对谈判的约束并不是纯粹的“可”与“不可”的问题，而是一个“适度”的问题，拘泥于伦理或置伦理于不顾，都是不可取的。幸运的是，道德与利益并不总是矛盾的，好的道德也能促进利益。

4. 商务谈判伦理的确立

谈判伦理的确立是对谈判过程中人与人之间的道德关系与行为规范的规定，它不是谈判人员凭主观经验或抽象理性制定的，而是在谈判过程中，依据谈判双方之间存在的利益关系以及各自所持有的据此约束自己的道德准则而发生、发展的。因谈判双方利益上的一致性与冲突性的并存，谈判伊始谈判人员不可能完全的“真”与“实”，谈判的过程正是一个去伪存真、由虚到实的转化过程，而谈判伦理亦正是在这个转化过程中实现和完成的。没有完成这个转化，则不是正当的、合乎道德的谈判；完成了这个转化，就是正当的、合乎道德的谈判，谈判伦理亦得以确立。

谈判伦理确立的标准是以谈判双方各自所持有的道德标准相互作用、相互影响的结果。相对于谈判的另一方，谈判一方自身所持有的、用以约束自己行为的道德标准，被称为主动伦理标准；而谈判另一方所持有的、用以约束自己行为的道德标准，被称为被动伦理标准。在商务谈判伦理观确立的过程中，主动伦理标准使谈判策略与技巧的运用具有主动性、明确性和可控制性，从而不会失去伦理的约束；而被动伦理标准使谈判更加趋于合乎“伦理”标准，两者相互作用，使谈判双方趋于伦理标准一致，从而达成令双方满意并可接受的谈判结果。

二、商务谈判中的道德观

道德观是人类社会依据一定的利益要求调整人们的行为，人们相互间和人们对社会、国家的义务的准则。商务谈判的道德观是调整从事商务活动的人们相互关系的行为规范，为谈判人员的行为提供了准则。它包括职业道德及其所从属的社会阶层与社会角色的道德准则两个方面。

1. 职业道德

职业道德是一种职业或行业的自我约束，也是社会交换中的“利他主义”因素，它对规范或改进职业或行业行为具有重要的作用，是职业者应遵守的基本道德准则。在商务谈判中，谈判人员的职业道德有其自身的内涵，即礼、诚、信。

（1）礼。“礼”的道德准则存在于商务谈判的全过程和谈判行为的各个方面。“礼”不仅仅是指礼貌待人，处事有修养。有分寸，从言谈举止到谈判时间的安排，无一不充满礼仪，遵守礼节，还包含认同和遵守对方的文化习俗，接受和适应不同的谈判风格。“礼”实则是在友善、尊重的前提下，去建立双方良好、融洽的关系，为谈判的成功奠定基础。

（2）诚。“诚”，即光明正大、诚心诚意，作为谈判人员不应有不可告人的谈判动机和目的，例如，极端损人利己、嫁祸于人、转嫁危机等。这一道德准则首先体现在谈判动机与目的上，即正当的目的，诚意的谈判；其次体现在谈判所运用的依据上，是“存在的事实”，而不是“虚构的或歪曲的事实”。谈判人员只有以诚相待，才能取信于对方，有助于谈判的发展。但“诚”不是老实呆板、毫无保留、没有变化，它的要义在于不欺诈。

（3）信。“信”首先是指谈判人员的言而有信，言必行，行必果，重承诺，守信用，而不是信口开河，出尔反尔，自食其言；其次，表现为谈判要注重和维护自己的信誉，不做有损于信誉的事；再次，体现在谈判人员要善于取得对方的信任，为谈判创造条件。

2. 社会角色的道德准则

商务谈判人员都不是孤立的个人，他们或受雇于某个企业、某个法人或某个自然人，为其委托人争取最大的利益。他们或者从属于某一社会阶层，或者隶属于某个组织，从而在社会中归属于某一社会群体，扮演着某种社会角色，因此，也就必须遵守这种社会角色所带来的道德准则。

（1）责任感。责任感是谈判人员自觉的或被要求承受使命或义务的意识而产生的一种约束自身行为的意志力量。商务谈判的责任感主要体现在谈判人员要努力去实现谈判目标，维护和争取己方尽可能大的利益。自觉的责任感是一种内在的约束力量，被要求的责任感是一种外在的约束力量，两种力量都可以使谈判人员尽其职责与义务，但对谈判行为约束力的强弱程度，进而导致的谈判效果与质量的高低程度是有差异的。自觉的责任感是谈判人员伦理道德的主要部分。

（2）集体感。集体感是谈判人员以所代表的组织的集体利益与荣誉的需要作为自己行为准则的道德观念。与个人的责任感相比，集体感为谈判行为提供了一种较大范围的社会认同标准与价值。对谈判人员而言，集体的利益与荣誉高于一切，个人的需要应服从集体的需要，为了集体利益，可以牺牲个人利益，而不能损公肥私、因小失大。这是作为一个合格的谈判人员最基本的道德准则。

三、商务谈判伦理道德的运用

伦理道德虽不具有普遍和强制的约束力，但是作为伦理道德规范，却是在商务谈判中得到人们普遍承认和适用的。伦理道德约束对商务谈判有着匡扶和引导的作用，能促进谈判的健康发展。因此，伦理道德应成为商务谈判的规则。

谈判的伦理道德约束不是谈判进取的障碍，它决不制止谈判策略与技巧的运用，合法的谈判策略与伦理道德是不矛盾的。在谈判中，谈判人员的进取性主要表现在以下几个方面。

首先，要制订出进取性的谈判目标，积极争取实现该目标，而又尽量不使谈判破裂。谈判目标是检验谈判效率和成果的依据和标准，也是谈判思想、方针、策略的具体化和数量化。这里有最优期待目标、可接受目标和最低限度目标。制订谈判目标是为了做好多种准备，在紧张激烈的讨价还价中，既有可能实现较为理想的谈判目标，也有可能在最低限度目标内达成协议。这样，制订的谈判目标具有一定的伸缩性，既可避免由于僵化、死板而导致的谈判破裂，又可保证己方的最基本利益，并在此基础上争取更好的利益。

其次，努力寻找双方的共同利益，增加合作的可能性。参与谈判的各方究竟是合作者，还是竞争者，这个问题首先要搞清楚。不论是何种类型的谈判，谈判双方都应是合作者，而非竞争者，更不是敌对者。如果双方都把对方看作是自己的对手，双方的利益互不相容，或认为一方多得就意味着另一方少得，势必会导致双方的关系紧张和对立，那么，达成协议的可能性就会很小。谈判人员应以客观、冷静的态度，积极寻找双方合作的共同途径，消除达成协议的各种障碍，当双方为各自的利益讨价还价、激烈争吵时，很可能就是忽略了双方的共同利益。在多数情况下，从表面上看，双方的利益是有冲突的，但是深入观察后，有可能找到比冲突利益更多的共同利益。如产品交易的谈判，双方的利益冲突是卖方要抬高售价、买方要降低买入价，卖方要延长交货期、买方要缩短交货期，而双方的共同利益是都有要成交的强烈愿望，都有长期合作的打算。以此为出发点双方各让一步，也许就能峰回路转。由此可见，双方的共同利益还是存在的，关键是有没有发现它的存在，在一般情况下，双方的共同利益是潜在的，需要谈判者去挖掘、发现。共同利益不是天赐的，需要明确地表达出来，并需要将它系统地阐述为共同目标，强调共同利益给双方带来的益处，从而实现双方的合作。另外，双方在洽谈的过程中，对方可能不知道你的利益是什么，你也可能不知道他们的利益是什么，因此，必须寻找机会让对方知道并充分考虑你的利益，使对方明白满足利益对你是多么重要。与此同时，你也要了解关心对方的利益，把他们的利益也纳入你要考虑的方案中，并为寻找妥善的解决办法积极努力，如果双方都这么做，谈判就会取得令人满意的结果。

四、商务谈判的道德困惑

商务谈判伦理道德的确立是一个“过程”和“度”的问题，而不是简单的“是”与“否”的问题，谈判中经常充满着这样那样的道德困惑，把握不准它们的分寸与边界，往往容易滑入道德风险的边缘，或陷入道德束缚的泥潭。

1. 诚与谋

谈判需要“诚”，但并不排除“谋”的采用。“诚”不是原原本本、老老实实地把知道的情况告诉对方，也不是不加修饰、毫无保留地坦白相告；“诚”也需要策略、需要艺术。诚与不诚的边界在于，谈判的主要动机与主要事实是否是“诚”，是否构成欺诈。

2. 实与虚

谈判需要“实”，也需要“虚”，虚虚实实是谈判的精通所在。但“实”与“虚”都不能过头，“实”不是把不该泄露的情况也告诉对方；“虚”也不是捏造事实、公然欺骗。“实”强调的是事实胜于雄辩、取信于人；“虚”强调的是造势迷惑、用计斗智，其目的是为了增加谈判实力和谋取谈判的主动权，两者的边界同样在于是否构成欺诈。

3. 信与变

“信”要求谈判者重承诺，守信用，言必行，行必果，但是否所有的承诺都不可以变化?应该说，谈判人员在绝大多数情况下都应守信践诺，但在一些情况下，如承诺对己方造成了重大的利益损失、承诺无法履行或难以完整履行等，那么谈判人员也是可以通过一定的程序和方法收回或改变承诺的，而不必死守承诺，虽然这会导致对方的不满，但只要合理合法，讲究策略，仍然是可以获得谈判和合作的成功的。

4. 公平与精明

谈判讲求公平台理，但也需要精明，争取己方更大的利益。公平与精明同样是一个“度”的问题，公平不是利益的平均分配、绝对平等；精明也不是锱铢必较、分厘不让，更不是巧取豪夺、你输我赢，谈判是“合作基础上的利益主义”。公平的要义在于谈判的结果双方要自愿、满意；精明的要义在于以小的牺牲换回大的利益。

5. 友谊与利益

谈判中要注重建立和维系友谊，为了友谊可以牺牲一定的利益；同时，谈判中更要注重利益，为了利益也可以牺牲友谊。到底孰轻孰重?这要视谈判人员的经济承受力和目的而定，同样也是一个“度”的问题。讲友谊，不是没有原则、不予计较；讲利益，也不是冷酷无情、只认钱不认人。一般来说，商业交往中利益比友谊更可靠，所谓“商场中没有永恒的友谊，只有永恒的利益”。

6. 和谐与冲突

谈判需要双方的和谐相处，友好相待，唯此才能促成谈判的成功。但谈判时时充斥着矛盾与对抗、斗争与冲突，谈判正是和谐与冲突的矛盾统一体。如何处理好两者的关系，谁主谁次，这也是一个“度”的问题。和谐不是一团和气、一味妥协；冲突也不是口诛笔伐、任意恣为。其分寸在于既要给对方施加一定的压力，又要保持对方对谈判的兴趣；既要争取自己的利益，又不能远离对方。

谈判中面临的道德困惑，说明了追求己方利益与维持道德准则之间的微妙关系，它们既有一致的地方，也有矛盾的地方；同时，也反映了谈判是一项策略性、艺术性的工作，要善于把握其尺度，所谓“过犹不及”。

本章小结

商务谈判的思维、心理、伦理对商务谈判活动有着重要的影响。在商务谈判中能够灵活地运用辩证思维，用客观而不是主观的、用普通联系而不是相互割裂的、用全面系统而不是片面破碎的、用运动发展而不是静止不动的观点来观察世界、认识事物、思考问题。准确地认识问题并有针对性地采取措施，使谈判活动的变化朝着有利于己方的方向发展。谈判思维具有发散性、多样性、动态性、超前性等基本特点，现代商务谈判的思维方式主要有散射思维、逆向思维、超常思维、动态思维、跳跃思维等几种方式。

商务谈判的心理是指在商务谈判活动中谈判人员的各种心理活动，它是商务谈判人员在谈判活动中对各种情况、条件等客观现实的主观能动的反映。熟悉商务谈判心理，有助于培养谈判人员的心理素质，揣摩谈判对手的心理，实施心理诱导，表达或掩饰谈判人员自身的心理，营造谈判氛围。谈判人员应该具备自信、乐观、诚心、果断、具有意志力的基本心理素质；同时商务谈判人员必须克服盲目谈判、自我低估、无法突破、感情用事、拒不妥协、经验束缚、掉以轻心、缺乏耐心八大心理禁忌。对不同类型的谈判人员要加以分析，区别对待。

伦理道德是人类社会依据一定的利益要求调整人们的行为，人们相互间和人们对社会、国家的义务的准则。商务谈判是不同利益主体之间进行的一种市场交易行为，虽然这种交易行为有其内在的规则和要求，但作为一种人际交往活动，伦理道德往往制约着谈判人员的行为，使谈判策略与技巧的运用常常面临着道德困惑和道德风险。在商务谈判中，谈判人员的职业道德有其自身的内涵，即礼、诚、信。礼，即礼貌待人，处事有修养，有分寸，从言谈举止到谈判时间的安排，无一不充满礼意，使有关人员感受到尊重。诚，即光明正大、诚心诚意，作为谈判人员不应有不可告人的谈判动机和目的。信，是指谈判人员要言而有信，如果谈判人员信口开河，说了不算，就是缺乏诚信的具体表现，食言，是谈判之大忌。商务谈判人员还必须遵守社会角色的道德准则，即必须具有责任感、集体感。

复习思考题

1. 简述商务谈判思维的基本特点。
2. 现代商务谈判的思维方式有哪些?
3. 商务谈判人员的心理禁忌有哪些?
4. 简述商务谈判人员的职业道德和社会角色道德准则。

参考案例

意大利某公司与中国某公司谈判出售某项技术，谈判已进行了一周，但仍进展不快，于是意方代表罗尼先生某天在做了一次发问后告诉中方代表李先生，他还有两天时间可谈判，希望中方配合在次日拿出新的方案来。次日上午，中方代表李先生在分析的基础上拿出一套比中方原要求改善 5%的方案。意方罗尼先生讲：“李先生，我已降了两次价，计 15%，还要再降 5%，实在困难。”双方相互评论、解释一阵后，建议休会，下午 2∶00 再议。

下午复会后，意方先要求中方报新的条件，李先生将其定价的基础和理由向意方作了解释，并再次要求意方考虑其要求。罗尼先生又讲了一遍其努力，指出中方要求太高。谈判到 4∶00 时，罗尼先生说：“我为表示诚意向中方拿出最后的价格，请中方考虑，最迟明天中午 12∶00 以前告诉我是否接受。若不接受我就乘下午 2∶30 的飞机回国。”说着把机票从包里抽出在李先生面前亮了一下。中方把意方的条件理清后，表示仍有困难，但可以研究，谈判即结束。

中方研究意方价格后认为还差 15%，但能不能再压价呢？明天怎么答复？李先生一方面向领导汇报，与助手、项目单位商量对策，一方面派人调查明天是否有下午 2:30 的航班。

结果该日下午 2:30 没有去欧洲的飞机，李先生认为意方的最后还价、机票是演戏，判定意方可能还有还价空间。于是在次日 10 点给意方打了电话，表示："意方的努力，中方很赞赏，但双方距离仍存在，需要双方进一步努力。作为回应，中方可以在意方改善的基础上，再降 5%，即从 30%降到 25%。"意方听到中方的改进意见后，没有走，只是认为中方要求仍太高。

第四章　商务谈判过程

学习目的和要求

通过本章的学习，使学生了解谈判过程五个阶段的主要任务：开局的主要方式，摸底的原则和方式，报价的时机和模式，磋商的准则和环节，成交阶段的判断方法和主要任务。

商务谈判的过程是指以谈判双方坐上谈判桌作为开始，最后签订合同或协议为结束。一般来说，一场正式而完整的商务谈判的过程由开局阶段、摸底阶段、报价阶段、磋商阶段和成交阶段五个连续的阶段衔接而成。在很多时候，由于谈判对象的广泛性和不确定性及谈判双方利益的排斥性与对策的互引、互含性，谈判的过程伴随着无数错综复杂、意想不到的变化的发生，富有多变性和随机性。如何在复杂多变的谈判交锋中，保证实现既定的谈判目标，就需要在谈判的各个阶段制定并运用相应的谈判策略。而这些谈判策略由于谈判过程的不确定性，也是复杂多变的，不存在一套万能的策略模式。只有把这种或那种谈判策略恰当地置于某种特定的条件下，才能在谈判过程中取得积极成果。

第一节　商务谈判的开局阶段

商务谈判的开局阶段，一般是指谈判双方坐在谈判桌边起，到开始对谈判内容进行实质性讨论之前的一段时间。这一阶段谈判双方对谈判尚无实质性感性认识，而且谈判各方的心理都比较紧张，态度比较谨慎，都在调动一切感觉功能去探测对方的虚实及心理状态。所以，这个阶段只是进行见面、介绍、寒暄，以及谈判一些非关键的问题。这些内容，似乎与整个谈判主题关系不大甚至毫不相关，但却十分重要，能为整个谈判定下一个基调。因此，在谈判开局阶段，应做好以下三个方面的工作。

一、谈判气氛的确定

商务谈判开局阶段的首要任务，是要为谈判确定一个恰当的谈判气氛。所谓恰当的谈判气氛，是指该谈判气氛应当与谈判的性质、环境以及谈判双方的目标相适应。谈判气氛的形成与变化，将直接关系到谈判的成败得失，影响到整个谈判的根本利益和前途。

（一）影响谈判气氛的因素

影响谈判气氛的因素很多，谈判双方的关系与实力对比、谈判的环境、谈判目标和策略的需要等，都能营造出不同的谈判气氛。

（1）谈判双方的关系。商务谈判利益主题之间的关系，特别是以往的合作关系，是影响谈判开局气氛的一个非常重要的因素。如果双方过去有业务往来关系，且关系不错，那么开局气氛应该是友好而热烈的；如果双方过去的业务关系一般，或者没有打过交道，那么开局时应该力图营造一个积极友好的气氛；如果双方过去的业务往来给彼此留下了不好的印象，那么，或者使开局气氛严肃而紧张，以表达己方对过去合作的不满意，或者创造友好的气氛，以消除不良印象带来的影响。

（2）谈判双方的实力对比。谈判双方的实力对比，也是影响谈判开局气氛的一个重要因素。如果双方实力旗鼓相当，那么开局阶段的气氛可以是轻松自然、积极友好的。如果双方实力有明显差距，实力较强的一方可以通过营造紧张的气氛来向较弱的一方施加压力，而实力较弱的一方同样可以通过紧张气氛的营造来向对方标识己方的信心和决心。

（3）谈判环境的影响。谈判环境是指对商务谈判目标、进程和结果等各方面产生影响的内外部因素，包括谈判双方国家的所有客观因素，如政治形势、经济形势、市场变化、文化氛围、实力差距，以及谈判时的场所、天气、时间、突发事件等。例如，在国际商务谈判中，谈判双方主体所在国家或地区之间的政治、经济关系都会影响到谈判气氛，较为紧张的大环境会带来比较紧张的谈判气氛；反之亦然。

（4）谈判目标和策略的需要。如果谈判中有一方具有特殊的谈判目标或者策略，需要在谈判一开始就创造出一种特殊的开局效果，对谈判对手施加某种压力或影响，以赢得谈判的主动权或者达到己方的目标。例如，如果谈判一方需要尽快完成谈判，在最短的时间内与对方达成自己满意的协议，那么，在开局的时候，一方面需努力营造出积极友好的谈判气氛，以拉近双方的距离；另一方面也应该适当地营造略为紧张的气氛，以加快谈判的节奏，缩短谈判的时间。

（二）谈判气氛的类型

谈判的气氛大体有三种：一是积极友好的谈判气氛；二是紧张对立的谈判气氛；三是自然轻松的谈判气氛。一般来说，开局气氛如果是冷淡的、对立的、紧张的，或者是松懈的，都不利于谈判的成功。谈判开局气氛也不大可能一下子就变成热烈的、积极的、友好的。什么样的开局气氛是比较合理的呢？根据开局阶段的性质、地位，根据进一步磋商的需要，开局气氛应该有以下几个特点：

（1）积极友好的气氛。一般来说，最理想的谈判气氛是积极友好的，即在开局阶段使双方有一种“有缘相知”的感觉，双方都愿意友好合作，都愿意在合作中共同受益。营造积极友好的气氛并不仅仅是出于谈判策略的需要，更重要的是双方长期合作的需要。尽管随着谈判的进行会出现激烈的争辩或者矛盾冲突，但是双方是在积极友好的气氛中去争辩，不是越辩越远，而是越辩越近。因此，要求谈判人员真诚地表达对对方的友好愿望和对合作成功的期望，此外热情的握手、热烈的掌声、信任的目光、自然的微笑都是营造积极友好气氛的手段。

（2）紧张对立的气氛。当涉及一些敏感问题，或者谈判双方对己方利益要求都比较高，或是双方过去有过不愉快的合作经历，或是谈判中发生冲突及陷入僵局时，谈判中就会出现紧张对立的气氛。在这种气氛中，谈判双方针锋相对，不肯轻易做出让步，谈判气氛压抑而沉重。这时，需要谈判人员把握好情绪，根据现场情况，尽可能将谈判气氛调整到适合谈判顺利开展的基调上，避免阻碍谈判进行的情况发生。当然，在某些特殊的情况下，为了对谈判对手施加一定的压力或者加快谈判的进程，谈判人员也可以适当利用或者引导谈判的这种紧张对立的气氛，这对谈判人员的控制能力提出了更高的要求。

（3）自然轻松的气氛。开局初期常被称为“破冰”期。谈判双方抱着各自的立场和目标坐到一起谈判，极易出现冲突和僵持。如果一开局气氛就非常紧张、僵硬，可能会过早地造成情绪激动和对立，使谈判陷入泥潭。过分的紧张和僵硬还会使谈判人员的思维偏激、固执和僵化，不利于细心分析对方的观点，不利于灵活地运用谈判策略。所以，谈判人员在开局阶段首先要营造一种平和、自然、轻松的气氛。例如，随意谈一些题外的轻松话题，松弛一下紧绷着的神经，不要过早与对方发生争论。语气要自然平和，表情要轻松亲切，尽量谈论中性话题，不要过早刺激对方。

（三）谈判气氛的营造方法

（1）注重环境的烘托作用。谈判不是在真空中进行的，而是存在于一定的环境中。不少谈判人员为了选择一个好的谈判环境而煞费苦心。谈判环境的布置一般应以宽敞、整洁、优雅、舒适为基本格调，这样既能显示己方的精神面貌，符合礼节要求，同时还可根据对方的文化、传统及爱好增添相应的设置，促使双方以轻松、愉快的心情参与谈判。

1958 年，德意志联邦共和国第一任总理阿登纳访问法国与戴高乐举行会晤。戴高乐选择了他在科隆贝的私人别墅接待阿登纳。会谈在戴高乐的书房里举行。阿登纳认为，一个人的书房陈设可以全面反映一个人。而戴高乐的书房给阿登纳留下了极好的印象，从而促成了此次愉快、顺利的会谈，也为尔后签订法国—联邦德国友好条约奠定了基础。

良好的环境使人流连忘返，而恶劣的环境使人力求解脱。这种力求解脱的愿望可能转化为达成协议的努力。汤姆士·杰佛逊在《独立宣言》签字几年后说过："在不舒适的环境下，人们可能违背本意，言不由衷。"众所周知，那个签字的独立厅在马厩的隔壁，7 月份天气非常闷热，到处都是苍蝇，苍蝇还不时停在代表们的身上。在这种环境下，早一点签字就意味着早一点摆脱。

（2）把握开局之初的瞬间。开局阶段人们精力最为充沛，注意力也最集中，所有的谈判人员都在专心倾听别人的发言，注意观察对方的一举一动。谈判人员应注意把握这一关键时机，力争创造良好的谈判气氛。

1）以友好坦诚的态度出现在对方面前。双方见面伊始，首先应轻松地与对方握手致意，热情寒暄，在第一次目光接触时要表现得真诚和自信，面带微笑，以示友好。

2）选择中性话题破题。素不相识的谈判双方走到一起谈判，在最初极易出现停顿和冷场。因此，双方坐下后，不要单刀直入，或首先提出棘手敏感的问题，最好运用可以引起双方感情共鸣的非业务性的话题来开启谈判之门，一般应是对方感兴趣的话题，如体育比赛、文艺演出、对方的业余爱好等，或是双方过去经历中的某些关系，如校友、同行、同乡等。在双方通过轻松的交谈，感情已渐趋近、气氛比较和谐的情况下，一方才可试探性选择一些相同或近似的正式话题进行交谈，以此由表及里、由浅入深地循序渐进，使正式谈判之门慢慢打开。

3）开场之初最好站着交谈。双方还未就座之前站着时，是洽谈进行开场白的最好时机。许多社交礼节站着比坐着更方便些。例如，站着更易改变同对方接触及交谈的角度，或近或远，视需要而定。另外，如果洽谈气氛在人们站着时已经建立起来，那么，由站立转为坐下，则将从一般性交谈转入正式的业务洽谈，从而提醒双方应当把精力投入到正式工作中去。例如：

甲方："我们彼此介绍一下各自的生产、经营、财务和商品的情况，您看如何？"

乙方："完全可以，如果时间、情况合适的话，我们可以达成一笔交易，您会同意吧？"

甲方："完全同意，我们谈半天如何？"

乙方："行，估计介绍情况一个小时足够了，其他时间谈交易条件，如果进展顺利，时间差不多。”

甲方：“那么，是贵方先谈，还是我先谈？”

乙方：“随便，就请您先谈吧。”

谈判双方都运用了婉转而友好的问话，创造了自然轻松的谈判气氛，虽然简单，但却有助于谈判人员顺利进入正式洽谈，从而使谈判双方在谈判程序、方式和速度等方面达成一致意见。

二、协商谈判议程

谈判议程就是关于谈判的主要议题、谈判的原则框架、议题的先后顺序与时间安排。谈判之初，一般应首先将谈判议程确定下来。谈判议程的商定，实质上也是谈判的内容，因为议程本身如何将会决定谈判人员在以后的工作中是否有主动性，将会决定谈判的最终成果。

谈判议程可分为两种：一种是通则的议程；另一种是细则的议程。通则议程是商务谈判双方共同商定正式议程的依据，由谈判双方共用。细则议程是由己方拟定的谈判议程，是通则议程的补充，供己方自用。为了更好地控制整个谈判，为谈判制定的议程要有弹性，能在谈判过程中灵活变通。因为谈判过程中可能会出现这样或那样的问题。

典型的谈判议程，应包括以下内容:

（1）商务谈判的时间：包括总的期限、开始时间、各轮次时间、每次时间的长短以及休会时间等。

（2）商务谈判的场所：包括具体的谈判地点，对场所的具体要求等。

（3）商务谈判的主题：包括谈判的中心议题，解决中心议题的大原则，围绕中心议题的内容、细节、要求等。

（4）商务谈判的日程：包括洽谈事项的先后顺序，系列谈判的各个轮次的划分，各方谈判人员在每一轮次中的大致分工等。

（5）商务谈判的其他事项：包括成交签约的要求与准备，仲裁人员的确定与邀请，谈判人员的食宿、交通、旅游、休息、赠礼等事项的安排。

三、开场陈述

商务谈判开局阶段的另外一个重要任务，就是谈判双方要在此时分别做开场陈述。开场陈述是指谈判的参与方分别把己方的基本立场、观点和利益向对方阐述，让谈判对手了解己方的谈判期望、谈判风格和表达方式的过程。

（一）开场陈述的基本内容

在开场陈述中，要求对方都要把自己的观点做一个全面的陈述，使对方能弄清己方的意图。陈述中要包含以下内容：根据己方理解，阐明此次会谈应涉及的问题；说明己方通过谈判应取得的利益，尤其要阐明哪些方面是己方至关重要的利益，说明己方可以采取何种方式为双方共同获得利益作出贡献；双方要根据以前合作的成果作出评价，并对双方继续合作的前景作出评价。

（二）开场陈述的基本原则

开场陈述在谈判开局阶段有着非常重要的作用，所以，在做开场陈述时，不能草率，应遵循以下主要原则：

（1）开场的陈述要双方分别进行，并且在此阶段各方只阐述自己的立场、观点而不必阐述双方的共同利益。

（2）双方的注意力应放在自己的利益上，不要试图猜测对方的立场。

（3）开场陈述是原则性的而不是具体的。一般来说，开始阶段的谈判任务是向着横向而不是纵向发展，也就是说，只洽谈当次谈判中的原则性问题和陈述己方的基本立场、观点和建议，而不是就某一个具体问题作深入谈判。

（4）开场陈述应简明扼要，通俗易懂。这样既可避免对方误会，又可使双方有机会立即交谈下去，还可避免被冗长繁琐的发言搅昏头脑而影响谈判气氛。

（5）对方陈述时不要插言，待其陈述完毕后再进行提问，只有待到问清对方的意图后，方才陈述己方的建议和立场。

（三）开场陈述的方式

开场陈述的方式一般有：书面陈述、口头陈述和书面结合口头陈述三种。无论是书面陈述、口头陈述，还是书面结合口头陈述，其基本内容和所遵循的原则都是相同的。

（1）书面陈述。这是一种局限性很大的方式，一般只在两种情况下运用。第一种情况是，本部门在谈判规则的束缚下不可能选择别种方式。比如，本部门向政府部门投标，这个政府机构规定在裁定期间是不准备与投标者磋商的。另一种情况是，本部门准备把所提交的最初的书面交易条件作为最后的交易条件。这时对文字材料的要求是：各项交易条款必须写得准确无误，让对方一目了然，只需回答“是”与“不是”，无须再作解释。

（2）口头陈述。在许多情况下，谈判人员基于一种原则性或试探性的想法，事先并不提交任何书面形式的文件，他们只是根据在谈判中找到的某种感觉来决定是否有必要继续谈下去，而把书面文字化的东西放在最后去完成。在中国的相当一部分交易中，人们甚至连最后的这些文字也省去了，完全凭一种口头承诺，甚至是一个点头、一次握手来决定交易。

（3）书面结合口头陈述。这种形式即是在双方会谈之前，先就某些较复杂或较关键的细节用书面形式进行表达。这种陈述方式可以将己方一些在口头表达中难以阐释的条款、容易引起误会的条件，以较为准确的形式事先进行一些必要的说明，使对方能够较为仔细地考虑己方提出的这些条件，为正式谈判做好准备。

提出书面交易条件之后，应努力做到下述要点：让对方多发言，不可多回答对方提出的问题；尽量试探出对方反对意见的坚定性，即如果不作任何相应的让步，对方能否顺从意见；不要只注意眼前利益，还要注意目前的合同与其他合同的内在联系；无论心里如何感觉，都要表现出冷静、泰然自若：随时注意纠正对方的某些概念性错误。例如，原材料买卖的开场陈述：

甲方阐述：我们对贵方所能提供的原材料很感兴趣。我们准备大宗购进一批，生产一种新产品。我们曾与其他厂家打过交道，但关键的问题是时间，我们想以最快的速度在这个问题上达成协议。为此，我们希望开门见山，并简化谈判的程序。虽然我们以前从未打过交道，不过据各方面反映，贵方信誉好，一向很合作。预祝我们的交易成功。

乙方阐述：我们非常高兴贵方对我们的产品感兴趣，并愿意购买我们的产品。但是，我们的产品数量有限，市场又比较紧俏。当然，这一点是灵活的，我们关心的是价格问题。正因为如此，我们才不急于出售数量有限的产品。

从这个案例我们可以看出，谈判各方通过简明的语言，明确地阐述了各自的谈判目的、所关心的问题、立场和态度，耐人寻味。

第二节 商务谈判的摸底阶段

商务谈判的摸底阶段，是指正式开始谈判后，没报价之前，双方通过交谈相互了解各自的立场、观点和意图的这段时间。在这一阶段，双方的主要任务就是探测对方的真实意图和心理期望，进行必要的审查，评估报价的形势和成交的大致轮廓，为报价、实施与调整谈判策略奠定可靠的基础。

一、摸底的注意事项

谈判是一个曲折复杂、变化多端的过程，谈判人员不仅要学会倾听，还要学会观察，同时还要善于判断，要从多个角度、多个方面去理解和证实对方的真实含义和意图，不妄自揣测，过早定论。

（一）忌轻信

对于谈判对手的话语，谈判人员不可不信，也不可全信。要对对方的讲话多留一个心眼，多存几个疑问，学会独立地看问题，而不可轻信盲从。

（二）忌过早锁定对方的意图

在谈判前期切不可过早锁定谈判对手的意图，即使是对对方的意图有了一定的了解。因为在谈判中，谈判人员意图的显现是一个从无到有，从少到多，从虚到实的过程，是一个互相比拼、亮相的过程。因此，不可固化对对手意图的判断，而应以开放、灵活的心态对待。

（三）忌忽略对方

在摸底过程中，一些谈判人员只关心自己的问题和利益，而忽略了对方的问题和利益，其结果要么是对对方的意图一知半解，要么是会错了意，因此也很难有好的谈判结果。所以，在对方谈话时，要仔细倾听，主动去询问和探寻对方的需求，而不是心不在焉，漠不关心。

（四）忌固执己见

在谈判摸底阶段，切忌过于刚愎自用，一条道到底，只允许一种声音、一种方案，听不得不同的意见，其结果必然堵塞谈判的通道。

二、摸底阶段的主要任务

（一）摸清对方情况

谈判人员要设法全面了解谈判对手的情况，虽然，大多数谈判场合，过于细致入微的了解显得似乎有些小题大做，但只有尽可能地把握对方各方面的情况，才能顺藤摸瓜，去探察对方的需要，由此掌握谈判中的主动，使谈判成为同时满足双方利益的媒介。

摸清对手的情况最好是与熟悉对手的人交谈，全方位了解对手的强项和弱项，并有针对性地做好相应的准备工作。例如，通过信用调查、股东报告可以得到财务数据，公司的组织指南、电话号码簿和内部报纸都很容易得到。谈判人员要注意搜集各种资料，以便对对手作出准确的判断。

（二）评估对方实力

既然谈判是一个逐步从分歧走向一致或妥协的过程，就需要评估对手的出发点和实力。他们有关键的实证材料吗？这些材料符合逻辑吗？道德上可以接受吗？谈判人员由哪些人员组成？各自的身份、地位、性格、爱好、谈判经验如何？他们是否有一个具有良好谈判技巧的高水平首席代表？其能力、权限、以往成败的经历、特长和弱点，以及对谈判的态度、倾向意见如何？等等。一旦对对手的优势有所了解，预测一下，当开始谈判时他们会朝哪个方向走，他们有多少可以谈判的余地。

一般情况下，需要掌握的对手实力的信息包括公司的历史与投资状况，技术装备水平，产品的品种、质量、数量等。

（三）明确对手目标

就像明确自己的目标一样确定对手的目标。将假定的对手目标列一个清单，并确定优先等级。例如，对手志在必得的目标列为最高优先级；对手想要争取的目标列为中间优先级；对手当做额外收益的目标列为最低优先级。此外，还可以根据对手的需求与诚意、对方同己方合作的意图与愿望、对实现这种合作的迫切程度等来排列优先等级。但要记住，这些只是猜测的，要随着谈判的进行，通过观察来检验自己的判断是否正确。

（四）分析对手的弱点

就像必须了解对手的优势一样，也必须清楚他们的弱点，无论是他们的论点论据，还是他们的个人能力。比如，如果谈判对手是一个小组，分析是否有机会分而治之。例如，提出一个取悦一些人而惹怒另一些人的方案；也可以事先研究他们论据中的弱点，充分发掘他们的陈述中有背于道德和有政治问题的地方。例如，电器批发部的销售主任以高折扣销售一些损坏了的电器，将会导致各种职业道德和法律问题。

（五）利用正规渠道的情报

仔细检查所有有关对手的文章，如分析行业杂志及相关出版物上有关对手情况的详细报道。这些文章可能会有极宝贵的关于对手现状、历史、目前战略目标的背景资料。也可以查看由政府机构公开出版的有关对手法律上和财政上状况的文件。大多数资料都能以很低的费用获取，只要肯留心去搜集。如果可能，尽量多向以前的谈判人员请教。

（六）研究历史资料

谈判常常会因为供货商要重新协商新的年度供货合同、雇员要求变更工作期限等诸如此类的事情而发生。如果与一个已经熟悉的团体谈判，则应当分析以往谈判中他们所采取的方式，重新查阅老的备忘录，向曾经参与谈判的同事请教，适当地调整自己的战术。但要记住，在越来越熟悉对手的同时，对手同样也越来越熟悉己方，他们会根据对己方策略的了解来明确地表达他们的目标。在这种情况下要注意几点：以往谈判中力量的对比未必与现在一样；对手可能有更具权威、更具影响力的新职位；对手的新职位可能会使其暴露出新的弱点和长处；双方面临的时间压力可能是不同的；在谈判的每个回合中双方所做的准备工作是不同的。

（七）多边谈判

如果谈判对手由多个团体组成，除了评估每个团体和个人，还应该估计各团体之间是否有冲突，对此冲突己方能否加以利用，并对每个团体和个人的风格、特点都要作详细的了解和把握。此外，要明确谁有权力代表其他几方作重要决定，必要时对其进行重点突破。

（八）利用非正式渠道的情报

为了精于收集情报，必须把自己训练得像侦探一样善于思考。日复一日地利用非正式的社交场合、商务网络、不经意的偶遇，或者与有关人员适时地通电话，来查明对手是如何工作的。也可以派人到他们的办公室去看他们如何对待下属和顾客，或者邀请他们的老顾客共进午餐并审慎地问些问题。事实证明，对手那些心怀不满的前雇员是一个信息宝库，但也要警惕他们不知不觉向你传递一些捕风捉影的错误信息。

三、摸底的主要方式

在商务谈判摸底阶段，通过观察、试探谈判对手，可以更好地了解对手，并且获得一些对于己方有用的谈判信息。这是一项策略性很强的工作，如果采取恰当巧妙的方式，不仅能够全面有效地获得对手的信息，还能降低对手的警惕性，不被对手察觉。反之，如果运用不恰当的方式，则有可能打草惊蛇，甚至被对手利用，钻进对方的圈套。

探测信息采用的方法概括起来主要有以下三种。

（一）观察法

要了解谈判对手，最好的方法就是察言观色。通过对谈判对手的外表、神情、语言以及动作的观察，来获得对谈判对手的初步了解。察言观色，应当在不动声色之中观察对方，通过与对方的自然交流试探对方。否则，不仅会让谈判对手心存戒备，而且会把谈判气氛弄僵。在部分谈判成员与对手交流的时候，另外一部分谈判人员应借此机会对对手进行观察，并且在事后将观察的细节及分析记录下来，以备今后的谈判使用。

谈判对手的性格、态度、风格、经验及真实意图等情况，是可以通过其着装、表情、动作、姿态、眼神等判断出来的。一般说来，如果谈判对手着装整齐、言行一致，说明他们做了充分的准备工作且组织严明，己方应采取整体战术与之抗衡；相反，如果谈判对手各自为政、外表散漫，说明对方内部还存在不一致的地方，己方就应该寻求局部突破，力求瓦解对方的谈判阵营。另外，如果谈判对手言行简洁而坚决、神情严肃，说明对方的谈判态度相当强硬，且心理防线牢固，己方应耐心与之周旋；如果对方神情紧张、闪烁其词，说明对方谈判底气不足，己方应该抓住对方的软肋，尽早争取到谈判的主动权。

（二）提问法

提问法是指在对方陈述之后直接向对方询问有关谈判的问题，通过对方的回答来探知对方的信息。这种方法对提问的方式特别讲究，一般不涉及具体的细节问题，貌似闲聊，实为摸底，所提的问题应该是对方乐于接受的，起码也要使对方能够容忍，否则就是不恰当的。常见的提问方式如下：

（1）笼统性提问。如“贵公司目前的发展情况如何？”“最近销路怎么样？”

（2）直接性提问。如“你对我们的产品有什么看法啊？”

（3）诱导性提问。如“贵企业不打算购买这种产品吗？”“这不正是贵方所坚持要的质量和服务吗？”

（4）印证性提问。如“贵方是不是认为我们维持现状会更好一些？”

（5）假设性提问。如“假如我们坚持这个立场，贵方有何打算？”

（三）试探法

试探法是指通过一些与谈判无关的语言或行动试探、旁敲侧击的方法探出对方的真实情况。在使用这种方法时，要注意不温不火，话题的提出或行动的表示要自然，不能表现得太急切，对对方的答案也不能表现得太在乎。如果对方并不想回答问题，切忌步步紧逼，以免打草惊蛇，引起对方的警觉和戒备，而是应该表示出理解，并伺机换种方式试探。例如，如果想要了解谈判对手所获的权限有多大，可以借口与对方领导关系较好，询问其近况如何，借以观察对方主要谈判人员与其高层决策者的关系。

四、谨防对方窥测

螳螂捕蝉，黄雀在后。谈判人员在试探对方的同时，对方往往也在想方设法探测己方的信息。因此，一定要做好防范保密工作，并且要灵活应对对方的摸底。

（一）做好自我保密工作

对于谈判者来说，明白什么样的信息需要保密这一点非常重要。除由于谈判需要而必须向对方传递的信息以外，其他重要信息，如己方的最后期限、最低出价信息、己方所面临的困境等信息，都必须严格保密。对于随身携带的谈判资料一定要妥善保管，不能随意丢放。切不可让对方掌握己方的信息命脉，否则将会令己方处于被动的局面。

其次，要尽量避免在谈判现场协调内部行动，以防对方从自己的表情、眼神、口形上判断出己方的信息内容。谈判时己方人员若对需要马上答复的问题在现场交换意见，可以请求退场协商，或在现场用交换纸条的方法。在谈判间歇或休息期间，一定要防止己方交谈的信息被窃听，在公共场合更不应该讨论与谈判业务相关的事宜。

（二）应对对方的直接探问的技巧

在谈判中，当谈判人员遇到对方直接提出一些己方不愿意回答的，关系到己方谈判机密的问题时，除了正面向对方明确表示这是过分的或不公正的要求，而予以正面拒绝以外，还可以采取注入转移话题、偷换概念、假装不知、避实就虚、鱼目混珠等方法进行应对。例如，在《三国演义》中有一段关于曹刘二人青梅煮酒论英雄的情节，刘备巧妙地以闻雷心惊来掩饰匙箸落地的窘态，并非常机敏地把曹操提出的“天下谁是英雄”的敏感话题转到“是否畏雷”的话题上，避开了自己难以正面表述的问题。

（三）避免落入场外陷阱

很多时候，在谈判中的谈判人员的戒备心都比较强，不轻易透露一点信息。因此，谈判的组织者便将注意力转移到谈判场外。例如，精心设计安排的一系列热情的场外活动，像欢迎、欢送宴会、参观、游览等，希望通过这些热情的场外活动使对方放松警惕，在不经意间泄露“天机”。甚至，在一些跨国的重大谈判中，“美人计”、“苦肉计”都是猎取重要谈判信息经常采用的手段。因此，谈判人员必须随时保持高度的警惕性，尤其是在客场进行谈判时，更要处处留心，谨防落入对方的场外陷阱。

例如，日本一家企业想购买英国某公司的技术专利，但谈来谈去，英方就是不卖，日本人只好宣布作罢。可是没过多久，英国这家公司的附近出现了一家新开的小餐馆，物美价廉，服务良好，该公司的许多员工都前往就餐。过了不久，英国人不肯出让技术的那种产品就在日本问世了。原来，英国这家公司的员工在那家小餐馆就餐时，同事之间谈论涉及业务的话题都被餐馆的“服务人员”一点一滴收集了去，最终成为一份完整的技术资料。英国人在谈判桌上费了好大劲想守住的东西，却在不知不觉中被场外的日本人给弄到了手。

第三节　商务谈判的报价阶段

价格事关商务谈判双方的切身利益，同时，价格又是在诸多因素的共同作用下最终形成的。当谈判进入了报价阶段，也就意味着实质性谈判的开始。这里所说的报价，不单指对于价格的要求，还泛指所有的与谈判标的物相关的各种条件，包括数量、质量、支付条件、包装、责任条款等各种交易条件。因此，报价阶段是商务谈判中最重要、最复杂的一个阶段。报价的合理与否、成功与否，关系到整个价格谈判的成败，从而也关系到整个商务谈判的成败。

一、报价的依据

报价决策不是由报价一方随心所欲地制订的，而是根据所搜集、掌握的来自各种渠道的商业情报和市场信息，对其进行分析、判断，在预测的基础上加以制订的。对于每个商品价格来说，影响其形成的因素主要有成本、市场供求、品质、竞争、政策等因素。上述每一种因素本身是由许多因素决定的，这些子因素又相互联系、相互制约和不断变化，这就造成了价格的复杂多变和把握价格的困难。因此，了解商务谈判中价格的影响因素，便于谈判人员正确做出价格决策，掌握价格谈判的主动权。

（一）成本因素

成本是报价的基础，它是影响报价的最基本因素。当商品成本一定时，降低报价是增强商品的竞争能力，占领市场，战胜竞争对手的行之有效的方法。但有时也要根据企业的经营战略、商品的市场定位来报价，过低的价格可能会造成“低价低质”的印象。此外，在决定商品的报价时，不仅要考虑现在的成本、将来的成本，以及降低成本的可能性，而且要考虑竞争对手的成本，要依据有关成本资料，恰当地报出商品的价格。

（二）需求因素

由于谈判人员的需求情况不同，他们对价格的接受度也各不相同。同样是一件款式新颖的时装，即使价格较高，年轻人也可以接受，而老年人往往不能接受。当“等米下锅”时，人们就不大计较价格了。所以，当对方带着迫切需要某种原材料、零配件、产品、技术或工程项目的心情来进行谈判时，他首先考虑的可能是交货期、供货数量以及能否尽快签约，而不是价格的高低。

（三）品质因素

商品的品质是指商品的内在质量和外观形式。商品的品质是消费者最关心的问题，也是谈判双方必须洽谈的问题。因此，商品的报价必须考虑商品的品质，按质报价。

（四）竞争因素

商品竞争激烈程度不同，对报价的影响也不同。竞争越激烈，对报价影响也越大。由于竞争影响报价，因此要做好报价，除了考虑商品成本、市场需求及品质外，还必须注重竞争对手的价格，特别是竞争对手的报价策略以及新的竞争对手的加入。

（五）政策因素

每个国家都有自己的经济政策，对市场价格的高低和变动都有相应的限制和法律规定。因此，商品的报价必须遵守国家政策要求。例如，国家对某种产品的最高限价和最低限价的规定就直接制约着报价的高低。在国际贸易中，各国政府对价格的限制就更多了，报价方更应了解这些限制，并以此作为自己报价的依据。

另外，在报价时，交易量的大小、支付方式、产品和企业的声誉、谈判双方的交易次数及合作的前景等都应是报价时要考虑的因素。

二、报价的基本原则

要成功地完成报价，谈判人员要遵循以下一些主要原则。

（一）采取最高报价（卖方）或最低报价（买方）的报价方式

对卖方来说，开盘价应该是最高的。一般来说，开盘价提出之后，没有特殊情况，就不能再提出更高的要价了，而最后成交的价格通常在这个价格之下。而对买方来说，开盘价应该是最低的，也就是确定了要价的最低限额，最后成交的价格也通常在这个价格之上。开盘价的高低往往会对最终成交的水平产生实质性的影响，即开盘价高，最终成交价格也高；开盘价低，最终成交价格也低。换言之，开盘时要求越多，最终获得的往往也越多。

“卖方开价要高，买方出价要低”的报价起点策略，有以下作用：

第一，这种报价策略可以有效地改变双方的盈余要求。当卖方的报价较高，并振振有词时，买方往往会重新估算卖方的保留价格，从而价格谈判的合理范围会发生有利于卖方的变化。同样，当买方的报价较低，并有理有据时，卖方往往也会重新估算买方的保留价格，从而价格谈判的合理范围便会发生有利于买方的变化。

第二，卖方的高开价，往往为买方提供评价卖方商品的价值尺度。因为在一般情况下，价格总是能够基本上反映商品的价值。人们通常信奉：“一分钱一分货”，所以，高价总是与高档货相联系，低价自然与低档货相联系。这无疑有利于实现卖方的最大利益。

第三，这种报价策略中包含的策略性虚报部分，能为下一步双方的价格磋商提供充分的回旋余地。因为，在讨价还价阶段，谈判双方经常会出现相持不下的局面。为了打破僵局，往往需要谈判双方或其中一方根据情况适当做出让步，以满足对方的某些要求和换取己方的利益。所以，开盘的“高开价”和“低出价”中的策略性虚报部分，就为讨价还价过程提供了充分的回旋余地和准备了必要的交易筹码，这可以有效地造成做出让步的假象。

第四，这种报价策略对最终议定成交价格和双方最终获得的利益具有不可忽视的影响。这种“一高一低”的报价起点策略，倘若双方能够有理、有利、有节地坚持到底，那么，在谈判不致破裂的情况下，往往会达成双方满意的成交价格，从而使双方都能获得预期的物质利益。

（二）报价要合乎情理，有根有据

卖方的报价要尽可能高，买方的报价要尽可能低，是商务谈判报价的一般原则，但是这并不意味着报价时可以漫天要价，而必须合乎情理，能够讲得通才行。如果己方报价过高，会使对方认为己方缺乏谈判的诚意，可能马上使谈判破裂，也可能提出一个令己方根本无法认可的还价，或者对己方报价中不合理的内容提出质疑，迫使己方不得不很快作出让步。所以，开盘价格应该在合乎情理的基础上，尽量地争取更有利于己方的价格；如果双方有过良好的合作背景，报价则更应该稳妥合理。20 世纪 70 年代的某届秋季广交会，我国大豆的成交价定为每吨 800 元人民币，比当时国际市场行情高了 200 元人民币，结果大多数客户都惊呆了，他们弄不明白中国方面的意图，连还价的基础都拆除了，只好远离而去。一场交易会下来，除了个别客户考虑到长远关系，买了几百吨外，大多数客户未能成交。

（三）报价要明确，不必作过多的解释或说明

开盘报价应该果断、坚定、毫不犹豫，这样才能给对方一种诚实而又认真的印象。如果报价拖泥带水、欲言又止，必然导致对方的不信任。

开盘报价应明确、清晰而完整，切忌含含糊糊，否则会使对方产生误解。一方报价必须让对方准确无误地了解其期望，这样才能达到提出报价的目的。

报价时不应对所报价格主动作出解释和说明。因为合乎情理的事情是没有必要进行过多的解释和说明的。如果在对方提问之前便主动就报价作出解释和说明，会提醒对方意识到己方最关心的问题，其中可能包括对方先前并没有意识到的问题，从而露出破绽，为对方提供了突破口。

三、报价的时机

（一）报价的最佳时机

价格谈判中，报价时机也是一个很重要的问题。有时卖方虽然报出了合理的价格，但由于没有选择合适的时机，报出的价格没有引起买方的交易欲望。一般来说，买方首先注重的是商品的使用价值，在其充分了解商品的使用价值和为其带来的实际利益之后，才有兴趣谈价格问题。因此，提出报价的最佳时机，一般是对方询问价格时，这时对方已对商品产生了交易欲望，此时报价往往就能水到渠成。

有时，谈判一开始的时候买方就询问价格，这时最好的策略应当是听而不闻。最好先谈谈该商品或项目能为买方带来的好处和利益，待对方的交易欲望真正被调动起来后再报价。但如果对方坚持要马上答复价格问题，也不宜拖延，否则，就会使对方感到不被尊重甚至反感。此时，谈判人员应当建设性地回答价格问题，把价格同使用价值联系起来回答。

（二）报价的先后顺序

在价格谈判中，不管是处于自愿、主动，还是应对方的要求，总有一方要先报价。谁先报价，这是一个非常重要而又微妙的问题。先报价和后报价各有利弊，需要根据谈判当时的具体情况进行决策。

（1）先报价的利弊。先报价的有利之处在于，可以为价格谈判划定一个大致的框架，这样能把对手的期望限制在一个特定范围内。此外，先报价比反应性报价显得更有力量，更有信心。当然，这种力量和信心是建立在详尽收集资料和信息的基础之上的。最后，先报价可以占据主动，打乱对方的原有部署，甚至动摇对方的谈判信心，对谈判全过程的所有磋商持续起作用。

然而，先报价的不利之处在于，一方面，对方听了己方的报价后，可以对他们自己原有的想法进行最后的调整。由于先报价，对方对己方的交易条件的起点有所了解，他们就可以修改原先准备的报价，获得本来得不到的好处。另一方面，先报价后，对方还会试图在磋商过程中迫使己方按照他们的路子谈下去。其最常用的做法是：采取一切手段，调动一切积极因素，集中力量攻击己方的报价，逼迫己方进一步地降价，而并不透露他们自己究竟肯出多高的价值。

（2）后报价的利弊。后报价的有利之处在于，可以先获得对方对价格的要求，特别当对价格的市场动态不了解时，后报价将有利于己方调整价格期望，提出更有效的价格，提高报价的成功率。后报价的不利之处在于，失去了报价的主动地位，价格谈判的范围被对方基本限定，最后的成交价格往往达不到己方的期望。

总之，先报价和后报价都各有利弊。谈判中是决定“先声夺人”还是选择“后发制人”，一定要根据不同的情况灵活处理，例如，爱迪生的专利价格。美国著名发明家爱迪生在某公司当电气技师时，他的一项发明获得了专利。公司经理向他表示愿意购买这项专利权，并问他要多少钱。当时，爱迪生想：只要能卖到 5000 美元就很不错了，但他没有说出来，只是对经理说：“您一定知道我的这项发明专利权对公司的价值了，所以，价钱还是请您自己说一说吧！”经理报价道：“40 万元，怎么样？”还能怎么样呢？谈判当然是没费周折就顺利结束了。爱迪生因此而获得了意想不到的巨款，为日后的发明创造提供了资金。

四、报价的方式和模式

（一）报价的方式

商务谈判的报价方式主要有书面报价和口头报价两种方式。两者各有其优势和劣势，在运用中应根据不同的实际情况选择合适的报价方式。

（1）书面报价。书面报价是指提出较为详尽的文字资料、数据和图表等，将己方的价格要求和所愿意承担的义务，以书面的形式表达清楚。一般书面报价可以采取两种形式：①书面报价，不作口头补充；②书面报价，结合口头补充。前者表述准确详尽，能使对方产生一种严肃且正式的感觉，而后者更具灵活性。

书面报价的优点是能使对方充分了解己方的报价要求，且使得谈判进程安排得更紧凑。缺点是书面材料将成为己方言行的永久性记录，由此加大了条文的约束性，且文字性的报价缺乏灵活性和生动性，限制了谈判人员发挥其能动性的作用。因此，在现实谈判中，已经很少采用书面报价。

（2）口头报价。口头报价是指不提交任何书面形式的文件，只是以口头告知的方式提出交易条件。这种方式相比书面报价而言，具有更大的灵活性，使得谈判人员可以察言观色，见机行事，根据谈判进程调整、变更谈判策略来实现谈判目的。

口头报价的缺点在于，对于某些价格条款比较复杂的谈判，不易将其中的复杂要点表述清楚，双方的理解容易产生偏差，而日后的磋商也容易因此偏离主题而转向细枝末节的讨论，从而拖慢谈判的进程。

（二）报价的模式

国际上有两种通用的报价模式，即所谓的西欧式报价和日本式报价。两种模式在原则和方法上有着本质的差别，在实际操作中也有各自的用途和适用原则。

（1）西欧式报价。西欧式报价的一般模式是：首先提出较大余地的价格，然后通过双方的磋商，作出适当的让步，如数量折扣、价格折扣、佣金和支付条件上的优惠等来逐步使对方最终接受交易条件，达成最后的交易。实践表明，这种报价模式只要能够稳住买方，往往会有不错的结果。

（2）日本式报价。日本式报价的一般模式是：先报出一个对对方有利、对己方不利的交易条件，以引起对方的兴趣。但一般与这种价格相关的其他交易条件都是对己方最有利的，对方很难满足。因此，在正式进行价格谈判时，往往对方会要求改变有关条件，这时己方就可提出提高价格。因此，最终成交的价格往往会高于最初报出的价格。这种模式在面临众多外部对手时，是一种比较艺术而策略的报价方式。

（3）报价模式的选择。在商务谈判中，通常采用的是西欧式报价，有利于双方在一个比较熟悉的谈判模式基础上开展价格谈判，并且有利于达成双方都期望的谈判结果。而日本式报价容易在一开始就出乎对方的意料，打乱对方的战略部署。但是，随着谈判的深入，后报价方会有一种被欺骗的感觉，往往不利于后续谈判的友好气氛的维持，要达到一个令双方都满意的结果也比较困难。所以，一般情况下都应采用西欧式报价模式，只有在特定情况下，需要用一定手段达成谈判目标时，才考虑用日本式报价模式。

同时，为了避免落入日本式报价的圈套，最好的做法就是把对方的报价内容与多个客商的报价内容进行认真地分析、比较，看看它们包含的内容是否一样，判断内容和价格的关系。切忌只注意最后的价格，只看表面形式，不顾内容实质而误入圈套。

五、对待对方报价的策略

在对方报价过程中，要认真倾听，并尽力完整、准确、清楚地把握对方的报价内容。在对方报价结束之后，对某些不清楚的地方可以要求对方予以解答。同时，应尽可能地将己方对对方报价的理解进行归纳和总结，并力争加以复述，以便在对方确认自己的理解是正确无误之后，方可进行下一步。

在对方报价完毕之后，比较策略的做法就是，不急于还价，而是要求对方对其价格的构成、报价依据、计算的基础以及方式方法等作出详细的解释，即所谓的价格解释。通过对方的价格解释，可以了解对方报价的实质、态势、意图及其诚意，以便从中寻找破绽，从而动摇对方报价的基础，为己方争取重要的便利。

在进行完价格解释之后，针对对方的报价，有下面两种行动可选择。一种是要求对方降低其要价。这是一种比较有利的选择，因为这实质上是对对方报价的一种反击，如果反击成功，即可争取到对方的让步，而己方既没有暴露自己的报价内容，也没有做出任何相应的让步。另一种是提出自己的报价。这种做法不十分讲究，除非特殊情况，否则采用此法对己方不利。

第四节　商务谈判的磋商阶段

谈判双方报价之后，商务谈判进入了实质性内容谈判的阶段，也就是磋商阶段。它是商务谈判的中心环节，也是在整个过程中占时间比重最大的阶段。磋商是指谈判双方面对面讨论、说理、讨价还价的过程，包括诸如价格解释与评论、讨价、还价、让步、小结等多个环节。

一、磋商的准则

在磋商的各个阶段之中有各个阶段的技巧和准则，同时磋商作为一个总的过程，也有其总的准则。一般而言，磋商有条理、客观、礼节、沟通和节奏五个准则。

（一）条理准则

条理准则是指磋商过程中的议题有序，表述立场有理，论证方式易于理解的原则。在磋商中，双方都面临着许多要谈的议题，如果不分先后次序，就会显得杂乱无章，毫无头绪，造成混乱，缺乏效率。因此，双方要通过磋商确定几个重要的谈判议题，按照其内在逻辑关系排列先后次序，然后逐题磋商。此外，磋商过程中还要运用恰当合适的方式清楚地表述己方的观点立场，采用明白清晰的方法进行论证，使得论者言之有理，听者心服口服。

（二）客观准则

客观准则是指磋商过程中说理和要求具有一定的实际性。只有具备实际性的说理才具有说服人的效果，只有符合实际的要求才会有回报的可能。在磋商过程中，说出的道理要有真实感和可靠性，利用一切可供运用的真实资料说明问题，任何要求应具有合理与可能性。

（三）礼节准则

礼节准则是指磋商过程中保持礼貌友好的行为准则。进入磋商阶段之后，双方之间难免要出现提问和解释、质疑和表白、指责和反击、请求和拒绝、建议和反对、进攻和防守等针锋相对的场面。这时，谈判人员应保持风度，控制好情绪，体现出相互尊重、谅解妥协的风范，这样才能将一开始营造的良好合作气氛维持下去，以确保谈判的顺利进行。

（四）沟通准则

沟通准则是指磋商过程中谈判双方相互沟通、相互说服、自我说服的原则。磋商的过程实质就是沟通交流的过程，谈判人员一定要善于沟通，善于倾听对方的信息，并积极向对方反馈信息。沟通的内容应该是多方面的，既要沟通交易条件，又要沟通相关的理由、信念、期望，还要交流感情。沟通从“求同”开始，解决分歧，达到最后的“求同”。“求同”既是起点，又是终点。

（五）节奏准则

节奏准则是指谈判人员要控制好节奏的原则。一般来说，磋商阶段的节奏要稳健，不可过于急促，特别在开始磋商时节奏要相对慢一些，因为这时双方都需要时间和耐心倾听对方的观点，了解对方，分析研究分歧的性质和解决分歧的途径。所以磋商是需要花费较多时间的，谈判人员要善于把握节奏，不可急躁，稳扎稳打，步步为营，一旦出现转机，要抓住有利时机，加快谈判节奏，不失时机地消除分歧，争取尽快达成一致意见。

二、磋商的主要环节

商务谈判的实质性磋商，主要还是围绕着价格展开的，也就是一个讨价还价的过程。在此期间，将会出现的问题有谈判双方价格争论、冲突甚至僵局，也包括双方为最后达成交易而各自做出的让步。本部分主要介绍磋商中讨价、还价和让步这三个环节的具体内容和注意事项，僵局的具体内容放在第九章进行详细介绍。

（一）讨价

讨价是指在谈判一方报价之后，另一方认为该报价离己方的期望价格比较远，从而要求报价方重新报价或改善报价的行为。讨价可以是实质性的，也可以是策略性的。为了达到己方的期望目标，本着尊重、说理，动之以情，晓之以理，说服对方，表明己方的合理要求，改变对方的期望值，为己方的还价做准备。

1. 讨价的阶段和方式

讨价一般分为开始阶段、实质内容阶段和最后阶段三个阶段。

（1）讨价的开始阶段。在这个阶段，己方可以首先要求对方对其报价的理由、组成、条件等作出充分的说明，因为报价方的首次报价是简单而概括的，或者是不合理的，甚至是漫天要价的。然后，在此基础上对对方的报价作出评价。这种评价一般是消极的，例如，“己方觉得贵方提供的售后服务方面并不完善，却为之索取完全服务的价格，是己方无法承受的。”最后，在评价的基础上提出讨价的要求。

这个阶段的讨价方式是全面讨价，即讨价者根据交易条件全面入手，要求报价者从整体上改变价格，重新报价。需要注意的是，该阶段的讨价不一定是一次性的，可以视具体情况进行多次讨价，以获得更加接近己方期望价格的报价。

例如，在一次中日关于某种农业加工机械的贸易谈判中，中方主谈面对日本代表高得出奇的报价，巧妙地采用了问题法来加以拒绝。中方主谈一共提出了四个问题：

第一个问题，“不知贵国生产此类产品的公司一共有几家？”

第二个问题，“不知贵公司的产品价格高于贵国某某牌的依据是什么？”

第三个问题，“不知世界上生产此类产品的公司一共有几家？”

第四个问题，“不知贵公司的产品价格高于某某牌（世界名牌）的依据又是什么？”

这些问题使日本代表非常吃惊，他们不便回答也无法回答。他们明白自己报的价格确实高得过分了。所以，设法自找台阶，把价格大幅度地降下来了。

（2）讨价的实质内容阶段。此时己方对报价方的价格内容已经有了一个大致的了解，该阶段的讨价方式是针对性的讨价，即讨价者有针对性地找出交易条款中明显不合理、水分较大的项目，进行讨价。目的是通过讨价，将这些条款中的不合理部分和水分去除掉，从而获得更有利的报价。这些被选择到的条款可以是一项，也可以是若干项；可以同时是几项，也可以是逐条逐项。

（3）讨价的最后阶段。此时己方对报价方的价格已经有了比较清晰的了解，该阶段可以在第二阶段有针对性讨价的基础上，进行最后的总体讨价，即讨价者从总体出发综合分析交易条件，运用策略改变报价者的理想目标，降低期望值，给出最终改善后的报价或重新报价。这一阶段的讨价同样可以视具体情况进行多次，以获得最终最优化的报价。

讨价的这三个阶段是可以不断重复、连续进行的过程。讨价次数的多少，应根据心中保留价格与对方价格改善的情况而定。

2. 讨价的基本方法

（1）举证法，亦称引经据典法。事实的力量是强大的，谈判人员用事实说话，能够增加讨价的力度，使对方难以抗拒。这种事实可以是市场行情、竞争者价格、对方的成本、过去的交易惯例、产品的质量与性能和研究成果等，总之是有说服力的证据。证据要求一定是客观实在的，起码是对方难以反驳或难以查证的，而不是凭空杜撰的证据。

（2）求疵法。讨价是朝着报价方交易条款中不合理的、水分较大的部分而来的。有经验的谈判人员，都会以严格的标准要求对方，以敏锐挑剔的目光寻找对方的缺漏、差错和失误，并引经据典，降低对方的期望值，要求对方重新报价或改善报价。此时要把握好求疵的程度，最好能褒贬结合，即在贬低对方标的的质量及报价条款内容的同时，把赞美或略带恭维的话语送给谈判人员个人，例如赞美其“能干”、“讲信誉”、“懂做人”、“会经营”。这样，融进了生意场中朋友的感情，使对方不得不承认其条款的不足，再按谈判人员的权限和成交的决心，尽力向前推进，及早改变对方的期望值。

（3）假设法。以假设更优惠条件的口吻来向对方讨价，如以更大数量的购买、更优惠的付款条件、更长期的合作等。这种方法往往可以摸清对方可以承受的大致底价，而且假设不一定会真正履行，但因其是假设，所以留有余地。

3. 讨价中应注意的问题

讨价是一项策略，也是一门艺术，在讨价过程中，为了保证讨价的成功，应注意以下一些问题：

（1）不要受报价方言语的误导。讨价时，报价方经常会运用这样一些言语来阻止另一方的进一步讨价，如“这已经是成本价了，就赚你一个辛苦钱了”，或者“不能再降价了，再降下去就亏本了”，等等。此时，不能轻信报价方或者碍于面子而停止讨价，而应该根据己方的期望价格和报价方对成交的愿望，利用其他方法继续讨价。

（2）谨防误入圈套，提前进入还价环节。报价方在进行报价调整的时候，经常会停止报价，并向另一方提问，如“那请问贵方到底想要一个什么价钱？”如果己方用数字回答了对方的问题，按照商务谈判的惯例，即等于进入了还价环节。所以，在这种情况下，不要用具体的数字或者定量的文字回答此类问题，而要迂回婉转地继续要求报价方调整价格。

（3）保持平静的态度，采取平和的手段，对事不对人。在讨价时，应采用循循善诱的方法，诱使对方降价，而不应该强挤硬压，咄咄逼人。否则，容易使对方产生抵触心理，从而影响谈判的顺利进行。此外，讨价要适可而止，毕竟讨价之后还有还价。如果迟迟停留在讨价阶段，会使对方对己方的谈判诚意产生怀疑，从而陷入谈判僵局。

（二）还价

还价是指谈判一方根据对方报价，结合己方的谈判目标，提出己方的价格要求的行为。在磋商中，还价是一个比较关键的环节，因为还价是谈判双方真正针对价格进行正面交锋的阶段，还价策略运用的成功与否，直接关系到能否达成最后协议以及己方谈判目标是否能够实现。

1. 还价的依据

在还价的过程中，最关键的问题首先是明确还价的依据，以此确定还价的起点和幅度。还价起点和幅度的高低，直接关系到己方的利益，也反映出谈判人员的谈判水平。因此，还价的总体要求是：既要力求使自己的还价给对方造成压力、影响或改变对方的判断，又要接近对方的目标，使对方有接受的可能性。

（1）对方的报价。在还价之前必须充分了解对方报价的全部内容，弄清对方报价中的条件哪些是关键的和主要的、哪些是附加的和次要的、哪些是虚设的和诱惑性的、哪些仅仅是交换性的筹码，只有把这一切都摸清了，才能科学而策略地还价。因此，要逐项核对对方报价中所提的各项条件，探询其报价根据或弹性幅度，注意倾听对方的解释和说明，切勿妄加评论，更不可主观猜测对方的动机和意图，以免给对方的反击提供机会。

（2）己方的目标。对方报价和己方目标价格的差距是确定如何还价的第二项依据。目标价格是己方根据自身利益需要、他人利益需要和各种客观因素的综合制定的，并力图经过讨价还价达到的成交价格。因此，对方的每一个报价，己方都会拿来与自己的目标价格相比较，然后根据差距决定自己的行动。对方报价离己方的价格目标越远，其还价起点越低；反之，还价起点则越高。但无论还价起点高低，都要低于自己准备成交的价格，为以后的讨价还价留下余地。

（3）己方准备还价的次数。这是确定如何还价的第三项依据。在每次还价的幅度已定的情况下，当自己准备还价的次数越多，还价的起点就要越低；反之，则应较高。

2. 还价的方式

采取何种还价方式要看在什么基础上还价。商务谈判中的还价方式主要有两种类型：一种是按价格评论还价；另一种是按项目还价。

（1）按价格评论还价。根据价格评论的不同，可以分为比价法和成本法。

比价法是指还价方按同类商品的价格或者竞争者商品的价格作为参考进行还价。这种方式既便于操作，又易于接受，但关键在于选取的参考商品的可比性。

成本法是指还价方运用成本构成的资料，进行计算分析，再加上一定百分比的利润，最后构成商品的价格，以此进行还价。这种方式可以明确估计对方的利润额，判断其策略性虚拟价格的水分，还价有力、准确，但关键在于计算的成本是否准确。

（2）按项目还价。根据每次还价项目的多少，又可以分为单项还价、分组还价和总体还价三种方式。

单项还价是以商品报价的最小项目单位进行还价。如果是独立商品，可以按照计量单位进行还价；如果是成套设备，可以按主机、辅机、备件等不同部分进行还价；如果是服务费用，则可以按照不同的费用项目进行还价。

分组还价是把谈判对象分成若干项目，并按每个项目报价中所含水分的多少分成几个档次，然后逐一还价。

总体还价又叫一揽子还价，是将整个报价按照一定百分比进行还价，而不考虑报价中各部分所含水分的差异。

在谈判中，具体按照以上哪一种方式来进行还价，首先取决于标的商品的条件，如商品的规格、数量、市场供求状况及替代品状况等。此外，还取决于谈判现场的具体情况，如谈判双方的实力对比、己方所掌握信息量的多少、己方的谈判经验等。总之，在确定还价方式时，哪一种方式更有说服力、哪一种方式更容易让对方接受，就选择哪一种方式，例如，小林的索赔金谈判。

小林的汽车意外地被一部大卡车整个撞毁了，幸亏他的汽车保过全险，可是确切的赔偿金额要由保险公司的理赔员鉴定后加以确定。于是双方就有了下面的对话。

理赔员："我们研究过你的案件，我们决定采用保险单的条款。这表示你可以得到 67 000 元的赔偿。"

小林："我知道，你们是怎么算出这个数字的？"

理赔员："我们是依据这部车子的现有价值。"

小林："我了解，可是你们是按照什么标准算出这个数目的呢？你知道我要花多少钱才能买到同样的车子吗？"

理赔员："那你想要多少钱？"

小林："我想得到按照保单应该得到的钱，我找到一部类似的二手车，价钱是 68 500 元，加上过户的总费用之后，大概是 69 800 元。"

理赔员："这个数太多了吧！"

小林："我所要求的不是某个数目，而是公平的赔偿。你不认为我得到足够的赔偿来换一部车是公平的吗？"

理赔员："好，我们赔你 69 000 元，这是我们可以赔付的最高价。公司的政策是如此规定的。"

小林："你们公司是怎么算出这个数字的？"

理赔员："你要知道 69 000 元是你可以得到的最高数，你如果不想要，我就爱莫能助了。"

小林："69 000 元可能是公道的，但是我不敢确定。如果你受公司政策的约束，我当然知道你的立场。可是除非你能客观地说出我能得到这个数目的理由，我想我还是最好诉诸法律途径，我们为什么不研究一下这件事，然后再谈？周三上午 11 点我们可以见面谈谈吗？"

理赔员："好的。我今天在网上看到一辆 2006 年产的你这个牌子的车，出价是 68 000 元。"

小林："哦，跑了多少公里啊？"

理赔员："51 000 公里左右。问这个做什么？"

小林："因为我的车才跑了 20 000 公里，你认为这样我的车子可以多值多少钱？"

理赔员："让我想想……500 元。"

小林："假设 68 000 元是合理的话，那么就是 68 500 元了。广告上面提到倒车雷达没有？"

理赔员："没有。"

小林："你认为多了倒车雷达要多多少钱？"

理赔员："300 元。"

……

两个半小时之后，小林拿到了 70 180 元的支票。

（三）让步

谈判双方进行讨价还价之后，为了促成交易，必然都要做出一定程度的让步。让步是指谈判一方向另一方妥协，退让己方的理想目标，降低己方的利益要求，向双方的期望目标靠拢的谈判过程。让步也是谈判磋商阶段中非常重要的一环。每个谈判人员必须重视让步，学会让步，掌握让步，从让步中获益。

1. 让步的原则

让步不是为了满足对方的单方面苛求，而是要以满足双方的利益为标准。是否让步不能草率，让步多少也应三思。因此，谈判中，让步应遵循以下原则：

（1）目标价值最大化原则。谈判的过程事实上是寻求双方目标价值最大化的一个过程，但这种目标价值的最大化并不是所有目标的最大化。而是在多个目标之间依照重要性和紧迫性建立优先顺序，优先解决重要及紧迫目标，在条件允许的前提下适当争取其他目标，其中的让步策略首要就是保护重要目标价值的最大化，如关键环节—价格、付款方式等。

成功的商务谈判人员在解决这类矛盾时所采取的思维顺序是：

第一，评估目标冲突的重要性、分析自己所处的环境和位置，在不牺牲任何目标的前提下是否可以解决冲突。

第二，如果在冲突中必须有所选择的话，区分主目标和次目标，以保证整体利益的最大化，但同时也应注意目标不要太多，以免顾此失彼，甚至自相混乱，留给谈判对手以可乘之机。

（2）刚性原则。在谈判中，谈判双方在寻求自己目标价值最大化的同时也要对自己最大的让步价值有所准备，换句话说，谈判中可以使用的让步资源是有限的。所以，让步策略的使用是具有刚性的，其运用的力度只能是先小后大，一旦让步力度下降或减小，则以往的让步价值也就失去意义了；谈判对手对于让步的体会具有"抗药性"，一种方式的让步使用几次就会失去效果，同时也应该注意到谈判对手的某些需求是无止境的。必须认识到，让步策略的运用是有限的，即使你所拥有的让步资源比较丰富，但是在谈判中对手对于你的让步的体会也是不同的，并不能保证取得预先期望的价值回报。

因此，在刚性原则中必须注意以下几点：

第一，谈判对手的需求是有一定限度的，也是具有一定层次差别的，让步策略的运用也必须是有限的、有层次差别的。

第二，让步策略的运用效果是有限的，每一次让步只能在谈判的一定时期内起作用，是针对特定阶段、特定人物、特定事件起作用的，所以不要期望满足对手的所有意愿，对于重要问题的让步必须给予严格的控制。

第三，时刻将让步资源的投入与你所期望效果的产出进行对比分析，必须做到让步价值的投入小于所产生的积极效益。在使用让步资源时一定要对所获利润有一个测算，你需要投入多大比例来保证你所期望的回报，并不是投入越多回报越多，而是寻求两者之间的最佳组合。

（3）时机原则。所谓让步策略中的时机原则，就是在适当的时机和场合做出适当适时的让步，使谈判让步的作用发挥到最大，所起到的作用最佳。虽然让步的正确时机和不正确时机说起来容易，但在谈判的实际过程中，时机是非常难以把握的，常常存在以下问题：

1）时机难以判定，例如，认为谈判的对方提出要求时就认为让步的时机到了，或者认为让步有一系列的方法，谈判完成是最佳的时机。

2）对于让步的随意性导致时机把握不准确。在商务谈判中，谈判人员仅仅根据自己的喜好、兴趣、成见、性情等因素使用让步策略，而不顾及所处的场合、谈判的进展情况及发展方向等，不遵从让步策略的原则、方式和方法。这种随意性导致让步价值缺失、让步原则消失，进而促使对方的胃口越来越大，在谈判中丧失主动权，导致谈判失败，所以在使用让步策略时千万不得随意而为之。

（4）清晰原则。在商务谈判的让步策略中的清晰原则是：让步的标准、让步的对象、让步的理由、让步的具体内容及实施细节应当准确明了，避免因为让步而导致新的问题和矛盾。常见的问题有：

1）让步的标准不明确，使对方感觉自己的期望与你的让步意图错位，甚至感觉你没有在问题上让步而是含糊其辞。

2）方式、内容不清晰，在谈判中你所做的每一次让步必须是对方所能明确感受到的，也就是说，让步的方式、内容必须准确、有力度，对方能够明确感觉到你所做出的让步，从而激发对方的反应。

（5）弥补原则。如果迫不得已，己方再不做出让步就有可能使谈判夭折的话，必须把握住“此失彼补”这一原则。即这一方面（或此问题）虽然己方给了对方优惠，但在另一方面（或其他地方）必须加倍地，至少均等地获取回报。当然，在谈判时，如果发觉此问题己方若是让步可以换取彼处更大的好处时，也应毫不犹豫地给其让步，以保持全盘的优势。

2. 让步的类型

（1）让步按照姿态划分，分为积极让步和消极让步两类。

积极让步是以某些谈判条款上的妥协来换取主要方式或基本方面的利益的让步。采用积极让步的条件：谈判一方具有谈判实力和优势；搜集掌握了较充分的资料，取得了较准确的数据；并经事先安排，制订合理科学的让步计划和幅度。

消极让步是以单纯的自我牺牲、退让部分利益，以求得打破僵局、达成交易的让步。采用消极让步的条件：谈判一方有求于人；急于达成交易；报价的水分、噱头被揭开；价格解释于情于理都说不过去；谈判处于劣势。

（2）让步按照实质划分，分为实质让步和象征让步两类。

实质让步是指利益上的真正让步，目的是以己方的让步换取对方的合作与让步。

象征让步是指在谈判一方做出的让步没有任何实质内容，而是以同等价值的替代方案换取对方立场的松动，使对方得到心理上的满足，从而达成交易。成语“朝三暮四”就是象征让步的典型例子。

3. 让步的基本形态

（1）坚定式让步。不到关键时候绝不让步，让对方一直以为妥协无望。若是软弱的谈判对手可能坚持不下，就会放弃讨价还价，而接受最初报价了。

（2）等额式让步。逐步诱导，让步幅度比较小，但次数较多，容易刺激谈判对手继续期待更进一步的让步。

（3）递增式让步。每一次让步的数额是逐渐增加的。这种让步模式往往会造成让步方的重大损失，因为对手的胃口被越吊越高，期望值越来越大，这样对让步方极为不利。

（4）递减式让步。这是一种由大到小、渐次下降的让步形态。这种形态比较自然、坦率，同时显示出让步方的立场越来越坚定，给予对方的期望越来越小。

（5）不定式让步。在己方所提条件较高的情况下，面对对方的讨价还价，采取灵活多变的方式进行让步。可以先高后低，然后再拔高，也可以高低错落综合运用。其关键是谈判者要了解对方情况，能控制局面，灵活掌握。

（6）一步到位式让步。这种模式会让谈判对手产生极强烈的影响。一开始作了极大的让步，让对手顿时充满了希望和信心，但接下来的便是失望，如果没有得到进一步的好处，就有谈判破裂的可能。

从实际谈判的情况来看，采用较多的是第四种和第五种让步形态。这种形态对让步方来说是步步为营，较适应一般人的心理，因而较容易被对方所接受。第六种形态如果运用得好，可以迅速达成交易，如果运用不好，则可能造成僵局。第二种和第三种让步形态较少采用，而第一种基本不被采用。

第五节　商务谈判的成交阶段

经过磋商的讨价还价，谈判双方立场趋近，并最终达成完全一致的情况下，双方即可成交，并用文字以合同形式将全部交易内容和交易条件按照双方确认的结果记录在案。到此为止，一次商务谈判即告完成。

一、成交阶段的判定

商务谈判何时终结？是否已经到终结的时机？这是成交阶段极为重要的问题，是谈判人员在谈判后期需要完成的一项重要任务。谈判人员必须正确判定谈判终结的时机，才能运用好这个阶段的策略。错误的判定可能会使谈判变成一锅夹生饭，已付出的大量劳动付之东流。错误的判定也可能毫无意义地拖延谈判成交，丧失成交机遇。一般来说，可以从三个方面来判断谈判是否已进入成交阶段。

（一）从谈判时间来判定

谈判的过程必须在一定时间内终结，当谈判时间即将结束，自然就进入了终结阶段。根据时间来判断谈判是否进入成交阶段，是比较简单而直观的一种方法。这个时间可能是双方事先约定好的，也可能是单方限定的，还有可能受到谈判环境影响而确定的。

（1）双方事先约定的时间限定。在谈判之初，双方协商议程的时候，一般都会为谈判设定结束时间或时间段，超过这个时间，即视为谈判破裂。所以，当谈判时间接近谈判议程规定的结束时间时，双方即可准备进入谈判的成交阶段。此时，如果双方还未能就谈判的某些交易条件达成一致，就应努力寻求和解，通过适当的让步来达成交易。按谈判时间终结谈判对双方都有时间的紧迫感，促使双方提高工作效率，避免长时间地纠缠在一些问题上而争辩不休。

（2）单方限定的谈判时间。由于谈判目标和谈判环境的限制，一般谈判的任何一方都经不起谈判无休止地拖下去，所以，谈判人员在谈判开始前的谈判计划中都会设定己方的谈判时限。谈判人员应尽力在这个时间之前完成谈判任务，一旦超出了这个时限，谈判就失去了继续进行的意义。所以，当谈判时间接近己方时限的时候，谈判人员就要考虑将谈判带入最后的结束阶段了。单方限定谈判时间无疑对被限定方施加某种压力，被限定方可以随从，也可以不随从。关键要看交易条件是否符合己方谈判目标。

（3）环境变化的特殊要求。谈判环境对商务谈判的影响是十分巨大的，很多时候，虽然谈判没有到事先限定的时限，但是由于环境发生变化，要求谈判提前结束，这样的情况也是经常发生的，例如公司内部重大事件的发生、市场行情的突变、国家经济政策的变化、地区金融危机的爆发等。面对这种情况，谈判人员应在事前做好充分的信息收集工作，以应对这些环境因素突变，并在环境变化时及时反应，如需提前结束谈判，应该立即着手于促成成交的工作。

（二）从谈判涉及的交易条件来判定

谈判的中心任务是交易条件的洽谈，在磋商阶段双方进行了多轮的讨价还价，所以，谈判是否进入终结阶段的重要标志之一就是谈判是否已就交易条件基本达成一致。考察交易条件是否达成一致主要看两个标准：交易条件中尚余留的分歧；对手的交易条件和己方成交线的差距。

（1）交易条件中尚余留的分歧。首先，从数量上看，如果双方已达成一致的交易条件占据大多数，所剩的分歧数量仅占极小部分，就可以判定谈判已进入终结阶段。其次，从质量上来看，如果交易条件中最关键、最重要的问题都已经达成一致，仅余留一些非实质性的无关大局的分歧点，就可以判定谈判已进入终结阶段。

（2）对手的交易条件和己方成交线的差距。在几轮磋商之后，当对方愿意接受的交易条件距离己方成交线即己方可以接受的最低交易条件不远的时候，即可考虑将谈判带入最后的成交阶段。此时，通过最后的讨价还价和让步，双方能够比较容易地达到一个都能接受的交易条件，最终促成签约。至于这个适当的距离到底有多大，需要谈判人员根据价格的高低、双方还价的力度等具体谈判情况来确定。

（三）从谈判策略来判定

谈判过程中有多种多样的策略，如果谈判策略实施后决定谈判必然进入终结，这种策略就叫终结策略。终结策略对谈判终结有特殊的导向作用和影响力，它表现出一种最终的冲击力量，具有终结的信号作用。常见的终结策略有最后立场策略、折中进退策略和一揽子策略。

（1）最后立场策略。谈判人员经过多次磋商之后仍无结果，一方阐明己方最后的立场，讲清只能让步到某种条件，如果对方不接受，谈判即告破裂；如果对方接受，那么谈判成交。这种最后立场的宣布，可以作为谈判终结的判定。但有时，谈判一方也会使用“最后立场”来作为拒绝对方继续还价的托辞，此时就需要谈判人员正确判断对方“最后立场”的真伪。一般来说，越是到磋商的后期，对方抛出的“最后立场”就越是真实，而那些一开始就抛出来的所谓的“最后立场”，则大可不必当真。

（2）折中进退策略。折中进退策略是指将双方条件差距只取中间条件作为双方共同前进或妥协的策略。一般来说，到了磋商阶段的后期，由于双方所能接受的交易条件已经越来越近，两者的折中价格往往是比较合理的一个达成交易的条件。这时，双方在权衡利弊、深思熟虑之后，就有可能就折中价格达成一致意见，最终促成签约。折中进退策略虽然不够科学，但在双方很难说服对方、各执己见的情况下，也是寻求尽快解决分歧的一种方法，这样能比较公平地让双方分别承担相同的义务，避免在余留问题上过多地耗费时间和精力。

（3）一揽子策略。一揽子策略是指谈判一方向对方提出的交易条件中不同条款做好坏搭配、捆绑式交易的策略。在谈判磋商中，当对方抛出一揽子交易的建议时，往往说明他们希望以此来结束谈判。此时，如果对方提出的交易条件总体对己方有利，或者在部分条款上获得的超额利益大于在其他条款上的损失的时候，还是可以考虑接受对方的提议，将谈判带入最后的阶段。

二、成交阶段的主要任务

（一）成交前的回顾

谈判双方在起草合同前，有必要就整个谈判过程、谈判内容作一次回顾，以最后确认双方在哪些方面达成一致，对那些没有达成共识的问题有必要做最后的磋商与妥协。回顾要以双方会谈的书面记录为依据，回顾的时间和形式取决于谈判的规模，回顾的内容主要包括：

（1）已经达成一致的条件。

（2）尚需讨论的地方。

（3）谈判目标的检讨。

（4）最后的价格和让步评估。

（5）最后的谈判策略和技巧。

（二）最后的让步

谈判进行到最后，双方只在最后一二个问题上尚有个别意见需要让步才能求得一致，缔结协议。在这种情况下，一定要把握好两个方面：一是最后让步的时机；二是最后让步的幅度。

（1）最后让步的时机。一般来说，为了使最后的让步达到最佳的效果，可以将最后的让步分为主要部分的让步和次要部分的让步，主要部分在最后期限之前做出让步，而次要部分排在最后时刻做出让步。

（2）最后让步的幅度。通常情况下，在谈判的最后关头，双方的管理部门的重要高级主管会出面参加或主持谈判。因此，确定最后让步的幅度时，要考虑的一个重要因素就是对方接受让步的人在对方组织中的地位或级别。这种幅度，要大到刚好满足该主管维持他（她）的尊严和地位的需要，但同时又不能过大，以免伤了其他谈判人员的面子。

（三）明确表达成交意图

经过反复磋商，克服了一个又一个障碍和分歧，谈判双方都会产生成交、结束谈判的愿望，不同程度地向对方发出有缔结协议的信号。这种信号的表达方式主要有以下几种。

1. 明朗表达法

该方法就是指用明确、完整的语言直截了当地向谈判对方提出成交的建议或要求的方法。一般在以下几种情况使用：

（1）当知道对方有成交意向，只是一时犹豫不决、拿不定主意时，可用该方法促使对方下定决心；例如，“您已经了解了许多情况，现在可以下决心了吧”，“没问题了吧，什么时候给您送货”，“现在成交，您才能获得更大利润”，等等。

（2）当谈判对方没有提出异议也没有做出明确的反对时，为使对方集中精力考虑成交问题，谈判人员应主动向对方提出成交要求。例如，“张经理，既然没有什么不满意的地方，就请您在这里签个字”。

（3）经过一番谈判，各种主要问题已基本明确，尤其是在解决某项重要的疑难问题之后，谈判人员应该趁机使用明朗表达法主动请求成交。

（4）其他条件都已成熟，只是对方提出某些异议，如商品质量、价格或是货源等，对此谈判人员应加以利用和转化。比如，对方说：“就这一点那当然好了，不过半年才交货，时间太长了点”，你可以说：“如果我们把交货时间缩短为 3 个月，请你马上决定好吗”，主动向对方排除某方面的异议，会促使对方尽快做出取舍的决定。

（5）对一些老客户用明朗表达法最为适宜。因为双方较为熟悉，人际关系好，对方一般不会拒绝成交建议。例如，“最近好吧，打算进多少货?”

为了有效地促成交易，在使用明朗表达法时，商务谈判人员必须特别注意以下几个问题：

其一，在提出成交时，应表现得自然诚恳，不慌不忙，不卑不亢，主动而不过分激动，更不能冲动，语言要恰当，不能是央求或乞求。乞求只会降低商务谈判人员的身份，过分的请求和紧张会使对方获得心理优势和成交主动权，不利于商务谈判人员达成成交条件，甚至会增加成交困难。

其二，应抓住适当的成交机会。如果成交时机不成熟，商务谈判人员的成交请求就会变成一种障碍，会使对方产生一种高度紧张的心理状态，从而引起对方的反感，不利于成交。

其三，应针对对方真实的谈判动机，直接提示对方的需求问题。只有直接指出对方的需要或直接提出解决问题的办法，才能促使对方作出成交反应。同时，应该重视对方的谈判动机，如果忽视了对方的真实动机，再强有力的提示也难打动对方。

总之，明朗表达法是一种基本的成交意图表达的方法，它体现了现代商务谈判精神，主动进取，灵活机动，讲求效率，节省时间。商务谈判人员应该熟练拿捏和正确使用，看准成交时机，及时促成交易。

2. 含蓄表达法

所谓含蓄表达法是指商务谈判者不明说自己的成交意图，而是通过隐语、委婉语句或其他间接方式启发引导对方领悟，并提示对方采取成交行动的成交意图表达方法。运用含蓄表达法的微妙之处在于：既达到表达己方意图的目的，又不使商务谈判各方处境尴尬。使用含蓄表达法可以有效地排除心理障碍，进而促成交易。在以下情况下可考虑采用这种表达技巧：

（1）对对方的成交意向把握不准时，为了既能表达己方的成交意图，又能使自己不失面子。

（2）如果交易的内容是复杂的商品、贵重的商品和新上市的商品，当对方拿不定主意时，商务谈判人员尽量使用含蓄的语言进行诱导，或用严密的逻辑分析进行推理，进而表达成交意图，力争使对方理解并接受。

（3）针对有些对象适合采用含蓄表达法。不同的商务谈判对象喜欢不同的表达方式，对于那些为人精明的谈判对象、老成持重的谈判对象、机警敏锐的谈判对象、刚愎自用的谈判对象和地位显赫的谈判对象，用含蓄表达法表达成交意图均比较合适。

使用含蓄表达法需要注意如下事项：

第一，掌握好含蓄的分寸，制造有利的成交气氛。既要含蓄又要把意思表达清楚，才能达到预期的目的。含蓄不是含糊，要准确表达自己的成交意图，而不能使谈判对方如坠云雾，摸不着头脑，甚至弄巧成拙，造成误会，变成成交异议，不利成交。

第二，需有针对性地使用含蓄。首先，必须把握交易的目的，启发对方。同时，应根据提示目的来选用提示方法，使之峰回路转，达到提示对方成交的目的。其次，对不同的商务谈判对象，含蓄的程度、方式也应不同，要适合对方的学识、气量和修养。

第三，对反应迟钝或特别敏感的谈判对手不宜使用含蓄表达法。

3. 暗示表达法

暗示表达法就是不明确表示意思，而以隐蔽含蓄之言或动作情景使人领悟其含意所在。暗示表达法一般有三种形式：语言的暗示，即用含蓄的语言引导提示；行为的暗示，即以姿态、面部表情、眼神、动作等提示；媒介物、情景的暗示，例如以文件电报等资料、环境和时间、东西的摆设位置、座位的安排等暗示。

在商务谈判过程中，可根据对方的不同情况而采取以下不同方法做出最后的决策：

（1）向对方强调说明，现在成交对他有哪些方面的有利因素。

（2）大胆地设想一切问题都已解决。如果是买方，可以询问对方交货地点在哪里；如果是卖方，可以询问对方要采用哪一种货款支付结算方式，以明确暗示自己的成交意图。

（3）采取结束商务谈判的某种实际行动。买方可以给卖方一个购货单的号码，卖方则可以开始写销货单，或递呈对方签字，或开始与对方握手，等等。

（4）向对方反复说明，如果现在不签约，将可能发生利润的损失。或可以用时间上限、存货有限等理由，暗示自己的成交意图，并促使对方尽快做出成交决定。

（四）合同的签订

虽然谈判双方就交易条件达成一致便可视为谈判成交，但是为了明确这种一致并明确谈判后双方各自的权利和义务，谈判的结果还应形成书面文件，即商务合同或协议。签订商务合同或协议的过程就是商务谈判的签约阶段，一般把签约作为商务谈判成交的标志，同时也标志着商务谈判的正式结束。

合同或协议一旦签订，就具有法律效力，谈判双方必须严格遵守和执行，否则就要承担相应的法律责任。因此，商务谈判的签约是一个非常严肃、非常谨慎的过程。在签约时，通常要注意以下问题：

（1）尽量争取由己方起草合同文本。一般情况下，合同文本由哪一方来起草，哪一方就相对掌握了主动。

（2）认真审核合同或协议文本。审核工作包括两方面的内容：一是认真核对合同文件的一致性或文本与谈判协议的条件一致性；二是核对各种批文，包括项目批文、许可证、订货卡片等是否完备。

（3）确认签字人。商务谈判活动中的主谈人并不一定是谈判团体的负责人或企业的负责人，一般说来，在书面协议上签字的人应该是企业的法人代表，政府部门的官员或谈判团体的一般成员不宜签字。

（4）安排好签字仪式。不同的协议分量，其签字的仪式也不相同。一般的书面协议，主谈人与对方签字即可，签字仪式可简单。重大的协议的签字，一般应由企业的最高领导人出面，有时还要政府主管部门的领导参与，其签字仪式也比较隆重。

本章小结

一般来说，一场正式而完整的商务谈判的过程由五个连续的阶段衔接而成，分别是谈判的开局阶段、摸底阶段、报价阶段、磋商阶段和成交阶段。

开局阶段对于整个谈判具有非常重要的作用，包括营造恰当合适的谈判气氛、协商谈判议程和开场陈述己方的观点、立场。

摸底是报价和讨价还价的基础，谈判人员要采取恰当巧妙的方式，通过观察、提问、试探等方式探寻和搜集到对己方有用的信息，同时，要谨防对方的窥探。

商务谈判的报价根据谈判内容的不同，有各自不同的含义，但是报价的原则是一致的。在报价时，选择恰当的报价顺序、报价模式以及报价方式是非常重要的。

商务谈判磋商的主要内容，包括对商品的价格、数量、质量、支付条件、包装等条款的全面磋商。在磋商的过程中，应不断地对谈判局势进行评估，主要通过当时的交易条件能否被谈判双方接受来判断。

成交即经过讨价还价阶段，谈判双方立场趋近并最终达成完全一致的过程。在此之前，应当正确判断谈判是否已经进入成交阶段，确定之后，即可签订合同或协议，从而结束整个商务谈判的过程。

复习思考题

1. 商务谈判开局阶段有哪些主要任务？
2. 商务谈判开局气氛有哪几种？如何营造合适的开局气氛？
3. 商务谈判摸底需要注意哪些事项？摸底的方法有哪些？
4. 商务谈判中如何选择最佳报价时机？报价的模式有哪些？
5. 商务谈判讨价分为几个阶段？各阶段的任务是什么？
6. 还价的依据是哪些？让步应遵循什么原则？
7. 如何判定商务谈判进入成交阶段？成交阶段的主要任务是什么？

参考案例

案例 1：

日本一家著名的汽车公司在美国刚刚“登陆”时，急需找一家美国代理商来为其销售产品，以弥补他们不了解美国市场的缺陷。当日本汽车公司准备与美国的一家公司就此问题进行谈判时，日本公司的谈判代表路上塞车迟到了。美国公司的代表抓住这件事紧紧不放，想要以此为手段获取更多的优惠条件。日本公司的代表发现无路可退，于是站起来说：“我们十分抱歉耽误了你的时间，但是这绝非我们的本意，我们对美国的交通状况了解不足，所以导致了这个不愉快的结果，我希望我们不要再为这个无所谓的问题耽误宝贵的时间了，如果因为这件事怀疑到我们合作的诚意，那么，我们只好结束这次谈判。我认为，我们所提出的优惠代理条件是不会在美国找不到合作伙伴的。”日本代表的一席话说得美国代理商哑口无言，美国人也不想失去这次赚钱的机会，于是谈判顺利地进行下去了。

案例 2：

我国某进出口公司的 2 位业务员代表本公司与外商进行出口 M-1 型产品的谈判。M-1 型产品是我国目前出口项目中的拳头产品，它的性能优良、质量可靠，深受光大客户的青睐，许多外商纷纷前来洽谈订货。在这种情况下，我方代表决定，凭借产品的优势，见机行事，为国家多创外汇。谈判一开始，我方代表邀请外商递盘。外商以为我方对市场行情了解不够，可以趁机以低价购进优质产品，于是他们报了一个远低于市场价格的数字。我方代表听了报价后，露出失望的神态，说道："既然你方没有诚意合作，我看谈判没有必要再进行下去了，我们先行告退。"说完，站起来就要走。外商一听，心中感到不安，因为他们确实想要我国的M-1型产品，也深知刚才的报价确实不合理，唯恐交易不成，连忙站起来阻拦道："先生请留步，你们若觉得这个价格不合适，我们还可以商量。""在这个价格基础上无法再谈下去，你们若有诚意，请先报出一个确实反映公平交易的价格来。"外商一听口气有所缓和，连忙又报出一个价格。此次所报的价格已经接近国际市场上同类产品的价格。我方听后，便又坐下，接口说道："这个价格虽说已经接近国际市场的价格，但与我们的要求相比还有很大的差距。""你们要价多少？"对方问道。"在此基础上至少再增加 20%。""简直是不可思议。"对方一听也站起来说："既然要价如此之高，你为何不去找其他买主呢？"说罢转身欲往外走。我方代表笑了，说："你们说的对，我们的价格确实比别人高，但你们知道为什么吗？""为什么？"外商停住脚步问道。"很简单，因为我们的产品无论在性能上还是在使用寿命上，都是其他同类产品的2倍，而且还有节约能源的优点。若不相信，我这里有详细的产品介绍，请先生们过目。"说着，拿出了资料递给对方。外商接过资料，不由得又坐了下来，仔细地看了起来。"我们公司一贯坚持公平、互利的原则。"我方代表继续说："从按质论价的角度看，我们产品的价格不是高了，而是低了，各位先生想来一定清楚这一点。所以我们产品的价格是十分优惠的，绝无虚价。"外商看了我方产品的介绍，又仔细权衡了利弊，决定购买我方产品。经过双方协商，最终按照我方报价成交，不仅为我们赢得了外汇，而且树立了以理服人、机智、诚实的形象。

第五章 商务谈判中的价格谈判

学习目的和要求

通过本章的学习，掌握价格谈判过程的基本理论，掌握报价的依据、策略和方法，学会价格解释的策略技巧。

价格谈判是商务谈判中最核心的部分，谈判方（有双方或多方）能否达成一个彼此都可以接受的价格将决定着谈判的成功与否。谈判成功意味着谈判方对彼此开出的条件都在自己可以接受的范围内，并且认为己方在既定条件下实现了自己的目的。有谈判必有竞争，取得双赢谈判的过程是复杂和艰辛的。本章将着重讲授在谈判过程中，谈判双方如何围绕价格进行磋商、博弈。

第一节 价格谈判的基本理论

商品的价格既反映了交易的意向，也反映了整个商品的质量、规格以及相关的内在因素。商务谈判的核心是围绕着价格来展开的。价格谈判是商务谈判中最主要的谈判因素，它直接关系谈判双方的利益，影响谈判的结果和企业利润的多少，涉及到生产者、经营者、消费者等各方面的利益。

一、影响商品价格的因素

1. 成本

商品的价格由直接制造成本、流通与仓储成本、税金和盈利等构成，如果说某种产品的最高价格取决于市场需求，那么最低价格取决于这种产品的成本费用。从长远看，任何产品的销售价格都必须高于成本费用，才能以销售收入来抵偿生产成本和经营费用，否则就无法经营。因此，企业制订价格时必须估算成本。成本构成包括以下几个方面：一是固定成本，指为组织一定范围内的生产经营所支付的固定因素的费用，即不随产量的变动而变化的成本，如固定资产折旧、租金、产品设计费、管理人员工资等，不论产量多少，都必须支出；二是变动成本，指在同一范围内支付变动因素的费用，即随产量的变动而变化的成本，如原材料、生产工人工资、销售税金及商品仓储运输费用等；三是使用成本，也就是消费者在使用产品时的花费，如电费、维修费、燃料费等，也是影响价格和需求的重要因素。

2. 企业的营销目标

在定价之前，公司必须决定推出产品的目标是什么，也就是产品服务的目标市场及市场定位。例如，假定福特汽车公司决定针对富有、年轻的顾客群推出新的跑车与欧洲制造的保时捷跑车一较高下，就必须选择高价位；京客隆超市将自己定位为服务社区、天天低价的百姓后厨房，其就要提供经济实用、价低新鲜的食品和蔬菜。所以在决定市场定位过程中，定价策略已大致决定了。当然，公司也有其他定价目标，目标愈清楚，定价就愈容易。

一般来说，企业有以下几种定价目标。一是维持生存。如果企业产量过剩，或面临激烈竞争，或试图改变消费者需求，则需要把维持生存作为主要目标。为了确保工厂继续开工和使存货出手，企业必须制订较低的价格，并希望市场是价格敏感型的。利润比起生存来要次要得多。许多企业通过大规模的价格折扣来保持企业活力，只要其销售能弥补可变成本和一些固定成本，企业的生存便可得以维持。一般来说，只有在社会产品大量过剩，竞争十分激烈的情况下，企业才会选择这一定价目标。二是追求利润最大化。当企业的产品在市场上处于绝对有利地位时，企业总是希望制订一个能使当期利润最大化的价格。企业通过估计需求和成本，并据此选择一种价格，使之能产生最大的当期利润、现金流量或投资报酬率。应当明确的是，最大利润并不必然导致高价，在竞争性的市场上，任何企业都难以长期维持不合理的高价，高价既难为市场所接受，又会过早地引起剧烈的竞争，故不宜轻易采用。三是追求市场占有率最大化。有些企业想通过定价来取得控制市场的地位，即使市场占有率最大化。因为，企业确信在赢得高市场占有率之后，能产生规模经济效益并获得较高的长期利润，同时低价位还可以有效地排斥竞争对手，所以制订尽可能低的价格来追求市场占有率领先地位。由于企业规模、能力和各方面的限制，很难在全部市场都取得高市场占有率，因此大多企业会选择追求某一特定的市场占有率。例如，海河饲料公司计划在一年内将其东北市场的市场占有率从 8%提高到 15%，企业就要制订相应的市场营销计划和价格策略。一般来说，当企业、产品和市场具备下述条件时，企业就可考虑通过低价来实现市场占有率的提高。市场对价格高度敏感，因此低价能刺激需求的迅速增长；生产与分销的单位成本会随着生产经验的积累而下降；低价能吓退现有和潜在的竞争对手。

3. 市场需求

市场需求对定价有着重要的影响。消费者以不同的方式去认识商品和服务，他们是否愿意支付某一特定的价格取决于他们对该产品的需求和支付能力。这些需求因素包括以下几个方面。一是消费者对商品的需要程度，这个指标主要通过需求价格弹性体现。需求价格弹性与商品需要程度成反比，生活必需品（如食盐）的需要程度高于一般商品，因而价格变化对其需求数量的影响小。反之，一般商品需求量与价格的相关程度则较大。二是商品的替代性，也即是一种商品在功能上是否可以被另一种商品所替代（如米和面）。需求价格弹性与商品替代性成正比，一种商品替代性强，其价格增高会引起消费需求向其他替代商品转移，反之亦然。这种需求转移加强了价格变动对该种商品需求量的影响。一种商品难于替代，消费者只能提高对价格变动的承受能力，使需求量对价格的敏感程度下降。三是商品供求状况，需求价格弹性与商品供求状况的关系比较复杂。供不应求的商品，价格在一定限度内上升时，对其需求量影响不大；但当价格上升到一定限度后，会对需求产生较强的抑制作用，这时，这类商品的需求弹性会随价格的继续上升呈现由弱到强的变化；供大于求的商品，价格降低可吸引较低消费层次的需求，从而大幅度增加销售量，弹性较强。但如果供大于求是由于产品老化，或其使用性能不能达到标准消费要求所致，则必须大幅度降价才能带动需求量的增加，此时，单就降价所产生的影响程度而言，需求弹性较弱。

4. 市场竞争

竞争因素对定价的影响主要表现为竞争价格对产品价格水平的约束。在竞争激烈的市场上，价格的最低限受成本约束，最高限受需求约束，介于两者之间的价格水平确定则以竞争价格为依据。同类产品的竞争最直接地表现为价格竞争，企业都试图通过制订适当的价格及价格的调整来争取更多的顾客，这就意味着竞争企业要失去一部分市场，或者维持同样的市场份额要付出更多的营销努力。因而在竞争激烈的市场上，企业都会认真分析竞争对手的价格策略，密切注视其变价动向并及时作出反应。比如，康师傅方便面和统一方便面自进入市场以来，价格几经调整，但总保持一定的“默契”。这说明两个公司都很清楚方便面市场的竞争情况，一方价格的调整会迅速引起另一方相应的调价行为，在这类开放市场上，价格竞争的激烈程度由此可见一斑。从现在的市场实际情况来看，越来越多的行业呈现了以产品为核心的全面竞争。价格竞争只是同类产品竞争的一个方面，实际上，同类产品竞争体现在产品的开发、研制直至销售的全过程，包含了以产品为核心的价格、渠道、促销及服务等的全面竞争。价格竞争的实质是通过价格调整，改变产品的质量价格比或效用价格比，促使消费者对商品重新作出评价。比如，消费者认为花 300 元买件 T 恤衫不值，但却愿意花 200 元购买该产品，这就是价格对消费者的购买行为的影响。因此，企业定价时不仅要关注竞争者的价格策略，对其产品策略、渠道策略及促销策略也不能忽视。

5. 产品生命周期

一般来说，典型的产品生命周期包括导入期、成长期、成熟期和衰退期四个阶段。在产品生命周期的不同阶段，市场需求和竞争状况不同，企业的营销目标不同，因而会有不同的营销组合，其定价策略也有所不同。比如，在产品的投入期有如下策略可以选择：快速撇脂策略（高促销高定价）、缓慢撇脂策略（低促销高定价）、快速渗透策略（高促销低定价）和缓慢渗透策略（低促销低定价）。这其实是价格策略与促销策略的组合。比如，某产品具有如下市场特征：其一潜在市场大部分人没有意识到该产品存在，其二知道该产品的人渴望得到该产品并有能力照价付款，其三该产品面临潜在竞争。那么该企业就可以采取快速撇脂策略，也就是企业将产品的价格定得很高、辅以高促销活动，因为那些想抢先拥有新产品的消费者打算并愿意支付高价。同样，在产品生命周期的其他阶段，需要采取不同的价格策略。如产品进入成长期时，由于消费者已经开始熟悉该产品，企业开始大规模生产、生产成本减低，因此为了保持市场先入优势、避免在竞争中遭到挫败，企业可以适当调低价格并尽可能吸引更多价格敏感的消费者购买。

6. 政府限制

各个国家都有自己的经济政策和相应的法律法规，由于许多产品（如饮用水、天然气、粮油产品等）的价格水平会直接影响到民众的生存状况，因而各国的政府对市场物价都会有各种各样的限制和规定。企业在制订价格时必须遵守相关的法律法规，任何违反这些规则的行为都将受到法律的惩处。价格是销售者借以进行竞争的一个主要武器，但市场竞争并不能完全阻止滥定价格的现象，寡头企业之间可以共谋价格欺行霸市、有些销售者还会以低价取得竞争优势、还有一些企业会以欺骗性价格从中渔利，对于这些现象都必须由政府通过法律来加以阻止。

二、定价的一般方法

企业制订价格必须全面考虑各个方面的因素，采取一系列步骤和措施。一般来说，企业制订价格时至少要经过六个步骤：选择定价目标、估算成本、测定需求的价格弹性、分析竞争对手的产品与价格、选择适当的定价方法和选定最后价格。企业产品价格的高低受市场成本费用、需求和竞争情况等因素的影响和制约，企业制订价格时理应全面考虑到这些因素。但是，在实际定价工作中往往只侧重某一个方面的因素。大体上，企业定价有三种导向，即成本导向、需求导向和竞争导向。

1. 成本导向定价

成本导向定价法是一种按卖方意图定价的方法，它是以产品的全部成本为定价基础，在成本的基础上加上企业的目标利润或规定利润。它包括成本加成定价法、损益平衡定价法和变动成本定价法等形式。就成本加成定价法来说，包括完全成本加成定价和进价加成定价。小型的生产制造企业较多采用前者；零售商店普遍采用后者，这种方法简单、方便。例如，峰朗公司是一家制造轴承的企业，其固定生产成本、变动成本和价格情况如下：

固定成本：120 000 元

变动成本：20 元

预计月销售量：20 000 个，则其单位成本为：

$$单位成本=变动成本+\frac{固定成本}{销售量}=20+\frac{120\,000}{20\,000}=26（元）$$

假设该公司要在销售中进行 20%的利润加成，则其价格应该定为：

$$加成价格=26\times（1+20\%）=31.2（元）$$

即该产品的市场定价为 31.2 元/个。

进价加成定价一般是零售商将产品从上游企业取得后，首先根据实际情况确定单位加价率，再加上平均分摊的固定成本，在此基础上就形成销售价格。一般来说，季节性较强的产品、仓储物流费用较高的产品、技术含量较高的产品或者市场竞争优势明显的产品等价格加成比例较高。

2. 需求导向定价

需求导向定价以消费者的需求强度及对价格的承受能力作为定价依据，对于具有不同购买力、不同需求强度、不同购买时间或不同购买地点等的顾客，可以根据他们的需求强度和消费感觉不同，采取不同的价格。需求差异定价法因对象、地点、时间的不同，有下列几种形式。

（1）产品差异定价。不同质量、不同品牌、不同样式、不同规格、不同配置的同类商品，价格肯定会有所差别。有时完全相同的产品而由于标有某种纪念性标志符号，往往会产生比其他具有同样使用价值的产品更为强烈的需求，价格也相应调高。如在奥运会期间，标有会徽或吉祥物的产品的价格，比其他未做标记的同类产品价格要高出许多。

（2）顾客差异定价。也叫顾客细分定价，是指产品面对的消费者因职业、阶层、年龄等原因，针对顾客的不同需求而差别定价。如景区景点对学生和一般旅游者实行不同票价，电力企业对工业、农业、居民生活实行不同的电价。企业在定价时给予相应的优惠或提高价格，可获得良好的经营效果。实行需求差别定价法，必须具备以下条件：其一是市场能够根据消费者的需求强度实行细分化；其二是细分后的市场之间，低价市场的顾客不可能向高价市场的顾客转售商品或让渡服务；其三是在高价市场中，不存在竞争者用低价竞销手段来争夺顾客；其四是使用该定价方法增加的收入大于细分市场所增加的管理费用；其五是企业有利于树立企业社会责任感的形象，防止引起顾客的反感；其六是差别定价的形式不应该是非法的。

（3）地点差异定价。如果对饮料的需求在快餐厅中呈现的强度要高于街边饮食店，那么即使是同样的饮料，前者价格可高于后者；歌剧院、体育馆等因座位区域不同而实行不同的票价；同种产品卖给不同的国家或地区，也可以制订不同的价格。地点差异定价广泛存在，一方面在于地点差异可能对消费者的消费感受产生影响，另一方面是因为消费者所在地点不同，企业或销售方花费的成本存在差别。

（4）时间差异定价。比如旅游景区的旅游旺季和淡季实行不同的门票、车票、住宿费等；某些公用事业如电报、电话、网络使用等，在不同时间（白天、晚上、节假日、平日等）的收费标准也不同。

3. 竞争导向定价

竞争导向定价以市场上相互竞争的同类产品价格为定价基本依据，以随竞争状况的变化确定和调整价格水平为特征，主要有随行就市定价法、主动竞争定价法和促销定价法等。

（1）随行就市定价法。所谓随行就市定价法，是指企业按照行业的平均现行价格水平来定价。企业在难以估算成本、打算与同行和平共处时，或者企业如果另行定价，很难了解购买者和竞争者对本企业的价格的反应情况下往往采取这种定价方法。不论市场结构是完全竞争的市场，还是寡头垄断的市场，随行就市定价都是同质产品市场的惯用定价方法。

（2）主动竞争定价法。主动竞争定价是企业通过对产品的实际情况及与竞争对手的产品差异状况来确定价格，因而价格有可能高于、低于或与市场价格一致，一般为实力雄厚或产品独具特色的企业所采用。企业在采取这种定价方法时，首先将市场上竞争产品的价格与本企业估算的价格进行比较，分为高于、一致及低于三个价格层次；其次，将本企业产品的性能、质量、成本、式样、产量等与竞争企业进行比较，分析造成价格差异的原因；再次，根据以上综合指标确定本企业产品的特色、优势及市场定位，在此基础上，按定价所要达到的目标，确定产品价格；最后，跟踪竞争产品的价格变化，及时分析原因，相应调整本企业产品价格。

（3）促销定价法。这是商家为了在竞争中获得较强的竞争力而选择的定价方法，主要包括牺牲局部利益定价、折扣定价、特别时间定价、低息贷款或利息补贴等定价方法。例如，新玛特超市为了将更多的顾客吸引到店里来消费，就会牺牲某些商品的正常利润而以相对低价让更多的顾客进店从而增加其他商品的销售机会，也可能在特定节假日通过特别时间的定价（如教师节给予教师10%的优惠折扣）刺激相应的消费者购买。有些销售商在实际经营中，特别是销售单价较高的商品（如汽车、住宅等）时，也可能向消费者提供低息贷款帮助或者给消费者利息补贴，以吸引更多的消费者购买产品。

三、价格谈判的原则

1. 平等协商原则

平等协商是指谈判各方在地位上应平等一致、相互尊重，不允许任何企业仗势压人、以大欺小及倚强凌弱。谈判各方在谈判中是通过协商求得双赢，而不是通过强制、施加压力或欺骗来达成一致。但是现实中，确实存在违背这个原则的现象，而最终的结果是两败俱伤，甚至引起利益相关者的反感，值得我们思考。例如，某大型超市是国内知名的大型连锁超市集团，其在哈尔滨也开设有分店。该超市借助企业在零售业的地位，对供应商开列各种各样的收费，譬如进店费、店庆费、节假日促销支持等，一些中小供应商每年的销售额甚至不足以弥补被该超市扣减的费用，导致很多中小供应商尤其是当地产品的供应商拒绝第二年继续与其合作，该超市不但名誉大受影响，而且在哈尔滨市场接下来的经营举步维艰。这种以牺牲一方利益（实际双方都没有得到真正利益）为代价的合作方式不是真正意义上的有效谈判。在实际的商务谈判中，价格谈判必须就事论事、一事一议，绝不是依据企业的实力和社会影响打压弱势一方。双方谈判的目的是为了共同解决各自问题，而不是单纯地挤压对方的谈判空间，一方获得了预期利益不能以对方放弃其预期利益作为代价。因此，平等协商要求商务谈判双方相互尊重、相互体谅、和谐共处、共同发展，谈判靠的是影响力和说服力，而不是强迫和威胁。在谈判时一味坚持强硬、顽固，甚至幻想能主导对方的想法是脱离实际的，只能使谈判者事倍功半。

2. 角色换位原则

所谓角色换位，简单地讲就是要设身处地地从对方角度来观察和感受问题，这是谈判双方实现有效沟通的重要方式。当我们多一些从对方角度来思考问题，或设法引导对方站到己方的立场上来思考问题，就能多一些彼此的理解，这对消除误解与分歧、找到更多的共同点构筑双方都能接受的方案有积极的推动作用。看看下面这个故事。

英国著名的维多利亚女王，与其丈夫相亲相爱，感情和谐。维多利亚女王是一国之王，成天忙于公务，出入于社交场合，而她的丈夫阿尔伯特却和她相反，对政治不太关心，对社交活动也没有多大的兴趣，因此两人有时也闹些别扭。有一天，维多利亚女王去参加社交活动，直到夜深才回到寝宫，只见房门紧闭着。女王走上前去敲门。

房内，阿尔伯特问："谁?"

女王回答："我是女王。"

门没有开，女王再次敲门。

阿尔伯特问："谁呀?"

女王回答："维多利亚。"

门还是没开。女王徘徊了半晌，又上前敲门。

阿尔伯特仍然是问："谁呀?"

女王温柔地回答："你的妻子。"

这时，门开了，丈夫阿尔伯特伸出热情的双手把女王拉了进去。

同一个女王，在不同的环境里往往表现为不同的角色，与他人的彼此关系也就跟着变化，在价格谈判中也是如此。在谈判中，尤其是在价格谈判上陷入僵局时，我们应该审视我们所提的条件、给出的价格是不是合理，是不是有利于双方合作关系的长期发展，然后再从对方的角度看看他们所提的条件是不是有道理。在谈判中，尽管主要方面双方有共同利益，但在一些具体问题上双方存在利益冲突，而又都不肯让步，如果处理不当，就会使整个合作事宜陷入泥潭，形成谈判僵局。由于谈判双方固执己见，又找不到一项超越双方利益的方案，这时如果换位思考一下，用对方思考问题的方式分析双方面临的僵局，会获得更多突破僵局的思路，这种换位思考在实际谈判中对解决冲突、化解僵局是必要的。

3. 互利互惠原则

在商务交往中，谈判是实现公司经营目标、解决发展问题的重要手段，是实现利益和资源交换的渠道和工具，因此谈判一直被视为是一种企业之间合作或为合作而进行的准备。因此，商务谈判最圆满的结局，应当是谈判的所有参与者各取所需，各偿所愿，同时也都照顾到其他各方的实际利益。双赢和多赢的合作意味着谈判各方都能够削减成本，共同降低风险，提高收益。例如，斑马公司是一家主要生产油漆涂料的企业，在市场上一直有比较好的声誉。由于企业并购加上城区规划和厂区改造，该企业不得不将生产和办公地点搬到离市区较远的郊区（大概距市区 70 千米），给企业经营带来了一定的影响，尤其是给客户进换货和结算带来了很多麻烦，一些长期合作的零售商倍感困扰。为此，斑马公司不得不在市区寻找一处办公场所，但是合适的并不多，并且租金不菲。此时，一家斑马公司的老客户庆龙公司主动找到斑马公司，提出了如下的建议：庆龙公司在繁华的市区恰巧有一处带地下室的闲置办公楼，由于公司资金限制，该楼一直未装修，也因此无法对外出租。庆龙公司提出可以优先廉价租用给斑马公司作为办公场所和仓库使用，租金每年 35 万元，较同地段同面积的办公楼租金低 30%左右，前提是斑马公司要负责该办公楼的粉饰、装修及物业费，使用期限 5 年。斑马公司核算后认为，如果租金为每年 32 万元可以接受，这样比租用其他办公地点要节省开支，庆龙公司斟酌之后接受了提议。同时，斑马公司主动提出给庆龙公司现在正在使用的办公写字楼也进行了粉饰，作为回报，庆龙公司将该公司的楼顶巨型广告牌免费让给斑马公司用作广告宣传使用。该例说明，在商业往来和谈判中，争夺也许会给某一方带来暂时的利益，但最终可能损失长远的利益，而选择合作却能使双方都受益。斑马公司找到了合适的办公地点并且不必为高额的租金而烦恼，庆龙公司也不需要投入更多的资金进行闲置房屋的装修，并且在此过程中，双方的合作关系得到了进一步加强，相信未来的合作一定会更愉快，这充分显示了谈判的互惠互利原则。另外，谈判中涉及的议题也较多，有时其范围不仅仅局限于某个对象的价格，比如本例中，斑马公司主动承担了庆龙公司现用办公楼的翻新，庆龙公司让出广告牌给予斑马公司用来宣传使用，通过谈判和协商，双方需要都得到了更多的满足，真正实现了互惠互利。

4. 适当妥协原则

几乎任何一次商务谈判都无法出现一方报价而另一方马上与之成交的情况，双方为了最后实现交易都会进行讨价还价。无论哪一方都不是“一口价”能够成交的，谈判中没有绝对的主导者。相反，谈判双方通过谈判、协商，多多少少总会获得或维护自身的利益，也就是说，大家在某种程度上通过彼此妥协、互相让步来达成双方都可以接受的结果，这就是适当妥协原则。如果把谈判看成是一场战争的话，那么两败俱伤的结局是谁都不想看到的，谈判人员往往更希望和平地解决问题。如果矛盾不停地升温，双方或一方会采取一种令人不快的强硬策略，那么谈判就会迅速陷入僵局，一味地强硬对谈判双方来讲都不是长久之计。在谈判中，要认识到在对立立场背后所存在的共同性利益，常常大于冲突性阻碍。认识和发现到这一点，就为谈判僵局突破带来了契机，因此适当妥协、在不影响本质利益的情况下以大局为重，对谈判各方都是有好处的。

妥协是实现谈判目的的最终手段。被称为“全世界最佳谈判人员”的霍伯·柯恩曾经说过：“为了实现谈判的目的，谈判人员必须学会以容忍的风格、妥协的态度，坚韧地面对一切。”在谈判过程中，种种僵局和矛盾都要靠各方的妥协来解决，如此才能实现真正的双赢。当然，妥协也是一把双刃剑，一旦运用不当，就会不得其利、反受其害。现实谈判中一定要把握妥协的“度”，优秀的谈判人员既要明白什么时候应该妥协、妥协到什么程度是极限，又要明白具体谈判过程中应该如何妥协。

第二节　价格谈判的基本策略和方法

一、报价策略和方法

报价在很大程度上体现了企业争夺客户的能力。在商务谈判中，报价前要充分准备，认真分析客户的购买意愿，了解他们的真正需求，要做好市场跟踪调研，清楚市场的最新动态，依据最新的行情报价，买卖才有成交的可能。因此，合适的报价在价格谈判中至关重要。报价太高，容易吓跑客户；报价太低，客户会怀疑你产品的质量和可信度，不敢冒险与你做生意。因此，合理报价首先要对客户情况有一个较全面的了解，必须弄清楚对方的性质，比如面对中间商、批发商、零售商和小商店业主，报价方法就不同；同时，还必须对自己所经营的产品在国内外的生产销售情况了解清楚，包括价格水平、成本、利税、原材料价格、包装费、水电费、运费和工资水平等。对特殊订货，必须考虑有关费用，如特殊包装和季节性产品的额外费用。需要强调的是，对各种费用的计算要准确，既不能增加莫须有的费用，又不能减少必要的支出。

（一）报价的策略

1. 先发制人策略

先发制人是指在业务洽谈之前，率先通过介绍、演示等手段，渲染己方的实力、优势与经营业绩，或是旁敲侧击地指出对方的弱势、失误等缺陷与不足，削弱对方的谈判地位，坚定己方的态度、立场，利用居高临下的气势，取得“不战而屈人之兵”的效果，从而把握谈判的主动权。就卖方而言，利用先发制人策略时可以向对方言明：我方的供货价格已经“定死”，并且因为种种原因不能下调，希望对方能理解，把“丑话说在先”，堵住客户讨价还价之口，使之想还价却不能还价，收到一种先发制人的效果。比如，我们在商场、专卖店等营业场所，经常看到这样一些告示性的标语：“平价销售，还价免言”。如果有人在购物时想还价，其营业员会很礼貌地指出：“对不起，我们这里不还价。”这样，轻松地避免了与客户讨价还价的一场口舌之战。除了像这样以表明经营规则来防止客户讨价还价之外，我们还可以参考下面两种先发制人的方法：一是向客户说明影响价格制订的因素，比如原料配方独特、加工工艺先进、广告促销有力、售后服务有保证等表明“高价”原因，让客户感知确实是一分钱一分货，物超所值；二是表明运作这一品种自己同样没有赚钱，完全是看在与某某厂家多年的老关系上方接下这笔业务，希望这次客户也能帮帮忙，照顾照顾，并向他表明一定会在以后其他品种的合作上加以弥补。当然，实施这种“先发制人”的办法必须有一个前提，那就是产品本身质量过硬、品牌声誉好，或者流行走俏、销势很好，不会因为价格高低而直接影响到顾客的最终购买，否则会拒客户于千里之外。

2. 针对性报价策略

针对性报价就是针对不同类型的客户，报不同的价格。对那一些漫无目的、不知价格行情的客户，可高报价，留出一定的砍价空间；对不知具体某一品种的价格情况，但知该行业销售各环节定价规律的客户，应适度报价，高低适度在情在理；而对那些知道具体价格并能从其他渠道购到同一品种的客户，则应在不亏本的前提下，尽量放低价格，留住客户。总而言之，针对性报价就是“看人下菜碟儿”。就零售业来说，一般的类型客户有连锁大型超市卖场、批发商、零售商、个体消费者等。大型卖场采购量大，有自己的采购系统，他们的采购对市场价格的敏感度很高，产品变化要求也很大，相应的价格也压得很低，针对这类客户，你必须谨慎报低价才有可能争取到与之合作的机会，在与这些客户的合作中体现的是薄利多销。而对于小型终端零售商或者个体消费者来说，其购买量小、购买频繁，在与这些客户谈判时，则可以报价略高些。针对大型卖场和小的零售商，企业在报价时需要区别对待。总之，针对性报价策略就是向处于不同地位的客户报不同价格。

3. 拆细报价策略

对于单价较高或者一个大包装内包含较多单位个体时，可是使用此报价方法。此报价方法运用的关键是分解整体价格，也就是将价格与产品使用寿命或者更小的计量单位结合起来，拆细计算出对应支出，以表明产品的价格并不算贵。例如，一位女士看中了一套价格为 900 元的化妆品，由于自己是刚参加工作的打工一族，虽然心动但是觉得价位有点高，有些犹豫不定。此时，营业员对她说："这套价格为 900 元的化妆品可使用 6 个月，您想每个月只花 150 元，每天只花 5 元。5 块钱算什么呢?一盒盒饭还得 6 元、8 元呢，况且，它不但在这 6 个月里天天为您保养肌肤、给您增光添彩，而且还能延缓衰老，保持年轻哦。"经营业员这样一算账，这位女士立即掏钱买了这套化妆品。在拆细报价这种报价方式上，我们应注意下面三点：一是报出平均时间单位内相应的使用价格。例如，某品牌减肥药一盒 240 元，很多人看到这个价格会嫌其售价太高，这时利用拆细报价可以跟其细算一下，一盒 28 粒，可服 4 周，平均每天只需花 8.57 元，和同类产品平均每天要十几元甚至几十元相比，还是划算的。二是报最小单位的价格。例如，一公斤冬虫夏草 9 万元，报价时则说每克 90 元；一公斤高档西洋参 8000 元，报价时则说每克 0.80 元，如果按公斤报价，会给人留下高价的印象。三是不报整数价，一来价格越具体，越容易让顾客相信定价的精确性；二来我们可以在客户讨价还价的过程中，将零头作为讨价还价的一个筹码，"让利"给对方。

4. 突出优势策略

谈判双方的讨价还价，其实是一种相互说服的艺术。卖方在"游说"买方的过程中，必须把握一点，那就是要"王婆卖瓜自卖自夸"，也就是在介绍产品、吸引消费者的时候要突出产品以及与产品销售相关的所有优势，让顾客由衷地产生一种"这钱花得值得"的感觉。因此在报价时，首先就要突出产品本身的优势，比如说，产品有一流的原材料、高效的检测标准、先进的加工制造工艺水平，质量有保障；有独特的卖点，市场广阔，同类产品少，竞争力强，有适宜的零售价格，这样消费者就很容易或很乐意接受产品，从而说服消费者、增加销售机会。其次，突出得力的后续支持和附加利益，比如服务及时到位、24 小时提供热线咨询等。在企业争夺经销商的谈判中还可以强调销售支持，如广告，电视广告从中央台到地方台均有所覆盖，平面广告、销售点广告一应俱全；促销政策灵活到位，特定礼品配送及时；销售政策健全、激励措施得当，能有效地控制分销市场，做到不乱区域，不乱价格等。最后，突出周全的配套服务项目，比如免费送货上门、免费安装调试、终身保修等一系列比较完善的售后服务机制。

5. 曲线求利策略

曲线求利一般是指商家的谈判人员抓住对方的某些心理弱点，投其所好，例如吹捧、恭维、小恩小惠等，先将精力放在建立友好关系上，或者以较低的价格转移对方对产品本身的注意力，而通过销售配套附件、服务等获利。如某品牌的打印机，零售价格只有 68 元，很多消费者认为如此低价，是厂家在大力促销推广产品，加上促销现场火爆的气氛，毫不犹豫地排队购买。购买机器之后消费者才发现，该打印机的配套墨盒 198 元/盒，而且必须在 30 天内用完，否则墨盒里的墨就会干涸。厂商在销售打印机时肯定没什么赚头，但是销售墨盒一定利润不菲。

（二）报价的方法

1. 利用已成交客户的资料报价

很多企业在吸引新顾客方面都采取给新顾客出示已成交顾客的销售提货底单的方式，一方面让新顾客觉得销售方比较坦诚，对顾客不是遮遮掩掩，另一方面让对方看到确实是很多顾客都以此价格成交，甚至高于该价格成交的，从而打消新顾客的疑虑，增加双方的信任感。如果在此基础上，卖货方再施以少许优惠或者附加利益，则很大程度上，买方会欣然接受卖方的报价。如李先生刚刚购买了一套住房，准备装修入住，他和妻子看好了一款 128 元/m^2 的地板，但是计算下来，100 多平方米的房子只地板就要花费近 15 000 元，大大超出了夫妻俩的装修预算。卖地板的老板看出了两人的心思，说："这地板确实是贵了点，但是考虑到你家 100 多平方米的房子，我可以给你优惠点，8.5 折吧，折合 108 元/m^2，你看这个数字多吉利啊！"

夫妻两人还是有点犹豫，一时拿不定主意。这时老板拿出了一摞销售底单，问李先生："你家是哪个小区的？"

"滨湖花园。"

"滨湖花园啊，你看看，很多滨湖花园业主都是在我这买的地板呢，你看看，A 区的张先生、C 区的赵女士都是在我这买的，你再看看这价格，可没有你这么优惠哦！"

李先生一看，确实大多销售单上的成交价格都在 110 元/m^2 以上，李先生和妻子很快决定购买这款地板。这就是销售方利用已成交顾客的销售底单争取新顾客的报价方法。利用已成交客户的资料进行报价，可以增加企业经营的透明度，使顾客产生信任感，迅速达成共识并成交。

2. 比较报价

此种报价方法可从两方面进行：一方面是将企业的产品与另一种价格高的产品进行比较，这样相比之下就显得自己的产品价格便宜了，比如卖普通休闲 T 恤的老板会拿他的产品与阿迪达斯、耐克等知名品牌进行价格比较；另一方面，可将产品的价格与消费者日常开销进行比较，例如一个推销员在推销钢笔时，他经常对男士说："这支笔是贵了点，但也只相当于两包高档香烟，一支笔可用四、五年，而两包烟只能抽两天。少抽两包烟就可买一只精致的笔，而且在用的时候又有风度，值得!您说是不是?"经他这样一比较、一恭维，有些人也就很想买一支了。比较报价方法不但适合初次合作的客户，能很快获得新客户的认同，实际上对同类产品的比较报价，经常有业务往来的客户也较易接受。但是需要说明一点，比较报价决不能贬低对手或者污蔑其他同类产品，比较报价必须实事求是，在与其他产品比较中争取客户的同时，也要树立良好的形象。比较报价更多的是评价性价比，因此在强调价格低的同时，也需要体现良好的服务、售后支持等。

3. 多重报价（组合报价）

多重报价（组合报价）就是在销售商品时给客户三种以上的选择方案，而不是只有一种。如果只提供一种方案，客户就会本能地想着还价。而如果从低到高给出三种以上方案的报价，客户的注意力便会从"我要还价"转移到"哪种方案更合适"上。客户会开始思考："第一种方案虽然价格容易接受，但是提供的使用价值不够充足，无法满足我的需求，第三种方案价格太高，我难以接受，还是第二种最适合我的需要"。例如，李女士打算给上大学的孩子购买一台电脑，她来到电子产品商场，热情的服务员接待了她，并给她出示了一份电脑销售宣传单，见表 5-1。

表 5-1　电脑销售宣传单

方案	主要技术指标				价格
	硬盘	内存	CPU	其他	
方案一	60G	512M	Intel Core 2 Duo E4400	（略）	3050
方案二	80G	1G	Intel Core 2 Duo E6320	（略）	3800
方案三	120G	2G	Intel Core 2 Duo E6550	（略）	4650

李女士很快选择了第二个方案，为孩子买了一台她认为合适的电脑。

4. 利用客户心理报价

一个产品的价格，尽管其制订要依据一定的价值、供求、政策而定，但是在用户的心目中，价格“昂贵”与“便宜”这两个概念，经常受购买者的需求层次、需求强烈程度、购买力及心理因素的影响，具有浓厚的主观色彩。比如在口渴时，花 3 元钱买瓶水你不会觉得贵，而平时即使是 1.5 元你也觉得难以接受（假如超市里面价格为 1 元/瓶）。再如，张先生是一家公司的销售经理，恰巧要参加一个商业合作谈判，他到商场花 500 元买了一件衬衫，他觉得价格很合适，而刘先生却觉得花 500 买件衬衫实在奢侈。这两个例子说明，用户急需某产品或者购买力比较强时，就不会特别注重价格，如果自己销售的产品正是客户迫切需要的东西，他主要关心的可能不是价格而是该产品是否能及时满足自己的需求。再比如春节临近，商家可能不在意供货商将供货价格略微提高，而在意是否能够及时得到充足的货源。同时，产品愈高级，价格对成交影响愈小，企业在销售高档耐用品、高级工艺品，或能满足用户某种特殊需要、或主要满足高层次需要的产品，价格问题就显得微不足道。当顾客把购买某种产品当作投资时，购买者对价格也不会太敏感。黄金首饰价格虽然昂贵，但买的人并不少，因为购买黄金首饰的顾客认为黄金首饰的价值经过使用仍保持不变，甚至会增值，他们对这种产品的价格就不会太敏感。值得一提的是，友好的服务态度，也可以影响客户对价格的看法。在产品销售过程中，如果经销人员对客户的服务态度好，如接待热情、介绍详细、协助购买、免费送货等，那他宁肯多付些费用也是乐意的。他们会把经销人员的任何一种服务项目都视为某种形式的减价。由此可见，在以上几种情况下，用户对产品的价格是昂贵还是便宜的判断具有较强的主观性，同时，通过销售人员的努力完全可能改变用户的看法而达成交易，这些实际都是利用了客户的心理进行报价。

5. 利用合同其他要件报价

买卖双方的谈判焦点主要集中在产品的价格上，但是合同其他要件对最后的成交也起着至关重要的作用。这些要件主要包括付款方式、付款期限、交货期、装运储存条款、退换货约定、保险条款以及技术帮扶、售后支持等。在影响成交的因素中，价格只是其中之一，如果能结合其他要件和客户商谈，价格的灵活性就要大一些。比如对于服装、鞋帽等季节性很强的商品，即使你的报价不是最低的，但你在报价时给客户承诺快速而又准时的交货期无疑可以让客户倾向与你合作。

二、价格解释

1. 价格解释的含义

在现实的商务往来中，通常在一方给出商品的报价之后，另一方往往要求其对报价进行解释。如“为何你们的价格比别的商家高10%？”“为什么你们给A客户的价格比给我们的低？”等等。价格解释，是指卖方（有时也可能是买方）就其商品特点及其报价的价值基础、行情依据、计算方式等所作的介绍、说明或解答。价格解释对于卖方和买方都有重要作用，从卖方来看，可以利用价格解释，充分说明其所报价格的真实性、合理性，增强其说服力，遏制买方的降价要求，缩小买方讨价的期望值甚至迫使买方接受报价；从买方来看，可以通过价格解释，了解卖方报价的实质和可信程度，掌握卖方的薄弱之处，估量讨价还价的余地。

2. 价格解释的内容

价格解释的内容，应根据具体交易项目确定。如对单件产品的价格进行解释，可以着重于直接制造成本、单位变动费用、原材料供求价格变化以及竞争品情况等。如果商品的价格涉及到特殊的储存运输条件、防止损耗和保鲜等投入，也可以单独进行说明。比如鲜活农产品，除了解释直接成本外，更多的要解释其运输、保证鲜活等方面所付出的成本。其他价格的解释，如对技术许可费、资料费、技术服务费等价格解释的内容应要层次清楚，最好按照报价内容的次序逐一进行解释为宜。如对工时费进行解释：工人人数×工作天数×工人单日报酬。总之，价格解释要合理、有序进行。

3. 价格解释的技巧

价格解释的原则是有理、有利、有节。在解释时，必须遵守：不问不答、有问必答、避实就虚和谨慎为上四个原则。

（1）不问不答。不问不答指买方未提及或没有意识到的问题，卖方一般不必主动回答，以免言多语失，让对方抓住把柄，削弱自己在价格谈判中的地位。在价格解释时，对报价项目中价值大、利润高的部分尽量少涉及或不公开完全项目，而对价值不大的部分可以详尽周到地介绍。这时的情况是：能少讲的则不多讲，能推迟的则不马上讲，能从侧面应付的绝不把正面摊给对方。

（2）有问必答。卖方报价后，对买方提出的疑点和问题，卖方须有问必答，并坦诚、肯定、迅速，千万不可欲言又止、吞吞吐吐。否则会给人以不实之感，授人以压价的把柄，甚至引起买方的反感而影响双方进一步合作。为此，卖方应在报价前，充分掌握各种相关的背景资料信息，并对买方可能提出的问题进行周密的分析、研究和准备，做到有备无患，以通过价格解释表明报价真实、可信。价格解释时一定要镇定，态度要坦荡诚恳，甚至偶尔可以询问对方“你明白了吗？”“是否要我重复？”给对方的感觉是“我没有隐瞒”。这个技巧有盾牌的作用，减缓对方对己方的还价压力，谈判中对己有利。

（3）避实就虚。价格解释中，应多强调自己的优势，突出技术、服务等的特点，多谈一些清晰易懂、对方熟知或公开的问题。若买方提出某些不好回答或对价格影响较大的敏感性问题，应尽量避其击中要害或转移对方视线，有的问题也可采取“拖”的办法，先诚恳记下买方的问题，承诺过几天给予答复，以便有充足时间准备或者找到变通解答方案。

（4）谨慎为上。谨慎为上是指在价格解释，能用口头解释的尽量不用文字书写，实在要写的或必须要落到纸上的，宜粗不宜细。这样会有再解释、修改、否定的退路，否则白纸黑字，具体详尽，想再解释、更改，就很被动了。

当然，你作为买方要求卖方进行价格解释时，要善于提问，即不论卖方怎样闪烁其词，也要善于提出各种问题，或单刀直入、或迂回侧击，设法把问题引导到卖方有意躲避或买方最为关心之处，迫使卖方解答，以达到买方的目的。

三、还价策略和方法

（一）还价的含义

还价是指谈判中的一方首先报价之后，另一方认为与自己的期望目标有距离而要求报价方改善报价或给出自己报价的行为，实际上就是针对谈判对手的首次报价，己方所作出的反应性报价。一般情况下，谈判的一方报价以后，另一方不会无条件地全部接受所报价格，而是要根据己方的既定策略，经过一次或几次讨价还价之后提出自己可接受的价格，反馈给对方。如果说报价划定了讨价还价范围的一个边界的话，那么，还价将划定与其对立的另一条边界，双方将在这两条边界所规定的界区内展开激烈的讨价还价。还价一定要谨慎，还得好可以争取主动的谈判地位，还得不好不仅自己的利益受到损失，而且还可能引起对方的误解或反感，使谈判陷入僵局甚至破裂。

（二）还价策略

还价在价格谈判中十分重要。因为许多商务谈判本身就是价格谈判，即使不是价格谈判，双方也要商定价格条款。价格最直接地反映了谈判双方各自的切身利益。自然，围绕价格的战术策略，尤其是如何还价，常常具有十分重要的意义。

1. 投石问路策略

要想在谈判中掌握主动权，就要尽可能地了解对方情况，尽可能地通过本方的努力了解和掌握当本方采取某一步骤或提议时，对方的反应。投石问路就是在价格谈判中试探对方虚实、了解对方情况的一种战略战术。例如，一方想要试探对方在价格上有无回旋的余地，就可提议："如果我方增加购买数量，你们可否考虑优惠一下价格呢?"或者再具体一些："购买数量为 10 000 时，单价是 10 元/盒；如果购买数量为 20 000、50 000 或 80 000，单价又是多少呢?"这样，买方就可以根据卖主的开价，进行选择比较，讨价还价。选择投石问路时，提问的形式主要有：

"如果我们以现金支付的形式，你方的产品价格有什么差别？"

"如果货物运输由我们承担，你方的价格是多少呢?"

"我方有意购买你们其他系列的产品，能否在价格上再优惠些呢?"

"如果我们和你签订了长期合作的协议，你方的价格有什么优惠?"

"如果我方要求对原产品有所改动，价格上是否有变化?"

2. 目标分解策略

是否善于讨价还价反映了一个谈判人员的综合能力与素质。我们不要把讨价还价局限在要求对方降价或我方降价的问题上。例如，一些大型谈判项目涉及到许多方面，技术构成也比较复杂，包括合作期限、付款办法、专利权、技术资料转让、技术支持、专有技术人员培训、售后维护、分歧解决等方面。因此，在对方报价时，由于价格组成部分较为复杂，因此价格水分可能较大。如果我们笼统在价格上要求对方作机械性的让步，既盲目效果也不理想。在这种谈判项目较多、组成复杂的情况下，比较好的还价做法是把对方报价的目标分解，从中寻找出哪些是我们需要的，价格应是多少，哪些是我们不需要的，哪一部分价格水分较大，这样还价就对买方有利得多了。

例如，某高校为了适应社会需要、充分提高学生的就业竞争力，拟引进一套市场营销模拟软件。这些软件以游戏的形式模拟现实，对提高学生的动手实践能力很有好处。公告发出后，先后有四家软件公司与该校取得了联系，最终该高校选择了南京某软件企业为主要的期望合作对象。该软件公司以一套模拟软件组为报价单位，这套软件包括市场营销（生产型企业）模拟软件、广告模拟软件、物流模拟软件、电子商务模拟软件、市场调研模拟软件等 6 个软件，并且承诺可以派一名技术工程师提供为期半年的技术支持，报价 28.8 万元。该高校接到对方的报价后，经过分析认为，现在迫切需要的是市场营销模拟软件和电子商务模拟软件，其他的软件暂时不需要，并且也不必对方提供长时间的专业技术支持，只需要对方给予基本的应用培训就可以了。经过与对方的几次协商，该高校以 8.8 万元取得了其急需的两款软件，通过分解项目的方法，取得了较为理想的谈判结果。

3. 价格诱惑策略

价格诱惑就是卖方利用买方担心市场价格上涨的心理，诱使对方迅速签订购买协议的策略。例如，2009 年 12 月初，王先生打算购买一台家用轿车，他来到汽车销售市场，销售商提出现在是优惠促销期间，购车送保险，并且 2010 年元旦国家很可能取消购置税优惠政策，而且价格可能随市场行情上涨大约 5%。如果王先生打算购买此车，在年底前签协议就可以享受目前的促销优惠和政策优惠。如果此时市场价格确实浮动较大，那么这一建议就很有吸引力。价格诱惑的实质，就是卖方利用买方担心市场价格上涨的心理，把谈判对手的注意力吸引到价格问题上来，使其忽略对其他合同条款的讨价还价，进而在这些方面争得让步。对于买方来讲，尽管避免了可能由涨价带来的损失，但可能会在其他方面付出更大的成本，牺牲更重要的实际利益。因此，买方一定要慎重对待价格诱惑，不要轻易被对方的言语所动摇，一定要排除外界的各种干扰，谈判前所有列出的谈判要点，都要与对方认真磋商，绝不随意迁就。其次，买方要根据实际需要确定是否购买，不要被卖方在价格上的诱惑所迷惑，买下一些并不需要的辅助产品和配件，切忌在时间上受对方期限的约束而匆忙作出决定。再次，买方要反复协商，推敲各项合同条款，充分考虑各种利弊关系。签订合同之前，还要再次确认。为确保决策正确，有时请示上级、召集谈判小组会议或进一步调查比较都是十分必要的。

（三）还价方法

还价要做好市场跟踪调研，清楚市场的最新动态，掌握价格的基本行情。在多数情况下，当一方报价以后，另一方不要马上回答，而应根据对方的报价内容，再对自己先前的想法加以调整，准备好一套方案后，再进行还价。由于报价具有试探性质，即报出一个价格看一看对方的反应怎么样，然后再调整自己的讨价还价策略，因此还价的时候，还价者一定要小心，既不能让对方套出自己的真实想法，又要给对方一定的信息，同时还要表明自己在这一商务谈判中的智慧和能力。要想发挥后发制人的威力，就必须在还价前针对对方的报价做出周密的筹划，根据自己所掌握的市场行情及商品比价资料，对报价内容进行全面的分析，从中找出对方报价中相对薄弱的环节，作为己方还价的筹码。具体的还价方法有比价还价和拆分还价。

1. 比价还价

比价还价是指己方不了解所谈产品本身的价值，而以其相近的同类产品的价格或竞争者产品的价格作参考进行还价。这种还价的关键是所选择的用作对比的产品是否具有可比性，只有比价合理才能使对方信服。举例来说，李先生打算购买一台 37 英寸的海尔电视机，他就参照他掌握的其他品牌，如海信、TCL 的价格还价。有时，行业内的专业人士还可能按分析成本的办法还价，分析成本还价是指一方能计算出所谈产品的成本，然后以此为基础再加上一定百分比的利润作为依据进行还价。这种还价的关键是所计算成本的准确性，成本计算得越准确，谈判还价的说服力越强。

2. 拆分还价

拆分项目还价按谈判中每次还价项目的多少分为单项还价、分组还价和总体还价三种。单项还价是指对主要设备或商品逐项、逐个进行还价，对各个品种、各个层面或者各组成部分，比如直接成本、变动成本、培训费、包装运输费等逐项还价。如对成套设备，按主机、辅机、零部件、技术支持、安装调试等的项目逐一还价。分组还价是指把谈判对象划分成若干项目，并按每个项目报价逐一还价。对价格高的在还价时可以多压一点，对价格低的还价时可以少压一点，对不同档次的商品或项目采用区别对待、分类处理的办法。总体还价，又叫一揽子还价，是指不分报价中各部分的差异，均按同一个百分比还价。如某高校拟建立金融模拟实验室，需要购进电脑 60 台，配套软件若干。通力公司给出表 5-2 中的报价。

表 5-2　　通力公司的金融模拟实验室报价单

<table>
<tr><th colspan="2">项目名称</th><th>报价（元）</th><th colspan="2">项目名称</th><th>报价（元）</th></tr>
<tr><td colspan="2">电脑主机 60 套</td><td>360 000</td><td rowspan="3">售后服务</td><td>安装、调试</td><td>20 000</td></tr>
<tr><td rowspan="4">配套软件 3 套</td><td>软件 1</td><td>30 000</td><td>实验员培训</td><td>10 000</td></tr>
<tr><td>软件 1</td><td>10 000</td><td>技术支持</td><td>10 000</td></tr>
<tr><td>软件 1</td><td>10 000</td><td colspan="2">其他项目（略）</td><td>15 000</td></tr>
<tr><td>软件升级</td><td>10 000</td><td colspan="2">总额</td><td>475 000</td></tr>
</table>

该高校接到表 5-2 所示报价单之后，可以有几种还价方法，见表 5-3。

表 5-3　　还　价　方　法

<table>
<tr><th colspan="2">项目名称</th><th>报价（元）</th><th>单项还价（元）</th><th>分组还价（元）</th><th>总体还价（元）</th></tr>
<tr><td colspan="2">电脑主机 60 套</td><td>360 000</td><td>320 000</td><td>32 0000</td><td rowspan="9">380 000</td></tr>
<tr><td rowspan="4">配套软件
3 套</td><td>软件 1</td><td>30 000</td><td>25 000</td><td rowspan="4">40 000</td></tr>
<tr><td>软件 1</td><td>10 000</td><td>5000</td></tr>
<tr><td>软件 1</td><td>10 000</td><td>5000</td></tr>
<tr><td>软件升级</td><td>10 000</td><td>5000</td></tr>
<tr><td rowspan="3">售后服务</td><td>安装、调试</td><td>20 000</td><td>10 000</td><td rowspan="3">25 000</td></tr>
<tr><td>实验员培训</td><td>10 000</td><td>10 000</td></tr>
<tr><td>技术支持</td><td>10 000</td><td>0</td></tr>
<tr><td colspan="2">其他项目（略）</td><td>15 000</td><td>10 000</td><td>10 000</td></tr>
<tr><td colspan="2">总额</td><td>475 000</td><td>390 000</td><td>395 000</td><td>380 000</td></tr>
</table>

当然，具体采用哪种还价方法要因人、因时、因事、因情景、因个人习惯而定，不能简单理解为哪种还价方法好、哪种不好，要理性分析、区别对待。

四、让步策略

谈判本身是一个讨价还价的过程，也是一个理智的取舍过程。如果没有舍，也就不能取，“鱼和熊掌兼得”在谈判中很难实现，一个高明的谈判者应该知道在什么时候抓住利益，在什么时候放弃利益。只有有得有失，才可能使谈判达成协议。让步是达成这个协议不得不采取的措施。正因为如此，何时让步、怎样让步显得十分重要。但是，让步不是轻率的行动，必须慎重处理。成功的让步策略可以起到以局部小利益的牺牲来换取整体利益的作用，甚至在有些时候可以达到“四两拨千斤”的效果。

（一）让步的基本原则

在商务谈判的过程中，在准确理解对方利益的前提下，努力寻求双方各种互利的解决方案是一种正常渠道达成协议的方式，但在解决一些棘手的利益冲突问题时，如双方就某一个利益问题争执不下时，恰当地运用让步策略是非常有效的工具。让步涉及到买卖双方的切身利益，不可随意让步。让步可能取得正面效果，即通过适当的让步赢得谈判的成功；也可能取得负面效果，即作出了某种牺牲，却为对方创造了更为有利的条件。让步的基本规则是以小换大，为了达到这一目的，要事先充分准备在哪些问题上与对方讨价还价、在哪些方面可以作出让步、让步的幅度有多少。

那么，如何作出让步对自己有利又能使谈判顺利达成协议呢?

（1）不要作无谓的让步，应体现出对己方有利的宗旨。让步的目标必须反复明确。让步不是目的，而是实现目的的手段。任何偏离目标的让步都是一种浪费。让步要定量化，每次让步后，都要明确让步已到何种程度、是否获得了预想的效果。只有在最需要的时候才让步，让步通常意味着妥协和某种利益的牺牲。对让步的一方来说，作出让步的承诺无疑是痛苦的。不是迫不得已，不到最后关头，不要轻易让步。每次让步或是以牺牲眼前利益换取长远利益，或是以己方让步换取对方在其他方面相应的让步或优惠。

（2）在未完全了解对方的所有要求以前，不要轻易作任何让步。盲目让步会影响双方的实力对比，让对方占有某种优势，甚至会让对方得寸进尺。

（3）让步要让在刀口上，每次让步让得恰到好处，才能使己方以较小的让步获得对方较大的满意。尽量不要承诺作同等幅度的让步，一报还一报的互相让步是不可取的。如对方提出这种要求，可以己方无法负担作为借口。假如对方开价 100 而你还价 80，对方说：“我们取个平均值吧。”你可以说：“不能接受。”

（4）让步要分轻重缓急。让步是一种有分寸的行为，不可“眉毛胡子一把抓”。有经验的谈判人员，为了争取主动，保留余地，一般不首先在原则问题、重大问题上让步，也不要首先在对方尚未迫切要求的事项上让步。如果作出的让步欠周密，要及早收回，不要犹豫，不要不好意思收回已作出的让步，最后的握手成交才是谈判的结束。但要尽可能避免失误，收回让步，这个从法律的角度看，是允许的，但从信誉的角度看，则对自己不利。值得注意的是，收回让步时一定要坦诚承认，及时收回，不可拖延，以免造成更大失误。

（5）让步要选择恰当的时机。让步的时机会影响谈判的效果。如果让步过早，会使对方以为是“顺带”得到的小让步，这将会使对方得寸进尺；如果让步过晚，除非让步的价值非常大，否则将失去应有的作用。一般而言，主要的让步应在成交期之前，以便影响成交机会，而次要的、象征性的让步可以放在最后时刻，作为最后的“甜头”。

（6）让步要有利于创造和谐的谈判气氛。在维护己方利益的前提下，用让步来保证谈判中平等互利、和颜悦色的谈判气氛，对谈判协议的达成具有现实意义。

（7）在己方认为重要的问题上力求使对方先让步，而在较为次要的问题上，根据情况需要，己方可以考虑先作让步。但必须让对方懂得，己方每次作出的让步都是重大的让步。即使作出的让步对己方损失不大，是微小的让步，也要使对方觉得让步来之不易，从而珍惜得到的让步。没有得到某个交换条件，永远不要轻易让步。不要免费让步，或是未经重大讨论就让步。谈判中双方“交换”让步是一种习惯的行为。但应注意，“交换”让步不能停留在愿望上，要保证“交换”的实现。一方在让步后，应等待和争取对方让步，在对方让步前，绝对不要再让步。如果你得不到一顿晚餐，就得一个三明治；如果你得不到一个三明治，就得一个许诺，许诺是打了折扣的让步。

（8）己方的让步形态不要表现得太清楚。每个让步都应该有所图，都要指向可能达成的协议，可是又不能让对方看出己方的目标所在，要善于掩饰己方让步的真实原因。暴露己方的真实让步意图无疑会给己方以后的谈判带来利益损失和不必要的麻烦。

（9）要严格控制让步的次数、频率和幅度。一般认为，让步次数不易过多，过多不仅意味着利益损失大，而且影响谈判的信誉、诚意和效率；频率也不可过快，过快容易鼓舞对方的斗志和士气；幅度更不可过大，过大可能会使对方感到己方报价的“虚头”大，会使对方的进攻欲望更强，程度更猛烈。让步应做到步步为营、斤斤计较。看看下面这个例子：郝先生来到上海浦东长青轻工产品商场，打算购买两条毛巾被。他来到一家名为温馨之家的商铺前，拿起一条毛巾被问老板，

“这个多少钱一条？”

“300 元一条。”

来自北方的郝先生习惯于北方的讲价策略，“便宜点，200 元一条吧！”

老板不温不火，“老弟，没有那么大的利润空间哦，看你也是爽快人，便宜一点给你吧，295 元如何？”

“哪有这么降价的？200 元一条的话我就买两条。”

“老弟，真的没有那么大的利润空间哦，看你也是诚心想买，便宜到家给你吧，290 元一条，580 元两条你拿回家，如何？”

你来我往，在炎热的上海街头，郝先生最终花 560 元买了两条毛巾被回家。这个老板每次的让步都显得艰难无比，但是你一定知道，他肯定赚了郝先生不少。

（二）让步的策略

1. 互惠式让步

从本质上讲，双方或多方坐在一起进行商务谈判，就是希望能够达成一个对双方或多方均有利的协议，谈判不会是仅仅有利于某一方的洽谈。一方作出了让步，必然期望对方对此有所补偿，获得更大的让步，这其实就是互利互惠让步的实质。所谓互利互惠的让步策略是指以己方的让步换取对方在某一问题上的让步的策略。要争取互惠式的让步，需要谈判人员有开阔的思想和视野，除了在某些本方必得的地方必须坚持外，要灵活地使本方的利益在其他方面得到补偿。从谈判的实践来看，要争取互惠式的让步，可以采用下面两种方式进行。一是，当一方谈判人员提出让步时，向对方表明，我们作出这个让步是与公司政策，或者公司主管的指示相矛盾的，因此我们只能同意这样一个让步：即贵方也必须在某个问题上有所回报，这样我们可以对公司有个交待。二是，把本方的让步和对方的让步直接联系起来。例如本方谈判人员可以这样说：“我们认为在这个问题上（对方要求本方让步的问题）没有多大的障碍，只要在那个问题上（本方要求对方让步的问题）我们能够取得一致就行。”两种方式相比较，第一种方式更容易取得成功，因为他不但言之有理，而且言中有情。第二种方式则

显得直来直去，比较生硬。

2. 吹毛求疵策略

所谓“挑货才是买货人”。吹毛求疵策略是一种先用苛刻的虚假条件使对方产生疑虑、压抑、无望等心态，以大幅度降低对手的期望值，然后在实际谈判中逐步给予优惠或让步；由于对方的心理得到了满足，便会作出相应的让步。该策略由于用“苦”降低了对方的期望值，用“甜”满足了对方的心理需要，因而很容易实现谈判目标，使对方满意地签订合同，己方从中获取较大利益。使用这一策略，可以使卖主把价格降低，让对方知道，买主是很聪明的，是不会轻易被人欺骗的，从而使买主有讨价还价的余地。但是，任何谈判策略的有效性都有一定的限度，这一策略也是如此。先向对方提出要求，不能过于苛刻、漫无边际，不能与通行做法和惯例相距太远，否则对方会觉得缺乏诚意，以致中断谈判。

3. 车轮战术策略

车轮战术是指在谈判桌上的一方遇到关键问题或与对方有无法解决的分歧时，借口自己不能决定或其他理由，转由他人再进行谈判。这里的“他人”或者是上级、领导，或者是同伴、合伙人、委托人，甚至是亲属、朋友。不断更换自己的谈判代表，有意延长谈判时间，消耗对方的精力，从而使其作出大的让步。通过更换谈判主体，侦察对手的虚实，耗费对手的精力，削弱对手的议价能力，为自己留有回旋余地，进退有序，进而掌握谈判的主动权。作为谈判的对方需要重复地向这一方陈述情况、阐明观点，面对新更换的谈判对手需要重新开始谈判。这样会付出加倍的精力、体力和投资，时间一长，难免出现漏洞和差错。这正是运用车轮战术策略一方所期望的，因为他要复述过去争论的话题，要了解新的对手，就会消耗许多精力，使其在正式的谈判中力量不足，从而丧失信心、降低要求，使对方处在不利的地位。另外，这种策略能够补救己方的失误，前面的主谈人可能会有一些遗漏和失误，或谈判效果不如人意，则可由更换的主谈人来补救，并且顺势抓住对方的漏洞发起进攻，最终获得更好的谈判效果。

4. 得寸进尺策略

西汉刘向在《战国策·秦策三》中有“王不如远交而近攻，得寸则王之寸，得尺亦王之尺也”的叙述。在商务谈判中，得寸进尺是指一方在争取对方一定让步的基础上，再进一步，提出更多的要求，以争取己方利益。这一策略的核心是一点一点地要求，积少成多，以达到自己的目的。有时也称它为“蚕食策略”，意思是就像蚕吃桑叶一样步步为营、积少成多，达到谈判的预期目的。看看下面这个案例。

“您这种显示器要价 1400 元一台，我们刚才看到的同样的机器标价为 1280 元，您能解释一下吗?”

“如果你诚心要买的话，1280 元可以成交。”

“我公司是批量购买，总共购买 40 台，你有什么优惠吗?”

“对于大客户，肯定有优惠的，我们每台给予 60 元优惠。”

“我们现在资金有点紧张，是不是可以先购买 20 台，1 个月后再购买 20 台？”

卖主有些犹豫，但是他想到最近几个星期不太理想的销售状况，还是答应了。

“那么你的意思是现在可以以 1220 元的价格卖给我们 20 台机器。”买主总结性地说。

卖主点了点头。

“为什么要 1220 元呢？凑个整儿，1200 元一台，计算起来也省事，干脆利落，我们马上成交。”卖主想反驳，但是“成交”二字对他颇具有吸引力，他还是答应了。

“一下卖出 20 台显示器可是不小的单子了，您肯定是送货的吧？您也好认认门，为我们以后的长久合作打下个基础，如何？”

买主步步为营的得寸进尺的策略生效了，他把价格从 1400 元压到了 1200 元。

但是这种策略的运用也具有一定的冒险性，如果一方压价太凶，或要求越来越高的方式不当，反而可能激怒对方，使其固守原价，从而使谈判陷入进退维谷的僵局。因此，只有在具备一定的条件的情况下才能采用这一战略。所以当我们作为买方的时候，应在一些条件的基础上争取运用，这些条件是：第一，出价较低的一方，有较为明显的议价倾向；第二，经过科学的估算，确信对方出价的“水分”较大；第三，熟悉市场行情，一般在对方产品市场疲软的情况下，回旋余地较大。

5. 最后通牒策略

在谈判双方争执不下，对方不愿作出让步以接受本方交易条件时，为了逼迫对方让步，本方可以向对方发出最后通牒。其通常做法是：给谈判规定最后的期限，如果对方在这个期限内不接受本方的交易条件达成协议，则本方就宣布谈判破裂而退出谈判。最后通牒在多数情况下是一个非常有效的策略。如果谈判的对手没有足够的勇气和谈判的经验的话，那么，在最后通牒面前常常选择的道路是退却，作出让步以求成交，因为在谈判中人们对时间是非常敏感的，特别是在谈判的最后关头，双方已经过长时间紧张激烈的讨价还价，在许多内容上已经达成一致或接近一致的意见，只是在最后的某一两个问题上相持不下，如果这时一方给谈判规定了最后期限，另一方就必须考虑自己是否准备放弃这次盈利的机会，牺牲前面已投入的巨大谈判成本，权衡作出让步的利益牺牲与放弃整个交易的利益牺牲谁轻谁重。

运用最后通牒的策略来逼迫对方让步必须注意几点：一是本方的谈判实力应该强于对方，特别是该笔交易对对手来讲比对本方更为重要，这是运用这一策略的基础和必备条件。二是最后通牒只能在谈判的最后阶段或最后关头使用，因为这时对方已在谈判中投入了大量的人力、物力、财力和时间，花费了很多成本，一旦真正谈判破裂，他的这些成本也将付之东流，这样可以促使对方珍惜已花费的劳动，使之欲罢不能。同时，只有在最后关头，对方才能完全看清楚自己通过这笔交易所能获得的利益，意识到只要在这最后的一两个问题上作出让步，那些利益即可到手。三是最后通牒的提出必须非常坚定、明确、毫不含糊，不让对方存留幻想。同时，本方也要做好对方真的不作让步而退出谈判的思想和准备，不致到时反使自己惊慌失措。

第三节　价格谈判中的注意事项

谈判的最终目的，是达成双方可以接受的价格。如果考虑到双方要价的差距较大，可以先建立双方的信任，先谈一些具体的环节和双方容易解决的问题，避免一开始谈判就陷入僵局。在谈判中，要注意观察对方的表情，及时调整策略，做到进退适度，从容不迫。在价格谈判的同时，还要特别注意非价格因素，善于注意识别对方的虚假行为。例如，对方一开始就拒绝我方报价，可能并不是他们对价格不满，而是企图在谈判中占上风，另外，值得注意的是，对方可能缺乏诚意而运用虚假价格策略，甚至违反市场规则的策略来进行谈判。遇到这种情况，更需要提高警惕，避免损失。灵活、巧妙、机智地运用谈判技巧，能使交易取得令人满意的结果。商务谈判 70%～80%的时间花在准备上，真正谈判的时间不超过总时间的 20%～30%，因此必须在谈判前做大量认真细致的工作，才能掌握谈判的主动权。要认真分析市场状况，掌握相关信息资料，调查了解谈判对手的情况，在谈判前就必须弄清对方的实力、意图、积极性、对方对谈判的态度等问题，才能做到心中有数，在谈判中知己知彼，处于主动地位。在谈判开始前，对谈判过程进行模拟分析，特别是对价格、付款方式、收益分配等要害问题，做好充分的评估，并制订切实可行的策略，并安排好谈判的议程。一个有利的议程，往往可使自己避开一些不利问题，使谈判顺利按预定的目标靠拢。另外，在价格谈判中还有几个方面的问题需要注意。

一、谈判中要注意倾听

在价格谈判中，口头表达能力占着非常重要的位置，但是倾听更加重要，可以说，倾听能力很大程度上左右着谈判的走势和结果。与人相处之道在于尊重，而对一个人最大的尊重就是倾听，人性是喜欢听自己爱听的话，听易懂的话，所以沟通式谈判的第一步应学会如何倾听，一定要记住人，只会尊重愿意尊重他的人。在实际谈判中，倾听有时也被认为是一种礼貌的让步。谈判本身就要求专心听，倾听可以了解对方的需求和发现事实真相，也可能成为较重要的让步表现。谈判的各方都想努力表现，博得对方的信任。在谈判中，要注意倾听对方所说的条件和要求，温和而有礼貌，圆满地进行解释，使之满意，让对方感到他们的谈判对手文明、理智，有信誉，是既精干又诚实的贸易伙伴。可见，这种没有任何损失的让步，也是谈判中不可缺少的手段。

但是在价格谈判中，存在很多的倾听障碍，比如双方的价格分歧和观点不同是倾听的第一个障碍。有的时候还可能存在对对方的偏见，假设你对谈判对方产生了某种不好的看法，你和他说话时，你可能没有注意倾听。在价格谈判中，主动发言尤其被视为是主动的行为，可以帮助你树立强有力的形象，而倾听则是被动的。在这种思维习惯下，人们容易在他人还未说完的时候，就迫不及待地打断对方，或者心里早已不耐烦了，急于表达自己的观点，往往不可能把对方的意思听懂、听全，加之谈判环境的干扰，很有可能导致谈判失败。因此，在价格谈判中必须注意倾听。沟通是双向的，我们并不是单纯地向别人灌输自己的思想，我们还应该学会积极地倾听。倾听的能力是一种艺术，也是一种技巧。在价格谈判中，有效倾听要注意以下几点。

（1）要有耐心。别期望一切价格谈判都随你愿、一蹴而就，因为谈判涉及到双方的契合，而不是一厢情愿。谈判中的耐心倾听体现在两个方面：一是别人的谈话很可能会比较零散或混乱，观点不是那么突出或逻辑性不太强，要鼓励对方把话说完，自然也就能听懂全部的意思和期望表达的思想了。否则，容易自以为是地去理解，去发表意见，产生更加不好的效果。二是别人对事物的观点、价格或某些评价和看法是你无法接受的，甚至有伤你的感情，你可以不同意，但应试着去理解别人的心情和情绪。一定要耐心把话听完，才能达到倾听的目的。也就是说，即使你不同意对方的陈述、解释或者还价，也允许对方表述完整。

（2）要对发言的一方适时进行鼓励和表示理解。谈话者往往都是希望自己的观点得到理解和支持，因此在双方进行价格谈判时，在谈话中加入一些简短的语言，如“对的”、“是这样”、“你说得对”等或点头微笑表示理解，都能鼓励谈话者继续说下去，并引起共鸣。当然，这时要面向说话者，用眼睛与对方的眼睛作沟通，或者用手势和身体辅助语言向对方传递你理解谈话者的意思。这样可以拉近双方的感情距离，为进一步谈判奠定基础，即使暂时无法达成一致，也会为下一次的谈判做好铺垫。

（3）适时作出反馈。谈判进行一个阶段后准确地反馈会鼓励对方继续进行，合适的反馈对对方是极大的鼓舞，也因此能从对方处获取更多的信息。尤其在价格解释时，如果你希望对方重复刚才的意见或者希望对方解释得更透彻一些，更应该及时作出反馈。同时，你没有理解或者没有听懂的部分也要及时询问，如"你刚才的意思或理解是……"等，以便双方更好地沟通。

二、坦然面对客户的价格异议

每一个客户都希望能以一个最便宜的价格买到最有价值的商品，所以讨价还价，或者一方对另一方的价格存在异议，这再平常不过了。价格上的异议有两种，一个是支付能力上的问题，另一个是支付意愿的问题。如果是后者，那么你只需要在价值上做加强就是一个很好的做法，但是如果是前者，你不断地加强价值诉求很可能就会招来意想不到的逆反效果，因为你完全不了解他的感受。所以当异议生成时一定要搞清楚问题的症结到底是在哪里，不要白白浪费时间去做那些吃力不讨好的事。

那么如何去发现支付能力上的问题呢？有经验的销售人员和优秀的谈判人员可以从客户的语言、眼神和肢体语言上去发觉问题的症结点，如果实在无法把握，则直接客气地询问是最好的方式了。举例来说，如果你不清楚对方的异议究竟是不是支付能力存在问题，你可以这样询问："对不起，不知道我能不能请问一个比较不好意思的问题，您是不是在付款的部分有一些不方便呢？"将问题抛给客户自己去回答，不要自己作猜测。如果真的是付款上的问题，你只要能够提出一个更妥帖的付款方式就可以进展到成交的阶段了。

如果双方价格分歧较大，又希望合作成功，可以借助调解人来处理。如果一方已经利用了所有的解决途径，而谈判各方仍然没有达成一致意见，这时就需要调解人了。同意调解，说明各方都有解决问题的意愿。调解是一个过程，在这个过程中，按照事先的约定，陷入僵局的各方将考虑第三方的建议，但不一定要接受。调解人作为谈判各方的仲裁人，尽量找到双方谈判议程中的共同基础。一旦建立了某些共同基础，调解人就能够开始从僵局中找出双方可以接受的解决途径。理想的调解人应该是公正、知识渊博、有威信的人，能从各个角度考虑问题，他还应该是双方都认可的人，了解情况，能帮助各方找到他们自己的解决方法，并迅速地为最好地解决僵局提出各种有创造性的建议。

三、注意谈判礼仪

在谈判中，保持目光接触是必要的，听者应看着对方，表示关注；而讲话者不宜直视对方的目光，在说完最后一句话时，才将目光移到对方的眼睛。这是在表示一种询问"你认为我的话对吗？"或者暗示对方"现在该你讲了"。微微起身，表示谦恭有礼；身体后仰，显得若无其事和轻慢；侧转身子，表示厌恶和轻蔑；背朝人家，表示不屑理睬；拂袖离去，则是拒绝进一步交谈的表示。身体各部分肌肉如果绷得紧紧的，可能是由于内心紧张、拘谨。在销售谈判过程中，微微一笑，双方都从发自内心的微笑中获得这样的信息："我是你的朋友"，微笑虽然无声，但是它说出了如下许多意思：高兴、欢悦、同意、尊敬。作为一名成功的谈判人员，请时刻把"笑意写在脸上"。

我国的传统很重视在交往中的姿态，认为这是一个人是否有教养的表现，因此素有大丈夫要“站如松，坐如钟，行如风”之说。如果你在谈判过程中想给对方一个良好的第一印象，那么你首先应该重视与对方见面的姿态表现，如果你和人见面时耷着脑袋、无精打采，对方就会猜想也许自己不受欢迎或者不愿意跟我谈判；如果你不正视对方、左顾右盼，对方就可能怀疑你是否有合作诚意。可想而知，谈判的结果也不会愉快。

在谈判中还切记要准时。谈判赴约一定要准时，如果对方约你上午 9 时见面，你准时或提前片刻到达，体现交往的诚意。如果你上午 10 点钟才到，尽管你口头上表示抱歉，也必然会使对方不悦，对方会认为你不尊重他或者不重视此次谈判，而无形之中为谈判设下障碍。具体说来，要做到以下几点。

1. 谈判准备

商务谈判之前，首先要确定谈判人员或谈判小组成员的组成，一般来说大型谈判要事先选拔合适人员，包括业务人员、财务人员、法律人员等，人员的身份和资历要与对方谈判代表的身份、职务相当。谈判代表要有良好的综合素质，谈判前应整理自己的仪容仪表，穿着要整洁、正式、庄重。男士头发不要过长、应刮净胡须，穿西服必须打领带。女士穿着不宜太性感，不宜穿细高跟鞋，应化淡妆，发型不宜太新潮。谈判前必须及时布置好谈判会场，采用长方形或椭圆形的谈判桌，门右手座位或对面座位为尊，应让给客方。谈判前应对谈判主题、内容、议程做好充分准备，制订好计划、目标及谈判策略。

2. 谈判之初

谈判之初，谈判双方接触的第一印象十分重要，言谈举止要尽可能创造出友好、轻松的良好谈判气氛。作自我介绍时要自然大方，不可露傲慢之意。被介绍到的人应起立一下微笑示意，可以礼貌地说：“幸会”、“请多关照”、“欢迎指正、”“敬请指导”之类。询问对方时要客气，如“请教尊姓大名”等，如有名片，要双手接递。介绍完毕，可选择双方共同感兴趣的话题稍作寒暄再进行实质交谈，以沟通感情，创造温和气氛。谈判之初的姿态动作也对把握谈判气氛起着重大作用，注视对方时，目光停留于对方双眼至前额的三角区域正方，这样使对方感到被关注，觉得你诚恳严肃。手势自然，不宜乱打手势，以免造成轻浮之感。切忌双臂在胸前交叉，那样显得十分傲慢无礼。谈判之初的重要任务是摸清对方的底细，因此要认真听对方谈话，细心观察对方的举止表情，并适当给予回应，这样既可了解对方意图，又可表现出尊重与礼貌。

3. 谈判之中

这是谈判的实质性阶段，主要是报价、还价、查询、磋商、解决矛盾分歧、处理僵局和冷场。报价要明确无误、恪守信用，不欺蒙对方。在谈判中报价不得变换不定，对方一旦接受价格即不可更改。查询就是将事先准备好的有关问题，选择气氛和谐时提出，态度要开诚布公，切忌气氛比较冷淡或紧张时查询，言辞不可过激或追问不休，以免引起对方反感甚至恼怒，但对原则性的问题应当力争不让。对方回答查问时不宜随意打断，答完时要向解答者表示谢意。磋商、讨价还价事关双方利益，容易因情急而失礼，因此更要注意保持风度，应心平气和，求大同存小异。发言措辞应文明礼貌，解决矛盾要就事论事，保持耐心、冷静，不可因发生矛盾就怒气冲冲，甚至进行人身攻击或侮辱对方。要灵活处理僵局和冷场，此时可以暂时转移话题，稍作松弛。如果确实已无话可说，则应当机立断，暂时中止谈判，稍作休息后再重新进行。主方要主动提出话题，不要让冷场时间持续过长。

4. 谈后签约

签约仪式上，双方参加谈判的全体人员都要出席，共同进入会场，互相致意握手，一起入座。双方都应设有助签人员，分立在各自一方代表签约人外侧，其余人排列站立在各自一方代表身后。助签人员要协助签字人员打开文本，用手指明签字位置。双方代表各在己方的文本上签字，然后由助签人员互相交换，代表再在对方文本上签字。签字完毕后，双方应同时起立，交换文本，并相互握手，祝贺合作成功。其他随行人员则应该以热烈的掌声表示喜悦和祝贺。

本章小结

本章主要讲授了商务谈判中的价格谈判。价格谈判是商务谈判中最核心的部分，谈判双方能否达成一个彼此都可以接受的价格将决定着谈判的成功与否。谈判成功意味着谈判方对彼此开出的条件都在自己可以接受的范围内，并且认为己方在既定条件下实现了自己的目的。

本章共分为三节。第一节首先介绍了价格谈判的基本理论，对影响商品价格的因素分析，阐述了商品定价的几种方法，进而介绍了价格谈判的原则，即平等协商原则、角色换位原则、互利互惠原则和适当妥协原则。第二节阐明了价格谈判的基本策略和方法，其中报价策略主要包括先发制人策略、针对性报价策略、拆细报价策略、突出优势策略和曲线求利策略，具体的报价方法有多重报价、利用已成交客户的历史资料报价、比较报价、利用客户心理价位报价、利用合同其他要件报价等。价格解释时应遵循有问必答、不问不答、避实就虚和谨慎为上原则。还价策略主要有投石问路策略、目标分解策略和价格诱惑策略等，具体的还价方法有比价还价法和拆分还价法等。第二节最后介绍了价格谈判中的让步原则和策略，让步要遵循不作无谓让步、区分轻重缓急、选择恰当时机，严格控制次数、频率和幅度等原则，并介绍了互惠让步、吹毛求疵、车轮战术、得寸进尺、最后通牒等具体的让步策略。第三节主要介绍了价格谈判中的注意事项，重点强调了谈判中要注意倾听、要学会坦然面对顾客的价格异议，并时刻注意谈判礼仪。

复习思考题

1. 价格谈判有哪些原则？
2. 简述具体的报价策略。
3. 价格解释有何意义？如何搞好价格解释工作？
4. 如何理解“报价要高”，“还价要低”的策略？
5. 如何迫使对方让步？试举例说明。
6. 有人说只要有谈判就必然有让步，对此你有何认识？
7. 在谈判中如何看待对方提出的价格异议？

参考案例

李先生就职于某报社广告部，由于个人期望和大学所学专业的关系，他一直梦想开办一家具有特色的主食店。2007 年年底，工作之余，他和好朋友姜先生开始寻找合适的店址。几经考察之后，两人看中了位于哈尔滨市闽江小区内的一家正在出租的店面。该店面营业面积

80 平方米，位于该小区菜市场侧面，原是一家名为川蜀人家的四川风味小吃店，正准备转让。两人考察之后认为比较符合期望，但是两人对经营饭店都没有任何经验，用什么价格转租下该店面也没有把握。于是李先生找来了他的同学何先生。何先生就职于一家民营企业，主要从事调味品和食品添加剂的销售工作，由于工作的关系，他经常和一些饭店发生业务往来，对餐饮店的经营也有些了解。

2008 年 1 月 9 日，双方在川蜀人家的四川风味小吃店店铺中首次见面，并对转租该店开始接触、谈判。

一开始，川蜀人家老板具体介绍了店内的基本状况和装修情况，包括面积、水电（有 380V 动力电）、墙面（厨房瓷砖到顶）、地板、灯饰（包括外设装饰灯箱一个）、收款台以及设备（冰柜一台、380V 电蒸汽消毒柜一台、380V 电和面压面机一台、大鱼缸一个、室外遮阳伞两把）、餐桌餐椅（六套）、炊具和盆碗（若干），装修成本和设备近 5 万，加上尚余的 14 个月房租（每月 2100 元），老板开出店面转租的成交价格为 6 万元左右，若三天内成交可优惠 3 千元。川蜀人家老板以行业熟手的姿态，为开价说明了事实根据，算是恰到好处地拉开了谈判序幕，并一再声称，现在有三四个下家准备承租，你们看好了就抓紧成交。

李先生一行 3 人在了解了情况之后，认为价格与预想的有一定差距，李、姜两人只准备了 8 万元准备开店，加上还得进若干设备，所以他们一时难以接受对方的价格，但是经过长时间的考察觉得这个店面比较符合预想，就这样放弃还心有不甘。对方似乎看出了李、姜两人的心思，继续施压说：

“兄弟，你看看对面的云南米线，面积没我大、地点没我好、设备没我全，人家转租也还要 6 万元呢，你比一比就知道，这价格租下来你太合算了。”

这时候一直默不作声的何先生开口了。

“四川老乡，说实话，我觉得你开出的价格挺合理的。”李、姜两人一愣，心中琢磨，我们可是找你帮忙讲价的，不是替人家说话来了！“但是，你知道吗，我们承租你的店可不是接着开四川风味饭店哦！”

“那你们干什么？”

“这个暂时保密，呵呵，商业机密！错！是天机不可泄露哦！”哈哈，大家都笑了起来，气氛也明显放松了不少。何先生接着说：“说实话，你这店我还跟朋友来过两次呢，我觉得味道很不错的，做工讲究、用料精细，服务也很热情，那个服务员叫什么来着？”

“小翠还是小莲？我们有 2 个服务员。”老板看了看在一边有些茫然的服务员。

“哦，我说的是个子高高的那个，好像是那个小莲，服务很热情到位的！当然那个小翠也不错的，你这店咋说不干就不干了呢？以后兄弟几个想尝尝你的正宗川菜还不给机会了啊，可惜啊！”何先生充满了遗憾地说。

“哎，不瞒兄弟你说啊，孩子大了，得回老家上学啊！”说着，对方老板拿出了一包香烟，递给何先生，又转身递给李、姜两人。“这不也快过年了吗，打算年前回老家，都三四年没回去了啊！想家啊，嘿，不怕你笑话，家里还有个女娃呢。”

“这样啊，孩子学习咋样？可不能为了挣点钱耽误了孩子啊！”

“是啊，孩子没人管不行，不回老家也确实是没办法啊！”

接下来，几人又聊了一些无关痛痒的话题，几个人的关系似乎老朋友一般，好像大家都忘了此行的目的了。

何先生看天色渐晚，就说："四川老乡，你店面装修的确是有特色和个性，但是我们无从考证装修的成本，更何况目前的装修风格我们也确实用不上，所以请介绍一下该店铺的周边环境和其他方面的事情吧，咱别光聊天啊，天都快黑了。"

老板也似乎如梦初醒，"这个小区我想你们都很了解，也属于哈尔滨比较高档的社区了，我就不多说了，旁边就是闽江市场，人流量特别大，我这生意也多亏他们照应啊，多少赚了点钱。"

"老乡，说实话，我觉得你确实用心经营了，你也确实投入了不少，但是你看，实际情况是你们的装修我们用不上，你的设备也用了几年都是旧的——新货和二手的区别我想不用我讲你最明白了，哈哈！还有门口这地板，都磨得不成样子了；这鱼缸，真是不错，可是我们根本不需要它，放在这还很碍事，还有这些桌椅板凳我们也不需要的，说句笑话，承租下你的店我们还得租个仓库放这些东西，哈哈，真的。回头你再看看这门框，怎么还让烟头烫了？黑黢黢的，多影响顾客食欲啊！还有这窗子，大冬天的直漏风，太冷了！夸张点说，吃着饭还得穿着羽绒服，多不方便！另外，你的厨房我们得重新布置，你这设计也不够合理啊，你看看这水槽怎么和厨灶离得这么远？这动力电保护也不够啊，一旦漏电那还了得？那是电老虎啊——还不是普通的老虎，高压电老虎啊！"

"兄弟，你还真幽默！我看你还算行家，看出来你是觉得我开价高啊，那你给个价！"老板也不失时机地夸耀了一下何先生，试探性地等着还价。

"什么行家，过奖了！不过我对饭店倒是多少了解一点，你的报价是你投入的成本，可不是今天值的价钱哦！你看这样，我们也还得商议一下，哥几个都是妻管严，得回家跟老婆汇报才能定夺。"大家都笑出了声，"不过我们对你这店确实感兴趣，天色也晚了，一会上客人了别耽误你挣钱，留个电话咱们再联络吧！"

"那你总得开个价吧？"老板眼中充满了期待。

"说句玩笑话，我看四万二三还不算离谱吧？"

"别，兄弟！你们东北人就是狠，那肯定不行的！离谱，离谱！"老板很是失望地说。

"老乡，那这样，反正要过年了，年前我们也不打算开张，我们也不急，这几天我们再考察考察其他地点，再找找别的地儿，有合适的你也帮我们推荐推荐！另外你也联系着你的那几个下家，别误了你！"说着，几个人往出走，老板送到门口，说："兄弟，你们也留个电话？"

"老乡，你看有这必要吗？你再联系看看别的下家吧。"

"别介啊，买卖不成仁义在，转租不出去还联系你到我这喝酒呢！"

"哈哈，老板够意思，我电话是139……"

李、姜、何三位走出店门，李先生开说说话了，"老何啊，你是挺能侃，但是咱也没谈成啊？我和小姜都跑了个把月了，就相中这店了，价是高了点，钱不够咱再凑凑呗，我看往下砍几千咱应该拿下来，年前就装修进设备、年后就开张了！开张咱就赚钱！我有把握，肯定开张就赚钱！"

老何大声说到："李小毛，说你嫩你还别不服，你着什么急？你去没去过林哥那饭店？设备差不多、规模差不多、档次不相上下，你知道老林多少钱拿下的？4万6！人家那地点是比你稍微远了点，但是人家还有整2年房租在内呢！这四川老哥装修时可能是花了不少，但是他已经用了两三年了，折旧也折得差不多了吧！"

“那 4 万人家不同意，咱这买卖就砸了？”李先生咕哝道。

“你是找我帮忙的，最终定夺还在你俩，我觉得 4 万冒点头肯定拿下！你开张就赚钱，你神仙哥哥啊？再说就算赚钱，你一天赚多少？砍下 2 万够你赚半年了，就是砍下几千那也是白花花的银子啊!”

“也是也是！你何大头说的有道理还不行吗？我这哪是找人帮忙啊？这不纯粹是找挨批嘛!”李先生自嘲着。

第二天，李、姜两人又找何先生，打算再去川蜀人家看看，何先生没好气地说，“要去自己去吧，今天我忙，一点都沉不住气，能成什么大事！A small pot is soon hot.”

“什么?你知道我英语不好!还跟我来这个!”李先生说。

五天之后，何先生接到川蜀人家老板的电话，约他们再见面聊一聊，何先生由于在北京开会无法及时和对方见面。对方以为何先生借口在外地是想砍价，就主动说，“我觉得你们能出到 5.2 万，咱可以谈一谈！你意下如何？”何先生由于确实繁忙，委婉拒绝了电话砍价，但承诺一回哈尔滨会主动与对方联系。

2008 年 1 月 18 日，双方再次见面，但是一方给出 4.4 万，另一方坚持少于 5 万不能成交而没能达成一致。

2008 年 1 月 21 日，双方第三次见面，李、姜、何一方仍然给出 4.4 万，但愿意按照对方提出的要求即两位服务员当月（2008 年 1 月）的工资由其负责给付，如果两位服务员愿意，以后可以继续在新店中工作；另一方表示少于 4.9 万确实不能成交。并且川蜀人家老板一再说明，我已经一让再让到了底线了，双方又没能达成一致。

2008 年 1 月 22 日，双方第四次见面，经过近半个月的你来我往，最终双方以 4.55 万元成交。两位服务员留在新店中继续工作，当月的工资和食宿问题由新接手一方负责。

李先生和姜先生为了感谢何先生的帮忙，(他确实为最终低价成交作出了贡献）打算请何先生大餐一顿。何先生提议，请我就不必了，但是应该给在哈尔滨打拼了四年并准备回家乡发展的四川老乡一家饯行。当晚，在愉快的气氛中，大家把酒言欢、共叙美好未来。马上就到春节了，李、姜两人接手该店后马上就进行了装修改造、准备开张营业，四川老乡一家也登上了返乡列车，回到了久违的家乡。

讨论题：

1．李、姜两人为什么找何先生帮忙？

2．何先生为什么不着急成交？

3．这个案例中，川蜀人家老板和何先生分别用了哪些价格谈判技巧？谈谈你的感受和对你的启示。

价格谈判能力评估测试

无论是在日常生活还是实际工作中，每个人都会经常遇到价格谈判这类事情。为了在价格谈判中取得成功，我们就必须评估自己的价格谈判能力。实事求是、尽可能地诚实回答下列问题，看看自己的表现如何，在最接近自己的选择上划勾：如果答案是“从不”，选择选项框下的 1；如果是“总是”，选择选项框下的 4。把所得的分数加起来，参考后面的“分析”来评定自己的得分，看看什么地方需要改进和提高。

问　　题	选项（得分）			
	1．从不	2．有时	3．经常	4．总是
1．在谈判之前我先研究对手、查阅背景资料				
2．我很清楚我方产品的优势和不足，尤其是和行业内主要品牌的对比情况				
3．我非常清楚我方谈判的底价和主要经济指标				
4．我选择适合自己目标的谈判策略				
5．对于谈判我的态度灵活，针对不同类型客户能够做到从容应对				
6．在任何可能的时候，我宁愿谈判的各方都是赢家，谈判是双方获利的机会				
7．我用通俗易懂的语言表达观点				
8．我逻辑清晰、条理清楚地表达观点				
9．我有意识地运用身体语言与对方交流，并且保持合适的礼仪				
10．我知道如何引导对方出报价				
11．我避免首先提出报价				
12．在报价时，我把价格组成的每一项都尽可能细化到元，甚至是角和分				
13．通过一系列有条件的报价和还价，我能够与对方达成一致意见				
14．价格谈判中，我从不由于价格分歧太大而发脾气				
15．我对我方价格的解释总是能够让对方基本信服				
16．我的谈判策略能使我取得我的主要既定目标				
17．我允许甚至鼓励对方对价格提出异议				
18．我有策略地运用拖延办法来让自己有时间思考				
19．我一步一步地接近最后价格谈判目标而不是期望一蹴而就				
20．我定期地总结谈判中已经取得的进步和出现的不足				
总　得　分				

分析：现在你完成了自我评估，把所有的分数加起来，阅读相应的评价来检查自己的表现。

20～35 分：价格谈判能力差。

36～50 分：有一定的谈判能力，但很多方面需要提高。

51～65 分：有较强的谈判能力，但仍有待提高。

66～80 分：价格谈判能力较强。

第六章 商务谈判沟通

学习目的和要求

通过本章的学习，使学生了解谈判中语言沟通的类型，掌握语言运用条件和技巧；了解行为语言的含义和构成，掌握行为语言的认知；了解谈判中文字处理的含义和特征，掌握文字处理的技巧。

沟通，英文是"communication"，其含义是指人与人、人与群体或社会之间双向的信息传递、接收、交流和分享的活动过程。毫无疑问，谈判，就是一种沟通。谈判是"谈"出来的，是谈判各方为了协调彼此之间的关系，满足各自的需要，通过谈判各方不断沟通，寻求妥协，而后逐步接近直至达成一致的行为和过程。谈判的全过程，也就是沟通的全过程。因此，沟通能力的强弱对谈判的结果起着至关重要的作用。本章主要就商务谈判沟通中的语言沟通、行为语言沟通和文字处理三个方面的内容进行详细介绍。

第一节 商务谈判中的语言沟通

在商务谈判过程中，语言的作用格外鲜明，谈判人员几乎所有观点的表达和技巧的运用，都必须通过语言来表现。语言轻则可能影响谈判人员个人之间的人际关系，重则关系到商务谈判的气氛，可能产生谈判僵局，甚至导致谈判的破裂。因此，谈判人员对语言的驾驭能力，就成为商务谈判能否顺利进行的关键。

一、商务谈判语言沟通

（一）商务谈判语言的分类

商务谈判的语言多种多样，从不同的角度或依照不同的标准，可以把它分成不同的类型。同时，每种类型的语言都有各自运用的条件，在商务谈判中必须视具体情况而定。

1. 按语言的使用方式分类

（1）面谈语言。面谈语言是谈判人员用口语方式表达其意愿的一种语言，它是最直接、最灵活、运用最普遍的谈判语言，能够及时、充分地表达谈判人员的要求与愿望，适用于任何类型的谈判，但也有保留时间短、受外界干扰、空间条件限制、语音差异等影响造成信息的曲解等不足。

（2）电话谈判语言。电话语言是谈判人员在不会面情况下使用的谈判语言，是一种间接的口头谈判语言。电话具有传递使用方便、效率高等特点。同时，也有一些不利于语言表达的缺点，如对方的表情、环境、有无窃听、有无第三者窃听等都无法观察和掌控。

（3）书面谈判语言。书面语言是商务谈判人员用文字处理及其载体记录来表达意愿的一种语言。它的优点是严谨、正式、准确，便于保存，不易更改，缺点是灵活性差、传递反馈速度慢。由于书面的材料通常具有法律效力，因而要求使用者要认真谨慎，在文字语言中尽可能严密、精确和完整。

（4）函电谈判语言。函电语言是现代通信手段发展的产物，包括电报、传真、电子邮件等。它除了具备书面语言的所有特点之外，还有精练、保密性好、迅捷等特点。一般来说，不宜用这种语言展开全面谈判，只能用其处理谈判来往中的急事急件。

2. 按语言表达特征分类

（1）专业语言。它是指有关商务谈判业务内容的一些术语，不同的谈判业务，有不同的专业语言。例如，产品购销谈判中有供求市场价格、品质、包装、装运、保险等专业术语；工程建筑谈判中有造价、工期、开工、竣工、交付使用等专业术语，这些专业语言具有简单明了、针对性强等特征。

（2）法律语言。它是指商务谈判业务所涉及的有关法律规定用语，不同的商务谈判业务要运用不同的法律语言。每种法律语言及其术语都有特定的含义，不能随意解释使用。法律语言具有规范性、强制性和通用性等特征。通过法律语言的运用可以明确谈判双方的权利、义务和责任等。

（3）外交语言。它是一种弹性较大的语言，其特征是模糊性、缓冲性和圆滑性。在商务谈判中，适当运用外交语言既可满足对方自尊的需要，又可以避免失去礼节；既可以说明问题，又能为进退留有余地。但过分使用外交语言，会使对方感到缺乏合作诚意。

（4）文学语言。它是一种富有想象的语言，其特点是生动活泼、优雅诙谐、适用面宽。在商务谈判中恰如其分地运用文学语言，既可以生动明快地说明问题，又可以缓解谈判的紧张气氛。

（5）军事语言。它是一种带有命令性的语言，具有简洁自信、干脆利落等特征。在商务谈判中，适时运用军事语言可以起到坚定信心、稳住阵脚、加速谈判进程的作用。

3. 按语言的表达方式分类

（1）有声语言是通过人的发音器官来表达的语言，一般理解为口头语言。这种语言是借人的听觉传递信息、交流思想。

（2）无声语言又称为行为语言或体态语言，是指通过人的形体、姿态等非发音器官来表达的语言，一般理解为身体语言。这种语言借助人的视觉来传递信息、表示态度、交流思想等。

在商务谈判中巧妙地运用这两种语言，可以产生珠联璧合、相辅相成、绝妙默契的效果。

（二）商务谈判语言沟通的重要性

谈判是表达的一种艺术，语言艺术水平的高低往往决定着谈判双方的关系乃至谈判的成败。讲究商务谈判语言的艺术性是非常重要的。

（1）有利于清晰明白地表达谈判者的目的和要求。在谈判中，双方要把自己的判断、推理、论证等思维成果表达出来，就必须出色地运用语言艺术。例如，谈判者在阐述问题时，能够论点突出，论据充分，逻辑层次清楚，简明扼要地讲清己方的观点、要求；在解释问题时，能够详细、具体，避免使用一些鲜为人知的行话、术语，尽量通俗易懂、深入浅出。这样既能减少信息传递的障碍，又能充分表达己方的合作诚意，整个沟通过程就会和谐。

（2）有利于促使谈判顺利走向成功。美国企业管理家哈里·西蒙曾说："成功的人都是一位出色的语言表达家。"成功的谈判都是谈判双方出色运用语言艺术的结果。如在谈判中，谈判人员常常会为各自的利益争执不下。此时，谁能说服对方接受自己的观点，作出让步，谁就会成功。恰当地运用语言艺术来表达同样的一段话，可使对方产生兴趣，并乐意听下去；

否则，就可能让人产生乏味、反感甚至抵触的情绪。

（3）有利于处理谈判中的人际关系。成功的谈判应重视三个价值评判标准，即目标实现标准、成本优化标准和人际关系标准。在商务谈判中，除了争取实现自己的预定目标，努力降低谈判成本外，还应该重视建立和维护双方的友好合作关系。在商务谈判中，双方人际关系的变化，主要通过语言交流来体现。语言艺术性的高低可能使双方人际关系得以调整、改善、巩固和发展，也可能导致谈判解体、破裂，进而失败。因此，既表达清楚自己的意见，又较好地保持双方的良好人际关系，取决于语言艺术。语言艺术决定了谈判双方关系的建立、巩固、发展、改善和调整，从而决定了双方对待谈判的态度。

二、商务谈判语言沟通的原则

谈判语言和一般的语言表达有着明显的区别，谈判是双方或多方的意见、观点的交流，谈判人员既要清晰明了地表达自己的观点，又要认真倾听对方的观点，然后找出突破口，说服对方，协调双方的目标，争取双方达成一致。要想掌握、运用好谈判语言，首先应该了解谈判语言运用的基本原则。

（一）准确性

驱动谈判的动力是需要和利益，谈判双方通过谈判说服对方理解、接受己方的观点，最终使双方在需要和利益方面得到协调和适应。所以这是关系到个人和集体利益的重要活动，语言表述上的准确性就显得至关重要了。谈判双方必须准确地把己方的立场、观点、要求传达给对方，帮助对方明了自己的态度。

但有时，谈判人员会出于表达策略上的需要，故意运用一种模糊语言，但是使用模糊语言时，也要求它具有准确性。因为模糊语言反映了谈判人员对某一个客观事物的一定的认识程度，而这种程度的表现必须是相对准确的。换句话说，使用模糊语言正是为了更准确地传递复杂信息，表达错综的思想。模糊语言规定了一定的理解范围，如果抛开了准确性原则，超出了它的理解范围，模糊语言就变成糊涂语言了。

（二）针对性

谈判语言的针对性是指根据商务谈判的不同对手、不同目的、不同阶段的不同要求使用不同的语言。简言之，就是谈判语言要有的放矢、对症下药。如根据不同的谈判对象，采取不同的谈判语言。不同的谈判对象，其身份、性格、态度、年龄、性别等均不同，在谈判时，必须反映这些差异。从谈判语言技巧的角度看，这些差异分得越细，谈判效果就越好。谈判人员在谈判中还要考虑各种差异对语言应用的影响。跨国谈判更要注意语言的针对性，不同的文化背景决定了对语言的不同的理解。所以，在谈判时必须考虑对方的接受能力。

（三）逻辑性

谈判语言的逻辑性，是指商务谈判语言要概念明确、谈判恰当，推理符合逻辑规定，证据确凿、说服有力。在商务谈判中，逻辑性原则反映在问题的陈述、提问、回答、辩论、说服等各个语言运用方面。陈述问题时，要注意术语概念的同一性，问题或事件及其前因后果的衔接性、全面性、本质性和具体性。提问时要注意察言观色、有的放矢，要注意和谈判议题紧密结合在一起。回答时要切题，一般不要答非所问，说服对方时要使语言、声调、表情等恰如其分地反映人的逻辑思维过程。同时，还要善于利用谈判对手在语言逻辑上的混乱和漏洞，及时驳倒对手，增强自身语言的说服力。提高谈判语言的逻辑性，要求谈判人员必须具备一定的逻辑知识，包括形式逻辑和辩证逻辑，同时还要求在谈判前准备好丰富的材料，进行科学整理，然后在谈判席上运用逻辑性强和论证严密的语言表述出来，促使谈判工作顺利进行。

（四）灵活性

俗话说“到什么山上唱什么歌”，“什么时候说什么话”，就是说，说话一定要根据特定的言语环境灵活运用。所谓言语环境，主要是言语活动赖以进行的时间和场合、地点等因素，也包括说话时的前言后语。言语环境是言语表达和领会的重要背景因素，它制约并影响了语言表达的效果。谈判不能由一个人或一方独立进行，必须至少有两个人或两方来共同参加。谈判过程中谈判双方你问我答，你一言我一语，口耳相传，当面沟通，根本没有从容酝酿、仔细斟酌语言的时间。而且谈判进程常常是风云变幻，复杂无常，尽管谈判双方在事先都尽最大努力进行了充分的准备，制订了一整套对策，但是，因为谈判对手说的话谁也不能事先知道，所以任何一方都不可能事先设计好谈话中的每句话，具体的言语应对仍需谈判人员临场组织，随机应变。

（五）说服性

说服性是谈判语言的独特标志。这一原则要求谈判人员在谈判沟通过程中无论语言表现形式如何，都应该具有令人信服的力量和力度。比如，是否引起了对方的共鸣？是否达成了协议？是否建立了谈判各方的长期友好合作关系等。谈判语言是否具有说服性，最终要用实际效果来检验。谈判语言的说服性，不仅仅是语言客观性、判断性、逻辑性等的辩证统一，还包括更广泛的内容。它要求声调、语气恰如其分，声调的抑扬顿挫，语言的轻重缓急都要适时、适地、适人。谈判人员还要将丰富的面部表情和适当的手势，期待与询问的目光等无声语言，也作为语言说服性的重要组成部分。

上述基本原则都是在商务谈判的语言表达中必须遵守的，运用这些原则的目的是为了提高语言艺术的说服性，因此，说服性的大小是语言艺术高低的衡量尺度。但这几项原则又都是就语言的某一方面而言的，各有侧重，各有针对。在实践中，不能将其绝对化，强调过分或偏废一方都会适得其反。所以，在商务谈判中运用语言艺术，必须坚持上述几项原则的有机结合和辩证统一。

三、商务谈判语言沟通技巧

谈判沟通是有诀窍、有技巧的。掌握商务谈判语言沟通的诀窍，必须反复练习、总结，不断借鉴。谈判中，语言沟通主要涉及听、问、答、叙、辩、说服等方面，这几个方面的技巧事关沟通的成败。

（一）听

既然是交谈，首先就应善于倾听。美国谈判学家卡洛斯曾说过：“如果你想给对方一个你丝毫无损的让步，这很容易做到，你只要注意倾听他说活就成了，倾听是你能做的一个最省钱的让步”。在人际交往中，善于倾听的人往往给人留下有礼貌、尊重人、关心人、容易相处和理解人的良好印象。倾听也是实现正确表达的十分重要的基础和前提。一些谈判人员，往往利用倾听，首先树立起己方愿意成为对方朋友的形象，以获得对方的信任与尊重，当对方把你当成了他的朋友，就为达到说服、劝解等目的奠定了基础。因此，作为商务谈判人员，一定要学会如何“听”，在认真、专注地倾听的同时，积极地对讲话者作出反应，以获得较好的倾听效果。

1. 克服倾听的障碍

一系列试验表明，当你无法接受一个人的观点时，你心中自然地就会筑起一道封闭的墙，使你无法听进对方的话，从心理上反对对方讲话的内容，并主观地认为对方的话不对，从而成为你倾听的障碍。在商务谈判中，谈判人员彼此频繁地进行着微妙、复杂的信息交流，如果谈判人员一时疏忽，将会失去不可再得的信息。为了能够听得完全、听得清晰，就必须了解听力障碍，这样才能有利于克服这些障碍，掌握积极的倾听技巧。谈判过程中，倾听的障碍主要有以下几种。

（1）判断性障碍。心理学家通过多年的实践得出结论：人们都喜欢对别人的话进行判断、评价，然后决定赞成或不赞成，这是造成不能有效倾听的重要原因之一。人们喜欢判断耳闻目睹的一切，并且总是从自己的立场出发来判断别人的话。而根据个人的信念作出的反应往往是有效收听的严重障碍。

（2）精力分散，或思路较对方慢，造成少听、漏听。商务谈判是一桩十分耗费精力的活动，如果谈判日程安排得很紧张，而谈判人员又得不到充分休息，特别是在谈判的中后期，连日征战，则精力消耗更大。此时即使是精力十分旺盛的人，也会出现由于精力不集中而产生的少听或漏听的现象。此外，由于人与人之间客观上存在着思维方式的不同，如果一方的思维属于收敛型，而另一方的思维属于发散型，那么由于收敛型的人思想速度较慢，发散型的人思维速度较快，双方就很难做到听与讲的一致，让收敛思维的人去听思维速度较快的发散型思维方式的一方的发言时，就会产生思路跟不上对方或由于思路不同而造成少听或漏听。

（3）带有偏见的听。在谈判中以下几种常见的偏见也会造成倾听的障碍：一是自己先把别人要说的话做个标准或价值上的估计，再去听别人的话；二是因为讨厌对方的语音语调而拒绝听对方讲话的内容；三是有些谈判人员喜欢假装自己很注意听，尽管心里明明在想别的事情，却为了使讲话者高兴而假装自己很注意听。

（4）“听”者受自己的文化知识、语言水平，特别是专业知识与外语水平的限制，而听不懂对方的讲话内容。商务谈判总是针对专业知识进行的，因此，如果谈判人员对知识掌握有限，在谈判中一旦涉及到这方面知识，就会由于知识水平的限制而形成收听障碍。特别是对于国际商务谈判，由于语言上的差别，也会造成倾听障碍。谈判人员对对方的市场文化、价值观、地理条件、传统观念、宗教信仰和社会习俗等一无所知的话，他们就无法驾驭整个谈判的过程去获得成功。

（5）环境的干扰形成障碍。商务谈判的环境千差万别，不同的环境对谈判过程的倾听会造成不同的影响。自然环境的干扰，常常会使人们的注意力分散，而形成效果障碍。客观环境的干扰，会牵引谈判人员的注意力。在商务谈判中，双方的外表、表情、形象、气质等都会使对方在倾听过程中的注意力受到不同程度的影响。此外，主观环境也是影响倾听的因素之一。谈判人员自己把注意力放在分析、研究对方讲话的内容以及根据内容而思考自己的对策上，所以不能收听对方的全部讲话内容。在遇到对方的讲话中有出乎意料之事或有隐含意义时就会不知所措无法继续收听。

2. 倾听的技巧

商务谈判中必须想尽办法克服听力障碍，掌握“听”的要诀，提高收听效果。“听”的要决与技巧主要包括以下六方面。

（1）专心致志、集中精力地听。专心致志倾听讲话者讲话，要求谈判人员在听对方发言时要特别聚精会神，同时，还要配以积极的态度去倾听。主动与讲话者进行目光接触，并做出相符的表情，以鼓励讲话者。比如，可微微一笑，或是赞同地点点头，亦或否定地摇摇头，也可不解地皱皱眉头等。即使是自己已经熟知的话题，也不可充耳不闻，万万不可将注意力分散到研究对策问题上去，因为这样非常容易出现万一讲话者的内容有隐含意义时，会没有领会到或理解错误，造成事倍功半的效果。在商务谈判过程中，当对方的发言我们不太理解甚至难以接受时，千万不可表示出拒绝的态度，因为这样做对谈判非常不利。

（2）通过记笔记来集中精力。通常，人们即时记忆并保持的能力是有限的，为了弥补这一不足，应该在听讲时做大量的笔记。实践证明，即便记忆力再好也只能记住一个大概内容，有的干脆忘得干干净净。因此，记笔记是不可少的，也是比较容易做到的用以清除倾听障碍的好方法。记笔记，一方面，可以帮助自己记忆和回忆，而且也有助于在对方发言完毕之后，就某些问题向对方提出质询，同时，还可能帮助自己作充分的分析，理解对方讲话的确切含义与精神实质；另一方面，通过记笔记，给讲话者的印象是重视其讲话的内容，当停笔抬头望着讲话者时，又会对其产生一种鼓励的作用。

（3）有鉴别地倾听对手发言。在专心倾听的基础上，为了达到良好的倾听效果，采取有鉴别的方法来倾听对手发言。通常情况下，人们说话时是边说边想、来不及整理，有时表达一个意思要绕着弯子讲许多内容，从表面上听，根本谈不上什么重点突出。因此，听话者就需要在用心倾听的基础上，鉴别收听过来的信息的真伪，去粗取精、去伪存真，这样才能抓住重点，收到良好的听的效果。

（4）克服先入为主的倾听做法。先入为主的倾听，往往会扭曲说话者的本意，忽视或拒绝与自己心愿不符的意见，这种做法实为不利。因为这种听话者不是从谈话者的立场出发来分析对方的讲话，而是按照自己的主观框框来听取对方的谈话。其结果往往是听到的信息变形地反映到自己的脑中，导致本方接受的信息不准确、判断失误，从而造成行为选择上的失误。将讲话者的意思听全、听透是倾听的关键。

（5）创造良好的谈判环境，使谈判双方能够愉快地交流。人们都有这样一种心理，即在自己所属的领域里交谈，无需分心于熟悉环境或适应环境。如果能够进行主场谈判是最为理想的，因为这种环境下会有利于己方谈判人员发挥出较好的谈判水平。如果不能争取到主场谈判，至少也应选择一个双方都不十分熟悉的中性场所，这样也可避免由于“场地优势”给对方带来便利和给己方带来不便。

（6）听到自己难以应付的问题时，也不要充耳不闻。商务谈判中，可能会遇到一些一时回答不上来的问题，这时，切记不可持一种充耳不闻的态度。要有信心，有勇气去迎接对方提出的每一个问题，用心领会对方每个问题的真实用意，找到摆脱难题的真实答案。培养自己急中生智、举一反三的能力，应多加训练，多加思考，以便自己在遇到问题时不乱、不慌。

（二）问

商务谈判中经常运用提问技巧作为摸清对方真实意图、掌握对方心理变化以及明确表达自己意见观点的重要手段。通过提问，可以引起对方的注意，对双方的思考提供既定的方向；可以获得自己不知道的信息、不了解的资料；可以传达自己的感受，引起对方的思考；可以控制谈判的方向等。

1. 提问的类型

（1）引导式发问。这是对结论具有强烈暗示性的问句。如“违约要受惩罚，你说是不是？”“谈到现在，我看给我方的折扣可以定为4%，您一定会同意的，是吗？”这类问话往往使对方只能按照发问者所设计的结论作出回答。

（2）借助式发问。这是借助第三者意见以影响对方问句的一种问句。如“某某先生也认为你们的产品质量可靠吗？”“某某先生是怎样认为的呢？”问句中的第三者如果是对方很熟悉或很尊敬的人，问话的效果会相当好，反之会引起对方的反感。

（3）澄清式发问。这是针对对方的答复，重新措词以使对方澄清或补充原先答复的一种问句。如“您刚刚说上述情况没有变动，这是不是说你们可以如期履约了？”澄清式的问句不但可以确保谈判各方能在叙述“同一语言”的基础上进行沟通，而且还可以针对对方话语进行反馈。

（4）强调式发问。该发问方式旨在强调自己的观点和己方的立场。如“这个协议不是要经过公证之后才生效吗？”“怎么能够忘记我们上次合作得十分愉快呢？”

（5）探索式发问。这是针对对方答复，要求引申或举例说明的一种发问方式。如“你有什么事实能证明贵方如期履约呢？”这种问句不仅可以挖掘较充分的信息，而且可以表明发问者对所提问题的重视。

（6）强迫选择式发问。这种问句旨在将己方的意见抛给对方，让对方在一个规定的范围内进行回答。如“原定的协议，你们是今天实施还是明天实施？”在使用强迫选择式发问时，要注意语调和措词的得体以免给对方不好的印象。

（7）证明式发问。证明式发问旨在通过己方的提问，使对方对问题做出证明和理解。如“为什么要更改原已定好的计划？”

（8）多层次式发问。这是含有多种主题的问句，即一个问句中包含有许多种内容。如“您能否将这个协议产生的背景、履约情况、违约的责任以及双方的看法和态度谈一谈？”这种问句因含过多的主题而致使对方难以周全把握。许多心理学家认为，一个问题最好只含有一个主题，才能使对方有效地掌握。当然，在一定的情况下，也可以灵活掌握，比如在发问时可以超过三个以上的主题。

2. 提问的技巧

（1）注意提问的时机。在谈判中，要合理掌握问话的时机。当需要以客观的陈述性的讲话作开头时，而你却采用提问的方式讲话，就很不合适。因为此时需要双方的代表出来各自阐述自己的立场、意图，提出具体条件，过早地问话会影响人的思路，使人摸不着头脑，也会令人感到为难。

把握提问的时机还应注意，当交谈中出现某一问题时，应该等对方充分阐述完之后再提问。过早或过晚地提问都会打断对方的思路，而且显得不礼貌，同时也会影响对方回答你问题的兴趣。合理掌握问话的时机，还可以控制和引导谈话的方向。假如你想从被打断的话题中回到原来的话题上，那么，你就可以运用提问的方式。如果你希望别人能注意到你提的话题，也可以运用发问，并连续提问，把对方引回到你希望的话题上。

（2）明确提问的内容。提问的人首先应明确自己问的是什么。如果你要对方明确地回答你，那么你的问话也要具体明确。例如：“你们的运费是怎样计算的？是按每吨重计算，还是按交易次数估算的？”提问一般只是一句话，因此，用语一定要准确、简练，以免使对方产生不必要的误解。

问话的措词也很重要。要更好地发挥问话的作用，问话之前的思考、准备是十分必要的。思考的内容包括：我要问什么？对方会有什么反应？能否达到我的目的？等等。必要时也可先把提出问题的理由解释一下，这样就可避免许多意外的麻烦和干扰，达到问话的目的。

（3）选择问话的方式。问话的方式很重要，提问的角度不同，引起对方的反应也不同，得到的回答也就不同。在谈判过程中，对方可能会因为你的问话而感到压力和烦躁不安。这主要是由于提问者问题不明确，或者给对方以压迫感、威胁感。这就是问话的策略性没有掌握好。例如：“你们的报价这么高，我们能接受吗？” 这句话似乎有挑战的意思，它似乎告诉对方，如果你们不降价，那么我们就没什么可谈的了。但如果这样问：“ 你们的开价远超出我们的估计，有商量的余地吗？” 很显然，后一种问话效果要比前一种好，它使尖锐对立的气氛缓和了。

同时，在提问时，注意不要夹杂着含糊的暗示。避免提出问题本身使你陷入不利的境地。例如，当你提出议案，对方还没有接受时，如果问：“那你们还要求什么呢？”这种问题，实际上是为对方讲条件，必然会使己方陷入被动，是应绝对避免的。有些时候，所以提出问题，并不是为了从对手那获得利益，而是在澄清疑点。因此，提出的问题要简明扼要，一针见血，指出关键所在。

（4）注意提问的连续性。由于谈判主题利益不同，在商务谈判过程中，彼此都会有各种各样的问题；同时，因为谈判方之间存在的利益共同点，不同的问题之间必然存在内在的联系。所以，谈判人员在提问时，围绕某一事实，应考虑到前后几个问题的内在逻辑关系。像跳跃式的提问方式，就会分散谈判对手的精力，使各种问题纠缠在一起，没办法理出头绪来。在这种情况下，谈判人员的提问当然不会获得对方圆满的答复。

（三）答

有问必有答，人们的语言交流就是这样进行的。“问”要有艺术，“答”也要有技巧；问得不当，不利于谈判；答得不好，同样也会使己方陷入被动。因此，回答时要把握该说什么，不该说什么，以及该怎样说，这样才能作出更有效的回答。

（1）使用模糊的语言。模糊语言一般分为两种表达形式：一种是用于减少真实值的程度或改变相关的范围，如有一点、几乎、基本上等；另一种是用于说话者主观判断所说的话或根据一些客观事实间接所说的话，如恐怕、可能、对我来说、我们猜想、据我所知等。在商务谈判中，对一些不便向对方传输的信息或不愿回答的问题，可以运用这些模糊用语闪烁其词、避重就轻，以模糊应对的方式解决。

（2）使用委婉的语言。商务谈判中有些话语虽然正确，但对方却觉得难以接受。如果把言语的“棱角”磨去，也许对方就能从情感上愉快地接受。比如，少用“无疑、肯定、必然”等绝对性词语，改用“我认为、也许、我估计”等；若拒绝别人的观点，则少用“不、不行”等直接否定，可以找“这件事，我没有意见，可我得请示一下领导。”等托辞，可以达到特殊的语言效果。

（3）使用幽默含蓄的语言。商务谈判的过程也是一种智力竞赛、语言技能竞争的过程，而幽默含蓄的表达方式不仅可以传递感情，还可以避开对方的锋芒，是紧张情境中的缓冲剂，可以为谈判人员树立良好的形象。例如，在谈判中若对方的问题或议论太琐碎无聊，这时，可以肯定对方是在搞拖延战术。如果我们对那些琐碎无聊的问题或议论一一答复，就中了对方的圈套，而不答复，就会使自己陷入“不义”，从而导致双方关系的紧张。谈判人员可以运用幽默含蓄的文学语言这样回应对方：“感谢您对本商品这么有兴趣，我绝对想立即回答您的所有问题。但根据我的安排，您提的这些细节问题在我介绍商品的过程中都能得到解答。我知道您很忙，只要您等上几分钟，等我介绍完之后，您再把我没涉及的问题提出来，我肯定能为您节省不少时间。”或者说“您说得太快了。请告诉我，在这么多的问题当中，您想首先讨论哪一个？”来营造良好的谈判气氛。

（四）叙

商务谈判中，“叙”是一种不受对方提出问题的方向、范围的制约，带有主动性的阐述，是商务谈判中传达大量信息，沟通情感的一种方法；也是基于己方的立场、观点、方案等，通过陈述来表达对各种问题的具体看法，以便让对方有所了解。

按照常理，谈判中叙述问题、表达观点和意见时，应当态度诚恳、观点明朗、语言生动、流畅、层次清楚、紧凑。但这只是对一般情况而言的，具体地讲，谈判中的叙述应把握以下几项技巧。

（1）叙述应注意具体而生动。为了使对方获得最佳的倾听效果，我们在叙述时应注意生动而具体。这样做可使对方集中精神，全神贯注地收听。叙述时一定避免令人乏味的平铺直叙，以及抽象的说教，要特别注意运用生动、活灵活现的生活用语，具体而形象地说明问题。有时为了达到生动而具体，也可以运用一些演讲者的艺术手法，声调抑扬顿挫，以此来吸引对方的注意，达到本方叙述的目的。

（2）叙述应主次分明、层次清楚。商务谈判中的叙述不同于日常生活中的闲叙，切忌语无伦次、东拉西扯，没有主次、层次混乱，让人听后不知所云。为了能让对方方便记忆和倾听，应在叙述时符合听者的习惯，便于其接受；同时，分清叙述的主次及其层次，这样既可使对方心情愉快地倾听我方的叙说，其效果应该是比较理想的。

（3）叙述应客观真实。商务谈判中叙述基本事实时，应本着客观真实的态度进行叙述。不要夸大事实真相，同时也不缩小事情本来实情，以使对方相信并信任我方。万一自己对事实真相加以修饰的行为被对方发现，哪怕是一点点破绽，也会大大降低己方公司的信誉，从而使己方的谈判实力大为削弱，再想重新调整，已是悔之晚矣。

（4）叙述的观点要准确。叙述观点时，应力求准确无误，力戒含糊不清，前后不一致，这样会给对方留有缺口，为其寻找破绽打下基础。

总而言之，商务谈判中的叙述，应从谈判的实际需要出发，灵活把握上述有关叙述应遵循的原则，以便把握好该叙述什么，不该叙述什么，以及怎样叙述等。

（五）辩

商务谈判中的讨价还价集中体现在“辩”上。它具有双方辩者之间相互依赖、相互对抗的二重性。它是人类语言艺术和思维艺术的综合运用，具有较强的技巧性。作为一名谈判人员，为了获得良好的辩论效果，应注意以下几点有关“辩”的技巧。

（1）观点要明确，立场要坚定。商务谈判中的“辩”的目的，就是论证己方观点，反驳对方观点。论辩的过程就是通过摆事实、讲道理，以说明自己的观点和立场。为了能更清晰地论证自己的观点和立场的正确性及公正性，在论辩时要运用客观材料，以及所有能够支持己方论点的证据，以增强自己的论辩效果，从而反驳对方的观点。

（2）思路要敏捷、严密，逻辑性要强。商务谈判中的辩论，往往是双方进行磋商时遇到难解的问题时才发生的，因此，一个优秀的辩手，应该是头脑冷静、思维敏捷、讲辩严密且富有逻辑性的人，只有具有这种素质的人才能应付各种各样的困难，从而摆脱困境。任何一个成功的论辩，都具有思路敏捷、逻辑性强的特点，为此，商务谈判人员应加强这方面的基本功训练，培养自己的逻辑思维能力，以便在谈判中以不变应万变。特别是在谈判条件相当的情况下，双方谁能在相互辩驳过程中思路敏捷、严密，逻辑性强，谁就能在谈判中立于不败之地。这也是谈判人员能力强的表现。

（3）掌握大的原则，枝节不纠缠。在辩论过程中，要有战略眼光，掌握大的方向、大的前提，以及大的原则。辩论过程中要洒脱，不在枝节问题上与对方纠缠不休，但主要问题上一定要集中精力，把握主动。在反驳对方的错误观点时，要能够切中要害，做到有的放矢。同时要切记不可断章取义、强词夺理、恶语伤人，这些都是不健康的、应予摒弃的辩论方法。

（4）态度要客观公正，措辞要准确犀利。文明的谈判准则要求：不论辩论双方如何针锋相对，争论多少激烈，谈判双方都必须以客观公正的态度，准确地措辞，切忌用侮辱诽谤、尖酸刻薄的语言进行人身攻击。如果某一方违背了某一准则，其结果只能是损害自己的形象，降低本方的谈判质量和谈判实力，不会给谈判带来丝毫帮助，反而可能置谈判于破裂的边缘。

（5）要善于处理辩论中的优劣势。当处于优势状态时，谈判人员要注意以优势压顶，滔滔雄辩，气度非凡，并注意借助语调、手势的配合，渲染己方的观点，以维护己方的立场。切忌当己方处于优势时，表现出轻狂、放纵和得意忘形。要时刻牢记：谈判中的优势与劣势是相对而言的，而且是可以转化的。当处于劣势状态时，要记住这是暂时的，应沉着冷静，从容不迫，既不可怄气，无理不让人，又不可沮丧、泄气、慌乱不堪。在劣势状态下，只有沉着冷静，思考对策，保持己方阵脚不乱，才会对对方的优势构成潜在的威胁，从而使对方不敢贸然进犯。

（六）说服

商务谈判中的说服，就是综合运用听、问、答、叙等各种技巧改变对方的初始想法，使之接受己方的意见。说服是谈判中最艰巨、最复杂、也最富有技巧性的工作。

1. 说服他人的基本要诀

（1）取得他人的信任。信任是人际沟通的基石。只有对方信任你，才会理解你友好的动机。

（2）站在他人的角度设身处地地谈问题，从而使对方对你产生一种“自己人”的感觉。

（3）创造出良好“是”的氛围，切勿把对方置于不同意、不愿做的地位，然后再去批驳他、劝说他。商务谈判事实表明，从积极的、主动的角度去启发对方、鼓励对方，就会帮助对方提高自信心，并接受己方的意见。

（4）说服用语要推敲。通常情况下，在说服他人时要避免用“愤怒”、“怨恨”、“生气”或“恼怒”这类字眼，这样才会收到良好的效果。

2. 说服他人的方法

（1）“揉面”说服法。“揉面”说服法是指把富有争论性的问题掺在容易取得协议的问题中说服。有些谈判，双方同时谈判几种商品的买卖事宜，有些商品是对方急需的，有些则是对方不急需或不太需要的。为了把那些对方不急需或不太需要而我们急于处理的商品销售出去，就把对方要买的同己方要卖的商品同时考虑，迫使对方在购买急需商品的同时，也购买己方要推销的商品。

（2）参与说服法。如果公开将一种意见说成是自己的，就可能遭到对手公开或潜在的抵制。在商务谈判中，谈判高手总努力把自己的意见伪装成对方的意见，在自己的意见提出之前，先问对手如何解决问题。当对方提出解决问题的方法以后，如果和自己的意见一致，要让对方相信这是他自己的意见，在这种情况下，对手感到被尊重，他就会认为反对这个方案就是反对他自己本身。这样，一个与对的价值和观念相联系的方案就会牢固地建立起来，这就是参与说服法的要点。

（3）对比效果说服法。人在判断事务时，往往会在无意识之中将它拿来和其他事务作比较。也就是说，一个人被提示到某事时，他会以社会上的一般常识，也就是共通的感觉作为判断的基准，以衡量两者的优劣，这是一般人共同的心理。所以，我们应该事先找出与一般常识背道而驰的项目和欲提示的正事一起提出，使对方脑中被此二事占满，而仅就两件事选一较有利者。也许所提示的那件事，在事先想起来会觉得是无法接受的要求，可是在当时相互比较之下，却认为是较有利的方向，而毫无抵抗地接受了，这就是“对比效果”。在商务谈判中，对比效果说服法应用比较广泛。

（4）底牌突袭说服法。为了达成最有利的协议，将自己手中的底牌作最大限度的利用，在对方毫无防御的情况下进行突袭，往往可以使谈判对手防不胜防，从而被说服。

第二节 商务谈判中的行为语言沟通

商务谈判中，谈判代表之间的沟通不只局限于有声语言，谈判者双方的眼神、面部表情和肢体动作等都能传达谈判者的内心感受。因此，在商务谈判过程中，适当运用一些有意识、无意识的动作是谈判内容中不可或缺的增效剂。

一、商务谈判行为语言

（一）商务谈判行为语言的类型

据不完全统计，人类可以做出多达 27 万种姿势，这么多的姿势和动作，所表达的含义是复杂多变的。因此，行为语言的分类很复杂。

（1）象征性动作。象征性动作都有清晰、明确的含义，常用来替代语言。例如，表示“OK”和“胜利”的手势。

（2）说明性动作。说明性动作直接与语言相配合，用于说明谈话的含义。例如，强调某一句话的节奏或速度，强调某个物件、某个空间所刻画的现象，等等。

（3）情绪表露动作。通过面部表情或身体其他部分表露感情或情绪。情绪表露对语言起着重复、夸张、否定等作用，也可能与语言无关。谈判人员的情绪表露既可能是在无意识间传递了某种信息，也可能是有意识运用的商务谈判策略。

（4）调节性动作。调节性动作在面对面谈判中维持或调解谈判，可以暗示谈判人员继续讲下去、再重复下去、进一步解释、说快一点、讲得更生动一点等多种含义。

（5）适应性动作。适应性动作包括自我适应动作、变换式适应动作和客体适应动作。自我适应动作都发生在谈判人员自己身上，例如，握住自己的手、搓手、抓耳挠腮等，一般情况下，谈判人员情绪越不安，这类小动作就越多或越明显。变换式适应动作发生在与谈判对手的关系中，如靠近或退避、进攻或保护等。客体适应动作常涉及到物件的运用，如抽烟、写字等。

（二）商务谈判行为语言的作用

从人的行为语言具有的作用角度来说，在商务谈判中，“人可以貌相”。谈判者可以通过观察谈判对手的形体、姿态、表情等非发音器官来与谈判对手沟通，以达到传递信息、表达意见、交流思想的目的。在商务谈判中，谈判者行为语言主要有以下三个作用。

（1）补充作用。非语言符号可以加强、扩大语言符号传播的信息。在谈判中，伴随着语言的运用出现的动作或表情在不同程度上起着补充语言传送、增大语言传送效果的作用。例如，谈判人员说话时可以通过手势表示物体的大小，挥动手臂表示自信，挥舞拳头表示威胁，调节声音大小还可以引起谈判对手的注意等。

（2）替代作用。非语言符号在谈判中可以代替语言准确地传送语言难以表达的思想感情、意图、要求和条件。如以热烈的握手和拥抱传送热情、友好的态度。有时，千言万语难以表达的思想，或一时说不出口的话，常常一个微妙的眼神、一个会意的动作，就使谈判对手心领神会了，可谓是“无声胜有声”。

（3）调节作用。行为语言常常被人们作为判断一个人的品质、性格、素养和整体形象的参考标准。此外，行为语言还可以起到调节谈判人员情绪的作用，避免商务谈判时发生的窘迫感。例如，谈判人员有时会拿着笔在笔记本上随意地写画，或者动动腿脚等。通过这些小动作，谈判人员可以排解心中的烦闷，调节不适的心理，以缓解紧张的心境。

二、商务谈判行为语言的认知

谈判是沟通，但并不一定是口头的。事实上，眼神、手势或姿势能比言语传达更多的信息。因此，留意并研究对手的身体语言所传达的有用信息，是有价值的，且有助于谈判的成功。

（一）头部语言

头部动作是人类发展最早的动作，其次才到躯干，最后是脚。头部也是人体接触最频繁的部位，据英国动物学家和人类行为学家德里蒙德·莫里斯（Desmond Morris）的研究，虽然头部仅占人体表面积的九分之一，但自我触摸行为竟有半数以上集中在头部。头部语言包括头部的动作语言、眉眼的动作语言和嘴部的动作语言。

1. 头部的动作语言

简称首语，是指运用头部动作、姿态来交流信息的非语言符号。点头和摇头是最基本的头部动作。点头表示同意、肯定或赞许，摇头表示反对、否定或批评。又如，头侧向一旁，说明对谈话有兴趣；头挺得笔直，说明对谈判和对话人持中立态度；低头则说明对对方的谈话不感兴趣或持否定态度。

2. 眉眼的动作语言

眉眼语，顾名思义，指运用眉毛、眼睛的动作、姿态所表达的非语言符号。意大利艺术家达芬奇曾有过“眼睛是心灵的窗户”的论述，一语道破了眼睛的微观动作能显示内心情感的语言功能。而当眼睛在传情达意时，富有表现力的眉毛也会积极“响应”。

（1）根据目光凝视讲话者时间的长短来判断听者的心理感受。通常，与人交谈时，视线接触对方脸部的时间在正常情况下应占全部谈话时间的30%～60%。超过这一平均值者，可认为对谈话者本人比对谈话内容更感兴趣；低于这个平均值者，则表示对谈话者和谈话内容都失去了兴趣。

（2）眨眼频率有不同的含义。正常情况下，一般人每分钟眨眼 5～8 次，每次眨眼一般不超过 1s。如果每分钟眨眼次数超过 5～8 次这个范围，一方面表示神情活跃，对某事物感兴趣；另一方面也表示个性怯懦或羞涩，因而不敢直视对方，做出不停眨眼的动作。在谈判中，通常是指前者。从眨眼时间来看，如果超过 1s 的时间，一方面表示厌烦，不感兴趣；另一方面也表示自己比对方优越，因而对对方不屑一顾。

（3）凝视的部位、时间长短不同都给对方以不同影响。首先，自然地凝视对方脸部上由双眼底线和前额构成的三角区域，是商务谈判中最常用的一种凝视行为。这种行为显得严肃、认真，给对方以诚恳的感觉，在商务谈判中运用这种凝视行为往往能把握谈话的主动权。其次，凝视对方脸部上由双眼上线和唇中点构成的三角区域，是谈判过程中举行的酒会、餐会、茶会等场合常用的凝视行为，这种行为能给对方造成轻松的社交气氛。

（4）倾听对方谈话时，不正视对方是试图掩饰的表现。据一位有经验的海关检查人员介绍，他在检查过关人员已填好的报关表时，还要再问一句："还有什么东西要申报吗？"这时，他的眼睛不是看着报关表，而是看着过关人员的眼睛，如果该人不敢正视他的眼睛，那么就表明该人在某些方面可能有试图掩饰的情况。

（5）眼睛瞳孔所传达的信息。眼睛瞳孔放大，炯炯有神而生辉，表示此人处于欢喜与兴奋状态；瞳孔缩小，神情呆滞，目光无神，愁眉苦脸，则表示此人处于消极、戒备或愤怒的状态。实验证明，瞳孔所传达的信息是无法用人的意志来控制的。

（6）眼神闪烁不定所传达的信息。眼神闪烁是一种反常的举动，常被认为是掩饰的一种手段或是人格上不诚实的表现。一个做事虚伪或者当场撒谎的人，其眼神常常闪烁不定，以此来掩饰其内心的秘密。

（7）眉毛和眼睛的配合是密不可分的，两者的动作往往共同表达一个含义，但单凭眉毛也能反映出人的许多情绪变化。人们处于惊喜或惊恐状态时，眉毛上耸，即所谓"喜上眉梢"；处于愤怒或气恼状态时，眉角下拉或倒竖；眉毛迅速地上下运动，表示亲切、同意或愉快；紧皱眉头，表示人们处于困窘、不愉快、不赞同的状态；表示询问或疑问时，眉毛会向上挑起。

3. 嘴部的动作语言

人的嘴巴除了说话、吃喝和呼吸以外，还可以有许多动作，借以反映人的心理状态。例如，紧紧地抿住嘴，往往表现出意志坚决；撅起嘴是不满意和准备攻击对方的表现；遭受失败时，人们往往咬嘴唇，这是一种自我惩罚的动作，有时也可解释为内疚的心情；嘴角稍稍向后拉或向上拉，表示听者是比较注意倾听的；嘴角向下拉，是不满和固执的表现。

（二）上肢语言

手和臂膀是人体比较灵活的部位，也是使用最多的部位。借助手势或与对方手的接触，可以帮助我们判断对方的心理活动或心理状态，同时，也可帮助我们将某种信息传递给对方。

（1）拳头紧握，表示向对方挑战或自我紧张的情绪。握拳的同时如伴有手指关节的响声，或用拳击掌，则表示向对方无言的威吓或发出攻击的信号。握拳使人肌肉紧张，能量比较集中。一般只有在遇到外部的威胁或挑战时，人们才会紧握拳头，以准备进行抗击。

（2）用手指或手中的笔敲打桌面，或在纸上乱涂乱画，往往表示对对方的话题不感兴趣、不同意或不耐烦的意思。这样做，一方面可以打发和消磨时间，另一方面也起到暗示或提醒对方注意的作用。

（3）两手手指并拢并重置上胸的前上方呈尖塔状，表示充满信心。这种动作在西方常见，特别是在主持会议、领导者讲话、教师授课等情况下常见。它通常可表现出讲话者的高傲与独断的心理状态，起到一种震慑听讲者的作用。

（4）手与手连接放在胸腹部的位置是谦逊、矜持或略带不安的心情的反映。在给获奖运动员颁奖之前，主持人宣读比赛成绩时，运动员常常有这种动作。

（5）两臂交叉于胸前，表示保守或防卫；两臂交叉于胸前并握紧，往往是怀有敌意的标志。

（6）吸手指或指甲。成年人做出这样的动作是不成熟的表现，即所谓"乳臭未干"。

（7）握手所传达的信息。原始意义的握手不仅表示问候，而且也表示一种信赖、契约和保证之意。标准的握手姿势应该是，用手指稍稍用力握住对方的手掌，对方也用同样的姿势用手指稍稍用力回握，用力握手的时间在1～3s之内。

（三）下肢语言

腿和足部往往是最先表露潜意识情感的部位，主要的动作和所传达的信息如下：

（1）摇动足部，用足尖拍打地板，抖动腿部，都表示焦躁不安、无可奈何、不耐烦或欲摆脱某种紧张感的意思。通常，在候车室等车的旅客常常伴有此动作，谈判桌上这种动作也是常见的。

（2）双足交叉而坐，对男性来讲往往表示从心理上压制自己的情绪，如对某人或某事持保留态度，表示警惕、防范、尽量压制自己的紧张或恐惧。对女性来讲，如果再将两膝盖并拢起来，则表示拒绝对方或一种防御的心理状态。这往往是比较含蓄而委婉的举动。

（3）分开腿而坐，表明此人很自信，并愿意接受对方的挑战。如果一条腿架到另一条腿上就座，一般在无意识中表示拒绝对方并保护自己的势力范围。如果频繁变换架腿姿势，则表示情绪不稳定、焦躁不安或不耐烦。

（四）姿态语言

商务谈判中的姿态语言包括坐、立、行三方面的姿势和行为。不同的姿态会给人不同的感觉，对谈判产生的效果也不一样。谈判人员的姿态还可以作为谈判中的一种手段和工具来配合谈判策略。

1. 坐姿

谈判中，一般情况下，商务谈判的坐姿都是严肃坐姿，即男性的标准坐法是上身挺直，双腿微微分开，以显示自信和豁达；女性则是上身端直，膝盖并拢，表示端庄。但不同情况下可采取不同的坐姿，传递不同的信息。

（1）挺着腰笔直的坐姿，表示对对方或对谈话有兴趣，同时也是一种对人尊敬的表示。

（2）弯腰曲背的坐姿，是对谈话不感兴趣或感到厌烦的表示。

（3）斜着身体坐，表示心情愉快或自感优越。

（4）双手放在翘起的腿上，是一种等待、试探的表示。

（5）一边坐着一边双手摆弄手中的东西，表示一种漫不经心的心理状态。

2. 立姿

正确的站立姿势应该是两脚脚跟着地，两脚成45°，腰背挺直，自然挺胸，两臂自然下垂。在谈判中，不同的站姿会给人不同的感觉。

（1）背脊笔直给人充满自信、乐观豁达、积极向上的感觉。弯腰曲背给人缺乏自信、消极悲观、甘居下游的感觉。

（2）双腿分开，一手叉腰，一手摸下巴或拿着什么有点玩味的样子，表现出一种无所畏惧、不急于求成的态度。如果用这样的姿态，却低头看对方的脚，则表示在沉思或有点为难的样子。

（3）双腿分开站立，双手交叉抱在胸前，给人以冷淡、怀疑、犹豫的感觉。

（4）双腿交叉站立，显得内心比较紧张，不庄重。

3. 行姿

人行走起来的样子各有差异，给人的感觉也不一样。一般来说，男性走路的姿态应当是：昂首、闭口、两眼平视前方，挺胸、收腹、直腰。行走间上身不动、两肩不摇、步态稳健，以显示出刚强、雄健、英武、豪迈的男子汉风度。女性走路的姿态应当是：头部端正，但不宜抬得过高，目光平和，直视前方。行走间上身自然挺直、收腹，两手前后摆动幅度要小，两腿并拢，小步前进，走成直线，步态要自如、匀称、轻柔，以显示出端庄、文静、温柔、典雅的女子窈窕美。

（1）轻松灵活、富有弹性的行姿，会让人觉得健康、活力、令人振奋。

（2）自然大方、步伐稳健的行姿，给人以庄重、斯文的感觉。

（3）走路时摇头晃脑、晃着肩膀，给人以无知和轻薄的感觉。

（4）低头弯腰、步履蹒跚的行姿，则给人以疲倦、老态龙钟的感觉。

三、商务谈判行为语言的运用

商务谈判行为语言的运用取决于两大因素的影响：一是谈判人员的行为语言能力。行为语言能力是谈判各行为语言素养的外在表现。谈判人员的素质和修养的高低，通过其言谈举止表现出来，既可能被对方认可，也可能不被对方认可。二是谈判人员的谈判目的。怎样才能提高商务谈判行为语言的运用能力？我们认为观察和训练是提高个人行为语言能力的最好方法。

（一）观察

留心观察才能学会运用。有一种比较好的学习行为语言的观察方法，就是通过摄像机来提供具体、生动的素材，并在专业人员或有丰富谈判经验人员的帮助或提示下进行分析。也可以在自然条件下直接观察他人运用的各种行为语言，分析行为语言的意思。自己多总结，多提炼，不断升华和提高，总会运用好比较自然的行为语言。

行为语言的运用在多数情况下是与语言的、环境的因素配合的。行为语言和语言环境应成为一个相互协调的整体。我们应尽可能避免行为语言与语言之间的矛盾，否则，会极大地降低语言的可信程度。

（二）训练

训练的目的是为了使你的行为语言给人以自然的感觉。一个经过专业训练和彩排的演员与未经训练的业余演员的差距是显而易见的。在有条件的情况下，应该在专业人员或有谈判经验人员的指导下，训练行为语言的使用。行为语言的运用是国外诸多谈判研究中心或训练中心专门讲授的内容。

四、商务谈判交往空间

（一）商务谈判交往空间的含义

英国谈判学专家罗伯持·索默经过观察和实验研究得出：人具有一个把自己圈住的心理上的个体空间，它就像一个无形的“气泡”一样，为自己割据了一定的“领土”。这个“气泡”就是个体交往空间。在商务谈判中，这个交往空间是指交往者彼此为了保持自己的领域以获得心理平衡而对交往距离和空间进行控制与调整的范围。影响交往空间的因素主要有社会文化习俗、社会生活环境、人与人之间的亲密与熟悉程度、谈判目的、个人素养等。商务谈判交往空间被看作是一个极其敏感的问题，它涉及到个人的具体领域。而领域是人的身体的延伸、是一个人为自己划定并认为是属于他个人的空间。一旦这个“气泡”或“领土”被人触犯，就会感到不舒服或不安全，甚至恼怒起来。

（二）西方交往空间的划分

根据国外有关资料介绍，谈判双方在空间上的距离越近，彼此交流的机会和频率就越高。谈判双方交往中的个体空间需要多大呢？这需要考虑到各种具体情况，如交往对象、交往内容、交往场合、交往心境等主客观因素。西方文化环境中人与人的交往空间距离，一般分为下面四个区域。

1. 亲密交往空间

这是人际交往中的最小间隔，是个人最紧要的领域。人会把它看作是自己身体的一部分来保护，只有亲密的人才能接近。其近段距离在6英寸（约15cm）之内，彼此可能肌肤相触，耳鬓厮磨，以至相互能感受到对方的体温和气息。其远段在6～18英寸（15～44cm）之间，身体上接触可能表现为挽臂执手，或促膝谈心，仍体现出交往双方亲密友好的人际关系。

就交往情境而言，亲密距离属于私下情境，在公共场合与大庭广众之下，两个人如此贴近稍欠雅观。在近段距离中，基本上只谈论相互间切身利益的私事，而少谈正式公事，否则可能意味着有什么不想为人所知的私下交易，这里最适宜窃窃私语，说贴心活。就交往对象而言，亲密距离内最具排他性，在同性别的人之间，往往限于贴心朋友，彼此十分熟识和随和，可以不拘小节，无话不谈。在异性之间一般只限于夫妻和情人之间，超出这种感情关系之外的第三者闯入这个空间，就会引起十分敏感的反应和冲突。

因而，在谈到交往中，一个不属于别人亲密交往圈子内的人，随意闯入这个空间，都是不礼貌的，会引起对方的反感，也会自讨没趣。

2. 私人交往空间

这在人际间隔上稍有分寸感，已较少直接的身体接触，近段距离在1.5～2.5英尺（46～76cm）之间，正好能相互亲切握手，友好交谈。这是与熟人交往的空间，远段距离从2.5～4英尺（76～122cm），已有一臂之隔，恰在身体接触之外。

一般的个人间的交往都在这个空间之内，它有较大的开放性。任何朋友和熟人都可以自由地进入这个空间，但对陌生人来说，则要视具体情境而定。当一个人在独立思考什么或专心做什么事情时，素昧平生的人冒冒失失地闯入这个空间，还是会引起他的不满和不安的。

3. 社会交往空间

这已超出了亲密或熟悉的人际关系，而是体现出一种社交性的或礼节上的较正式的关系。近段在4～7英尺（1.2～2.1m），一般出现在工作环境和社交聚会、谈判协商场合。远段在7～12英尺（2.1～3.7m），表现了一种更加正式的交往关系。

谈判过程中保持社交距离，不仅从相互关系不够亲密的角度考虑，在很多情况下是从交往的正规性和庄重性来考虑的。社交距离中彼此说话响亮而自然，因此交谈的内容也较为正式和公开。一些本来只宜在私下情景中交谈的话题就不宜在社交距离中谈论。

4. 公共距离空间

在这个空间中，人际之间的直接沟通大大减少了。其近段在12～15英尺（3.7～4.6m），远段则在25英尺之外，这是一个几乎能容纳一切人的“门户开放”空间。人们完全可以对处于这个空间内的其他人“视而不见”，不予交往，因为相互之间未必发生一定联系。

（三）个体空间的伸缩性

个体空间的范围是具有伸缩性的。不同的谈判人员所需的个体空间范围有所不同，同一个谈判人员在不同心理状态下所需的个体空间也会发生变化。

（1）现代谈判学家对不同民族交往距离的研究表明，不同文化背景或不同民族的谈判人员其需要的个体空间不同。如同是美洲国家，对两个成年的北美人来说，最适宜的交谈距离是一臂至4英尺，即在个人距离之间，而南美人交谈则喜欢近一些，所以很容易闯入北美人的亲密距离。不同文化背景的人交往时常会因个体空间的不同需要产生误解：一方会觉得另一方粗俗无礼，而另一方则会觉得对方冷淡傲慢。这样很可能影响谈判双方之间的融洽与传播沟通。

（2）性格差异会导致对个体空间的要求不同。性格开朗，喜欢交往的人更乐意接近别人，也较能容忍别人的靠近，他们的个体空间就较小。而性格内向、孤僻自守的人不愿主动结交别人，宁愿把自己孤立地封闭起来，他们的个体空间就较大。

（3）谈判人员的社会地位不同，也会表现出个体空间的差异。地位尊贵的人物，往往需要较大的个体空间，总是有意识地与下属和人群保持一定距离。就年龄而言，任何人可以抚摸儿童的头和脸，但如此对待一个成年人常是不尊敬的表现。

（4）谈判人员的情绪状态也会造成个体空间的伸缩性。心情舒畅时，个体空间就会有较大的开放性，允许别人靠得很近，甚至不熟识之人的接近也不会引起反感；而若独自生闷气时，个体空间就会非理性地扩张，甚至亲朋好友也可能被拒之门外。

（5）特定的场合下，人们对个体空间的需要会自然发生变化。在拥挤的公共汽车上或电梯上，人们无法考虑自己的个体空间，因而也就能容忍别人靠得很近，这时已没有亲密距离和公众距离的界限。但在这种情况下，人们会以背靠背来避免视线或呼吸相接触，还常把手放在身体两侧来阻挡别人贴得太近。如果是面对面时，则眼睛注意头顶或空间某个位置而不相互对视或打量对方。然而，若在较为空旷的公共场合，人们的个体空间就会扩大，如谈判会场、公园、阅览室，别人毫无理由地挨着自己坐下，就会引起怀疑和产生不自然的感觉。

第三节 商务谈判中的文字处理

商务谈判中的文字处理工作贯穿谈判的始终。任何谈判都离不开谈判前准备工作的落实、对谈判进程及所达成协议的反映以及谈判结束后书面合同的签订。这些都必须用文字形式的书面材料反映出来。可见，商务谈判中的文字处理工作是至关重要的。

一、商务谈判文字处理的特征和原则

商务谈判文字处理是指对谈判前的准备、谈判过程和谈判结果全部内容的文字表现。文字处理科学与否，直接关系到谈判的质量、谈判的进程和谈判的效果。

（一）商务谈判文字处理的特征

（1）即时性。即时性是指商务谈判中的文字处理要及时、准确、迅速、精练，如实地、完善地反映谈判过程中的全部内容。这要求对谈判中任何一个环节的文字处理，都要如实反映、笔录灵敏、效率高超，使处理结果为谈判双方认可并具有约束力。

（2）格式化。商务谈判中文字处理的内容均属应用文范畴，一般都有固定的格式。例如，商务信函大致由信头、日期、收信人姓名和地址、称谓和客套语、正文、信尾、结束礼词、署名 8 个部分组成。

（3）质朴性。质朴性是指商务谈判中的文字处理，要求语言质朴、准确，必须实事求是、直截了当，不追求华丽的辞藻，不咬文嚼字，不做文字游戏，用词不含糊其辞，不模棱两可，否则会造成相反的效果，贻误大事。

（二）商务谈判文字处理的原则

（1）实用性。实用性原则是指无论谈判在哪一环节上，文字表达都要简明、易懂，直接服务于谈判，有助于谈判过程的加速，直至合同契约的形成。因此，客观上要求文字处理必

须用大众化语言和专业化名词术语，来真实、简洁地反映谈判的全过程。

（2）可靠性。可靠性原则是指谈判中达成的文字协议所依据的材料、情节，真实可靠。具体来说，即有关情况要全面，事实要清楚，数据要准确，根据要充分。这样，所签协议、合同才具有法律效力。

（3）准确性。准确性原则是指表达方式的选择要适当，内容的反映要准确、无误。商务谈判文字表述是否准确，将直接关系到谈判双方的切身利益及谈判能否取得成功。商务谈判重点文字表述是否准确，主要取决于其表达方式是否符合文章样式的需要。如记录讲求实；签订合同要概念明确，判断恰当，推理合乎逻辑；使用简称要坚持约定俗成，避免牵强与武断；文字书写要符合一般的规定标准或习惯；正确使用标点符号等。

二、商务谈判文字处理技巧

商务谈判文字处理的内容包括：谈判准备工作的文字处理，如双方信息沟通的来往信函、信件，谈判方案的拟订；谈判过程中的文字处理，如谈判记录、备忘录等；谈判后的文字处理，如双方达成的协议、签订的合同等。本节主要介绍谈判记录、谈判备忘录和合同的文字处理技巧。

（一）商务谈判记录的文字处理技巧

商务谈判记录是指用文字形式如实、及时、准确、完整地反映谈判全过程的书面材料。它可作为约束谈判双方行为的凭据，也为撰写备忘录和最终签订合同提供依据。

1. 商务谈判记录的要求

（1）记录必须符合谈判的实际情况，谈判文书不能随意增添或删改谈判的基本精神和内容。

（2）记录详简要符合要求，特别是谈判进入达成协议的关键阶段，对重要人物的发言要做详细记录，有的甚至要记下原句。

（3）记录必须有严格的格式。谈判记录的格式一般包括谈判概况和谈判内容两个部分。

【附：合同谈判记录格式】

________________谈判记录

谈判时间：

谈判地点：

出席人：

列席人：

主持人：

记录人：

记录时间：

谈判内容描述：

（1）产品名称数量：

（2）产品规格和型号目标价格：

（3）技术要求：

（4）支付要求：

（5）其他问题：

谈判主要争议点：

谈判结果：

散会（休会或结束）

主管领导审批意见：

会议主持人（签名）

记录（签名）

年 月 日

2. 商务谈判记录的方法

商务谈判记录的方法主要有摘要记录和详细记录两种。摘要记录只记录谈判中讨论或争论焦点问题时的双方意见，或达成一致意见的具体内容。详细记录则要把谈判中的全部内容，包括每个发言人的原话、动作表情、谈判气氛都记录下来。如果谈判时间较长，争论问题较多，中间需要休息，必须注明休息时间。关键性的谈判阶段，要由主持人和记录人在记录末尾右下方签名，以示负责。

（二）商务谈判备忘录的文字处理技巧

商务谈判备忘录是指用文字形式对每一次重要谈判的双方所达成的协议如实反映的书面材料。

1. 备忘录和记录的区别

备忘录和记录虽然都是用文字形式反映谈判内容，但两者是有区别的。

（1）备忘录是就谈判中达成的协议，用文字形式表现出来的；记录是对谈判中发言或重点发言内容的文字表现。

（2）备忘录要写明双方承担的权利与义务，不管双方谁起草，最终都要出示给对方，征得对方的同意并且签字方可生效；记录无须征得对方同意，即使重要任务的关键谈话以及承诺等内容的记录，也并非必须签字。但为避免事后麻烦，也可以要求当事者签字。签字后的记录往往就具备了备忘录的性质。

（3）备忘录虽不像合同那样具有法律效力，但经双方签字后，就成为双方认可并约束双方行为的凭据；记录则不具备这种效力。

2. 备忘录的结构和写法

（1）标题。标题有两种写法：一种直接写文种名称，即《备忘录》；另一种由单位、事由和文种组成，如：《××公司与××集团公司合作开发机电产品会谈备忘录》。

（2）商务谈判备忘录正文。个人备忘录和计划式备忘录的正文写法自由，不拘一格，写下事项要点即可。商务谈判备忘录的正文一般包括导言、主体、结尾和落款四个部分。

3. 商务谈判备忘录的文字处理技巧

商务谈判备忘录在写作上必须谨慎、用词准确无误，达到以下要求：

（1）阐明义务，突出依据。备忘录要对双方达成的协议用书面形式反映出来，因此，必须要突出达成协议的凭据。文字上可做这样处理："依据我们双方于×年×月×日之洽谈，现双方已达成协议如下……"。

（2）主动撰写，避免被动。自己动手写备忘录有许多益处。首先，备忘录的内容是按照自己使用最习惯的词语来写，有充分的解释权，可避免对方在备忘录中做文字游戏，有意遗漏、错写而造成自己吃亏。其次，由于自己写备忘录，所以对谈判中的任何细节都格外注意听、认真记，为打主动仗奠定基础；再次，自己可主动选择有益的项目或条件写入备忘录中。如果对方提出异议，要求修改，一般不要轻易写上，可先找一些理由推辞，非写不可的，则以谈判中对方未提及或未说清为理由作让步处理，再填记漏入项目。这样既使对方满意，又显出自己高姿态，也会因这一项做完后，对方就很可能不愿再提其他项目了，从而使自己受益。最后，因你费时间和精力写备忘录，对方还会感谢你，也可避免在一些枝节问题上挑剔。

（3）提高警惕，主动出击。如果对方写备忘录，我方需要提高警觉，不能过于天真或示弱：第一，要由两人以上审阅对方写好的备忘录，从中找出遗漏和错误的地方，这些很可能是对方有意搞错的，存心使己方蒙受损失；第二，面对事实，和谈判对手重新商谈备忘录中遗漏或错写的问题，并且要有面对事实的勇气和力量，决不逃避问题；第三，留有充足的理由据理力争，因此需对谈判的全过程认真做好记录，证据才会充分；第四，树立“直到最后一分钟都可以改变备忘录条款”的观念，为赢得正当的利益而穷追不舍。

【备忘录范文】

龙湖公司与××公司会谈备忘录

中国龙湖公司（简称甲方）与×国××公司（简称乙方）的代表，于200×年×月×日在××市甲方总部就兴办合资项目进行了初步协商，双方交换了意见，并作出有关承诺。为便于将来继续洽谈，形成备忘条款如下：

一、依据双方的交谈，乙方同意就合资经营××项目进行投资，投资金额大约为×××万美元。投资方式待进一步磋商。甲方用厂房、场地、机器设备作为投资，其作价原则和办法，亦待进一步协商。

二、关于利润分配的原则，没有取得一致意见。乙方认为自己的投入既有资金，又有技术，应该占60%~70%，甲方则认为应该按投资比例分成。乙方代表表示，利润分配比例愿意考虑甲方的意见，希望另定时间协商确定。

三、合资项目生产的××产品，乙方承诺在国际市场上销售产量的45%，甲方希望乙方将销售额提高到70%~75%，其余的在中国市场上销售。

四、工厂的规模、合资年限以及其他有关事项，尚未详细讨论，双方都认为待第二项内容向各自的上级汇报确定后，再商议。

五、这次洽谈虽未能解决主要问题，但双方都表达了合作的愿望。期望在今后的两个月内再行接触，以便进一步协商洽谈合作事宜。再次洽谈的具体时间待双方磋商后再定。

中国龙湖公司　　　　×国××公司

代表×××（签章）：　　　　代表×××（签章）：

二〇〇×年×月×日

（三）商务谈判合同的文字处理技巧

商务合同是在经济合作和贸易往来中，为实现一定的经济目的、明确相互之间的权利义务关系，在个人、企业或者其他经济组织之间通过协商一致而共同订立的协议。它是一种经济法律行为，一方面规定了当事人可以依法享有合同中的权利，另一方面也规定了当事人应该履行的义务和责任。因此，任何一方不履行合同，都要承担法律上的经济责任。

1. 商务合同的结构

商务合同的种类很多，但结构却是相同的，一般由首部、正文和尾部三部分组成。

（1）首部。首部即商务合同的开始部分，一般包括合同的名称、合同的编号、签约日期、签约地点、买卖双方的名称、地址和联系方式以及合同中有关词语的定义与解释等内容。这些内容虽然不是合同的实质性问题，但却有法律意义，即一旦发生争议，这些内容将成为处理争议的法律依据。

（2）正文。正文亦称合同文本，是表述合同的重要条件和实质性内容的部分，包括合同的主要条款和普通条款，是合同的核心部分。合同的标的与范围、数量与质量范围、价格条款与支付方式、违约责任、不可抗力等内容均在这个部分作约定。因为这部分是合同的核心部分，所以，在订立的时候往往在内容上比较明确、具体和准确。

（3）尾部。尾部包括商务合同使用的文字及其效力、合同文本的份数、合同的有效期限、通信地址、合同的签署与批准等内容。

除以上三个部分以外，有些商务合同还带有某些附件，对合同中的有关条款作进一步的解释与规定，因此，也好似合同不可分割的部分，其与合同正文具有同等的法律效力。

2. 商务合同的文字处理技巧

通常合同条文的谈判都是在打"笔墨官司"，这是因为笔墨的背后反映了谈判双方的经济利益。因此，商务合同的文字处理应注意以下四方面的事项：

（1）字斟句酌。字斟句酌是指商务合同条款中撰写的句子要明白、准确，使用术语要清晰、明确，对同一事件、同一术语的表达要前后一致，条款的行文与相关的条款、合同附件中所列的条件、价格谈判的条件要前后呼应。

（2）公平实用。公平是指合同中体现的利益和承担的义务要均衡。正如不少谈判专家所讲，"真正好的合同是均衡的合同，是双方满意的合同。"要做到公正，必须用合同条款中的文字和条件来体现。条件是关键，文字是方法，在条文中常常是利用"互相"的字眼，或采用"对称"的写法。例如，"互相保守对方的秘密、互相享受对方改进后的技术"。又如，"买方将负责……卖方将负责……"。

所谓实用，就是条件实惠，"文字实用"，便于执行。有的合同，条文写得很复杂，但是大多数是花架子，不实用。例如，在合同条款上写上"可靠性达××指标"，但实际上"××指标"如何测试，在生产上很难做到。

（3）随写随定。随写随定是指对于谈判确定的内容随时讨论，随时写出，随时清稿。这样，既可节约时间，又可避免对方利用回去清稿的时机设下文字陷阱。最好能争取到由己方起草和清稿，如不能，则必须严格审核，一页不能遗漏。

（4）贯通全文。贯通全文是指在商务合同正式定稿之前，把合同条文、技术附件从头到尾依次"通读一遍"。这项工作应当从合同的体例、用词用句的规范性、条款的一致性、内容的完整性等角度来审核。最好由水平较高、全面了解项目的人承担这项工作，那么审核的效果将会更佳。

【合同范本】

工矿产品订货合同

【颁布单位】国家工商管理局经济合同司

【注】 GF－90－0102

全文

供方：________合同编号：

需方：________签订地点：

订货会组织单位名称及

法定代表人：________ 签订时间： 年 月 日

一、产品名称、商标、型号、厂家、数量、金额、供货时间及数量

二、质量要求、技术标准、供方对质量负责的条件和期限

三、交（提）货地点、方式

四、运输方式及到达站港和费用负担

五、合理损耗及计算方法

六、包装标准、包装物的供应与回收和费用负担

七、验收标准、方法及提出异议期限

八、随机备品、配件工具数量及供应办法

九、结算方式及期限

十、如需提供担保，另立合同担保书，作为本合同附件。

十一、违约责任

十二、解决合同纠纷的方式：执行本合同发生争议，由当事人双方协商解决。协商不成，双方同意由________仲裁委员会仲裁（当事人双方不在本合同中约定仲裁机构，事后又没有达成书面仲裁协议的，可向人民法院起诉）。

十三、其他约定事项

<table>
<tr><td colspan="2">对供方资格的认证意见：
经办人： 认证部门（章）
年 月 日</td><td>对需方资格认证意见：
经办人： 认证部门（章）
年 月 日</td></tr>
<tr><td>供 方
单位名称（章）
单位地址：
法定代表人：
委托代理人：
电 话：
电报挂号：
开户银行：
账 号：
邮政编码：</td><td>需 方
单位名称（章）
单位地址：
法定代表人：
委托代理人：
电 话：
电报挂号：
开户银行：
账 号：
邮政编码：</td><td>鉴（公）证意见：
经 办 人：
鉴（公）证机关（章）
年 月 日

注：除国家另有规定外，鉴（公）证实行自愿原则</td></tr>
</table>

有效期限： 年 月 日至 年 月 日

监制部门： 印制单位：

本章小结

商务谈判的过程，实质上是谈判各方运用各种语言进行洽谈、沟通的过程。谈判中的语言按使用方式分类，分为面谈语言、电话语言、书面语言和函电语言四种类型；按语言表达特征分类，分为专业语言、法律语言、外交语言、文学语言和军事语言五种类型。在谈判中运用语言艺术需要遵循准确性、针对性、逻辑性和灵活性四原则。谈判是有技巧、有诀窍的，运用有声语言的技巧主要体现在听、问、答、叙、辩、说服等方面。

人与人之间的沟通，不仅局限于语言，谈判人员的眼神、面部表情和肢体动作等都能传达谈判人员的内心感受。在商务谈判中，适当地运用一些行为语言是谈判内容中不可或缺的增效剂。

在商务谈判中，交往空间是指交往者彼此为了保持自己的领域以获得心理平衡而对交往距离和空间进行控制与调整的范围。影响交往空间的因素主要有社会文化习俗、社会生活环境、人与人之间的亲密与熟悉程度、谈判目的、个人素养等。

商务谈判前的准备、谈判过程、谈判结束等都离不开文字处理，简单地说，离不开“写”。商务谈判文字处理科学与否，直接关系到谈判质量、谈判的进程和谈判的效果。商务谈判中的文字处理必须遵循实用性、可靠性、准确性等原则。商务谈判中文字处理的内容包括谈判记录、谈判备忘录和商务合同，撰写这些文件都需要注意一定技巧的运用。

复习思考题

1．商务谈判语言沟通的原则是什么？
2．倾听的障碍有哪些？如何积极地倾听？
3．提问的类型分别有哪几类？提问的技巧有哪些？
4．谈判人员面对对手的提问，进行答复时应注意什么？
5．谈判人员说服对手的技巧有哪些？
6．什么是行为语言？它在谈判中发挥什么作用？
7．商务谈判文字处理的特征和原则是什么？
8．谈判备忘录和记录的区别是什么？
9．合同的基本构成是什么？撰写合同时应注意哪些事项？

参考案例

案例 1:

中日索赔谈判中的议价沟通与说服

我国从日本 S 汽车公司进口大批 FP-148 货车，使用时普遍发生严重质量问题，致使我国蒙受巨大经济损失。为此，我国向日方提出索赔。

谈判一开始，中方简明扼要地介绍了 FP-148 货车在中国各地的损坏情况以及用户对此的反应。中方在此虽然只字未提索赔问题，但已为索赔说明了理由和事实根据，展示了中方的谈判威势，恰到好处地拉开了谈判的序幕，日方对中方的这一招早有预料，因为货车的质量问题是一个无法回避的事实，日方无心在这一不利的问题上纠缠。日方为避免劣势，便不动声色地说："是的，有的车子轮胎炸裂，挡风玻璃炸碎，电路有故障，铆钉震断，有的车架偶有裂纹。"中方觉察到对方的用意，便反驳道："贵公司代表都到现场看过，经商检和专家小组鉴定，铆钉非属震断，而是剪断，车架出现的不仅仅是裂纹，而是裂缝、断裂！而车架断裂不能用'有的'或'偶有'，最好还是用比例数据表达，更科学、更准确……"日方淡然一笑说："请原谅，比例数据尚未准确统计。""那么，对货车质量问题贵公司能否取得一致意见？"中方对这一关键问题紧追不舍。"中国的道路是有问题的。"日方转了话题，答非所问。中方立即反驳："诸位已去过现场，这种说法是缺乏事实根据的。""当然，我们对贵国实际情况考虑不够……""不，在设计时就应该考虑到中国的实际情况，因为这批车是专门为中国生产的。"中方步步紧逼，日方步步为营，谈判气氛渐趋紧张。中日双方在谈判开始不久，就在如何认定货车质量问题上陷入僵局。日方坚持说中方有意夸大货车的质量问题："货车质量的问题不至于到如此严重的程度吧？这对我们公司来说，是从未发生过的，也是不可理解的。"此时，中方觉得该是举证的时候，并将有关材料向对方一推说："这里有商检、公证机关的公证结论，还有商检拍摄的录像。如果……""不！不！对商检、公证机关的结论，我们是相信的，我们是说贵国是否能够作出适当让步？否则，我们无法向公司交待。"日方在中方所提质量问题的攻势下，及时调整了谈判方案，采用以柔克刚的手法，向对方踢皮球，但不管怎么说，日方在质量问题上设下的防线已被攻克了。这就为中方进一步提出索赔价格要求打开了缺口。随后，对 FP-148 货车损坏归属问题上取得了一致的意见。日方一位部长不得不承认，这属于设计和制作上的质量问题所致。初战告捷，但是我方代表意识到更艰巨的较量还在后头。索赔金额的谈判才是根本性的。

随即，双方谈判的问题升级到索赔的具体金额上——报价，还价，提价，压价，比价，一场毅力和技巧较量的谈判竞争展开了。中方主谈代表擅长经济管理和统计，精通测算。他翻阅了许多国内外的有关资料，甚至在技术业务谈判中，他也不凭大概和想当然，认为只有事实和科学的数据才能服人。此刻，在他的纸笺上，在大大小小的索赔项目旁，写满了密密麻麻的阿拉伯数字。这就是技术业务谈判，不能凭大概，只能依靠科学准确的计算。根据多年的经验，他不紧不慢地提出："贵公司对每辆车支付加工费是多少？这项总额又是多少？""每辆车 10 万日元，计 5.84 亿日元。"日方接着反问道："贵国报价是多少？"中方立即回答："每辆 16 万日元，此项共计 9.5 亿日元。"精明强干的日方主谈人淡然一笑，与其副手耳语了一阵，问："贵国报价的依据是什么？"中方主谈人将车辆损坏后各部件需如何修理、加固、花费多少工时等逐一报价。"我们提出的这笔加工费并不高。"接着中方代表又用了欲擒故纵的一招："如果贵公司感到不合算，派员维修也可以。但这样一来，贵公司的耗费恐怕是这个数的好几倍。"这一招很奏效，顿时把对方将住了。日方被中方如此精确的计算所折服，自知理亏，转而以恳切的态度征询："贵国能否再压低一点？"此刻，中方意识到，就具体数目的实质性讨价还价开始了。中方答道："为了表示我们的诚意，可以考虑贵方的要求，那么，贵公司每辆出价多少呢？""12 万日元。"日方回答。"13.4 万日元怎么样？"中方问。"可以接受。"日方深知，中方在这一问题上已作出了让步。于是双方很快就此项索赔达成了协议。日方在此项目费用上共支付 7.76 亿日元。

然而，中日双方争论索赔的最大数额的项目却不在此，而在于高达几十亿日元的间接经济损失赔偿金。在这一巨大数目的索赔谈判中，日方率先发言。他们也采用了逐项报价的做法，报完一项就停一下，看看中方代表的反应，但他们的口气却好似报出的每一个数据都是不容打折扣的。最后，日方统计可以给中方支付赔偿金 30 亿日元。中方对日方的报价一直沉默不语，用心揣摩日方所报数据中的漏洞，把所有的“大概”、“大约”、“预计”等含糊不清的字眼都挑了出来，有力地抵制了对方所采用的浑水摸鱼的手段。

在此之前，中方谈判班子昼夜奋战，液晶体数码不停地在电子计算机的荧光屏上跳动着，显示出各种数字。在谈判桌上，我方报完每个项目的金额后，讲明这个数字测算的依据，在那些有理有据的数字上，打的都是惊叹号。最后我方提出间接经济损失费 70 亿日元！

日方代表听了这个数字后，惊得目瞪口呆，老半天说不出话来，连连说：“差额太大，差额太大！”于是，进行无休止的报价、压价。

“贵国提的索赔额过高，若不压半，我们会被解雇的。我们是有妻儿老小的……”日方代表哀求着。老谋深算的日方主谈人使用了哀兵制胜的谈判策略。

“贵公司生产如此低劣的产品，给我国造成多么大的经济损失啊！”中方主谈接过日方的话头，顺水推舟地使用了欲擒故纵的一招：“我们不愿为难诸位代表，如果你们做不了主，请贵方决策人来与我们谈判。”双方各不相让，只好暂时休会。这种拉锯式的讨价还价，对双方来说是一种毅力和耐心的较量。因为谈判桌上，率先让步的一方就可能被动。

随后，日方代表急用电话与日本 S 公司的决策人密谈了数小时。接着谈判重新开始了，此轮谈判一接火就进入了高潮，双方舌战了几个回合，又沉默下来。此时，中方意识到，己方毕竟是实际经济损失的承受者，如果谈判破裂，就会使己方获得的谈判成果付诸东流；而要诉诸法律，麻烦就更大。为了使谈判已获得的成果得到巩固，并争取有新的突破，适当的让步是打开成功大门的钥匙。中方主谈人与助手们交换了一下眼色，率先打破沉默说：“如果贵公司真有诚意的话，彼此均可适当让步。”中方主谈为了防止由于己方率先让步所带来的不利局面，建议双方采用“计分法”，即双方等量让步。“我公司愿意付 40 亿日元。”日方退了一步，并声称：“这是最高突破数了。”“我们希望贵公司最低限度必须支付 60 亿日元。”中方坚持说。

这样一来，中日双方各自从己方的立场上退让了 10 亿日元。双方比分相等。谈判又出现了转机。双方界守点之间仍有 20 亿日元的逆差。（但一个界守点对双方来说，都是虚设的。更准确地说，这不过是双方的一道最后的争取线。该如何解决这“百米赛路”最后冲刺阶段的难题呢？双方的谈判专家都是精明的，谁也不愿看到一个前功尽弃的局面。）几经周折，双方共同接受了由双方最后报价金额相加除以 2，即 50 亿日元的最终谈判方案。

除此之外，日方愿意承担下列三项责任：

（1）确认出售给中国的全部 FP-148 型货车为不合格品，同意全部退货，更换新车。

（2）新车必须重新设计试验，精工细作，制作优良，并请中方专家检查验收。

（3）在新车未到之前，对旧车进行应急加固后继续使用，日方提供加固件和加固工具等。

一场罕见的特大索赔案终于公正地交涉成功了！

案例 2：

美国一家电器公司的推销员阿里森普谈过这样一件事：一次，他到一家不久前才发展的新客户那里去，企图推销一批新型的电机。一到这家公司，总工程师劈头就说：“阿里森普，你还指望我们能多买你的电机吗？”一经了解，原来该公司认为刚刚从阿里森普那里买的电机发热超过正常标准。阿里普森知道强行争辩没有任何好处，决定采取苏格拉底劝诱法来和对方论理，并说服对方，即决意取得对方做出“是”的反应和同意的姿态。

他了解情况后，先故意说：“好吧，总工程师先生！我的意见和你的相同，假如那电机发热过高，别说再买，就是买了的也要退货，是吗？”“是的！”总工程师果然作出他所预料的反应。

“自然，电机是会发热的，但你当然不希望它的热度超过规定的标准，是吗？”“是的！”对方又说了一次。

然后，阿里普森开始讨论具体问题了，他问道：“按标准，电机的温度可比室温高 72°F，是吗？”

“是的。”总工程师说，“但你们的产品却比这高得多，简直叫人没法用手去摸，难道这不是事实吗？”阿里普森也不和他争辩，反问道：“你们车间的温度是多少？”总工程师略加思索，回答说：“大约 75°F。”阿里普森兴奋起来，拍拍对方的肩膀说：“好极了！车间是 75°F，加上 72°F，一共是 147°F 左右，如果你把手放进 147°F 的热水里，是否会把手烫伤呢？”总工程师虽然不情愿，但也不得不点头称是。阿里普森接着说：“那么，以后你就不要用手摸电机了，放心，那完全是正常的！”

谈判结果，阿里普森不仅说服了对方，消除了对方的偏见，而且又做成了另一笔生意。

第七章 商务谈判策略

学习目的和要求

通过本章的学习，使学生了解商务谈判策略的作用、制定商务谈判策略的原则；重点掌握在商务谈判不同阶段常用的谈判策略；掌握谈判地位策略；了解商务谈判中不同类型谈判人员的特点及应对策略。

第一节 商务谈判策略概述

商务谈判策略是指谈判人员为取得预期的谈判目标而采取的措施和手段的总和，它是各种谈判方式的具体运用。它对谈判成败有直接影响，关系到双方当事人的利益和企业的经济效益。在商务谈判中，会出现各种各样的情况，在谈判中实施灵活多变的谈判策略是商务谈判成功的重要前提。

一、商务谈判策略的作用

（一）扬长避短的有力手段

商务谈判的双方都渴望通过谈判实现自己的既定目标，这就需要认真分析和研究谈判双方各自所具有的优势和弱点，即对比双方的谈判"筹码"。在掌握双方的基本情况之后，若要最大限度地发挥自身优势，争取最佳结局，就要靠机动灵活地运用谈判策略。要善于利用谈判策略，寻找对自己最有利的谈判条件，若不讲究谈判策略，就很难实现谈判既定目标。

（二）维护自身利益的法宝

在商务谈判中，谈判双方关系虽非敌对，但也存在着明显的利害冲突。因此，双方都面临如何维护自身利益的问题，恰当地运用谈判策略能够解决这一问题。在商务谈判中，如果不讲究策略或运用策略不当，就可能轻易暴露己方意图，以致无法实现既定的谈判目标，高水平的谈判人员应该能够按照实际情况的需要灵活运用各种谈判策略，达到保护自身利益的目的。

（三）把握谈判进程的有效工具

灵活运用谈判策略有利于谈判人员通过谈判过程的各个阶段。谈判过程的复杂性决定谈判人员在任何一个阶段对问题处理不当，都会导致谈判的破裂和失败，尤其是始谈阶段更为重要，谈判人员要想营造一个良好的开端，使谈判能顺利发展，达到预期的谈判目标，就必须重视和讲究谈判策略的运用。只有这样，才能克服谈判中出现的问题和困难，将谈判逐步推向成功。

（四）实现"双赢"的有效保障

谈判的当事双方既有利害冲突的一面，又有渴望达成协议的一面。因此，在谈判中合理运用谈判策略，及时让对方明白谈判的成败取决于双方的行为和共同的努力，就能使双方求同存异，在坚持各自基本目标的前提下互谅互让，互利双赢，达成协议。

二、制订商务谈判策略的原则

商务谈判内容的广泛性和环境的复杂性决定了谈判策略的多样性，在具体谈判过程中如何选择和采用不同的谈判策略，就要依靠正确的指导思想。在商务谈判中，一个优秀的谈判人员，应该具有战略思想和整体观念，既重视眼前的利益又注重长久的利益，做到立足当前，着眼未来。商务谈判人员在制订谈判策略过程中一般要遵循以下四方面的原则。

（一）互利互惠原则

现代的谈判观点认为，在谈判中每一方都要自己的利益，但每一方利益的焦点并不是完全对立的。同时，成功的谈判是双赢的谈判，商务谈判的互利性要求谈判人员注重共同利益，设身处地站在对方立场上探求对方的利益所在，了解对方的需求和欲望。但是，利益往往是隐藏在立场后面的深层次的东西，这就要求谈判人员要透过现象看本质，既注重对方的物质利益，又关注如自尊、安全感等非物质利益。

（二）客观公平原则

“没有分歧就没有谈判”，说明谈判双方利益的冲突和分歧是客观存在的。运用谈判策略的目的不是要将谈判对手置于死地，而是使双方都感到自己有所收获，并愿意达成协议。这就要求谈判人员坚持客观公平的原则，克服主观偏见可能产生的弊病，并在参照以往谈判惯例的基础上作出决策，有利于谈判人员达成一个明智公正的协议。

（三）人事分开原则

所谓人事分开原则，就是在谈判中区分人与问题，把对谈判对手的态度和讨论问题的态度区分开来，就事论事。但是，要做到这一点是很不容易的，因为谈判双方的代表是由人组成的，他们对事物往往有着不同的感觉和看法，他们的价值观、受教育水平、文化背景等也不尽相同。人的因素对谈判的影响具有两面性：一方面，在谈判顺利的情况下，双方通过接触能够建立起一种相互理解、尊重、信任和支持的工作关系，从而为以后的谈判奠定一个良好的基础，形成良性循环；另一方面，谈判的挫折又会导致感情上的不愉快、沮丧、发怒，甚至产生对立和敌意。随着误会和偏见的加深，可能使原本可以达成的协议也会以失败告终。

（四）一致性原则

经营战略是引导企业实现战略目标的指导思想，而企业的商务谈判活动则是为实现企业经营战略目标服务的，这就要求谈判策略的制订要与企业整体战略目标保持一致。因此，在制订谈判策略过程中要树立全局观念，统筹考虑企业整体利益的要求。

三、商务谈判策略的基本分类

商务谈判的策略很多，而且人们在谈判实践中还在不断地创造新的策略，又予以运用，更使之显得更加丰富多彩。根据谈判策略的性质与特点，总体上可以将谈判策略分为谈判的总体策略与谈判的具体策略两大类。

（一）谈判的总体策略

谈判的总体策略是指关于谈判全局的策略，是谈判的基本思想和指导纲领，是谈判的战略。其基本内容如下所述。

（1）谈判理念。包括谈判的目的、原则等，是谈判的中心指导思想。

（2）谈判目标。指谈判应达到的利益结果，包括最高目标、可接受目标和底线目标，是谈判目的的直接体现。

（3）谈判方针。指谈判的基本方向、路线，体现在谈判的基本立场、姿态、基调等方面。

（4）谈判步骤。指实现谈判目标的步骤和程序。

（二）谈判的具体策略

谈判的具体策略是指针对某一具体目标或阶段的策略，是谈判总体策略的具体化。其一般可以划分为下面三个部分。

（1）谈判过程策略。指在不同的谈判阶段采用的谈判策略，如开局阶段的谈判策略、磋商阶段的谈判策略和结束阶段的谈判策略等。

（2）谈判地位策略。指谈判双方在不同实力对比情况下的谈判策略，如优势条件下的谈判策略、均势条件下的谈判策略和劣势条件下的谈判策略。

（3）应对不同谈判对手的策略。指针对不同类型的谈判对手采取的谈判策略，如对狂妄自大型对手的谈判策略和对苛刻型对手的谈判策略等。

第二节 谈判过程策略

一般而言，商务谈判的实质性阶段大致可分为五个阶段，即开局阶段、摸底阶段、报价阶段、磋商阶段和成交阶段。由于谈判对象的广泛性和谈判议题的复杂性，因此谈判过程富有多变性和随机性。如何在复杂多变的谈判交锋中，实现既定的谈判目标，就需要在谈判的各个阶段制订并运用相应的谈判策略。谈判过程策略是指在不同的谈判阶段采用的谈判策略，包括开局阶段的谈判策略、摸底阶段的谈判策略、报价阶段的谈判策略、磋商阶段的谈判策略和成交阶段的谈判策略。

一、开局阶段的谈判策略

好的开端是成功的一半。在商务谈判中，由于谈判开局是双方刚开始接触的阶段，因而，谈判开局的成功与否对谈判能否顺利进行关系极大，它不仅决定着双方在谈判中的实力对比，决定着双方在谈判中采取的态度和方式，同时也决定着双方对谈判局面的控制，进而影响着谈判的结果。

（一）开局阶段的主要任务

开局是实质性谈判的第一个阶段。在这个阶段，谈判双方开始进行初步的接触、相互了解，并就此次谈判的目标、计划、议程等问题进行讨论，在尽量取得意见一致的基础上就本次谈判的内容分别发表陈述。开局阶段是为整个谈判奠定基调的阶段。谈判实践证明，这个阶段所创造的气氛会对谈判的全过程产生影响。因此，谈判人员在开局阶段的主要任务就是为谈判创造一个良好的气氛，谋求有利的开局地位，为后续的谈判奠定良好的基础。

1. 营造良好的谈判气氛

谈判气氛会影响谈判人员的情绪和行为方式，进而影响到谈判的发展。谈判气氛受多种因素的影响，谈判的客观环境对谈判的气氛有重要影响，例如双方面临的政治形势、经济形势、市场变化、文化气氛、实力差距，以及谈判时的场所、天气、时间、突发事件等。对于客观环境对气氛的影响，需要在谈判准备阶段做好充分准备，尽可能营造有利于谈判的环境气氛。谈判人员主观因素对谈判气氛的影响是直接的，在谈判开局阶段的一项重要任务就是发挥谈判人员的主观能动性营造良好的谈判气氛。谈判的气氛一般是通过双方相互介绍、寒暄，以及双方接触时的表情、姿态、动作，说话的语气等方面来形成的。谈判气氛的营造既表达双方谈判人员对谈判的期望，也表达出谈判的策略特点，因此也是双方相互摸底的重要信息。

2. 谈判角色定位

在谈判双方的初次接触中，通过无声信息的传递和有声信息的沟通，彼此之间会对对方形成各自的印象，如对方的言谈举止、穿着打扮等。精明的谈判人员往往根据这些印象，来确定自己在谈判中的形象，形成自己的角色定位。

3. 开场陈述

在谈判双方的接触阶段，对于谈判人员，特别是第一次打交道的谈判双方来说，除了营造良好的谈判气氛，还有一个重要的任务，就是通过对己方情况的介绍将一些有价值的对己方有利的信息传递给对方，显示自己的实力。陈述的目的是使对方理解己方的意愿，既要体现一定的原则性，又要体现合作性和灵活性。然后，双方各自提出各种设想和理解问题的方案，并观察双方合作的可靠程度，设想在符合商业准则的基础上寻求实现双方共同利益的最佳途径。

（二）具体谈判策略

谈判开局策略是谈判人员谋求开局中有利地位和实现对谈判开局的控制而采取的行动方式或手段。在商务谈判策略体系中，涉及谈判开局的具体策略很多，下面介绍几种典型的开局阶段策略。

1. 协商式开局策略

协商式开局策略是指在谈判开始时，为使对方对自己产生好感，以“协商”、“肯定”的语气，创造或营造对谈判“一致性”的感觉，从而使谈判双方在愉快友好的气氛中不断将谈判引向深入的一种开局方式。

协商式开局策略比较适用于谈判双方实力比较接近，或双方过去没有商务往来的经历，第一次接触，都希望有一个好的开端的情况。要多用外交礼节性语言、中性话题，使双方在平等、合作的气氛中开局。比如，谈判一方以协商的口吻来征求谈判对手的意见，然后对对方意见表示赞同或认可，双方达成共识。要表示充分尊重对方意见的态度，语言要友好礼貌，但又不可以奉承对方。姿态上应该是不卑不亢，沉稳中不失热情，自信但不自傲，把握住适当的分寸，顺利打开局面。

2. 坦诚式开局策略

坦诚式开局策略是指以开诚布公的方式向对手陈述自己的观点或意愿，尽快打开谈判局面。

坦诚式开局策略比较适合双方过去有过商务往来，而且关系很好，互相比较了解的情况，将这种友好关系作为谈判的基础。在陈述中可以真诚、热情地畅谈双方过去的友好合作关系，适当地称赞对方在商务往来中的良好信誉。由于双方关系比较密切，可以省去一些礼节性的外交辞令，坦率地陈述己方的观点以及对对方的期望，使对方产生信任感。

坦诚式开局策略有时也可用于实力不如对方的谈判人员。当本方的谈判实力明显不如谈判对方，并为双方所共知时，坦率地表明自己一方的弱点，让对方加以考虑，更表明己方对谈判的诚意，同时也表明对谈判的信心和能力。

3. 慎重式开局策略

慎重式开局策略是指以严谨、凝重的语言进行陈述，表达出对谈判的高度重视和鲜明的态度，目的在于使对方放弃某些不适当的意图，以达到把握谈判的目的。

慎重式开局策略适用于谈判双方夺取有过商务往来，但对方曾有过不太令人满意的表现的情况，己方要通过严谨、慎重的态度，引起对方对某些问题的重视。例如，可以对过去双方业务关系中对方的不妥之处表示遗憾，并希望通过本次合作能够改变这种状况。可以用一些礼貌性的提问来考察对方的态度、想法，不急于拉近关系，注意与对方保持一定的距离。这种策略也适用于己方对谈判对手的某些情况存在疑问，需要经过简短的接触摸底。当然慎重并不等于没有谈判诚意，也不等于冷漠和猜疑，这种策略正是为了寻求更有效的谈判成果而使用的。

4. 进攻式开局策略

进攻式开局策略是指通过语言或行为来表达己方强硬的姿态，从而获得谈判对手必要的尊重，并借以制造心理优势，使谈判顺利进行下去。这种进攻式开局策略只有在特殊情况下使用：例如发现谈判对手居高临下，以某种气势压人，有某种不尊重己方的倾向，如果任其发展下去，对己方是不利的，因此要变被动为主动，不能被对方的气势压倒。

进攻式开局策略可以扭转不利于己方的谈判气氛，但是，进攻式开局策略也可能使谈判陷入僵局，该策略要运用得好，必须注意有理、有利、有节，不能使谈判一开始就陷入僵局。要切中问题要害，对事不对人，既表现出己方的自尊、自信和认真的态度，又不能过于咄咄逼人，使谈判气氛过于紧张，一旦问题表达清楚，对方有所改观，就应及时调节一下气氛，使双方重新建立起一种友好、轻松的谈判气氛。

二、摸底阶段的谈判策略

谈判开局以后，随即进入双方相互了解和接触的摸底阶段。在这一阶段，双方的主要任务就是探测对方的真实意图，设法弄清对方的底牌。谈判高手善于从对方表面的陈述中探出其真正的意图，并隐藏自己的期望值。下面介绍一些摸底阶段常用的谈判策略。

（一）投石问路策略

所谓投石问路策略，就是探求对方底线进行讨价还价的策略，这是了解对方情况的一种战略战术，是在谈判人员不知对方虚实的情况下，通过一些对对方具有吸引力或实质性的问题与对方交流，或者通过密讯、谣言等手段，揣摩和探测对方的态度和反应，了解对方的真实意图。

买方选择该策略可以通过以下方式探询对方：

（1）如果长期订购，价格是否有优惠？

（2）假如我们自己解决运输问题，价格是多少？

（3）如果以现金支付或采用分期付款，价格有什么差别吗？

（4）我方有意购买你们的其他系列产品，能否在价格上再优惠些呢？

反过来，如果对方使用投石问路策略，建议从以下几个方面考虑对策：

（1）如果对方投出一块“石头”，最好立刻向对方回敬一个。如对方探询数量与价格之间的优惠比例，我方可以立刻要求对方订货。

（2）找出买方购买的真实意图，根据对方情况估计其购买规模。

（3）不要对提出的所有问题都马上回答，可以拖延时间，以观其变。

可以用对方投出的“石头”为己方探路。有时候，买方的投石问路反倒为卖方创造机会，针对买方想要知道更多资料、信息的心理，卖方可以提出很多建议，促使双方达成更好的交易。

（二）声东击西策略

就军事战术上讲，声东击西是指当敌我双方对阵时，我方为更有效地打击敌人，制造一种从某一面进攻的假象，借以迷惑对方，然后攻其另一面，这种战术策略同样适用于商务谈判。

谈判实践也证明，只有更好地隐藏真正的利益需要，才能更好地实现目标。在了解、掌握这一策略的作用后，我们可以更加灵活自如地运用它，即先采取障眼法，作为缓兵之计，把主要问题先放在一边，以便抽出时间对其他相关问题作更深入的了解，探知和查明更多的资料和信息，或以此延缓对方所要采取的行动。

（三）虚张声势策略

在谈判中，双方在一开始都可能会提出一些期望过高且不可能实现的要求，随着时间的推移，双方再通过讨价还价逐步修正这些要求，最后在两个极端之间的某一点上达成协议。过分的要求并不一定表示实力强大，但却可能动摇对方的信息，迫使其修改自己的期望，并降低自己的目标和要求。

优秀的谈判人员应当保持高度的警觉，我们可以通过询问对方一些我们早已知道答案的重要问题，来衡量对方是否诚实，从对方的反应和回答中探知许多事情。

（四）浑水摸鱼策略

浑水摸鱼策略是指谈判人员故意把水搅浑，从中取利。在摸底阶段，对手很可能采取这种“搅和”策略，即把众多议题搅和在一起，扰乱对方思路，让对方筋疲力尽，使一个简单的议题变得复杂，然后借对方精神不佳之时，达到自己的目的。

三、报价阶段策略

报价是商务谈判的一个重要过程，交易条件的确立是以报价为前提的。报价不仅表明了谈判人员对有关交易条件的具体要求，集中反映着谈判人员的需要与利益；而且通过报价，谈判人员可以进一步分析、把握彼此的意愿和目标，以便有效地引导谈判行为。基于这点，下面介绍报价阶段常用的策略。

（一）报价的先后策略

在商务谈判中，谈判双方在报价的时间上通常都有一个先后次序，而且报价的先后往往会对最后的结果产生重大影响，可供谈判人员选择的时间策略不外乎两种，即先于对方报价和后于对方报价。

一般而言，先报价比较有利，因为先报价所产生的影响力在整个谈判过程中会持续地发生。先报价的优势在于：第一，它为谈判结果设定了难以逾越的界限，最终的协议将在这一界限内形成，最后的成交价往往不会超过这个价格水平；第二，先报价会在一定程度上支配对方的期望水平，进而影响到对方在随后谈判中的行为。

但先报价也有不利之处：第一，先报价容易为对方提供调整行为的机会，可能会使己方丧失一部分原来可以获得的利益；第二，在某些情况下，先报价的一方往往会在一定程度上丧失主动。有些谈判对手会对己方的报价提出各种质疑，不断向我方施加压力，而闭口不谈自己的报价水平，在这种情况下，先报价的一方在随后的磋商中容易陷入被动。

可见，先报价有利有弊，那什么时候、什么情况下先报价利大于弊呢？一般来讲，如果己方的谈判实力强于对方，在谈判中处于相对有利的地位，先报价是比较有利的，如果己方的实力较弱，又缺乏谈判经验，应让对方先报价。在有些商务谈判中，报价的先后次序似乎已有一定的商业习惯，比如货物买卖谈判，多半是由卖方先报价，买方还价，反过来的情况比较少。

（二）报价的时机策略

在商务谈判中，报价时机是一个策略性很强的问题。有时，卖方的报价比较合理，但却并没有使买方产生交易的欲望，原因往往是买主首先关心的是此商品能否给他带来价值，带来多大的价值，其次才是带来的价值与价格的比较。所以，在价格谈判中，应当首先让对方充分了解商品的使用价值和能为对方带来多少收益，待对方对此发生兴趣后再谈价格的问题。实践证明，提出报价的最佳时机，一般是对方主动询问价格时，因为这说明对方已对商品产生了购买欲望，此时报价往往水到渠成，比较自然。

有时，在谈判开始的时候对方就询问价格，这时最好的策略应当是听而不闻。因为此时对方对商品或项目尚缺乏真正的兴趣，过早报价会增加谈判的阻力。这时应当首先给对方介绍该商品或项目的功能、作用，能为对方带来什么利益，待对方对此商品或项目产生兴趣，交易欲望已被调动起来时再报价比较合适。

总之，报价时机策略体现了在价格谈判中相对价格原理的运用，体现着促进积极价格的转换工作。

（三）报价的表达策略

报价无论采取口头或书面形式，表达都必须十分肯定、干脆，似乎不能再做任何变动和没有任何可以商量的余地。如“大概”、“大约”、“估计”这类含糊的词语都不适合在报价时使用，因为这会使对方感到报价不实。只有在对方表现出真实的交易意图，为表明己方的诚意，才可以在价格上开始让步。

（四）报价的差别策略

己方可以根据购买数量、付款方式、客户性质、交货期限、交货地点等方面的不同，对于同一商品给予不同的购销价格。这种价格差别，体现了商品交易中的市场需求导向，在报价策略中应当重视运用。例如，对老客户或大批量购买的客户，为巩固良好的客户关系或建立起稳定的交易关系，可以适当实行价格折扣；对新客户，有时为开拓新市场，也可以适当给予折扣。

（五）报价的分割策略

价格分割是一种心理策略。卖方报价时采用这种策略，能够给买方心理上带来一种价格便宜的感觉。价格分割包括下面两种形式。

（1）采用较小的计量单位报价。如名贵的茶叶以两而不以公斤报价，黄金以克报价。用较小的计量单位报价比用大的计量单位报价会使人在心理上产生便宜的感觉，也更容易使人接受。

（2）用较小计量单位商品的价格进行比较。如“每天少抽一支烟，每天就可以吃一颗××牌钙片”，“使用这种电冰箱每天可以只需 0.5 元电费，0.5 元只能买一根最便宜的冰棍”等。

四、磋商阶段策略

谈判的磋商阶段是谈判双方真正开始根据对方在谈判中的行为，来调整己方的谈判策略，并提出自己实质性的要求和目标的阶段。当谈判一方报价后，另一方不会无条件地接受对方的报价，而是进行一场实力、智力和技术的具体较量。下面介绍常用的磋商阶段策略。

（一）让步策略

在商务谈判磋商阶段，对己方条件作一定的让步是双方必然的行为。如果谈判双方都坚持自己的阵线不后退半步的话，谈判永远也达不成协议，谈判追求的目标也就无法实现。谈判人员都要明确他们要求的最终目标，同时他们还必须明确为达到这个目标可以或愿意作出哪些让步，作多大的让步。让步本身就是一种策略，他体现谈判人员用主动满足对方需要的方式来换取己方需要的精神实质。如何运用让步策略，是磋商阶段最为重要的事情。

1. 丝毫无损的让步策略

所谓丝毫无损的让步策略是指己方所作出的让步不给己方造成任何损失，同时还能满足对方一些要求或形成一种心理影响，产生诱导力。当谈判对手就其一个交易条件要求我方作出让步时，在己方看来其要求确实有一定的道理，但是己方又不愿在这个问题上作出实质性的让步，可以采用一些无损的让步方式。

假如你是一个卖主，又不愿意在价格上作出让步，你可以在以下几个方面作出无损让步：

（1）向对方表示本公司将提供质量可靠的一级产品。

（2）将向对方提供比给以别家公司更加周到的售后服务。

（3）向对方保证给其待遇将是所有客户中最优惠的。

（4）交货时间上充分满足对方要求。

这种无损让步的目的是在保证己方实际利益不受损害的前提下使对方得到一种心理平衡和情感愉悦，避免对方纠缠某个问题迫使我方作出有损实际利益的让步。

2. 互惠式让步策略

互惠式让步策略是指己方让步之前向对方提出某些让步要求，己方以让步换取对方在某一相关问题上的让步，变被动为主动。当对方就某一个问题逼迫己方让步时，己方可以将这个问题与其他问题联系在一起加以考虑，在相关问题上要求对方作出让步，作为己方让步的条件。例如，在货物买卖谈判中，当买方向卖方提出再一次降低价格的要求时，卖方可以要求买方增加购买数量，或是承担部分运输费用，或是改变支付方式，或是延长交货期限等。这样一来，如果买方接受卖方条件，卖方的让步也会得到相应补偿；如果买方不接受卖方提出的相应条件，卖方也可以有理由不作出让步，使买方不好再逼迫卖方让步。

3. 强硬式让步策略

强硬式让步策略是指一开始态度强硬，坚持寸步不让的态度，到了最后时刻一次让步到位，促成交易。这种策略的优点是起始阶段坚持不让步，向对方传递己方坚定信念，如果谈判对手缺乏毅力和耐心，就可能被征服，使己方在谈判中获得较大的利益。在坚持一段时间后，一次让出己方的全部可让利益，对方会有“来之不易”的获胜感，会特别珍惜这种收获，不失时机地握手成交。其缺点是由于在开始阶段一再坚持寸步不让的策略，则可能失去伙伴，具有较大的风险性，也会给对方造成没有诚意的印象。因此，这种策略适用于在谈判中占优势的一方。

4. 坦率式让步策略

坦率式让步策略是指以诚恳、务实、坦率的态度，在谈判进入让步阶段后一开始就亮出底牌，让出全部可让利益，以达到以诚致胜的目的。这种策略的优点是由于谈判人员一开始就向对方亮出底牌，让出自己的全部可让利益，率先做出让步榜样，给对方一种信任感，比较容易打动对方采取回报行为。同时，这种率先让步比较容易打动对方，既有强大的说服力，促使对方尽快采取相应让步行动，提高谈判效率，争取时间，争取主动。这种策略的缺点是由于让步比较坦率，可能给对方传递一种尚有利可图的信息，从而提高其期望值，继续讨价还价；由于一次性大幅度让价，可能会失去本来能够全力争取到的利益。这种策略适用于在谈判中处于劣势的一方或是谈判双方之间的关系比较友好，以一开始作出较大让步的方法感染对方，促使对方同样友好坦率的态度作出让步。使用这一策略要根据实际情况，充分把握信息和机遇，保证主动让步之后己方能得到关系全局的重大利益。

5. 稳健式让步策略

稳健式让步策略是指以稳健的姿态和缓慢的让步速度，根据谈判进展情况分段作出让步，争取较为理想的结果。谈判人员既不坚持强硬的态度寸利不让，也不过于坦率，一下子让出全部可让利益，既有坚定的原则立场又给对方一定的希望。每次都做一定程度的让步，但是让步的幅度要根据对方的态度和形势的发展灵活掌握。有可能每次让步幅度是一样的，有可能让步的幅度越来越小，也有可能幅度起伏变化，甚至最后关头又反弹回去。这种让步策略的优点是稳扎稳打，不会冒太大的风险，也不会一下子使谈判陷入僵局，可以灵活机动地根据谈判形势调整自己的让步幅度。再有，双方要经过多次讨价还价、反复地磋商和论证，可以把事情说得更清楚，考虑得更周全。这种策略运用需要较强的技术性和灵活性，随时观察对方的反应来调整己方的让步策略。这种策略的缺点是需要耗费大量的时间和精力才能达到最后成交的目标，而且容易过于讲究技巧，而缺乏坦率的精神和提高效率的意识。

6. 予之远利，取之近惠的让步策略

以未来利益上的让步换取对方近期利益上的让步称为予之远利，取之近惠的让步策略。谈判中的让步实际上是给对方一种满足。满足有两种形式：一种是现实需要的满足；另一种是未来需要的满足。谈判中直接给对方的某一让步是一种现实需要的满足。我们能否通过给予对方未来需要的满足而避免现实的让步呢？理论和实践都证明可以做到。如当对方在谈判中要求我们就某一问题作出让步时，我们可以通过强调保持与我方的业务关系将给对方带来长期的利益，而本次交易对是否能够成功地建立和发展双方之间的这种长期业务关系是至关重要的，向对方说明远利和近惠的利害关系。如果对方是一个精明的商人，是会取远利而弃近惠的。而对本方而言，只是给对方一个未来需要的满足并未付出什么现实的东西，却得到了近惠。

（二）休会策略

休会是谈判人员比较熟悉并经常使用的谈判策略，是指在谈判进行到某一阶段或遇到某种障碍时，谈判双方或一方提出暂时中止谈判，以使谈判双方人员有机会恢复体力、精力和调整策略，推动谈判的顺利进行。

从表面上看，休会是满足人们生理上的要求，恢复体力和精力，但实际上，休会的作用已经远远超出了这一含义。它已经成为谈判人员调节、控制谈判过程，缓和谈判气氛、融洽双方关系的一种策略技巧。

在什么情况下比较适合采用休会策略呢？

（1）谈判出现低潮时，如果再会谈，会使谈判人员体力不支，头脑不清，最好休息一下再继续。

（2）谈判中双方出现观点分歧、谈判将要出现僵局时，这时采用休会策略，使双方冷静下来，客观地分析形势，采取相应的对策。

（3）在一方不满现状时，采取休会策略，进行私下接触，改变不利的谈判气氛。

（4）在某个谈判议题接近尾声时，总结前段，预测下一阶段谈判的发展，提出新的对策。

休会是一种内容简单、容易掌握、作用明显的谈判策略，休会提出一方必须把握好时机，看准对方态度的变化，灵活地使用该策略。

（三）开诚布公策略

开诚布公策略指谈判人员在谈判过程中以诚恳、坦率的态度向对方袒露自己的真实思想和观点，实事求是地介绍己方的情况，客观地提出己方的要求，以促使对方通力合作，使双方在诚恳、坦率的气氛中完成各自的使命。这个策略常常会被持传统观点的人否定。他们认为，这样会暴露自己，给对方可乘之机，但事实证明，这一策略很有效，它有助于谈判人员达成一个双方都满意的协议，这样能促使双方的长期合作。当然，开诚布公并非将我方百分之百的情况透露给对方，在谈判中讲实情、不讲实情都是策略，关键是善于运用。

（四）留有余地策略

留有余地策略指在对方提出某项要求时，只答复其主要内容，留有余地，以备讨价还价之用。从字面意思看，这些策略同“开诚布公”策略背道而驰，但实际上这两项策略并不抵触，因为两者的目标是一致的，都是为了达成协议，只是实现目的的方式不同。

留有余地策略应用的时机，恰好是在开诚布公策略失效时，如果发现谈判对手比较自私，甚至想乘人之危钻空子，最好就采取这一策略。

（五）润滑策略

谈判人员在相互交往过程中，经常会互相馈赠礼品，以表示友好和联络感情，这就是西方谈判专家称的“润滑策略”。赠礼是十分敏感而微妙的问题，我们应把它与行贿区分开来，赠礼主要是表明或增加双方的友好情谊，强调“礼轻情意重”。赠礼一定要慎重，否则会适得其反。

（六）私下接触策略

谈判过程中，双方谈判人员有比较充裕的时间进行休整，包括休息就餐、娱乐等。如果谈判人员能充分重视“业余时间”，有目的、有意识地与谈判对手私下接触，不仅可增加双方友谊，而且还会得到谈判桌上难以得到的东西。

私下接触的形式很多，凡是能使双方谈判人员高高兴兴地去消遣的地方或活动形式都可以，如高尔夫球俱乐部、戏剧院、游览地等。私下接触的特点就是交谈随意、活跃，有轻松愉快的氛围，许多人在对方的盛情款待下会变得十分慷慨。只要抓住时机，这些承诺就会变成合同中的条款。

（七）红白脸策略

红白脸策略也称软硬兼施策略，是在谈判人员的角色搭配及手段的运用上软硬相间，刚柔并济。在谈判班子构成中，有人扮演“白脸”，坚持己方的原则和条件，向对方进行胁迫；有人扮演“红脸”，向对方表示友好或予以抚慰。这种做法的效果是，当扮演“白脸”的谈判人员提出苛刻条件，双方在围绕这些条件争得不可开交时，就需要扮演“红脸”的谈判人员出来不断妥协让步、调和双方的关系、缓解紧张的气氛。

红白脸相配的方法，最好是“下白上红”，也就是职位级别低的人唱白脸，职位级别高的人唱红脸，有长官来唱红脸收场。当然，不管是红脸还是白脸，他们都是站在同样的利益立场上，他们的目的都是从对方身上换取更大的利益。

（八）制造竞争策略

制造和利用竞争是谈判中有效的武器和策略。当谈判的一方存在竞争对手时，其谈判的实力就大大减弱。在谈判中，我们应该有意识地制造和保持对方的竞争局面。有时，对方实际上并没有竞争对手，但我们可以巧妙地制造假象来迷惑对方。

制造竞争的常用方法有以下两种：

(1) 邀请多家卖方参加投标，利用其之间的竞争取胜。

(2) 同时邀请几家主要的卖主与其谈判，把与一家谈判的条件作为与另一家谈判要价的筹码，通过让其进行背靠背的竞争，促使其竞相降低条件。

(九) 蚕食策略

蚕食策略就是像蚕吃桑叶一样步步为营，一点一点地迫使对方妥协，使谈判朝着有利于己方的方向发展。其基本做法是不向对方一次提出过多的条件，而是分多次，从不同的侧面向对方提出一些微不足道的要求，积少成多，以达到己方的目的。

运用这种策略，有时会使对方在不知不觉中就放弃了自己大量的利益，但运用这种技巧也有一定冒险性。如果要求提出的方式不当，可能会激怒对方，使其固守原地，从而使谈判陷入僵局。

(十) 疲劳战术策略

在商务谈判中，有时会遇到一种咄咄逼人的谈判对手，他们以各种方式表现出居高临下、先声夺人的挑战姿态。对于这类谈判人员，疲劳战术是一个十分有效的策略，这种策略的目的在于通过许多回合的拉锯战，使这类谈判人员疲劳生厌，以此逐渐磨去其锐气；同时也扭转己方在谈判中的不利地位，等对手筋疲力尽时，己方即可转守为攻，促使对方接受己方的条件。

如果确信谈判对手急于达成协议，那么运用疲劳战术策略会很奏效。采用这种策略，要求己方事先做好足够的思想准备，并确定好每一回合的战略战术，以求更有效地打击对方的进攻，争取更大的利益。

五、成交阶段策略

在成交阶段，谈判工作的目标主要有三个：一是力求尽快达成交易；二是尽量保证已方已取得的谈判成果不能丧失；三是争取获得最后利益。为达到上述三方面的目标，我们可以采用以下谈判策略。

(一) 最后期限策略

最后期限策略是指限定缔约的最后时间，促使对方在规定的期限内完成协议缔结的一种方法。其核心是设定己方能接受的时间界限，通过限定的期限往往会使对方产生沉重的心理压力。在许多谈判场合，谈判双方都在期限将至结束时才能达成协议的。当双方已接近最后的成交时刻，有意识地设定谈判的期限，常常能有效地限制对方的选择余地，促成协议的缔结。

(二) 场外交易策略

场外交易策略指谈判双方在谈判桌以外的场合，如酒宴上，对谈判着的某些问题取得谅解和共识，从而促成和完成交易。正式谈判的参与者往往身份对等，以示公平和尊重，而非正式谈判却没有这一限制。某些谈判的问题摆在谈判桌上很难解决，而放在酒宴上却很容易得到解决。其原因在于，在谈判桌上，紧张、对立的气氛和情绪影响和控制着人们，促使谈判人员去争取迫使对方让步，而自己一旦作出让步和求和，则被视为“战败”，自己一方将失去面子。

(三) 最后让步策略

谈判到了最后，要对最后还未达成一致的细节问题作最后的让步，以谋求一致。除了要把握好最后让步的时间选择、幅度大小外，还应让步与要求同时并提，除非己方的让步是全面接受对方的要求，否则必须让对方知道，在己方作出最后让步的过程中都指望对方给予响应，作出相应的让步。

在己方运用最后让步策略之后，必须保持坚定。因为对方会想方设法来验证我方立场的坚定性，判断我方的让步是不是真的是终局。

（四）争取最后收获策略

在双方将交易的内容、条件大致确定，即将签约时，精明的谈判人员往往会抓住最后一刻的时机，去争取最后的一点收获。通常的做法是：在签约之前，谈判一方向另一方提出一个请求，要求对方作出一点小小的让步。由于谈判已进展到签约阶段，对方在精力上已经疲惫不堪，实在不愿意为这点利益而重新开战，故一般都是马上答应，以求尽快签约。

第三节 谈判地位策略

在商务谈判中，谈判人员所处的地位不同，采取的策略也有所不同。针对谈判双方不同实力对比的情况下，可以把谈判策略划分为优势条件下的谈判策略、均势条件下的谈判策略和劣势条件下的谈判策略。商务谈判双方除了在谈判各个阶段采用相应的策略，克服谈判的障碍和分歧，还要准确把握谈判地位，认清谈判形势，选择恰当的谈判地位策略，适时而动，努力促使谈判的顺利进行。

一、优势条件下的谈判策略

优势条件意味着商务谈判双方的实力对比悬殊，其具体表现在：我方在经济实力、政治背景、协作关系等各方面占据较大优势；对方的经济实力和谈判能力等方面较差。商务谈判中一方处于优势是很正常的现象，当我方处于优势时，通常情况下，只要充分利用其优势，促成交易并不困难。

优势条件下的商务谈判，应当尽量满足于现实理想的目标，取得既定利益。不仅要注意树立“王者风范”，更要防止以势压人，以强凌弱，否则可能适得其反，无法促成交易。常见的优势条件下的谈判策略如下所述。

（一）不开先例策略

不开先例策略是指在谈判过程中处于优势的一方，为了坚持和实现提出的交易条件，而采取的对己有用的先例来约束对方，从而使对方就范，接受己方交易条件的一种策略。它是一种保护卖方利益，强化自己谈判地位和立场的最简单又有效的方法。

不开先例的核心是运用先例来约束对方，商务谈判中采用的先例主要有：与对方过去谈判的先例、与他人过去谈判的先例和外界通行的谈判先例三种情况。作为一个优秀的谈判人员，在运用不开先例策略时，必须充分运用好各种先例，为自己的谈判成功服务。

（二）先苦后甜策略

先苦后甜策略指在谈判中，一方为了达到自己的预定目的，先向对方提出苛刻条件和要求，再三挑剔，提出一大堆问题，然后再逐步让步，求得对方一致的做法，以此来获得己方的最大利益。

先苦后甜策略在商务谈判中发挥作用的原因在于：人们对来自外面的刺激信号，总是以先入之见作为标准并用来衡量后入的其他信号。若先入信号为甜，再加一点苦，则会感觉更苦。若先入信号为苦，稍加一点甜，则会感觉更甜。在谈判中，双方刚接触便提出许多苛刻条件的做法，恰似先给对方一个苦的信号，后来的优惠或让步，会使人感到已经占了很多便宜，从而欣然在对方要求的条件上作出较大让步。

（三）价格诱惑策略

价格诱惑策略指在谈判中利用买方担心市场价格上涨的心理，诱使对方迅速签订购买协议的策略。该策略之所以行之有效，是充分利用了人们的心理因素。其一是利用了人们买涨不买落的求购心理。在市场上商品价格下跌时，人们一般不愿意购买，期盼价格会进一步下跌；反之，市场上商品价格上涨时，人们担心价格继续上涨，积极买进，这种心理正好被价格诱惑策略所利用。其二是利用了人们“价格中心”的心理定势。谈判人员一般都把交易价格作为商务谈判中最重要的条款，因为它是涉及双方利益的关键问题，价格在交易中的这种重要性往往使人产生一种价格中心的心理定势，认为只要在价格上取得了优惠就等于整个谈判大功告成。

（四）有限期限策略

有限期限策略是在商务谈判中处于优势地位的一方经常采用的手法。它表现为谈判一方向对方提出达成协议的时间期限，超过这一期限，提出者将退出谈判，以此给对方施加压力，使其尽快作出决策，解决问题。商务谈判实践证明，大多数的谈判，特别是双方争执不下的谈判基本上都是到了谈判的最后期限或者临近这个期限才会出现突破并进而达成协议。每一个交易行为中都包含了时间因素，时间限制的无形力量往往会使对方在不知不觉中接受谈判条件。

（五）最后报价策略

在商务谈判中，经常听到“这已经是最后的出价”或者“这是最低的价格”的说法，听起来似乎已经没有回旋的余地了。如果你相信对方的话，这笔生意就成交了；如果你不相信对方的话，便只有继续和对方讨价还价。

要使最后报价策略产生较好的效果，提出的时机很重要，比较好的方法是，当双方就价格问题不能达成一致时，如果报价一方看出对方有明显的达成协议的倾向，这时提出比较合适。让对方产生这样的感觉，在这个问题上双方已经耗尽了较多时间，这是我方所能承受的最大限度。

二、均势条件下的谈判策略

当商务谈判双方势均力敌，经济实力相当，双方谈判的主谈人的谈判能力差别不大时，谈判双方往往会表现出求大同存小异的意向或承诺。此时，谈判人员应有所作为，审时度势，灵活运用谈判策略争取谈判桌上的主动。下面介绍几种常见的均势条件下的谈判策略。

（一）杠杆支点策略

杠杆支点策略是指在谈判中利用杠杆原理，谈判双方比较彼此的筹码，谁的筹码大，杠杆就倾向谁。对于势均力敌的谈判双方来说，哪方更懂得收集、创造筹码，哪方就更有可能成为胜利者。在谈判过程中设法找到对方的“支点”，即对方的弱点，只要有的放矢，就能有效地控制谈判局势。

（二）货比三家策略

货比三家策略是指在谈判某笔交易时，同时与几个谈判对手进行谈判，以选其中最优一家的做法。此策略广为人知，也是商场上的千古信条。

某项目因两个卖主谈判态度不同，且条件也有异，买主便与态度积极、条件基本满意的一家草签了合同。在正式签订合同之前，态度不积极的一家又主动找上门来，希望继续合作。为了妥善处理“草签合同”的约束性、两个卖方之间的关系，买方请来两个卖主同时在两个房间就关键条件进行谈判，买方主谈轮流交换两个卖方的条件，直到最后一方无力列出新条件为止。仅用了几个小时就结束了谈判，仍然选择第一家卖主。不过，通过新一轮的货比三家的谈判，买方又得到许多优惠条件。

（三）暗示引导策略

暗示策略是指在谈判过程中的场外交涉时，以间接的方法和对方互通信息，与对方进行心理与情感的交流，使分歧得到解决，从而达成协议。在谈判中，间接交流的存在是因为有实际的需要。一个谈判人员可能一方面必须装出很不妥协的姿态给己方的人看，而另一方面又必须在对方认为合理的情况下和对方交易，以达成协议，不管是买主或者卖主都会有这种双重压力的困扰，这也就是谈判双方会建立起间接谈判关系的原因。

对于神经敏感的谈判对手来说，使用暗示引导的方法是很容易奏效的。但是，使用这种策略一定要隐蔽，要使对手在毫不觉察的情况下接受我方的建议，才能达到预期的效果。

（四）避实就虚策略

避实就虚策略就是通过其他途径接近对方，与谈判对手建立了“感情”后再进行谈判。这种方法往往奏效，因为任何人的生活总是丰富多彩的，除了工作，还会有许多业余活动，而这些业余活动往往是他最感兴趣的事情，如果在这方面你能成为他的伙伴或支持者，感情就很容易沟通，从而很容易换来经济上的合作。

（五）抓“小辫子”策略

抓“小辫子”策略是发现对方的漏洞和短处进行强烈的攻击，把对方的失误变为我方的利益筹码。在谈判过程中要有全局观，以全面的角度统筹考虑，不可因小失大。“千里之堤，毁于蚁穴。”当谈判方在阐述观点的时候会主动释放出一些信息，这些信息中很可能有破绽。一旦发现了其中的漏洞就要善于利用对方的短处让对方出现心虚，从而在谈判中作出更多的让步，为我方赢得利益。

三、劣势条件下的谈判策略

在商务谈判中，劣势条件表现为商务谈判双方的实力对比悬殊，我方处于弱势，对方在经济实力、企业背景、谈判能力等方面均处于优势；或者表现为双方需求不对等，我方需求愿望强烈，对方需求并不急迫。谈判是一场双方实力的竞争，如果一方在谈判中处于劣势地位，就难以进行势均力敌的较量。处于劣势的一方如何变被动为主动，取得商务谈判的主动权，常用的谈判策略如下所述。

（一）有限权力策略

权力有限策略是指谈判人员使用权力的有限性。当谈判双方就某些问题进行协商，一方提出某种要求，另一方运用有限的权力无权满足对方的要求，这样既维护了己方的利益，又保全了对方的面子。

从某种意义上说，受了限制的权力才会成为真正的力量，一个受了限制的谈判人员要比大权独揽的谈判人员处于更有利的状态。例如，可以优雅地向对方说“不”，因为未经授权，这往往使对方大伤脑筋，迫使对方只能根据他们所拥有的权限来考虑问题。如果对方急于求成，虽然明知会有某种损失，也不得不妥协。

（二）攻心策略

在战争中，兵家认为攻心为上；在商务谈判中攻心战运用也颇多。攻心策略是一种心理战术，即谈判一方采取让对手心理上不舒服或感情上的软化使对手妥协退让的战术。常用的表现形式有下面两种。

1. 恭维对方

这是一种使对方在精神上感到满足的策略。为此，要做到礼貌、文雅，同时关注他提出的各种问题，并尽力给予解答。解答内容以有利于对方理解自己的条件为准，哪怕他重复提问，也应耐心重复同样的解答，并争取做些证明，使你的解答更令人信服。此外，还要接待周到，使他有被尊重的感觉，必要时可请高层领导出面接见，以给其“面子”，过火地恭维对方，唤起对方的自尊心和虚荣心。

2. 扮可怜相

通过装扮可怜相，唤起对方的同情心，从而达到阻止对方进攻的做法。如说可怜话，诸如：“这样决定下来，回去要被批评”、“我已经退到崖边，要掉下去了”、“求求您，高抬贵手！”等等。又如，扮可怜相，在谈判桌上磕头、请求条件，或精心化妆、表现其痛苦，以求得对方的同情。

（三）先斩后奏策略

先斩后奏策略指在商务谈判中实力较弱的一方通过一些巧妙的办法“先成交，后谈判”而迫使对方让步的策略。其实质是让对方先付出代价，并以这些代价作为“人质”，扭转自己在谈判中的被动局面，让对方衡量所付出的代价和中止成交所受损失的程度，被动接受既成交易的事实。

（四）沉默策略

谈判开始沉默，迫使对方先发言可以使自己的被动地位变为主动，因为发言时可能会泄露出对方想急于获得的信息，从而削弱对方的力量。运用沉默策略应适时，还价中沉默，对方会以为你默认，沉默时间过短，对方会认为你是慑服于他的恐吓，反而增添了对方力量。运用沉默策略应注意，在报价阶段，适当运用沉默可以缩小双方要求的差距，使用此策略时应耐心等待，为了忍耐可做些记录，有助于你更加深入地分析对手。

（五）后发制人策略

后发制人策略指在谈判时处于劣势的一方，面对强敌的时候，采取避敌锋芒、以逸待劳的策略，积极制造和发现敌人的过失和弱点，争取谈判主动权， 实现由劣势到优势的转变，从而获得谈判的胜利的一种谈判策略。

使用该策略要求谈判人员具有良好的心理素质，在没有把握一击而中的情况下，能隐忍不发，在难以忍受的对手面前，能虚心求教；要掌握充分的信息，把握发力的时机，在暗中准备条件，积蓄力量，以便一击而中，一击而倒。

第四节 应对不同谈判对手的策略

谈判人员由于文化、修养、性格及经历的不同，往往会表现出不同的谈判风格和特点。因此，这就要求谈判人员要根据谈判对手的不同风格，采取相应的策略。这里，我们就商务谈判这一特定活动形式，分析四种具有一定代表性的谈判对手类型，了解其特点及应对不同类型谈判对手的策略。

一、权力型谈判对手

（一）特点

权力型谈判对手的特点主要表现三个方面：第一，对权力狂热地追求。在谈判桌上，他们想尽一切办法使自己成为权力的中心，我行我素，不给对方留下任何余地。一旦他们控制谈判，就会充分运用手中的权力，向对方讨价还价，甚至不择手段，逼迫对方接受条件。第二，喜欢挑战，敢于冒风险。他们不仅喜欢向对方挑战，而且喜欢迎接困难和挑战，因为只有通过接受挑战和战胜困难，才能显示出他们的能力和树立起自我形象。只有经过艰苦的讨价还价，调动他们的全部力量获取成功，才会使他们感到满足。第三，他们求胜心切，决策果断。这类谈判人员急于建树，不喜欢也不能容忍拖沓、延误，因此，他们乐于决策，当机立断，充满信心。

（二）应对策略

对付这类谈判对手，首先在思想上要有所准备，针对这类人的性格特点，寻找解决问题的突破口，可从以下几方面采取策略。

（1）耐心倾听，以柔克刚。己方要在谈判中表现出极大的耐心，靠韧性取胜，以柔克刚。即使对方发火，甚至暴跳如雷，也一定要沉着冷静，耐心倾听，不要急于反驳。如果你冷眼，无动于衷，效果会更好。

（2）努力创造一种直率、能让对手接受的气氛。在谈判中，面对面地直接冲突应加以避免，这不是惧怕对方，而是因为这样不能解决问题，应该把更多的精力放在引起对手的兴趣和欲望上。

（3）尽可能利用文件、资料来证明自己观点的可靠性，必要时，提供大量的、有创造性的情报，促使对方铤而走险。

二、绵里藏针型谈判对手

（一）特点

绵里藏针型谈判对手的特点主要表现在四个方面：①具有良好的人际关系，他们需要别人的欢迎，受到社会的承认对他们来说特别重要。②善于把自己掩藏在外表之下，处事精明，工于心计，说话谨慎，不露锋芒，外表和蔼，充满魅力。③处理问题不草率盲目，他们绝不轻易做伤害对方感情的事情。④他们随和，善于发现和迎合对手的兴趣，在不知不觉中说服对手。

（二）应对策略

（1）要在维持礼节的前提下，保持进攻的态度，并注意双方感情的距离，不与对手交往过于亲密，必要时，保持态度上的进攻性会引起一些争论，使对方感到紧张不适。

（2）可准备大量细节问题，使对方感觉厌烦，产生尽快达成协议的想法。

（3）在可能的条件下，努力造成一对一的谈判局面。谈判群体意识强，他们善于利用他人造成有利于自己的环境氛围，不喜欢单独工作，因为这使他们的优势发挥不出来。

（4）准备一些奉承话，必要时给对方戴高帽子，这很有效，但必须恭维得恰到好处。

三、多疑型谈判对手

（一）特点

多疑型谈判对手的特点主要表现在四个方面：①对任何事情都持怀疑、批评态度。②犹豫不定，难于决策；对问题考虑慎重，不轻易下结论。在关键时刻，如拍板、签合同、选择方案等问题上，不能当机立断。③对细节观察仔细，注意较多，而且设想具体，常常提出一些出人意料的问题。④这种人不喜欢矛盾冲突，虽然他们怀疑一切，经常批评、抱怨别人，但是很少会弄到冲突激化的程度；如果冲突发生，也很少固执己见。

（二）应对策略

（1）提出的方案、建议一定要详细、具体、准确，避免使用“大概”、“差不多”等模糊词语，要论点清楚，论据充分。

（2）谈判中耐心、细心十分重要，不要催促、逼迫对方，免得加重对方的疑心。

（3）在陈述问题的同时，留出充裕的时间让对方思考，并提出详细的数据和说明。

（4）在谈判中要尽量襟怀坦荡、诚实、热情。如果他发现一次欺骗了他，要想再获得他的信任是非常困难的。

（5）不能过多地利用冲突，否则会使对方更多地防卫，封闭自己来躲避我方的进攻。

四、执行型谈判对手

（一）特点

执行型谈判对手的特点主要表现在两个方面：①对上级的命令和指示，以及事先定好的计划坚决执行，全力以赴，但是拿不出自己的主张和见解，缺乏创造性，维护现状是最大的愿望。②喜欢安全、有秩序、没有太大波折的谈判。这种性格的人喜欢照章办事，适应能力差。他们需要不断被上级认可、指示。特别是在比较复杂的环境中，面对各种挑战，他们往往不知所措，很难评价对方提出新建议的价值。

（二）应对策略

（1）努力造成一对一谈判的格局，把谈判分解为有明确目标的各个阶段，这样，容易获得对方的配合，使谈判更有效率。

（2）争取缩短谈判的每一个具体过程，这类谈判对手反应迟缓，谈判时间越长，他们的防御性也越强，所以，从某种角度讲，达成协议的速度是成功的关键。

（3）准备详细的资料支持自己的观点。执行者常会要求回答一些详细和具体的问题，因此，必须有足够的准备来应付。但不要提出新建议或主张，这会引来他们的反感或防卫。实在必要时，要加以巧妙的掩饰或一步步提出，如果能让他们认识到新建议对他有多大益处，则是最大成功。

（4）讲话的态度、措辞也很重要，冷静、耐心是不可缺少的。

本章小结

商务谈判策略是指谈判人员为取得预期的谈判目标而采取的措施和手段的总和，它是各种谈判方式的具体运用。商务谈判策略是扬长避短的有力手段、维护自身利益的法宝，是把握谈判进程的有效工具，实现“双赢”的有效保障。谈判人员制订谈判策略时应当遵循互利互惠原则、客观公平原则、一致性原则和人事分开原则。根据谈判策略的性质与特点，总体上可以将谈判策略分为谈判的总体策略与谈判的具体策略两大类。

谈判过程策略是指在不同的谈判阶段采用的谈判策略，包括开局阶段的谈判策略、摸底阶段的谈判策略、报价阶段的谈判策略、磋商阶段的谈判策略和成交阶段的谈判策略。

针对谈判双方不同实力对比的情况下，可以把谈判策略划分为优势条件下的谈判策略、均势条件下的谈判策略和劣势条件下的谈判策略。

谈判人员由于文化、修养、性格及经历的不同，往往会表现出不同的谈判风格和特点，如权力型谈判对手、绵里藏针型谈判对手、多疑型谈判对手和执行型谈判对手，谈判人员应根据谈判对手的特点采取不同的应对策略。

复习思考题

1. 制订商务谈判策略应遵循哪些原则？
2. 典型的开局策略有哪些？
3. 常用的报价策略有哪些？
4. 请列举五个磋商阶段的谈判策略。
5. 劣势条件下的谈判策略有哪些？
6. 简述权力型谈判对手的特点及应对策略。

参考案例

案例 1：

以退为进低价引进设备

娄维川，是山东掖县的农民。1984 年，娄维川从青岛得到信息，日本某纺织株式会社正准备向我国出售先进的塑料编织袋生产线，遂当即到进口国类似设备的青岛、潍坊等国营大厂实地考察，了解其性能及运转情况，并确认引进可行。

1985 年春，娄维川以烟台市塑料编织袋厂厂长的身份与日本株式会社东吉村先生达成正式购买生产线的口头协议。4 月 5 日，娄维川与其他同志一道在青岛开始与日方谈判。

在进行了一周的技术交流后，谈判进入了实质性阶段，对方主要代表是国际业务部的中国课课长，他起立发言："我们经销的生产线，由日本最守信誉的 3 家公司生产，具有 20 世纪 80 年代先进水平，全套设备的总价是 240 万美元。"课长报完价，漠然一笑，摆出一副不容置疑的神气。娄厂长微微一笑，心想，你吓唬谁呀！以前中国进口同类设备，贵的 180 万美元，便宜的才 140 万美元，见了"土老帽"，还真是狮子大开口！

娄维川缓缓站起身，声音朗朗："据我们掌握的情况，你们的设备性能与贵国××会社提供的产品完全一样，我省××厂商购买的设备，比贵方开价便宜一半。因此，我提请你重新出示价格。"

日方代表听罢，相视而望，首次谈判宣告结束。

一夜之间，日本人把各类设备的价格开出了详细清单，第二天报出总价 180 万美元。经过激烈的争论，总价压到了 140 万美元，直至 130 万美元。

到此为止，日方表示价格无法再压。随后在持续长达 9 天的谈判中双方共计谈崩了 35 次，最终拉锯战并没有结果，双方互不妥协让步。

"是否到了该签字的时候了？"娄厂长苦苦思索着，回顾谈判的整个历程，前一段基本上是日方漫天要价，我方就地还价，处于比较被动的地位。如果对方以为中国方面是抱着过了这个村就没有这个店的心态与他们进行压价谈判时，就难以再叫他们让步。于是娄厂长灵机一动，计上心来，采用兵法"示形与东而攻于西"的策略和另一家西方公司做了洽谈联系。这一小小的动作立即被日商发现了，总价立即降至 120 万美元。

这个价格可以说相当不错了。但娄厂长了解到当时正由几家外商同时在青岛推销自己的编织袋生产线，这个形势对自己太有利了，他觉得应该紧紧把握住这个机会，很有可能再挤一挤，会迫使对方作出进一步的让价。

谈判桌上的角逐呈白热化，娄维川等中方代表在日商住地谈了整整一个上午，日方代表震怒了："娄先生，我们几次请示，4次压价，从240万美元降到120万美元，比原价已降了50%了，可以说做到了仁至义尽，而如今你们还不签字，实在太苛刻，太无诚意了！"他气呼呼地把提包甩在桌上。

娄维川站起来说："先生，请记住，中国不再是几十年前的任人摆布的中国了，你们的价格，还有先生的态度，我们都是不能接受的！"说完，娄维川同样气呼呼地把提包甩在桌上，那提包有意没拉上拉链，经他这一甩，里面那个西方某公司的设备资料与照片撒了一地。

日方代表见状大吃一惊，急忙拉住娄厂长满脸陪笑道："娄先生，我的权限到此为止，请让我请示之后，再商量商量。"娄维川寸步不让，"请转告贵厂，这样的价格，我们不感兴趣。"说完，抽身便走。

次日，日方毫无动静，有人沉不住气，怕真谈崩了，落个竹篮打水一场空，而娄维川很坦然："沉住气，明天上午会有信来。"

果不出所料，次日一清早便传来了信息，日方请中方暂不要和其他厂家谈判，日方正在和生产厂家协商，让几家一起让价。

下午，日方宴请中方并宣布了第五次压价，娄维川迅速反映，要求再降价5%则可成交。娄维川知道日方代表处在两头受挤的处境，便主动缓和气氛："你们是客人，理应由我们来宴请，这次宴会费用，我们包了，价格问题请再和东京恳请一下。"

对于这次要求能否为对方所接受，谈判能否成功，娄维川心里也没有底，只是觉得能省一文就算一文，娄维川研究了谈判对手心理，预先想好了建议，准备着我方的价格要求，一旦无法正面达到，也要以变换形式把钱抱回来。

日方经过再次请示，宣布最后开价再让3%，为110万美元，距离娄维川的要求，只差3万多美元了。娄维川看到这已经是最后价格，再挤下去不可能了，便慨然与日本代表握手成交，同时，他提出日方来华安装设备所需费用一概由日方承担，这个建议又把2%的差价挤过去不少。

谈判终于结束，娄维川累得一句话都不想再说。半个月功夫，白天在谈判桌上角逐，晚上不是商量对策就是星夜赶回土山镇汇报，就是铁打的，也有站不住的时候，日方的中国课课长对娄维川的副手孙世俊说："你们厂长真厉害，我真有点怕跟他打交道。"

娄维川的塑料编织袋厂在此后一年多的时间里就为国家创汇700多万元，工厂引进生产线的110万美元，仅用不到3年的时间就全部赚了回来。

娄维川还带着大家对这套相当先进的设备进行了成功的改造，使年产量比原来设计能力又增加了400万条编织袋。

案例2：

一点点地加上去……

吉尔斯是某公司一名著名的汽车推销员。有一天下午，一名顾客西装革履、神采飞扬地走进店里。吉尔斯凭借自己以往的经验判断，这名顾客一定会买下车子。于是，他热情地接待了这个顾客，并为顾客介绍不同型号的车子，还解说车子的性能。顾客听着吉尔斯的介绍，频频微笑点头，并没有答话。

在看过了十余款车子之后，这位顾客停在了一款去年推出的车面前。吉尔斯知道这款车子现在正在搞促销活动，包括降价和礼品赠送活动。这对销售终端来说几乎没有什么利润，但是吉尔斯还是要按照顾客的要求介绍这款车的优点和目前的行情。

为了车行的利润和自己的提成着想，吉尔斯需要这位顾客即使买了这款汽车也能够给公司创造利润。由于汽车是明码标价，并没有什么讨价还价的余地，而顾客唯一中意这一款车，吉尔斯也没有办法推荐别的型号的汽车。很快，就到了办理手续的时候。

吉尔斯这个时候很热情地和顾客聊起了汽车的使用与保养，当然少不了汽车保险。他说："我们现在和美国××保险公司搞联合促销活动，对于在我们这里买车的顾客，如果办理全险的话可以有 80%的优惠。另外，我们公司同时对新车进行 10 万公里的免费维修。"

这个时候，顾客明显被这样的优惠所吸引，在一番详细的咨询之后，顾客决定在这里办理保险，这样，吉尔斯又可以从公司和保险公司各提一份提成了。

随后，在经过零配件房间的时候，吉尔斯和顾客说起了汽车养护的知识，并极力推荐一款最新的润滑油和启动液。但是顾客坚决说不需要。

吉尔斯说："这可是最好的润滑油，波音公司的飞机上用的就是这种润滑油。"

很明显，这个也引起了顾客的注意，当然，吉尔斯又把这种润滑油卖给了顾客。同时，还有汽车养护方面的几种必不可少的设备。

在办理过手续之后，顾客将要离去的时候，吉尔斯突然说道："你有个可爱的小孩是吧？"顾客很吃惊，不知道吉尔斯怎么会知道他有一个小女儿。

吉尔斯很是得意，因为这是他刚才看到顾客在办理手续的时候知道的，这也是他多年同客户打交道锻炼出来的观察能力。

吉尔斯说："你看，您的汽车里面什么也没有，如果你同孩子一起驾车的话，孩子可能会很顽皮，这个时候你怎么办呢？我们这里有很多汽车装饰，一定会让你的汽车更漂亮，而你的孩子也会很喜欢它的。"

说到孩子，顾客眼睛一下子就亮了起来，他一下子就买了好多的内饰。很明显，他很喜欢。

案例 3：

以优势对劣势的胜利

先锋科技有限公司是一家销售各种电子元件和设备的中等规模的公司。它是国内外几家知名品牌的代理商，在过去的几年中一直发展很快，在同行业中拥有越来越大的影响力，所占市场比例也在不断地提高。

现在又有个重要的客户——月新科技有限公司，需要一批三种不同规格的元器件。月新公司曾在先锋科技贸易公司买过各种各样的元器件，是先锋公司的一个重要客户。虽然在这个大地区中还有几家不同的竞争厂商，但他们一直合作得比较愉快。月新公司没有固定的购买计划，但是他们通常每次需要产品的时候就购买先锋公司的产品。

这一次，先锋公司准备在这一批产品中适当地提高价格或者让月新公司即时付款。谈判由先锋公司的销售经理和业务经理以及其他的谈判人员组成，他们将负责完成这一使命。

1. 对方的期望值分析

在谈判前，先锋公司分析了月新公司的期望值，包括以下几个方面：

- 根据以往的经验，月新不会同意提高产品的价格。
- 过去有几次，对方提出提早送货的要求，估计这次谈判中也会旧调重弹。
- 月新公司还可能会要求先锋在当地保持一些存货，以保证尽早及时发货。
- 月新公司很可能像以前那样要求以送到目的地的离岸价格交易。
- 在此之前，月新公司还提出过 10 天内付款打 2%折扣的优惠条件。

2. 对方劣势和己方优势比较

通过分析双方的优势劣势，先锋公司有以下几个优势：

- 虽然他们是先锋公司的老客户，但是他们不是前面提到的电子元件的主要买主，事实上，这份订单也没有多少钱。
- 虽然他们不需要马上下订单，但是他们最终还是需要的。
- 真正有价值的是，先锋公司的销售经理从月新公司客户服务代表那里得知，月新的技术经理曾经对他说过："你们的这类电子元器件是市场上最好的，它们正是我想在我们的产品中使用的元件。"该信息是十分有价值的。

3. 对方谈判失败的风险

对先锋公司来说，这次谈判成功与否实际上不会有大的影响。但是，先锋公司却认识到如果月新公司在这次的谈判中失败，他们可能会面临以下的风险：

- 从短期看，如果月新公司在库存和交货时间上逼得太紧，势必将在价格上作出牺牲。
- 从长期看，今年早些时候该客户陷入困境，向我方寻求帮助，通过尽力帮助使他们摆脱了困境。

从这两点看，对方的长期风险意识毫无疑问地会使他们感到，在将来可能会需要我方的帮助。与此相关，该客户是我方优惠客户名单上的成员，他们很担心在这个名单上被除名。

通过深入分析，先锋公司充分认识到了月新公司的被动地位。最终，先锋公司在谈判中占据了主动权，顺利地提升了价格，并在折扣 1%的条件下让月新公司在 10 天内付款。

第八章 商务谈判的礼仪与礼节

学习目的和要求

通过本章的学习，正确理解商务谈判活动中礼仪礼节的重要性，领会并掌握在商务谈判场合中应遵守的礼仪礼节规范，如迎送礼仪、会见礼仪、交谈礼仪、宴会礼仪、服饰礼仪和馈赠礼仪等。了解掌握商务谈判的一般礼节、见面时的礼节、递接名片礼节及电话联系礼节等。另外，通过学习不同国家文化的礼仪及各国日常交往的禁忌来增强商务谈判成功的策略，并在实际商务谈判中得到应用。

第一节 商务谈判礼仪

商务谈判，尤其是对外谈判，是有关各方相互交往的重要活动，谈判双方都渴求获得对方的尊重与理解。因此，懂得并掌握必要的礼仪与礼节，是商务谈判人员必须具备的基本素养。礼仪和礼节是人们自重而又重人的生活规范，是对别人（客户）表示尊敬的方式。同时，礼仪、礼节作为一种道德规范，也是人类文明的重要表现形式，它在一定程度上反映了一个国家、一个民族、一个地区或一个人的文明、文化程度和社会风尚。

商务谈判礼仪是指商务谈判中双方或多方通过某种媒体，针对谈判中的不同场合、对象、内容和要求，借助语言、表情、动作等形式，向对方表示重视、尊敬、塑造自身良好的形象，进而达到建立和发展诚挚、友好、和谐的谈判关系的交往过程中所遵循的行为准则和交往规范。

在商务谈判中，礼仪主要包括迎送礼仪、会见礼仪、交谈礼仪、宴会礼仪、服饰礼仪和馈赠礼仪等。

一、迎送礼仪

迎来送往是常见的社交活动，也是商务谈判中的一项基本礼仪。在谈判中，对应邀前来参加谈判的，无论是官方人士、专业代表团，还是民间团体、友好人士，在他们抵达和离开时，一般都要安排相应身份的人员前往迎送。重要客商或初次来的客商，要专人迎接；一般的客商、常来的客商，不接也不为失礼。

1. 确定迎送规格

迎送规格，应当依据前来谈判人员的身份和目的，我方与被迎送者之间的关系，以及惯例决定。主要迎送人的身份和地位通常应与来者相差不多，以对口对等为宜。如果当事人因故不能出面，或者不能保证对等，可适当变通，由职位相当人士或副职出面。当事人因故不出面，应从礼貌出发，向对方作出解释。只有当对方与我方关系特别密切，或者我方出于某种特殊需要时，方可破格接待。除此之外，均应按常规接待。

2. 掌握抵达和离开的时间

迎候人员应当准确掌握对方的抵达时间，提前到达机场、车站或码头，以示对对方的尊重，只能由你去等候客人，绝不能让客人在那里等你。客人经过长途跋涉到达目的地，如果一下飞机、轮船或火车，就看见有人在等候他，一定会感到十分愉快的。如果是第一次来这个地方，则能因此而获得安全感。如果你迟到了，对方会立即陷于失望和焦虑不安之中。不论事后怎样解释，都很难使对方改变对你失职的印象。

同样，送别人员亦应事先了解对方离开的准确时间，提前到达来宾住宿的宾馆，陪同来宾一同前往机场、码头或车站，亦可直接前往机场、码头或车站恭候来宾，与来宾道别。在来宾临上飞机、轮船或火车之前，送行人员应按一定顺序同来宾一一握手话别。飞机起飞或轮船、火车开动之后送行人员应向来宾挥手致意。直至飞机、轮船或火车在视野里消失，送行人员方可离去。

不到机场、码头或车站送行，或者客人抵达后才匆忙赶到，对来宾都是失礼的。来宾一登上飞机、轮船或火车，送行人员立即离去，也是不妥当的。尽管只是几分钟的小事情，可能因小失大。

3. 做好接待的准备工作

在得知来宾抵达日期后应首先考虑其住宿安排问题。对方尚未启程前，先问清楚对方是否已经自己联系好住宿，如未联系好，或者对方初到此地，可为其预订旅馆房间，最好是等级较高、条件较好的旅馆。

客人到达后，通常只需稍加寒暄，即陪客人前往旅馆，在行车途中或在旅馆简单介绍一下情况，征询一下对方意见，即可告辞。客人到达的当天，最好只谈第二天的安排，另外的日程安排可在以后详细讨论。

二、会见礼仪

会见是商务谈判过程中的一项重要活动。在商务谈判中，尤其是在国际商务谈判中，东道主应根据谈判对方的身份和谈判目的，安排相应的有关部门负责人与之进行礼节性会谈。

例如，小王是一位市场营销专业毕业的本科生，就职于某大公司的销售部门，工作十分努力，成绩显著，三年后升职为销售部门经理。一次，公司要与美国某跨国公司就开发新产品问题进行谈判，公司将安排的重任交给小王负责，小王为此做了大量细致的准备工作。经过几轮艰苦的谈判，双方终于达成协议。可就在正式签约的时候，客方代表团一进签字厅就转身拂袖离去，原因是什么呢？原来在布置签字厅时，小王错将美国国旗放在了签字桌的左侧。项目就此告吹，小王也被调离了岗位。

会谈可以有多种级别，但就一般情形而言，举行会谈应该注意以下事项：

（1）准确掌握会谈时间、地点和双方参加人员的名单，及早通知有关人员和有关单位做好必要安排。主人应提前到达，以避免仓促。

（2）客人到达时，主人应到正门口迎接，也可以在会谈室门口迎接，或由工作人员在大楼门口迎接并引到会谈室，主人在会谈室门口迎接。

（3）如果有合影，则应安排在宾主握手时，合影之后再入座。会谈结束后，主人应将客人送至门口或车前，并目送客人离去。

（4）会谈座次的安排也是一项重要的礼仪。双边会谈时，通常可用长方桌、圆形桌或椭圆形桌，宾主相对而坐，主人坐在左边，主宾坐在右边，译员和记录员坐在主人和主宾的后面。双方其他人员各自按一定的顺序坐在左右两侧，主方为左，客方为右。会见室里的座位应多准备一些，以免有人无座。记录员排在后面，若与会人少，也可安排在会谈桌就坐。多边会谈，座位可摆成圆形或方形。

（5）谈判中提出会见要求，应将要求会见人的姓名、职务及会见的目的告知对方。接见一方应尽早给予答复，并约定时间。若因故不能接见时应婉言解释。

（6）领导人（或是谈判双方的决策人物）之间的会谈。有时除陪见人和必要的译员、记录员外，其他工作人员安排就绪后应及时退出。对记者也应该有较严格的要求。谈话过程中，除工作人员及有关人员听招呼外，旁人不要随意进出。

（7）会谈后若有合影，应事先安排好合影图。合影一般由主人居中，按礼宾次序以主人右边为上，主客双方间隔排列。拍合影照时要充分考虑镜头的摄入范围，一般两端均由主方人员把边。

三、交谈礼仪

交谈活动是商务谈判活动的中心。在一定意义上，商务谈判过程即是交谈的过程。恰当、礼貌地交谈不仅能增进谈判双方之间的了解、友谊和信任，而且还能促使谈判更加顺利、有效地进行。任何成功的谈判，无非是一定方式之下的圆满的交谈。而且圆满的交谈活动中，遵守交谈礼仪毫无疑问是占有重要地位的。当然，在交谈活动中遵守了交谈礼仪未必能因此使谈判成功；但是，如果违背交谈礼仪，却必定会造成许多不必要的麻烦，甚至会导致谈判的失败。因此，在交谈活动中，必须严格遵守交谈的礼仪。

1. 了解对方，尊重对方

在交谈活动中，只有了解对方，尊重对方，理解对方，才能赢得与对方感情上的接近，并从而获得对方的尊重和信任。因此，谈判人员在交谈之前，应当调查研究对方的心理状态，考虑和选择令对方容易接受的方法和态度，了解、分析对方讲话的语言习惯、文化程度、生活阅历等因素对谈判可能造成的种种影响，做到多手准备，有的放矢。交谈时应当意识到，说和听是相互的、平等的，双方发言时都要掌握各自所占有的时间，不能出现一方独霸的局面。与客人谈话时，要学会随时注意对方的反应，更要给对方机会来阐述他们的观点和要求，而不要一味主观地揣测对方，凭自己的想象作判断和发表意见。这样就会使对方感到在发言权上得到了尊重；反之，如果你搞“一家之言”，那只会使对方反感，甚至丧失了与你合作的兴趣。

2. 态度和气，举止得体

交谈时表情要自然、态度要和气、举止及语言表达要得体。交谈时应当体现出以诚相待、以礼相待、谦虚谨慎、主动热情的态度，在交谈中，应目视对方，以示关心，对方发言时，不应左顾右盼、心不在焉或注视别处，显出不耐烦的样子；不要老看手表、伸懒腰、玩东西等显得漫不经心的样子；说话时可做适当的手势，但动作不要过大，更不要手舞足蹈，交谈时距离要适当；要善于聆听对方的谈话，不要轻易打断别人的发言；加入他人谈话时要先打招呼。当别人个别谈话时，不要凑近旁听。若有事要与人交谈时，要等别人谈完；有人主动与自己谈话时，要乐于交谈；第三者参与交谈时，应以握手、点头或微笑表示欢迎，发现有人欲和自己交谈时，可主动上前询问；谈话如有急事需处理或离开时，应向对方打招呼，表示歉意。谈话中尽量不要使用方言、土话和俗语等不规范的语言。无论你的讲话多么精彩，你的目的是要让对方（外宾）听懂，这是最主要的目标，其他的都必须为它让路。如果你弄了许多让翻译为难的字词，那就证明你的讲话是失败的，对外宾已经没有多少实际意义了，因为对方根本就听不懂。谈话以让对方听见和听清为准，声音不要过高。交谈时还应当注意，一旦自己出现失言或失态时，应当立即向对方道歉，说声“请原谅”、“对不起”，一定不要自我辩解。实践证明，失言或失态者仅为自我觉察，对方尚未完全察觉或尚未作出反应时，应镇定自若，运用随机应变之术机警地将话题叉开，或用补充说明作掩护，避免对方产生不满和反感。

3. 交谈内容要适当

交谈内容一般不要涉及病、亡等不愉快的事情，不要径直询问对方履历、工资收入、家庭财产、衣饰价格等个人生活问题；不要询问妇女年龄、婚姻、体态等。对方不愿回答的问题不要追问。涉及对方反感的问题要表示歉意。不要批评长者、身份高的人，不要讥讽别人，不要随便议论宗教，不要议论他国内政。争论问题要有节制，不要进行人身攻击。

话题要因人而异，要多以与对方相关的事情为话题。话题切不要太专业化或总是以和自己有关的事情为题，这样就会让对方觉得话题枯燥，甚至感到厌倦，并由此而产生你很自私的认识。

4. 谈话的对象要普遍

谈话对象要尽可能得多，尤其要多与客人交谈，争取与每一位客人都谈笑风生，让每个客人都感到你注意到了他，并对他有所了解。这样他就会有受到重视的感觉，从而对你和你所代表的单位产生好感。不要只和一个或几个人私语，或使用其他外宾不懂而只有这个外宾懂的汉语交谈。更不要只盯着某个或几个女士谈个没完，这样不仅男士鄙视你，就连女士都会讨厌你。

四、宴会礼仪

（一）宴会准备的礼仪

宴会具有很重要的礼仪作用，有严格的礼仪要求。宴请宾客是一种较高规格的礼遇，所以主办单位或主人一定要认真、周到地做好各种准备工作。

1. 明确对象、目的和形式

首先要明确宴请的对象，主宾的身份、国籍、习俗、爱好等，以便确定宴会的规格、主陪人、餐式等。宴请的目的是多种多样的，可以是为表示欢迎、欢送、答谢，也可以是为表示庆贺、纪念，还可以是为某一事件、某一个人等。明确了目的，也就便于安排宴会的范围和形式。宴请哪些人参加，请多少人参加都应当事先明确。主客双方的身份要对等，主宾如携夫人，主人一般也应以夫妇名义邀请。哪些人作陪也应认真考虑。对出席宴会人员还应列出名单，写明职务、称呼等。宴会形式要根据规格、对象、目的确定，可确定为正式宴会、冷餐会、酒会、茶会等形式。目前世界各国礼宾工作都在改革，逐步走向简化。

2. 选择时间和地点

主人确定宴会时间，应从主宾双方都能接受来考虑，一般不选择在重大节日与假日，也不安排在双方禁忌日。选择宴会日期，要与主宾进行商定，然后再发邀请。

地点的选择，也要根据规格来考虑，规格高的安排在高级饭店，一般规格的则根据情况安排在适当的饭店进行。

3. 邀请

宴会一般都要用请柬正式发出邀请。这样做一方面出于礼节，一方面也是请客人备忘。请柬内容应包括活动的主题、形式、时间、地点和主人姓名。请柬的书写要清晰美观，打印要精美。请柬一般应提前两周发出，太晚了不礼貌。

4. 安排席位

宴会一般都要事先安排好桌次和座次，以便参加宴会的人都能各就各位，入席时井然有序。席位的安排也体现出对客人的尊重。桌次地位的高低，以距主桌位置的远近而定，以主人的桌为基准，右高、左低，近高，远低。

（二）宴会中主人的礼仪

（1）迎宾。宴会开始前，主人应站在大厅门口迎接客人。对规格高的贵宾，还应组织相关负责人到门口列队欢迎，通称迎宾线。客人来到后，主人应主动上前握手问好。

（2）引导入席。主人请客人走在自己右侧上手位置，向休息厅或直接向宴会厅走去。休息厅内服务人员帮助来宾脱下外套、接过帽子，客人坐下后送上饮料。主人陪主宾进入宴会厅主桌，接待人员引导其他客人入席后，宴会即可开始。

（3）致词和祝酒。正式宴会一般都有致词和祝酒，但时间不尽相同。我国习惯是在开宴之前讲话、祝酒、客人致词。在致词时，全场人员要停止一切活动，聆听讲话，并响应致词人的祝酒，在同桌中间互相碰杯。这时宴会正式开始。西方国家致词、祝酒习惯安排在热菜之后、甜食之前，至于冷餐会和酒会的致词则更灵活些。

（4）服务顺序。服务人员侍应，要从女主宾开始，没有女主宾的，从男主宾开始，接着是女主人或男主人，由此向顺时针方向进行。规格高的，由两名服务员侍应，一个按顺序进行，另一个从第二主人右侧的第二主宾至男主宾前一位止。

（5）斟酒。斟酒在客人右侧，上菜在客人左侧。斟酒只需至酒杯三分之二即可。

（6）用餐时，主人应努力使宴会进行得气氛融洽，活泼有趣。要不时地找话题进行交谈。还要注意主宾用餐时的喜好，掌握用餐的速度。

（7）在客人告辞时，主人应热情送别，感谢他的光临。

（三）赴宴的礼仪

宴会是否成功，主人处于主导地位，主人要以客人的需要、习惯和兴趣安排一切。而应邀赴宴的客人的密切配合也是决不可忽视的。

（1）应邀。接到邀请后，不论能否赴约，都应尽早作出答复。不能应邀的，要婉言谢绝；接受邀请的，不要随意变动，按时出席；确有意外，不能前去的，要提前解释，并深致歉意。作为主宾不能如约的，更应郑重其事，甚至登门解释、致歉。

（2）掌握到达时间。赴宴不得迟到。迟到是非常失礼的，但也不可去得过早。去早了主人未准备好，难免尴尬，也不得体。

（3）抵达。主人迎来握手，应及时向前响应，并问好，致意。

（4）赠花。按当地习惯，可送鲜花或花篮。

（5）入席。在服务人员的引导下入座。注意在自己的座位卡旁入座，不要坐错了位置。

（6）姿态。坐姿自然端正，不要太僵硬，也不要往后倒靠在椅背上。肘不要放在餐桌上，不要托腮，眼光随势而动，不要紧盯菜盘。

（7）餐巾。当主人拿起餐巾时，自己便也可以拿起餐巾，打开放在腿上，千万不要别在领口或挂在胸前。餐巾是用来防止菜汤滴在身上和用来擦拭嘴角的，不可用来擦餐具，更不要用来擦脖子、抹脸。

（8）进餐。进餐时要文明、从容。闭着嘴细嚼慢咽，不要发出声音，喝汤要轻啜，对热菜热汤不要用嘴去吹。骨头、鱼刺吐到筷子上、叉子上，再放入骨盘。嘴里有食物时不要说话，剔牙时，用手遮住。就餐时，不得解开纽扣，松开领带。

（9）交谈。边吃边谈是宴会的重要形式，应当主动与同桌人交谈，特别注意同主人方面的人交谈，不要总是和自己熟悉的人谈话。话题要轻松、高雅、有趣，不要涉及对方敏感、不快的问题，不要对宴会和饭菜妄加评论。

（10）退席。用餐完毕，应起立向主人道谢告辞。

例如，我方某公司招待一位外宾，准备了丰盛的中国菜，并且一再劝外宾多多品尝，外宾也是赞不绝口，似乎一切都很顺利。然而在会餐后，外宾却马上找了一家西餐厅吃了起来。这说明我方的安排其实并不适应外宾的需要，外宾的赞不绝口是出于礼貌。

五、服饰礼仪

服饰是指人的衣服装饰，是商务谈判中形成谈判人员良好的个人形象的必备因素之一。服饰包括衣、裤、裙、帽、袜、鞋及各类服饰物，它们起着遮体御寒、美化人类的作用。服饰着装又是一种无声的语言，它显示着一个人的个性、身份、涵养等多种信息，得体的穿着打扮有助于塑造个人形象。服饰的功能总的来讲表现在自然功能和社会功能两个方面。自然功能是指人类出于自身生理的需要，用来遮阳防雨、抵御寒冷的功能；社会功能是指在自然功能的基础上所产生的社会效益，是为了满足人的社会需求而产生的。

所谓服饰礼仪就是商务人员在商务活动中穿着打扮的礼仪规范。不同的民族、性别、习惯、年龄的人，在服饰的选择上有很大的区别。在商务谈判中，服饰的颜色、样式及搭配等合适与否，对谈判人员的精神面貌、给对方的印象和感觉都将产生一定的影响。服饰的功能对商务谈判人员来讲主要表现在它的社会功能上。

（一）谈判人员服饰的社会功能

（1）服饰体现谈判人员的素质。服饰在一定程度上体现出一个谈判人员的文化修养和审美情趣。以服饰色彩为例，灰色象征文雅、随和；黑色象征庄重、深沉；蓝色象征淡雅、宁静；白色象征纯洁、圣洁。

（2）服饰是谈判人员角色形象的反映。服饰能够在一定程度上反映出一个谈判人员在谈判中充当的角色。着装通常是以人体为基础，通过服装的色彩、款式、质料的选择、搭配和装束的匹配塑造人体的角色形象。在谈判中西装已是普通认可的服装。主谈人的服装一般稳重、讲究，略显保守，最好是高档的西装；专业人员一般的着装应优雅、大方、考究，宜穿中、高档的西装；协谈人的着装一般为洒脱、干练、灵活，可穿便装和夹克衫；女性人员的着装应庄严、雅致，可穿西服套裙。

（3）服饰是谈判人员谈判风格的显露。人们对一个人的“第一印象”往往来自他的服装。在商务谈判中，服饰的颜色、款式对谈判人员的情绪和行为也会产生一定影响，甚至成为谈判的技术手段之一，用以动员谈判对手向自己靠拢。如服饰的反差明显会给对方以个性鲜明感，往往可支配着谈判的节奏和进程；穿着长、短风衣者常给人以随便的感觉，往往预示只是进行试探性的预备会谈。

（二）谈判人员服饰选择的四大原则

（1）服饰要庄重质朴、大方得体。在商务谈判中，谈判人员应根据自己的特点选择合适的着装。在商务谈判的场合着装一般选择灰色或者褐色，有时也可选择黑色。因为这些颜色会给人一种坚实、端庄、严肃的感觉。

（2）服饰要符合角色、体现个性。为了能更好地塑造谈判人员的个人形象，谈判人员的衣着打扮应有一定的个性。要针对自身的具体条件，包括性别、年龄、体型、性格和充任的角色，确定服装的式样和色彩的搭配。如色彩的选择，老成持重者宜择蓝灰基调；严肃冷峻者宜择黑褐基调；文静内向者宜择淡雅平稳色系。

（3）服饰要与年龄、体型相协调。首先，穿着要和年龄协调，根据年龄选择服饰，以反映和表现自身的特质。如老年人的衣着以稳定、沉着、端庄为宜，穿一套深色中山装，显得成熟、稳重，亦不失老年人的潇洒。其次，穿着也要与体型协调。身材有高低之分，体型有胖瘦之别，肤色有深浅之差，穿着理应因人而异，以强调和改善形体，扬长避短，取得最佳效果。体胖或高大者择冷色调为主，宜深不宜浅，宜柔和文雅而不宜浓艳鲜亮；体瘦或矮小者择暖色调为主，宜浅不宜深，宜鲜明亮丽而不宜色彩灰暗。

（4）服饰要与环境和场合相适应。首先，服饰要与自然环境协调，衣服的面料、款式和色彩随季节的变化进行搭配组合，以适应时令的变化。其次，服饰要与社会环境协调，选择大方、色彩淡雅的服饰，以适应群体的心理需求。再次，服饰要与谈判场合协调，男性宜选择庄重、料厚质好的西装等，女性宜选用款式典雅的西装裙等，切忌穿牛仔裤、短裤或超短裙，以适应谈判的气氛要求。

总之，商务谈判人员服饰的总体要求是要塑造一个着装合体、合时、自然、整洁、庄重、略显保守的形象。

六、馈赠礼仪

互送礼品是一种礼仪的体现，也是一种感情的传递，能使双方之间架起一个互通的桥梁。在与外国人的交往中，送礼是必要的，是联络感情、广交朋友、增进友谊的一种方式，但是，送礼时的热情要适度，有时过分热情反倒适得其反。所以，在对外送礼上，主要应该防止这样几个问题：第一，防止过多；第二，防止过于贵重，使别人不敢轻易接受；第三，防止体积过大，以方便携带。一般而言，赠送礼品的礼仪主要包含礼品的挑选、馈赠的方法和礼品的接受这三个方面的内容。

（一）礼品的挑选

在礼品的挑选上，要对送礼对象的爱好、兴趣做些简单的调查，因人而异，投其所好。此外，还要注意对方的风俗习惯、宗教信仰，了解一下对方基本的忌讳。如信奉伊斯兰教的国家不要送酒、猪皮产品。送花时，西方国家比较忌讳双数，喜欢单数，一般不送单一的花种，会让颜色搭配得更加丰富，看起来更漂亮。各国对颜色都有忌讳，一般认为白色是纯洁的象征；黑色是肃穆的象征；黄色是和谐的象征，而红色和蓝色是吉祥如意的象征。很多国家以黑色为葬礼的颜色，灵车用黑色。比利时人忌蓝色。巴西人以棕黄色为凶丧之色，认为人死好比黄叶从树上落下来。在馈赠行为当中，主角当然非礼品莫属。挑选赠送外国友人的礼品时，一般在指导思想上必须恪守下面四项准则。

（1）突出礼品的纪念性。在涉外交往中，送礼依然要讲究“礼轻情义重”。有时，“江南无所有，聊赠一枝梅”，往往更受对方欢迎。因为在许多国家里，都不时兴赠送过于贵重的礼品。反之，则很可能会让受礼者产生受贿之感。

（2）体现礼品的民族性。有人曾说：“最有民族特色的东西，往往是最好的”。向外宾赠送礼品，其实也是一样。中国人司空见惯的风筝、二胡、笛子、剪纸、筷子、图章、书画、茶叶等，一旦到了外国人手里，往往便会备受青睐，身价倍增。

（3）明确礼品的针对性。送礼的针对性，是指挑选礼品时应当因人、因事而异。因人而异，指的是选择礼品时，务必要充分了解受礼人的性格、爱好、修养与品位，尽量使礼品得到受礼人的欢迎。因事而异，则指的是在不同的情况下，向受礼人所赠送的礼品应当有所不同。比方说，在国事访问中，宜向国宾赠送鲜花、艺术品。出席家宴时，宜向女主人赠送鲜花、土特产和工艺品，或是向主人的孩子赠送糖果、玩具。探望病人时，则宜向对方赠送鲜花、水果、书刊和CD等。

（4）重视礼品的差异性。向外国人赠送礼品，绝对不能有悖对方的风俗习惯。因此，务必要将此视为送礼之时的大事，此即涉外礼品的差异性问题。要解决好这一问题，就要通过对受礼人所在国风俗习惯的了解，在挑选时，主动回避对方有可能存在的下述六个方面的禁忌：一是与礼品有关的禁忌；二是与礼品色彩有关的禁忌；三是与礼品图案有关的禁忌；四是与礼品形状有关的禁忌；五是与礼品数目有关的禁忌；六是与礼品包装有关的禁忌。这六个方面的禁忌，有时亦称“择礼六忌”。

例如，云南省的一家外贸公司与印度一家商贸公司最近做成一笔生意。为表示合作愉快，加强两公司今后的联系，努力成为密切的商业伙伴，中方决定向印方赠送一批具有地方特色的工艺品皮质相框。中方向当地的一家工艺品厂定制了这批货，这家工艺品厂也如期保质保量地完成了。当赠送的日子快要临近时，这家外贸公司的一位曾经去过印度的职员突然发现这批皮质相框是用牛皮做的，这在视牛为神明的印度是绝对不允许的，很难想象如果将这批礼品赠送给印方会产生什么样的后果。幸好及时发现，才使中国的这家外贸公司没有犯下错误，造成损失。他们又让工艺品厂赶制了一批新的相框，这回在原材料的选择上特地考察了一番。最后在将礼品送给对方时，对方相当满意。

（二）馈赠的方法

向外籍人士赠送礼品，不仅要重视具体品种的选择，而且一定要注意赠送礼品时的方法。根据礼仪惯例，注意涉外交往中馈赠的方法，具体是指在礼品的包装、送礼的时机和送礼的途径这三个方面，必须表现出中规中矩，不乱章法。

（1）重视礼品的包装。以前，中国人送礼，只重货色，不重包装。不管多么高档的礼品，大都“赤条条来去无牵挂”，或者顶多用报纸一包，硬纸盒一装了事。这种做法，是不符合国际惯例的。在国际交往中，礼品的包装是礼品的有机组成部分之一，它被视为礼品的外衣，送礼时不可或缺。否则，就会被视为随意应付受礼人，甚至还会导致礼品自身因此而“贬值”。有鉴于此，送给外国友人的礼品，一定要事先进行精心的包装，对包装时所用的一切材料，都要尽量择优而用。与此同时，送给外国人礼品的外包装，在其色彩、图案，形状乃至缎带结法等方面，都要与尊重受礼人的风俗习惯联系在一起考虑。

（2）把握送礼的时机。在涉外交往中，由于宾主双方关系不同，具体所处的时间、地点以及送礼目的不同，送礼的具体时机自然也不能以不变应万变，千篇一律。依照国际惯例，把握送礼的最佳时机是非常重要的，并应对具体情况进行具体的分析。在会见或会谈时，如果准备向主人赠送礼品，一般应当选择在起身告辞之时。向交往对象道喜、道贺时，如你向对方赠送礼品，通常应当在双方见面之初相赠。出席宴会时向主人赠送礼品，可在起身辞行时进行，也可选择餐后吃水果之时。观看文艺演出时，可酌情为主要演员预备一些礼品，并且在演出结束后登台祝贺时当面赠送。游览观光时，如果参观单位向自己赠送了礼品，最好在当时向对方适当地回赠一些礼品。为专门的接待人员、工作人员准备的礼品，一般应当在抵达当地后尽早赠送给对方。

（3）区分送礼的途径。送礼的途径，此处是指如何将礼品送交受礼人。在涉外交往中，送礼的途径主要被区分为两种：一种是当面亲自赠送；另一种则是委托他人转送。这两种送礼的途径往往适用于不同的情况。有时，他们各自往往还有某些特殊的要求。在一般情况下，送给外国友人的礼品，大都可以由送礼人亲自当面交给受礼人。有些时候，例如，向外国友人赠送贺礼、喜礼，或者向重要的外籍人士赠送礼品，亦可专程派遣礼宾人员前往转交，或者通过外交渠道转送。如果有必要，礼品可以提前送达受礼人的手中。通常，送给外国人礼品时，尤其是委托他人转送给外国人礼品时，应附上一张送礼人的名片，它既可以放在礼品盒之内，也可以放在一封写有受礼人姓名的信封里，然后再设法将这个信封固定在礼品的外包装之上。有可能的话，尽量不要采用邮寄的途径向外国人赠送礼品。

（三）礼品的接受

接受礼物时，西方国家的朋友喜欢当面打开，而且讲几句赞赏的话。在商务礼仪中接受外国友人赠送的礼品，大致上有如下三个方面的问题需要注意。

（1）欣然接受。当外国友人向自己赠送礼品时，一般应当大大方方、高高兴兴地接受下来，没有必要跟对方推来推去，过分地进行客套。在接受受赠的礼品时，应当起身站立，面含笑容，以双手接过礼品，然后与对方握手，并且郑重其事地为此而向对方道谢。在接受礼品时，面无任何表情，用左手去接礼品，接受礼品后不向送礼人致以谢意，都是非常失礼的表现。

（2）启封赞赏。在国际社会，特别是在许多西方国家中，受礼人在接受礼品时，通常大都习惯于当着送礼人的面而立即拆启礼品的包装，然后认真地对礼品进行欣赏，并且对礼品适当地赞赏几句。这种中国人以前难以接受的做法，现在已经逐渐演化为受礼人在接受礼品时必须讲究的一种礼节。在许多国家，接受礼品之后若不当场启封，或是暂且将礼品放在一旁，都会被视为失礼之至。在涉外交往中接受礼品时，对此务必要予以注意。

（3）事后再谢。接受外方人员赠送的礼品后，尤其接受了对方所赠送的较为贵重的礼品后，最好在1周之内写信或打电话给送礼人，向对方正式致谢。若礼品是由他人代为转交的，则上述做法更是必不可缺的。以后有机会再与送礼人相见时，不妨在适当之时，再次当面向对方表示一下自己的谢意。或者是告诉对方，他送给自己的礼品，自己不仅十分喜欢，而且经常使用。这种令对方感到他的礼品物有所值、备受重视的做法，会令对方极其开心。

第二节　商务谈判礼节

礼仪节度，即礼节，是人们在日常生活，特别是在交际场合中相互尊重、问候、致意、致谢、慰问以及给予必要的协助与照料的惯用形式。礼节是礼貌的具体表现，是礼仪的重要组成部分。如中国古代的作揖、跪拜；现今大多数国家通行的点头致意，握手；一些国家双手合上及拥抱、亲吻等都属于礼节的各种形式。遵守礼节是商务谈判获得成功的一个重要因素，谈判人员应当给予高度重视。

一、日常交往中的礼节

1. 遵守时间，按时赴约

遵守时间、不得失约是商务活动中最基本和最重要的礼节。参加谈判中的各种活动，都应按约定的时间到达，不要过早，更不要迟到。到得过早，会使主人因未准备完毕而发窘难堪，但迟到会让主人和其他客人等得过久而失礼。万一因特殊原因迟到，一定要向对方表示歉意，如果因故不能按时赴会，也一定要事先通知对方，并表示适当的歉意。在商务交往中，守时守约是对对方的尊敬与友好。

例如，客户代表马先生上午 9 点和某制造公司的 CEO 王先生有一个约会。马先生被自己所在的公司任命为与该制造公司之间的联系人，并且在以后几个月中要花很多时间与这个制造公司沟通业务。他希望能通过此项工作在将来有机会被任命到更高的职位，所以非常在意这项业务。这天正是一个下着雨的星期一，这是他和 CEO 王先生进行的第一次会晤，然而，他却被稀里糊涂地拒绝了，情况是这样的：

马先生在上午 9 点 10 分匆匆赶到了王先生办公楼的前台。他浑身湿漉漉的，上气不接下气地说："嗨，王先生在吗?我跟他有个约会。"前台接待员冷淡地看了他一眼说："王总在等你，请跟我来。"

马先生一只手拿着雨伞，另一只手拿着公文包进了王先生的办公室，王先生从桌后走来迎接他，并把前台接待也叫了进来，让她把马先生滴水的雨伞拿出去。马先生注意到王先生比他穿得正式多了。接着他们握手，马先生随口说道："唉，我花了好大的工夫才找到地方停车！"王先生说："我们在楼后方有一块公司的专用停车场。"马先生说："哦，我不知道。"

马先生随便拽过一把椅子坐在王先生的办公桌旁边，他一边从公文包中拿出资料，一边说："哦，老王，非常高兴认识你。看来我们将会有很多时间合作。我有一些关于产品方面的主意。"王先生停顿了一下，好像拿定了什么主意似的说："好吧，我想你还是主要和我们的林女士打交道吧，我还有事要处理。我现在就叫她进来，你们两个可以开始了。"

2. 尊敬年长者与女士

在很多国家的一些社交场合和日常交往中，人们都极力奉行"老人优先"、"女士优先"的原则。上下电梯与车辆、出入门厅等，应让妇女和老人先行。进出大门，男士帮助年长者和女士开门、关门。在就餐时，如果同桌有年长者和女士，男士应主动照料，帮助他们入座就餐。在国际商务谈判中不注重这一点，是非常不礼貌的行为。

3. 举止大方得体

在谈判活动或其他礼宾活动中，谈判人应做到坐有坐姿，行有行态，落落大方，端庄稳重，诚恳谦恭。

站立时，两脚脚跟着地，两脚自然成 45°角，腰背挺直，抬头挺胸，颈脖伸直，颌微向下，两臂自然下垂。目光平视对方，面带微笑，对所负谈判任务充满信心、兴趣和进取精神。

坐时，通常从椅子的左边入座以及从椅子的左边起身是坐椅子的一种礼节。坐在椅子上要避免转动或移动椅子的位置，坐下后，身体尽量坐端正，两腿平行放好，双手可十指交叉放在腿上或桌上，切忌双腿分隔太大，或抖动不停，也不要玩弄手指或摆弄东西。挺腰近台，目光平视对方，面含微笑，神情贯注，从容不迫，缓急适度。如果是陪同宾客走入房间，应先把客人送到各自的座位上，然后，自己轻步入席。如果谈判人员因故迟到，应当疾步入门，眼睛搜寻主宾，边走边伸手给主宾致意，以表达迟到的歉意。

行走时，男性与女性在走路姿态上有很大区别。一般来说，男性走路应当是：昂首、闭口、两眼平视前方，挺胸、收腹、直腰，行走时上身不动，两肩不摇，步态稳健，具有刚强、雄健、英武、豪迈的风度。女性走路时应当：头部端正，但不宜抬得过高，目光平和，直视前方；行走时上身自然挺直、收腹，两手前后摆动幅度要小，两腿并拢，小步前进，走成直线，步态自如、匀称、轻柔，以表现女性端庄、文静、典雅的气质。

4. 尊重谈判对手的风俗习惯

不同的国家、地区、民族，由于不同的历史、文化、宗教等各种原因，各有不同的宗教信仰、风俗习惯和礼节，应该受到理解和尊重。在日常交往和商务谈判中，一定要了解和尊重这些习俗，以免失礼而冒犯对方，闹出笑话。

二、见面时的礼节

1. 介绍

在商务谈判活动或交际场合结识对方时，通常有两种介绍方式：一是第三者作介绍；二是自我介绍。自我介绍适用于人数多、分散活动而无人代为介绍的时候，自我介绍时应允将自己的姓名、职务告诉来宾。

介绍的顺序各国不大一致，我国习惯是年纪大的人在介绍顺序中优先，而西方国家是妇女优先，只有对方是年纪很大的人时才例外，在公事场合一般是职位高者在先。目前，国际公认的介绍顺序是：

（1）将男性介绍给女性。

（2）将年轻者介绍给年长者。

（3）将职位低的介绍给职位高的。

（4）将客人介绍给主人。

（5）将晚到者介绍给早到者。

介绍时，应先将来宾向我方人员介绍，随即将我方人员向对方介绍。如对方是我方人员都熟悉的人，就只需将我方人员介绍给对方即可。介绍我方人员时，要把姓名、职务说清楚，介绍到具体人时应有礼貌地以手示意，不要用手指指，更不要用手拍打别人。

介绍时，对外宾通常可称“先生”、“女士”和“小姐”，对国内客人通常可称“同志”、“先生”、“女士”和“小姐”。为他人介绍时，最好先说一些“请让我来介绍一下”，“请允许我向您介绍一下……”之类的介绍词。在半正式或非正式场合，还可以使用一些较不正式但属于正确的介绍词。如“×小姐，您认识××先生吗？”“小张，来见见××先生好吗？”或“×小姐，你见过××先生吗？”等。

被介绍者应微笑点头或者说声“您好”、“Hello”作为招呼语，千万不可面无表情，无所表示。在双方介绍人士时，遇到外宾主动与我方人员拥抱时，除女士之于男士或男士之于女士外，我方人员不应推卸或勉强应付，而应做出相应的表示。

2. 握手

在商务谈判中，谈判双方握手已成为一种习以为常的礼节。谈判双方人员，见面和离别时一般都以握手作为友好的表示。握手的动作虽然平常简单，但通过这一动作，确能起到增进双方亲密感的作用。

（1）握手的主动与被动。一般情况下，主动和对方握手，表示友好、感激或尊重。在别人前来拜访时，主人应先伸出手去握客人的手，用以表示欢迎和感谢。主、客双方在别人介绍或引见时，在一般情况下，应由主人、身份地位高者、年长者、女性先伸手，借此表示对客方、身份较低的或年龄较轻者、男性的尊重，握手时应身体微欠、面带笑容或双手握住对方的手，以表示对对方的敬意。

应注意的是，在社交场合无论谁先向我们伸手，即使他忽视了握手礼的先后顺序而已经伸出了手，都应看作是友好、问候的表示，应马上伸手相握。拒绝他人的握手是很不礼貌的。在异性谈判人员之间，男性一般不宜主动向女方伸手。

（2）握手时间的长与短。握手时间的长短因人因地因情而异。初次见面时握手时间不宜太长，一般不要超过3s。一般情况下，谈判双手握手的时间，以3～5s为宜。在多人相聚的社交场合，不宜只与某一个人长时间握手，以免引起他人误会。

（3）握手的力度与握手者间距离。握手时不要用力过猛，尤其是当男性与女性握手时，用力一定要适度，而且往往只握一下妇女的手指部分，不可将手直插女性虎口处，更不要对女性采取双握式（俗称“三明治”式）握手。握手时，一般应走到对方的面前，不能在与他人交谈时，漫不经心地侧面与对方握手。

握手应自然大方地在距受礼者约一步（75cm左右）时，上身微微前倾，同时伸出右手。除年老体弱或残疾人以外，坐着握手是很失礼的。

在多人同时握手时，不要交叉握手。当自己伸手时发现别人已伸手，应主动收回，并说声“对不起”，待别人握完后再伸手相握。交叉握手在通常情况下是一种失礼行为。如果是在丹麦人面前交叉握手，则会被看作是最无礼也最不吉利的事情。

（4）握手的面部表情与身体弯度。握手者的面部表情是配合握手行为的一种辅助动作，通常可以起到加深情感、加深印象的作用。握手时，目光要注视对方，切忌左顾右盼。面部表情要流露出发自内心的喜悦和表达真诚的笑容。

握手者身体的弯度，要根据对方的情况确定。例如，与地位相等的人握手，身体稍微前倾即可，以握手形式表达谢意时，则要稍微躬腰；与长辈握手，则应以深躬表示尊重。除非有特别用意，一般不要挺胸昂首握手，以免给人无礼的不良印象。

虽说许多国家都有握手这一礼节，但这并不是全球性的通行礼节。在东南亚佛教国家的人，见面时通常以双手合十致敬；日本人见面时，多行鞠躬礼；美国人只有被第三者介绍后才行握手礼，东欧一些国家的见面礼是相互拥抱等。因此在商务谈判中，要及时了解谈判对方的习俗礼节，在商务活动中恰当地运用，不至于出现尴尬局面。

3. 致意

致意是指将向他人表达问候的心意用礼节举止表现出来。它通常在迎送、被人引见、访问时作为见面所必施的礼节。礼貌的致意，会给人一种友好愉快的感受。反之，会被看作是缺乏教养、不友善的表现。

（1）致意的基本规则。一般来说，在社交场合，致意应遵循以下规则：下级应先向上级致意；年轻者应先向年长者致意；男士应先向女士致意。在实际交往中，有年长者、上级为了表示自己的谦虚、随和，会主动向晚辈、下级致意。

（2）致意的方式。致意作为一种见面礼节，必要的行礼方式有点头致意、拱手致意、躬身致意和注目致意等。当谈判双方或多方之间相距较远，一般可举右手打招呼并点头致意；有时与相识者侧身而过时，从礼貌上讲，应说“你好”；与相识者在同一场合多次会面时，点头致意即可；与一面之交或不相识的人在谈判场合会面时均可点头或微笑致意；如果遇到身份高的熟人，一般不要径直去问候，而是在对方应酬活动告一段落时，再前去问候致意。女士致意的方式一般只要点头或微笑就可以。当对方向自己致意时，应还以致意，毫无反应为失礼行为。

三、递接名片礼节

使用名片是商务谈判中最为简便的自我介绍方式。在谈判结束时递上自己的名片，以加深印象。

1. 名片的递赠

手指并拢，将名片放在掌上，用大拇指夹住名片的左端，恭敬地送到对方胸前，名片上的字体反向对己，正向对对方，以便对方阅读；或食指弯曲与大拇指夹住名片递上；或双手的食指和大拇指分别夹住名片的左右两端奉上。

2. 名片的接受

名片是人格的象征，尊重一个人的名片就是尊重他的人格，因此接受名片时应充分注意礼貌。接受名片的方法是：空手时，必须恭恭敬敬，双手去接，并道感谢；名片接受后一定要马上过目，仔细地看一遍，不明白之处当即请教，不要不好意思，认真地询问只会使对方感到你很重视他，有时甚至可以有意识地重复一下名片上所列的对方的姓名与职务，以示仰慕。一次同时接受几张名片时，一定要对号入座，如果是在谈判桌上，最好将接受的名片依次摆在桌上，与对方的座次相一致，这样会使对方因受到重视而高兴。如果想得到对方的名片，对方又没有主动给你，不妨可直接提出请求："很冒昧，方便的话，可不可以给我一张名片?"这种索取名片的方式不仅不失礼，而且更会提高对方的身份。收取对方的名片时自己若有名片，应迅速递上，如果没有则应道歉。

四、电话联系礼节

电话是现代联系方式，电话接触已经成为人们彼此联系和相互沟通的重要交际方式。有人认为，电话交谈已是日常生活的技能，根本不存在什么问题。其实不然，商务谈判中，双方互通电话，在礼节上很有讲究，一般要注意以下几点。

在整个谈判过程当中，一方给另一方打电话，一般是有重要的事情，双方对此类电话都会很注意。因此，打电话之前应做好准备，打好腹稿，选择好表达方式、语气声调等。

通话中，不管与你对话的另一方是什么人，一定要态度友善，语调温和，讲究礼貌。无论事情多么紧急，切忌表现出丝毫的粗鲁和急躁，也不可一接通就急着进行交谈，而应小心询问接电话的是否是××先生或××女士。

不论是打电话还是接电话，都要讲话慢一些、清楚一些，让对方可以听得明白。凡是谈到地名、人名、数字、日期、时间或关键话语，最好重复一遍，或询问对方是否听清，再往下讲。对方讲话时，要用心听，可做出"是、好、嗯"等表示，不要随便打断其讲话。

若接他人电话，应首先报清自己的通话地点、单位名称及自己的姓氏，然后转入正题。

通话时，不要随意同身边的人讲话或同时干别的事情，若万不得已，应向对方说明，然后尽快把事情处理完毕。在恢复通话时，要向对方致歉后再谈下去。

若通话过程中电话突然中断，应由叫话方重拨，即使中断可能是由接电话一方引起的。

第三节 各国日常交往的禁忌

在商务谈判中，任何一个谈判对象的行为习惯都与他所处的国家、民族的文化背景、民族风俗、商务习惯和民族性格特点有着密切的联系，对于不同谈判对手的习惯和风俗，了解掌握得越详细越好，但往往需要长时间的资料收集和经验积累。如果不了解这些不同谈判对手的谈判风格和商务习惯，就可能既失礼于人，又可能因此而失去许多促成谈判成功的契机。若想在商务谈判中稳操胜券，就必须熟悉不同国家的文化背景、商务谈判风格、民族风俗和商务习惯等，采取灵活的谈判方式。

一、日本

日本人因岛国生存环境的锤炼，致使其事业心、进取心很强，富于拼搏与学习精神，并且很尊重这样的外国人。日本人待人接物的礼仪细致周全，并要求对方也应这样。日本人的谈吐举止都要受到严格的礼仪约束，称呼他人使用“先生”、“夫人”、“小姐”等，不能直呼其名。他们强调非语言交际，鞠躬是很重要的礼节。与日本人交换名片时，要向日方谈判班子的每一位成员递送名片，不能遗漏。传递名片时，应双目正视对方，微鞠躬（15°左右）。出示名片的顺序——原则上先由部下、晚辈出示，或者先由访问者一方出示。日本人注重谈判中和谐的人际关系，尊重中国儒家文化与佛教文化，若某人对这方面有一定知识常会博得其尊重。但日本人作为岛国民族的封闭性依然较强，不易信任他人，只想尽量了解对方而又不被对方了解。大和民族的傲慢也时有体现，但同时又尊重自尊自信之人。

日本人注重礼仪、讲究礼貌，在自制力、纪律性和办事认真方面表现得尤为突出。

日本人的宗教信仰比较复杂，按日本的传统，多数人信奉佛教和本国特有的神道教。

日本可以称作世界上节日最多的一个国家，几乎月月都有节日，如“文化日”、“体育日”、“劳动感恩日”、“绿化日”、“天皇诞生日”、“成人日”等。其中最隆重且假日最长的是“正月”，即 1 月 1 日的新年。新年的第一件大事就是举家到神社或庙宇参拜，祈求一年有好运。除夕夜吃绿豆面条，新年吃年糕是习俗。

日常生活中，人们都彬彬有礼。日本人见面时，总是一边握着对方的手，一边深鞠躬，同时还要道好。生活习惯是晚睡早起，爱整洁、讲卫生，喜欢洗澡。一天工作完毕，首先入浴，然后吃饭。澡堂是民间重要的社交场所。就像中国的茶馆、饭桌一样，澡堂是好友倾心交谈的一个场所。

日本的主食是稻米，副食主要是蔬菜和鲜鱼。菜肴的特点是清淡、少油、味鲜带甜。一般的烹饪方法为火烤、水煮，同时也有煎炸食品。日本人使用筷子，而且是世界上消耗筷子最多的国家之一。

日本人不流行家宴，在生活中忌擅自登门造访。因此，家访前一定要征求对方的意见，约定访问的时间。如接到邀请，一定要守时。进屋前，要按习惯先脱鞋，且要将脱下的鞋的鞋头向外摆放整齐。要在客厅外脱外衣、围巾等，然后换上主人为你准备的拖鞋（或赤脚），请求引路入室。到日本人家做客，应带上礼物，不过礼物不可太贵重，因为主人认为他应该以同等规格的礼物来回赠给你。访问后的次日，应打电话或发信函向主人致谢。日本人的卧室及厨房是家庭的隐私，除非主人主动邀请，不可窥看卧室及厨房，否则是很失礼的。

与日本人进行商务交往过程中，需特别注意的礼仪：

（1）日本是个注重礼仪的国家，初次见面的问候礼，鞠躬 30°，告别礼是 45°，诚恳亲切。与日本人初次见面一般不握手。

（2）日本人在任何场合都彬彬有礼，即使事情没有办成，都报以微笑，绝不使对方感到尴尬。在公开场合一般不使用“不行”、“不同意”等拒绝性词语，而是委婉地谢绝。

（3）日本人有极强的时间观念，因此，约会时要准时到场。

（4）与日本人打招呼，要称呼对方的姓。你的举止要显得有教养，尤其是女子要端庄。

（5）在日本送礼极为普遍，他们似乎很喜欢这一形式。在每年的“岁暮”、“中元”是送礼最多的时候。到日本人家里做客，可带去较好的进口苏格兰酒、白兰地酒，给孩子带电子玩具。日本人来中国，他们很喜欢中国的丝绸、土特产品、字画和茅台酒。日本人既讲究送礼，也讲究还礼，不过日本人送还礼都是通过运输公司的服务员上门的。送礼、收礼的人互不见面。

（6）日本人不喜欢有狐狸图案的礼品，他们把狐狸视为贪婪的象征。日本人忌讳“4”与“9”两个数字，因为日文中“四”与“死”发音相同，“九”与“苦”发音相同。此外，日本人不喜欢偶数（8例外），13、14、19、24、42等数字也在忌讳之列，还忌讳三人合影。

（7）日本人一般不当面打开礼品包装，当然你接到日本人送的礼物时，也不要主动打开看，除非对方要求你打开。

（8）如果日本人送你礼物，不要马上接过礼物，等主人让一两次后再收，并向他表示感谢，双手接过礼物。

（9）在交往时，日本人吸烟，但不用香烟招待客人，即不敬烟。日本人没有互相敬酒的习惯，与日本人一起喝酒不宜劝导他们开怀畅饮。

（10）日本的茶道是一种通过艺术来接待贵宾、传递友谊、表达诚恳亲切的特殊礼仪。

（11）日本人非常忌讳别人打听他的工资收入，年轻的女性忌讳别人询问她的年龄、姓名以及是否结婚等。

（12）送花给日本人时，别送白花（象征死亡）。也不能把玫瑰和盆栽植物送给病人。菊花是日本皇室专用的花卉，民间一般不能赠送。日本人喜欢樱花，不喜欢绿色、紫色和黑白相间的颜色。

（13）在商品的颜色上，日本人爱好淡雅，讨厌绿色，忌用荷花、狐狸（贪婪）、獾子（狡诈）等图案。

（14）在日本，用手抓自己的头皮是愤怒和不满的表示。

（15）在日本发信时，邮票不能倒贴，倒贴邮票表示绝交，装信也要注意，不要使收信人打开后看到自己的名字朝下。

二、美国

美国人强调独立处理问题，并希望尽快达成协议。由于美国商品经济发达，造就信守和尊重进度表及期限的习惯。美国人在谈判中注重效率，喜欢速战速决。美国人见面与离别时，都会面带微笑地与在场的人握手，彼此问候也较随便。美国人喜欢谈论有关商业、旅行方面的内容及当今潮流和世界大事，喜欢谈政治，但不喜欢听到他人对美国的批评。不喜欢谈论个人私事，特别尊重个人隐私权。与美国人谈话不论在何种场合，必须说话谨慎，因为他认为你说话是算数的。由于美国是移民国家，人口来源广、流动大，因此除正式场合外，其他场合礼仪都较随便。

在美国人口中，30%信奉基督教，20%信奉天主教。美国人过的宗教节日主要是圣诞节和复活节。此外，他们还过感恩节。很多美国人在感恩节时回家团聚。节日期间举行各种体育竞赛和文娱活动，晚上围着壁炉谈天说地，共享欢乐。

美国人在生活习惯上比较随便，自由自在。晚上睡得迟，早上起得晚。但他们十分讲究时间和效率，经常利用午餐时间谈工作，会朋友。美国人在饮食上一般没什么禁忌。对菜肴要求量少质高，用餐省时快速。因此，快餐业在美国应运而生。“热狗”、“三明治”等快餐很受欢迎。烹调以煎、炸、炒、烤为主，菜的特点是生、冷、清淡，不吃蒜及酸辣味。喜食牛肉、猪肉、鸡、鱼、虾、蛋及各种蔬菜、水果。爱吃点心、冰糕。爱喝冰水、矿泉水、可口可乐、啤酒等饮料，平时常将威士忌、白兰地等酒类当茶饮。

美国人比较浪漫，喜欢追求新奇，性格开朗，待人热情，但有些娇气，喜欢不分辈分直呼对方名字。

与美国人进行商务交往过程中，需特别注意的礼仪：

（1）除对年长者和地位高的人在正式场合以“先生”、“夫人”称呼外，大多数场合下都喜欢直呼名字，交谈时，美国人习惯保持一定的身体间距，彼此站立间距约 0.9m，每隔 2～3s 有视线接触，以表示兴趣、诚挚和真实的感觉。

（2）男士一般不宜给女士送香水、衣物、化妆品之类的小礼品，以免引起误会。

（3）美国人时间观念强，会谈需事先预约，迟到或不准时赴约，被认为是很不礼貌的。但商贸谈判有时亦会比预定时间推迟 l0～15min 举行。

（4）美国人忌讳被问及年薪、存款、购买物品的价钱等属于个人隐私的问题，不宜打听女士的年龄。

（5）美国人与大多数西方人一样，忌讳“13”和“星期五”。

（6）在西方人眼里，白色象征纯洁，黑色象征肃穆，所以美国人婚礼礼服常用白色，参加葬礼则习惯穿黑色服饰。

（7）美国人忌食动物的五脏。

（8）美国人忌讳说话绕圈子。

三、英国

英国传统的绅士作风与风度使之善于交往，讲究礼仪，待人友善。英国人对谈判对手的修养与风度很注重，这是赢得他们尊敬的前提。初次见面时，应有礼貌地说声“您好”。称呼时要用“先生”、“夫人”、“小姐”，只有对方请你称呼其名时，才能直呼其名。英国人习惯约会一旦确定，就必须排除万难去赴约，所以和英国人约会不能提前得太早，如果所约的时间很早就约定，则被约的英国人就只能支吾其词地回答。受到款待后，一定要写信表示谢意，否则会被认为不懂礼貌。要约会对方时，如果是过去未曾见过面的，那么一定要写信告诉他面谈目的，然后再约时间。总之，与英国人谈判和交往，凡事都要规规矩矩。英国人喜欢谈论其丰富的文化遗产、动物等，足球、网球、板球和橄榄球都是很受其欢迎的体育运动。

多数英国人信奉基督教。英国人的主要节日是圣诞节、复活节，此外还有万圣节等。

在饮食方面无多少禁忌。除一日三餐外，上、下午要用茶点，有起床后先喝一杯浓红茶和喝午茶的习惯。英国菜的特点是油少而清淡，量少而精，讲究花样，注意色、香、味、型。英国人一般喜欢吃牛肉、羊肉、鸡、鸭、蛋、野味等，一日三餐都要吃水果，进餐时先喝酒。

与英国人进行商务交往过程中，需特别注意的礼仪：

（1）英国人一下班就不谈公事，更厌烦在餐桌上谈公事。

（2）英国人不喜欢与别人谈爱尔兰的前途、共和制优于君主制的理由、治理英国经济的方法及大英帝国的崩溃等敏感的政治问题。

（3）英国人视马为勇敢的象征，但视孔雀为恶鸟。许多英国人因宗教原因忌讳“13”。

（4）英国人很幽默，但很少开玩笑和欺骗人，这是英国人的忌讳。

（5）跟英国人坐着谈话，两膝不可张得太宽，忌翘“二郎腿”。

（6）即使相处关系很好，也不能用手拍对方的肩背来表示亲切。

（7）英国人很注重个人隐私权的保护，一般人不能询问对方生活中的私事。

（8）在英国忌用大象和孔雀图案。

四、法国

法国人的民族自豪感很强，天性开朗，珍惜谈判进程中的人际关系，话题很多。在谈判过程中喜欢先计划总体轮廓，然后再达成原则协议，至于协议细节，以后再敲定也无关紧要。与法国人见面时要握手，且迅速而稍有力。告辞时，应向主人再以握手道别。约会要事先预约，准时到场，简短互致问候后，直接进入讨论要点，商业用语几乎都用法语。商业款待都在饭店举行，只有关系十分密切的朋友才邀请到家中做客。法国饭店往往价格昂贵，要避免订菜单上最昂贵的菜肴。商业午餐一般有十几道菜，要避免饮食过量。受到款待后，应在次日打电话或写便条表示谢意。

法国人虽有独立顽强的精神，但作风比较松垮。在交往中，法国人尊重对方并顾全对方的面子，但时间观念不是很强。法国人有喝生水（自来水）的习惯，从来不喝开水。

多数法国人信奉天主教。法国的主要节日是圣诞节、新年及复活节。在法国，新年除夕是个重要的送礼节日。家人和朋友之间常常互赠礼品。

法国人很讲究吃。法国不仅烹调技术在西方是首屈一指的，而且同我国一起共享“美食大国”之誉。菜肴特点是香浓味厚、鲜嫩味美，讲究色、型和营养。法国人喜食猪肉、牛羊肉、各种香肠、鱼、虾、禽、蛋、牡蛎及各种蔬菜；主食为面包，餐桌上离不开面包；喜用丁香、香草、大蒜、番茄等调味；喜欢喝浓咖啡，不喜欢饮茶。

与法国人进行商务交往过程中，需特别注意的礼仪：

（1）法国人视鲜艳色彩为高贵，视马为勇敢的象征，视孔雀为恶鸟，忌核桃。

（2）不要给法国人送葡萄酒或烈性酒，因为法国人对饮用何种酒类十分认真。

（3）在法国忌用仙鹤图案。

（4）菊花在法国一般作祭奠之用，其他场合一般不能使用。

五、德国

德国人的思维具有系统性和逻辑性，因此，谈判往往准备得很充分、周到、具体与细致。对谈判对手的资信情况审查极严。若事先准备不足，谈判中思维混乱，常引发德国人的反感与不满，被认作是缺乏诚意。德国人重视礼节，社交场合握手随处可见，会见与告别时，行握手礼应有力。与德国人约会要事先预约，务必准时到场。穿着要十分正式和保守。谈判时，处事要克制，不要随意提出没有依据的观点。谈论天气、业余爱好、旅游、度假在德国是很好的话题。足球、骑车、徒步旅行也是其大众喜欢的健身运动。在个人关系上，他们拘泥于礼节，对有头衔的人，一定称呼其头衔。德国人喜欢送礼，以表达友情，但赠送礼品是直接送给个人而不是给公司，尤其是给权力大的德国人送礼时要予以特别关照。如果去拜访某人，当主人不再给客人的杯子添水时，这是暗示客人该走了。个人隐私十分重要，不要询问有关个人的问题。

德国40%以上的人信奉基督教。他们喜食牛肉、猪肉、鸡、鸭及野味，很少吃鱼虾等海味；主食为大米、面包；爱喝啤酒。

与德国人进行商务交往过程中，需特别注意的礼仪：

（1）德国人忌食核桃。

（2）吃饭时不要咖啡，因为咖啡在吃完饭后提供。

（3）在德国，忌用锤头、镰刀图案和宗教性标志。

（4）不宜送剪刀、雨伞等锥形物品，因为锥形物被认为是会带来厄运的不祥物。

（5）送花时，一般不送玫瑰花和郁金香。

六、阿拉伯人

阿拉伯人主要生活在沙漠之中，喜欢结成紧密稳定的群体，其性格豪爽粗犷，待人热情，遇到谈得投机的人，很快视其为朋友。阿拉伯人一般好客而不拘泥，最好是能和他们打成一片。

阿拉伯人的时间观念不是很强，他们不像欧洲人那样有精确的时间表，每一分钟都有自己该干的事情。他们做事通常由性情决定，有时热情得令人不知所措，有时又会冷漠得令人无地自容。

在阿拉伯人的眼里，最为重要的是名誉和忠诚。他们认为，一个人名誉的好坏是人生的一件大事，名誉差的人无论走到哪里都会受人鄙视、遭人白眼。并且，一旦名声败坏，要想补救势必要付出巨大的代价。因此，跟阿拉伯人打交道一定不要干出格的事情，若赢得了他们的信任，等于是为谈判开了绿灯。

和阿拉伯人打交道，必须要有谈判会被随时打断的心理准备。你的问题还未谈完，他可能会转向和别人谈另一个问题，也许因此要等上20min，然后再继续刚才的话题。原定1h的会谈，延长2～3h是司空见惯的事。

在阿拉伯文化中，话语和行动一样响亮，了解这一点非常重要。为了使对方高兴，阿拉伯人常不顾实际能否办到而答应别人的要求。他们经常是说说而已，不会采取行动。

阿拉伯人信仰伊斯兰教，而伊斯兰教有很多规矩，因此，初次与阿拉伯人进行谈判的人必须特别注意，要尊重他们的信仰。不尊重阿拉伯人的宗教信仰，其后果将是不可想象的。

另外，最好不要对阿拉伯人的私生活表示好奇。尽管阿拉伯人热情好客，但因阿拉伯人所信仰的伊斯兰教规矩很严，他们的日常生活明显地带有宗教色彩，稍有不慎，就会伤害他们的宗教感情。通常而言，这是一个话题的禁区。

阿拉伯人从星期六到下个星期四为办公日。星期四和星期五（有时只有星期五）是他们的休息日和祈祷日。在中东，外来人一定要准时赴约，但主人不一定按时到。在办公室和其他社交场合，喝茶或咖啡以3杯为限，少于2杯或多于3杯，就会被视作不礼貌或不懂规矩，只有在茶点之后才谈生意。当客人接咖啡或拿任何东西时，一定要用右手，只有嫌脏才用左手。

与阿拉伯人进行商务交往过程中，需特别注意的礼仪：

（1）忌食猪肉，禁止养猪和忌送带动物形象的礼物等。

（2）见面时通常握手问候，正式场合称呼全名，并切记不要用左手传递、接受物品。

（3）不要鞋底朝向他人。

（4）不要主动向阿拉伯妇女问候或行礼，并尽量不要让女性职员去中东地区谈判。

（5）公共场所异性之间不可表现得过分亲密。

（6）一般不谈休闲、娱乐，不能邀请其参加舞会或去夜总会玩乐。

（7）送礼不能以酒为礼品。

（8）谈话忌谈政治、宗教矛盾、女权运动等。

本章小结

商务礼仪，是指人们在商务活动中，对交往对象表示友好的行为规范和活动程序。商务谈判礼仪是商务谈判人员必须具备的基本素养。在商务谈判中，礼仪主要包括迎送礼仪、会见礼仪、交谈礼仪、宴会礼仪、服饰礼仪和馈赠礼仪等。

在商务交往中，迎来送往是商务谈判中经常发生的行为，是常见的社交活动，也是商务谈判中的一项基本礼仪。迎送虽然只是商务谈判中不显眼的一个步骤，但却是谈判所不可或缺的重要组成部分，是否恰当地掌握迎送礼仪，直接决定着谈判双方人员的关系、谈判气氛、谈判进程以及最终协议的达成。在迎送礼仪中，既要做到文明礼貌，还应当表现热情，真心实意，这些都在细节中表现出来。所以，应该加强注意迎送过程中的细节，如迎送规格、掌握抵达和离开的时间、接待的准备工作等方面。

会见交谈礼仪是商务谈判的中心活动内容，合理地安排会谈，恰当礼貌地交谈不仅能增进谈判双方之间的了解、友谊和信任，而且还能促使谈判更加顺利、有效地进行。交谈活动中，必须讲究和遵守交谈的礼仪，了解对方、尊重对方，注意交谈方式，交谈内容要适当，谈话的对象要普遍。

宴请是商务谈判中最常见的交际活动之一，是谈判过程中不可缺少的组成部分。经验证明，谈判人员在餐桌上常可达成某种意向性的合作协议，适当的设宴和赴宴，并遵守宴会的礼仪将有助于谈判的成功。宴请期间一定要做好宴请活动的组织工作，包括确定宴请目的、名义、对象、范围与形式，确定宴请时间、地点，发出邀请和请柬格式，订菜、席位安排、现场布置及餐具的准备。另外，赴宴也要掌握一定的礼仪。

服饰礼仪就是商务人员在商务活动中穿着打扮的礼仪规范。在商务谈判中，服饰的颜色、样式及搭配等合适与否，对谈判人员的精神面貌、给对方的印象和感觉都将产生一定的影响。商务谈判人员服饰的总体要求是要塑造一个着装合体、合时、自然、整洁、庄重、略显保守的形象。

在商务谈判中的各个阶段涉及许多种类的礼仪礼节，包括日常交往中的礼节、见面时的礼节、递接名片礼节和电话联系礼节等。在一些细小礼节上，如介绍、称呼和姓名、握手等方面更应多加注意。在商务谈判过程中及赠送礼品的时候，要进行充分的前期准备和对方进行沟通，回避对方的禁忌，要注意不同国家的赠礼礼节。

商务谈判中掌握一定的礼仪与礼节是必要的，同时，要根据谈判双方关系、谈判议题、谈判场所等客观具体情况对谈判中的礼仪与礼节的禁忌也要充分把握，做到心中有数，从而起到推动谈判进程的作用。

复习思考题

1. 商务谈判的迎来送往应注意哪些礼仪？
2. 简述商务谈判的交谈礼仪。
3. 见面时的礼节有哪些方面？
4. 商务谈判人员有哪些选择服饰的原则？
5. 在涉外交往赠礼中，需要注意哪些事项？
6. 列举商务谈判中的各国礼仪与礼节禁忌，并加以分析。

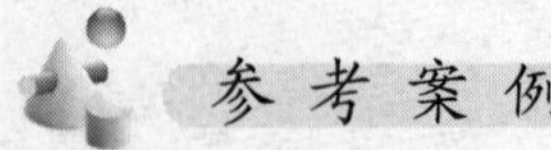

参考案例

国外某公司总裁率领一行人来我国考察合资办厂一事，国内某单位出面进行接待。第一天，外方谈判人员全部西装革履，穿着规范，而我方谈判人员则穿着随便。结果当天会谈草草结束，外商连现场都没去就回国了。外商不与我方继续谈判的原因是什么？

第九章　商务谈判僵局的处理

学习目的和要求

通过本章的学习，使学生了解商务谈判僵局的含义及成因、僵局的类型及处理原则；掌握商务谈判僵局的利用和制造；掌握商务谈判僵局的策略和技巧。

第一节　商务谈判僵局的含义及成因

由于商务谈判双方各自的利益和目的有差异，并且双方都想在谈判中取得尽可能多的利益和成果，同时受到谈判背景、条件、气氛的影响，所以商务谈判中出现的质疑、意见分歧、激烈争论是不可避免的。当争执发展到双方无法再让步的程度时，谈判无法进行下去，就陷入僵局。出现僵局不等于谈判破裂，但它严重影响谈判的进程，如果处理不当，就会导致谈判破裂。为了有效地处理谈判僵局，首先要了解僵局的含义，分析僵局产生的原因。

一、僵局的含义

商务谈判僵局是指在商务谈判过程中，当双方对所谈问题的利益要求差距较大，各方又都不肯作出让步，导致双方因暂时不可调和的矛盾而形成对峙，使谈判呈现出一种不进不退的僵持局面。

二、正确对待谈判中的僵局

对于商务谈判来说，不管争论多么激烈，只要谈判能够继续下去，总有成交的希望，而商务谈判出现僵局，会使双方浪费大量的时间、精力、资金等，而且成交的希望又难以预料和实现。所以，商务谈判双方都力求在谈判中避免僵局。

谈判人员要正确对待谈判中的僵局，才能不被僵局绊住手脚，继续推进商务谈判。首先，谈判人员要有信心对付僵局，认真客观地分析双方意见分歧所在，冷静地估计谈判所面临的局势。其次，谈判人员可以利用僵局试探出谈判对手的诚意和决心，并以此为据，做好沟通协调的工作，寻求对方的理解。

应该看到，僵局出现对双方都不利。如果能正确认识，恰当处理，那么会变不利为有利。一方面，可以把僵局视为一种策略，运用它胁迫对手妥协让步；另一方面，在僵局面前，又不能一味地妥协让步，使自己陷入被动。只要正确对待僵局，不急不躁，选择有效的方案，僵局就能攻克。

三、僵局产生的原因

在商务谈判过程中，僵局可能随时都会发生，任何议题都有可能形成分歧与对立。无论在谈判中出现何种僵局，其形成都有一定的原因。根据谈判实践和经验，把谈判僵局产生的原因归纳为以下六个方面。

（一）双方立场观点的争执

双方各自坚持自己的立场观点而排斥对方的立场观点，形成僵持不下的局面。在谈判过程中如果双方对各自立场观点产生主观偏见，认为己方是正确合理的，而对方是错误的，并且谁也不肯放弃自己的立场观点，往往会出现争执，陷入僵局。双方真正的利益需求被这种立场观点的争论所搅乱，而双方又为了维护自己的面子，不但不愿作出让步，反而用否定的语气指责对方，迫使对方改变立场观点，谈判就变成了不可相容的立场对立。谈判人员出于对己方立场观点的维护心理往往会产生偏见，不能冷静尊重对方观点和客观事实。双方都固执己见排斥对方，而把利益忘在脑后，甚至为了“捍卫”立场观点的正确而以退出谈判相要挟。这种僵持处理不好就会破坏谈判的合作气氛，浪费谈判时间，甚至伤害双方的感情，最终使谈判走向破裂的结局。立场观点争执所导致的僵局是比较常见的，因为人们很容易在谈判时陷入立场观点的争执不能自拔而使谈判陷入僵局。

（二）谈判人员的偏见或成见

偏见或成见是指由感情原因所产生的对对方及谈判议题的一些不正确的看法。由于谈判人员对信息的理解受到其受教育程度、职业习惯等方面的影响，所以从表面上看，谈判人员对对方所讲的内容似乎已经理解了，但实际上这种理解却常常是主观的、片面的。由于产生偏见或成见的原因是对问题认识的片面性，即用以偏概全的办法对待对方，因而很容易引起僵局。

（三）谈判人员的强迫手段

谈判中，谈判人员常常有意或无意地采取强迫手段而使谈判陷入僵局。占有优势的一方，他们以优势者自居向对方提出不合理的交易条件，强迫对方接受，否则就威胁对方。被强迫一方处于维护自身利益或是维护尊严的需要，拒绝接受对方强加于己方的不合理条件，反抗对方强迫。这样双方僵持不下，使谈判陷入僵局。

（四）沟通障碍

谈判过程是一个交流沟通的过程，只有双方实现正确、全面、顺畅的沟通，才能相互深入了解，才能正确把握和理解对方的利益和条件。但是实际上双方的交流沟通会遇到种种障碍，造成沟通受阻或失真，使双方产生对立，从而陷入僵局。

沟通障碍指双方在交流沟通过程中由于主客观原因所造成的理解障碍。其主要表现为：由于双方文化背景差异所造成的观念障碍、习俗障碍、语言障碍；由于知识结构、教育程度的差异所造成的问题理解差异；由于心理、性格差异所造成的情感障碍；由于表达能力、表达方式的差异所造成的传播障碍等。信息沟通障碍使谈判双方不能准确、真实、全面地进行信息、观念、情感的沟通，甚至会产生误解和对立情绪，使谈判不能顺利进行下去。

（五）谈判人员行为的失误

谈判人员行为失误常常会引起对方的不满，使其产生抵触情绪和强烈的对抗，使谈判陷入僵局。有些谈判人员想通过表现自我来显示实力，从而使谈判偏离主题；或者争强好胜，提出独特的见解令人诧异；或者个别谈判人员工作作风、礼节礼貌、言谈举止等方面出现严重失误，触犯了对方的尊严或利益，就会产生对立情绪，使谈判很难顺利进行下去，造成很难堪的局面。

（六）偶发因素的干扰

在商务谈判所经历的一段时间内有可能出现一些偶然发生的情况。当这些情况涉及谈判某一方的利益得失时，谈判就会由于这些偶发因素的干扰而陷入僵局。偶发因素可产生于谈判内部，也可产生于谈判外部。当谈判一方发生变化时，导致他们对谈判的看法、前景预测等问题的认识发生改变，从而与对方产生冲突和分歧时，这种来自谈判活动之中的偶发因素将可能导致谈判进入僵持阶段；当谈判过程的外部环境因素发生变化，使谈判一方若履行原来承诺就会蒙受利益损失时，对方或许推翻原有承诺，从而使谈判陷入僵局。

以上归纳了商务谈判产生僵局的几种原因。谈判中出现僵局是很自然的事情，虽然人人都不希望出现僵局，但是出现僵局也并不可怕。面对僵局不要惊慌失措或情绪沮丧，更不要一味指责对方没有诚意，要弄清楚僵局产生的真实原因是什么，分歧点究竟是什么，谈判的形势怎样，然后运用有效的策略技巧突破僵局，使谈判顺利进行下去。

第二节　商务谈判僵局的类型及处理原则

商务谈判是合作与冲突的统一。谈判僵局之所以经常出现，其原因就在于来自不同国家或地区、不同组织的谈判人员，在商务谈判中，双方观点、立场的交锋是持续不断的。当利益冲突变得不可调和时，僵局就出现了。可见，僵局是伴随整个谈判过程、随时随地都有可能发生的现象。为了减少谈判僵局的出现或在僵局出现后有效地加以解决，作为谈判人员必须了解商务谈判僵局的基本类型及处理僵局的基本原则。

一、商务谈判僵局的基本类型

（一）按照谈判进程划分

僵局是伴随整个谈判过程随时随地都有可能出现的，从谈判进程看，可以把僵局划分为协议期僵局和执行期僵局两大类。

协议期僵局是双方在谈判磋商阶段意见产生分歧而形成的僵持局面。协议期僵局又可以分为初期、中期、后期等不同阶段的僵局。

（1）谈判初期僵局。谈判初期主要是谈判双方熟悉、了解、建立融洽气氛的阶段，双方对谈判都充满信心和期待。因此，在谈判初期，僵局一般不会发生，除非由于误解或谈判双方对谈判准备工作做得不充分等原因，使一方受到伤害而有可能导致谈判草草收场。通常，在谈判初期僵局是很少发生的。

（2）谈判中期僵局。谈判中期是谈判的实质性阶段，双方就有关技术、价格等议题进行详细讨论和协商，此时，隐含于合作条件之中各自利益的差异，谈判可能暂时朝着使双方难以统一的方向发展，由此产生谈判中期僵局。

（3）谈判后期僵局。谈判后期是谈判双方达成协议阶段，在解决了技术、价格等这些关键议题后，还要就检验、支付等执行细节条款进行磋商，特别是合同条款的措辞、表述经常容易引起争议。谈判后期产生的僵局一般不会像谈判中期那样棘手，但谈判人员仍不可轻视，如果掉以轻心，可能会出现重大问题，甚至前功尽弃。

（二）按照僵局形成原因划分

从商务谈判的实践来看，僵局多是因为谈判双方基于情感、立场、观点等主观因素所引发。按照僵局形成的原因，可以把僵局划分为以下三种类型。

（1）策略性僵局。策略性僵局是指谈判的一方有意识地制造僵局，给对方造成压力而为己方争取时间和创造优势的延迟性质的一种策略。

（2）情绪性僵局。在谈判过程中，谈判一方的言行举止引起对方的反感，冲突升级，出现唇枪舌剑、互不相让，由此引发的僵局。

（3）实质性僵局。双方在谈判过程中涉及商务交易的核心——经济利益时，意见分歧差距较大，难以达成一致意见，双方又固守己见，毫不相让，就会导致实质性僵局。

二、商务谈判僵局处理的基本原则

谈判出现僵局，会影响谈判协议的达成，无疑是谈判人员都不愿看到的。因此，在双方都有诚意的谈判中，要尽量避免僵局。但是，无论是和风细雨的谈判还是激烈争辩的谈判，出现僵局几乎是不可避免的，仅从主观愿望上不愿出现谈判僵局是不够的，也是不现实的。谈判人员要正确认识，慎重对待僵局，把握商务谈判中处理僵局的基本原则。

（一）平等互利

谈判双方尽管从规模和经济实力上有大小、强弱之分，但从法律地位上讲，谈判双方享有平等的权利与义务。以势压人、损人利己，都不会建立良好的公共关系；而在强大的谈判对手面前诚惶诚恐，不敢维护自己合理的利益，只能使对手认为你软弱可欺。所以，在谈判中，谈判人员应保持一种平和又真挚的心态，在平等互利的基础上达成协议。

（二）沉着冷静

谈判人员在处理僵局时，要能防止和克服过激情绪所带来的干扰。一名优秀的谈判人员必须具备头脑冷静、心平气和的谈判素养。只有这样才能面对僵局而不慌乱。只有冷静思考，才能理清头绪，正确分析问题。如心平气和地对对方说："这些情况我们都认可，您能否换个角度来分析……"利用事实根据来证明所谈判内容的正确性，这样才能有效地解决问题，打破僵局；相反，靠拍桌子、踢椅子来处理僵局是于事无补的，反而会带来负面效应。

（三）欢迎反对意见

谈判人员提出的反对意见，一方面是谈判顺利进行的障碍，同时又是他们对议题感兴趣或渴望达成协议的信号。因此，作为一名谈判人员，不应对反对意见持拒绝的态度；而应持欢迎和尊重的态度。这种态度会使我们能更加平心静气地倾听对方的意见，从而掌握更多的信息和资料，也体现出一名谈判人员的宽广胸怀。

（四）认真倾听

在谈判对方发言时，己方代表一定要认真倾听，对对方的议题表示出极大的兴趣，其间可以用一些肢体语言如点头、微笑等，表达你的专心和关注。这种态度一方面可向对方传递对其尊重的信号，另一方面，可较为明确而又充分地弄清楚对方的意见，为下一步的谈判工作掌握主动权打下基础。

（五）语言适中

语言要适中是指谈判人员与对方洽谈业务时既不多讲，也不能太寡言。谈判人员不多说话的好处有：一方面，可以减轻对方的负担；另一方面，可以有更多的时间倾听对方的意见，以此探询和观察对方的动机和意图。谈判人员不能太寡言的好处有：一方面，可以满足对方自尊心的需要；另一方面，可以将自己的看法、意见反馈给对方，试探对方的反应。此外，谈判人员不太寡言还有利于形成对等的谈判气氛。

第三节　商务谈判僵局的利用和制造

在商务谈判实践中，很多谈判人员害怕僵局的出现，担心由于僵局而导致谈判暂停乃至最终破裂，由于没有认识到僵局的积极意义，也不善于利用和制造僵局。因此，学会利用和制造僵局对谈判人员维护自身利益，变被动为主动具有重要意义。

一、商务谈判僵局的利用

谈判僵局具有可利用性的特点。一方面，谈判人员可以利用僵局为实现自己的目标服务；另一方面，谈判人员可以通过有效地处理谈判僵局使谈判朝着有利于己方的方向发展。可见，作为一个优秀的谈判人员，可以利用谈判僵局的出现为己方服务。

（一）改变已有的谈判形势

由于谈判各方实力对比的差异，劣势条件下的谈判人员在整个谈判中处于不利地位。为了改变谈判形势，利用制造僵局的办法来提高自己的地位，使对方在僵局的压力下不断降低其期望值。

（二）争取有利的谈判条件

在谈判中，有些谈判要求是不可能在势均力敌的情况下实现的。为了取得更有利的谈判条件，谈判人员采用制造僵局的办法来提高自己的谈判地位，当对方的期望值降低以后，再采用折中方式结束谈判，使己方获得更有利的谈判条件。

（三）促成双方的理性合作

僵局带来的谈判暂停，可以使谈判双方都有机会重新审慎地回顾各自谈判的出发点，既能维护各自的合理利益又能挖掘双方的共同利益。如果双方都逐渐认识到弥补现存的差距是值得的，并愿意采取相应的措施，那么这样的谈判结果也符合谈判原来的目的。即使出现了谈判破裂，也可以避免非理性的合作。双方通过谈判，即使没有达成协议，但彼此之间加深了了解，为日后的合作打下了良好的基础。

二、商务谈判僵局的制造

谈判人员要利用僵局，首先需要学会制造僵局。谈判僵局出现后，会有两种后果：打破僵局继续谈判或谈判破裂。第二种后果是制造僵局的谈判人员所不愿意看到的。因此，制造僵局是有风险的，如何制造僵局，并使制造的僵局为己方服务，就成为谈判人员必须认真研究的问题。

（一）制造僵局的基本原则

制造僵局的基本原则是利用自己所制造的僵局给自己带来更大的利益，其基本做法是向对方提出较高要求。但所提的要求又不能高不可攀，因为要求太高会使对方认为没有谈判诚意而退出谈判。因此，目标的高度应以略高于对方所能接受的最不利条件（底线）为宜，以便最终通过自己的让步，仍以较高的目标取得谈判成功。同时，对自己要求的条件，要充分说明其合理性，以促使对方能够接受。

（二）制造僵局的一般方法

制造僵局的一般方法是向对方提出较高的要求，要对方全面接受自己的条件。对方可能只接受己方提出的部分条件，即作出少量让步后便要求己方也作出让步。此时，如果己方坚持自己的条件，以等待更有利的时机的到来，而对方又不能进一步作出更大让步时，谈判便陷入僵局。

第四节　商务谈判僵局的策略和技巧

谈判出现僵局，就会影响谈判协议的达成。无疑，这是谈判人员都不愿看到的。因此，在双方都有诚意的谈判中，应尽量避免出现僵局。但是，谈判本身又是双方利益的分配，是双方的讨价还价，僵局的出现也就不可避免。因此，仅从主观愿望上不愿出现谈判僵局是不够的，必须正确认识、慎重对待这一问题，掌握处理谈判僵局的策略与技巧，化干戈为玉帛，共同寻找解决问题的途径。

一、回避分歧，转移议题

当双方对某一议题产生严重分歧都不愿意让步而陷入僵局时，一味地争辩解决不了问题，可以采用回避有分歧的议题，换一个新的议题与对方谈判。这样做有两点好处：一是可以争取时间先进行其他问题的谈判，避免长时间的争辩耽误宝贵的时间；二是当其他议题经过谈判达成一致之后，对有分歧的问题产生正面影响，再回过头来谈陷入僵局的议题时，气氛会有所好转，思路会变得开阔，问题的解决便会比以前容易得多。

二、暂时休会，静候反思

在谈判中双方就某个问题产生争执，出现矛盾尖锐、情绪失控的状态。这时，提出休会是一个较好的缓和办法。双方可借休会时机冷静下来，仔细考虑争议的问题，也可以召集各自谈判小组成员，集思广益，商量具体的解决办法。当双方按照预定的时间、地点坐在一起时，会对原来的观点或看法提出修正的意见，这时，僵局就会较容易打破。

三、同理心

谈判实践告诉我们，谈判双方实现有效沟通的重要方式之一，就是要设身处地，从对方的角度来观察问题，这同样是打破僵局的好办法。

当谈判陷入僵局时，如果我们能够做到从对方角度思考问题，或使得对方站到我方的立场来思考问题，就能够多一些彼此之间的理解。这对消除误解与分歧、找到更多的共同点、构筑双方都能接受的方案，有积极的推动作用。当僵局出现时，首先应审视我方所提的条件是否合理，是不是有利于双方合作关系的长期发展，然后再从对方的角度看看对方所提的条件是否合理，实践证明如果善于用对方思考问题的方式进行分析，会获得更多打破僵局的思路。

四、选择替代方案

如果双方仅仅采用一种方案进行谈判，当这种方案不能为双方同时接受时，就容易形成僵局。实际上，谈判中往往存在多种满足双方利益的方案。在谈判准备期间，谈判人员应该准备出多种可供选择的方案。一旦一种方案遇到障碍，就可以提供其他的备用方案供对方选择，使“山重水复疑无路”的局面转变成“柳暗花明又一村”的好形势。谁能够创造性地提供可选择的方案，谁就能掌握谈判的主动权。当然这种替代方案要既能维护己方切身利益，又能兼顾对方的需求，才能使对方对替代方案感兴趣，进而从新的方案中寻找双方的共识。

五、更换谈判人员

在商务谈判中，由于主谈人的原因伤害了对方自尊心，或是由于主谈人的失误造成了谈判僵局，就应该考虑更换谈判人员，以缓和气氛、打破僵局。值得注意的是，己方应做好事后的补救工作，而且保持基本利益不能改变，不轻易作出让步。

六、改变谈判环境

正规的谈判场所，容易给人带来一种严肃沉闷的气氛，尤其在双方发生冲突、话不投机时，更容易使人产生压抑感。在这种情况下，改变谈判地点和场所，可以改变谈判的气氛，也可以给双方带来重新开始的感觉。比如组织双方人员搞一些娱乐性的活动，在这些轻松的活动中，双方可以不拘形式地对某些僵持、敏感的话题继续交换意见，这样可以使双方更冷静地分析僵局的原因，更容易解决问题。

七、找出漏洞，借题发挥

谈判实践告诉我们，在一些特定的形势下，抓住对方的漏洞、小题大做，会给对方一个措手不及。这对于突破谈判僵局会起到意想不到的效果，这就是所谓的从对方的漏洞中借题发挥。从对方的漏洞中借题发挥的做法有时被看作是一种无事生非、有伤感情的做法。然而，对于谈判对方某些人的不合作态度或试图恃强凌弱的做法，运用从对方的漏洞中借题发挥的方法作出反击，往往可以有效地使对方有所收敛。相反，不这样做反而会招致对方变本加厉的进攻，从而使我们在谈判中进一步陷入被动局面。

八、有效退让，以柔克刚

对于谈判的任何一方而言，坐到谈判桌上来的目的主要是为了成功地达成协议，而绝没有抱着失败的目的前来谈判的。因此，当谈判陷入僵局时，我们应清醒地认识到：如果促使合作成功所带来的利益要大于恪守原有立场而让谈判破裂所带来的好处，那么有效地退让也是我们应当采取策略。

作为一个成熟的谈判人员，应该明智地考虑在某些问题上稍作让步，而在另一些方面去争取更好的条件。谈判实践告诉人们：在商务谈判中，当谈判陷入僵局时，如果对双方的利益所在把握得恰当准确，那么就应以灵活的方式在某些方面采取退让的策略，去换取另外一些方面的利益，以挽回本来看来已经失败的谈判，达成双方都能够接受的协议。

九、坚持原则，以硬碰硬

当对方提出不合理条件，制造僵局，给己方施加压力时，特别是在一些原则问题上表现得蛮横无理时，要以坚决的态度据理力争。谈判陷入僵局时，如果双方的利益差距在合理限度内，即可明确地表明自己已无退路，希望对方能让步，否则情愿接受谈判破裂的结局。前提是：双方利益要求的差距不超过合理限度。只有在这种情况下，对方才有可能忍痛割舍部分期望利益、委曲求全，使谈判继续进行下去。相反，如果双方利益的差距太大，只靠对方单方面的努力与让步根本无法弥补差距时，就不能采用此策略，否则就只能使谈判破裂。

当谈判陷入僵局而又实在无计可施时，以硬碰硬策略往往成为最后一个可供选择的策略。在作出这一选择时，我们必须做好最坏的打算，否则就会显得茫然失措。切忌在毫无准备的条件下盲目滥用这一做法，因为这样只会吓跑对手，结果将是一无所获。

当然，处理僵局的策略与技巧还很多，上述介绍仅为处理僵局的常用策略。商务谈判僵局处理的成功与否，从根本上来讲，要取决于谈判人员的经验、直觉、应变能力等综合素质。从这种意义上讲，僵局突破是谈判的科学性与艺术性结合的产物。在现实的谈判中，谈判形式复杂多变，关键是要从实际情况出发，具体问题具体分析，灵活地运用策略，力争掌握谈判的主动权，实现谈判目标。

本章小结

商务谈判僵局是指在商务谈判过程中，当双方对所谈问题的利益要求差距较大，各方又都不肯作出让步，导致双方因暂时不可调和的矛盾而形成的对峙，使谈判呈现出一种不进不退的僵持局面。谈判人员要正确对待谈判中的僵局，既要有信心对付僵局，认真客观地分析双方意见分歧所在，冷静地估计谈判所面临的局势；还要学会利用僵局试探出谈判对手的诚意和决心。

根据谈判实践和经验，把谈判僵局产生的原因归纳为六个方面，即双方立场观点的争执、谈判人员的偏见或成见、谈判人员的强迫手段、沟通障碍、谈判人员行为的失误和偶发因素的干扰。

按照谈判进程划分，可以把僵局划分为协议期僵局和执行期僵局两大类；按照僵局形成的原因，可以把僵局划分为策略性僵局、实质性僵局和情绪性僵局三种。处理商务谈判僵局应遵循平等互利、沉着冷静、欢迎反对意见、认真倾听、语言适中的基本原则。

谈判僵局具有可利用性的特点。一方面，谈判人员可以利用僵局为实现自己的目标服务；另一方面，谈判人员可以通过有效地处理谈判僵局使谈判朝着有利于己方的方向发展。制造僵局的基本原则是利用自己所制造的僵局给自己带来更大的利益，其基本做法是向对方提出较高要求。但所提的要求又不能高不可攀，因为要求太高会使对方认为没有谈判诚意而退出谈判。

常见的处理谈判僵局的策略与技巧有：回避分歧，转移议题；暂时休会，静候反思；同理心；选择替代方案；更换谈判人员；改变谈判环境；找出漏洞，借题发挥；有效退让，以柔克刚；坚持原则，以硬碰硬。

复习思考题

1. 僵局产生的原因有哪些？
2. 商务谈判僵局处理的基本原则有哪些？
3. 商务谈判僵局的利用表现在哪些方面？
4. 请列举五个处理商务谈判僵局的策略和技巧。

参考案例

案例 1：

中美知识产权交锋

中美在知识产权上的交锋由来已久。中美在知识产权保护方面依据的是一个双边协定，即 1980 年的《中美贸易关系协定》。依据该协定，每一方提供的专利、商标和著作权，对方应该给予自己的此类产品相适应的保护。在随后的几十年里，在中美经贸关系迅速发展的同时，两国在知识产权领域的争端也日渐浮出水面，并且已经爆发过多次，尤其自 20 世纪 80 年代中期以来，中美知识产权之争更是多次剑拔弩张，而最终又通过一次次的相互让步，平息了争端。

1989 年，美国在《中美贸易关系协定》签订后第一次将中国的知识产权问题列入重要观察名单。对此，中国政府与美国政府进行了积极的磋商，双方于同年 5 月中旬在华盛顿达成了一个《谅解备忘录》。在该备忘录中，中国政府承诺，中国将制订符合国际惯例的版权法，其中计算机程序将作为特殊种类的作品予以保护；中国将修改《专利法》，以延长专利保护期限和扩大专利保护范围；中国将参加一些保护知识产权的国际公约等。

但是问题远未结束，两年后，也就是 1991 年 5 月，美国贸易代表将中国从“重点观察名单”升至“重点国家名单”中，这进一步加剧了美中知识产权的争端。美方的理由是，与中国已经举行的多次双边谈判没有在知识产权保护方面取得进展；中国缺乏对美国知识产权充分有效的保护；中国知识产权法律落后，缺乏对不正当竞争的制裁等。提出的这些问题，对我们的政府无疑是个严峻的考验。

为了达成进一步地理解，我国政府以理性的态度予以分析，并以积极的姿态同美国进行了谈判。我国政府客观承认了美方提出的问题，承诺全面修改知识产权法律，提高保护知识产权的水平。并于 1992 年下半年修订了《专利法》、《商标法》，颁布了《反不正当竞争法》。双方在这次谈判中都有所让步，美方承诺不对中国进行制裁，并同中国签署了《中美关于知识产权保护的谅解备忘录》，一场贸易大战在双方的让步中得以避免。

此后，中美在知识产权的问题上沉默了两年时间。两年后，美国贸易代表坎特再次宣布将中国列入特别 301 条款的重点观察名单，指责中国知识产权保护不力，使美国企业蒙受巨大损失。从那时起，中美之间又进行了多次谈判，但成果甚微。1994 年年中，美国正式将中国列为特别 301 条款贸易报复的重点国家，进而美国将知识产权谈判同中国复关谈判联系在一起，声称知识产权保护不能达成协议，则它将不考虑我国的复关问题。美国方面还要求中方修改知识产权法律；允许外国知识产权机构在中国设立办事处，并保证这些办事处开展活动不受限制；取消正在实行的商标代理制；在签订知识产权保护协议后，开始一个打击侵权特别实施期；甚至要求中国修改司法制度，特别是修改《民事诉讼法》中对侵权案件的审理期限和减少诉讼费用，以切实保障美国的知识产权。

一场马拉松式的艰难谈判开始了。1994 年 12 月，由于谈判毫无结果，美方代表不辞而别，接着美国贸易代表坎特代表美国政府于 12 月 31 日单方面宣布，如果中国在 1995 年 2 月 4 日之前不能满足美方提出的有关保护美国知识产权的要求，将对中国实行贸易制裁。随之又公布了涉及中国对美国价值 28 亿美元的出口商品的保护清单。同日，中国对贸易经济贸易合作部门公布了对美国的反报复清单。

但报复终究是最糟糕的措施，双方都认识到这样的报复于己不利。只有通过谈判，通过争取和妥协达成一致才是正确的道路。在 1995 年最初的两个月里，中美双方代表两次重返谈判桌，终于在 2 月 26 日达成了《中美关于保护知识产权的协议》。美方承诺中止对中国的侵权调查和撤销对中国的报复措施，并保证为中国知识产权的执法提供技术上的援助。中方承诺采取有效执法措施，建立相应的执法制度以加强对知识产权的保护力度。但美方要求中国改革司法审判制度等不合理要求则被中方拒绝，这份协议使双方避免了 场贸易战。

案例 2：

良好的沟通是合作的基础

汤米影视是一家新开的电视制作公司，目前正在为三家主要的电视网制作一个专题片。某位行政官员比较喜欢他们的想法，于是和汤米协商拍一系列的专题片。由于汤米从来没有制作过应用于电视网的专题片，对方要求汤米同一家经验更丰富的电视制作公司（BN）联合进行制作。在制作过程中，汤米和 BN 由一家代理商（DD）出任代理业务。事实上，BN 是这家代理商最大的客户之一，已经和他们建立了相当稳固的关系。

经过谈判之后，他们坚决反对这个合作计划。然而，由于没有其他更好的选择，他们只能继续谈下去，其中的争议表现为：

（1）该项目的荣誉归属，即冠名时的先后顺序。

（2）资金方面的补偿。

（3）与电视网后续合作项目的选择。

汤米最关心的就是荣誉的归属以及未来项目的选择问题，这个关系到他在业界的荣誉。然而，在谈判中，汤米感到想要讨好他的股东十分困难，因为股东们最关心的是汤米的短期利益，他们不想继续在汤米身上押下去，除非他们能够在不远的将来让股东们得到真正的实惠。最终，汤米决定在和电视网以及BN的谈判中将金钱和荣誉放在同等的位置。

在代理商的努力下，三方的负责人最终达成了这样的一个结果：给予汤米最靠前的冠名以及相当可观的资金补偿。

然而，随后这家代理公司给对方送去了一份备忘录，指出节目的署名必须是“汤米协助BN完成”，并且要求对方将来的项目选择必须部分甚至完全通过BN。汤米被代理商的公然背叛行为激怒了，于是另找了一个新的代理商。此外，汤米还扬言要控告原来的那家代理商，这个威胁后来被证明是不起作用的，因为不论汤米还是那家代理商都认为陪审团不会站在汤米这一边的。

最终，汤米开始试图在与对方的合作过程中另找一个合作者，即新天地制作公司（NS)。基于这一新情况的出现，BN和DD的态度开始转变，谈判的进程又朝着原来预定的方向发展了。

第十章 商务谈判的风险与规避

学习目的和要求

通过本章的学习，使学生了解商务谈判风险的含义及特征；掌握商务谈判风险的种类以及相应的内容，并能够掌握判断各种风险的基本方法；掌握商务谈判风险规避的方法，能够结合实际案例选择规避风险的有效手段。

第一节 商务谈判的风险

在商务活动交往中，风险是难以避免的，对于谈判双方来讲，都是同样存在的，只是有些风险是需要双方共同对付的，有些则可能是在双方之间相互转换的，而有些仅是一方所独有的。因此，必须搞清楚在商务谈判中所有可能造成直接和间接经济损失的原因与程度，以及在谈判中采取怎样的对策来规避风险，以避免和减少这种损失。

一、商务谈判风险的含义及特征

一般来说，商务谈判风险是指在商务谈判中由于某些谈判环境因素、谈判对手因素或者谈判内部因素的作用，使得谈判出错或者失误，无法达到预期目标的可能。在任何商务谈判中，谈判风险都是存在的。

商务谈判风险具有不可预见性、突发性、可控性等特征。对于风险的控制可分为事前控制和事后控制。事前控制是指在风险发生之前针对可能会发生的风险做好预防、避免的工作；事后控制则是指在风险发生之后，采取一定的措施降低风险对谈判带来的影响。具体的控制方法要根据风险种类的不同来具体使用。

二、商务谈判风险的种类

商务谈判风险按照谈判风险的来源可分为环境风险、谈判对手风险和谈判内部风险三种。

（一）环境风险

环境风险是指由于谈判外部环境变化所带来的谈判风险，具体包括社会风险和自然风险两大类。前者又包含政治风险、市场风险和技术风险，后者则是指由于商务谈判所处的外部自然环境发生变化，而对商务谈判过程和主体产生影响的可能性。虽然商务谈判是一项经济活动，但是，自然条件的变化也会对其产生影响。例如，自然灾害不仅可能影响商务谈判标的物的生长、存储环境，也有可能对谈判举行地产生影响，从而影响谈判的进程。但由于自然环境变化的不可控性，商务谈判人员将更多地关注社会环境风险。

1. 政治风险

经济作为社会生活和政治基础决定着政治格局，政治又反过来推动或抑制着经济的发展。自古以来，两者之间的这种辩证关系不断反映在国际政治与经济生活中。17 世纪下半叶，著名的三次英荷战争的目的就是为了争夺殖民地市场和国际贸易中的优势。18 世纪 70 年代，英国加强对北美经济的掠夺，最终导致了持续 7 年的美国独立战争。20 世纪以来，由于经济利益冲突带来的地区战争此起彼伏，海湾战争、科索沃战争就是较近的例证。此外，出于政治上的原因而对友方的经济援助、经济同盟，对敌方的经济封锁、终止贸易往来等做法更是屡见不鲜。比如20世纪50年代西方国家对新中国的经济封锁，第二次世界大战后美、英、法等国对战败国日、德的“输血”扶持，近年来欧共体的建立，北美自由贸易区的建立，西方国家对某些国家实行贸易禁运等。这些都是政治与经济相互联系的典型例子。

商务谈判的政治风险主要来自谈判双方所处的政治环境的不确定性。政治环境主要包括一国的政治局面、政府的管理方式以及政府的方针政策等对商务谈判活动所产生的影响力。政治局面的稳定性，政府对经济发展和企业的管理方式，政府制订的有关经济运行和企业经营的方针政策等均对商务谈判过程产生影响。但不同的政治因素产生的作用方式是不同的。政治局面的稳定虽然不是一项商务谈判的充分条件，却是谈判进行的必要条件，动荡的政治环境必然会导致谈判无法正常地运转，进而危及谈判的存续。所谓政治风险，一般指因政治因素的不确定性而对商务谈判中的企业造成的影响。这种不确定性可能是正面影响，也可能是负面影响，商务谈判中的政治风险通常限定为后者。由于政治风险难以识别，影响力大，政府对商务谈判活动的任何干预都会在不同程度上影响谈判的顺利与否及其谈判的价值，所以是所有风险中最具威胁性的。

（1）在商务活动中，政治风险首先是指由于政策变更所带来的风险，即因谈判对手所在国家政策变更而给外国投资企业造成的不利影响。这种变更可能是东道国政权的更迭、社会经济形势出现了新情况而打破了政策的连续性，一般并不有意针对投资企业；但更多的是，东道国认为外国投资企业存在明显或潜在的不利于本国的动态，从而在政策上有意作出调整。我国企业跨国投资所遭遇的政治风险主要属于这一类。比如，吉利公司2005年计划在马来西亚制造、组装和出口吉利汽车，当生产准备工作一切就绪并准备年底正式开工时，马来西亚政府出于保护本国汽车产业的目的，突然宣布新进入的汽车品牌在该国生产的汽车不能在该国销售，必须100%出口。这一政策变动使吉利公司蒙受巨大损失。再如，第二次世界大战后一些发展中国家先后实行国有化政策，一夜之间外来资本被剥夺。至今这一做法仍使不少发达国家在考虑向发展中国家进行投资时顾虑重重。如2006年4月，厄瓜多尔议会就通过了一项石油改革法案，规定包括中国企业在内的所有外国公司必须将利润的50%交给厄瓜多尔政府，政府根据修改后的《石油法》同外国公司重新进行石油合同的谈判。这几年，我国在委内瑞拉、秘鲁、厄瓜多尔、巴西、古巴等拉美国家进行能源项目投资时，遭遇这类“温和”国有化风险的情况非常多。

（2）政治风险也包括由于商务合作上的不当或者误会给国家间的政治关系蒙上阴影。如前几年中国布鞋风靡一些西欧和中东国家，在法国几乎人均一双中国布鞋。然而突然在某一天，在一些阿拉伯国家，有人发现一批中国布鞋的鞋底波纹近似于阿拉伯文“真主”的字样，即刻引来了一片愤怒，我国驻外使馆也因此遭到骚扰。这批布鞋被封存，最后通过埃及一位颇有影响力的宗教领袖出面解释，风波才渐渐平息。由此可见，政治因素确实与商务谈判活动有着千丝万缕的联系。而且这种联系决定了政治风险的客观存在，一旦造成不良后果，往往难以挽回消极影响，损失难以弥补。因此，提高预见和预防政治风险的能力是开展国际商务合作的重要问题。

（3）政治局势的变化或国际冲突也会给有关商务谈判活动带来明显的危害和损失，即因为谈判对手所在国家境内发生战争与动乱而给外国投资企业造成的不利影响。当今世界整体是和平稳定的，但局部地区的国家关系恶化、政权争夺、民族纠纷、宗教矛盾等因素引发的战争与动乱也是此起彼伏。这对跨国投资的中国企业有很大的潜在危险。比如，苏丹是我国最大的国外石油投资所在地，也是我国的友好合作国家。但是自1956年苏丹独立以来，除了从1972～1982年这十年之外，苏丹的内战到今天都没停过，投资安全系数极低。这对已在该国投下巨资的中石油来说，一直为所投项目忧心忡忡，不敢过多增加投资。

综上所述，政治风险主要发生在国际商务谈判中，要避免或减小政治风险，应在谈判前分析该国的国家制度、政局稳定性以及国家宏观政策的延续性，并且分析其在短期内是否会出现政局动荡、宏观政策调整等变化，从而选择是否开展商务谈判并制订应急措施。

2. 市场风险

市场风险是指商务谈判的经济环境和市场环境的变化给谈判带来变化的可能性。特别是那种跨国间的国际商务谈判，不仅以某一国家的国内市场为依据，而且还要以国际市场为准绳，才能保证其公平性和合理性。然而由于国际市场上的各种因素的复杂性和动态性，就不可避免地给市场参与者和谈判人员带来各种损益的可能性，其风险主要有汇率风险、利率风险和价格风险。

（1）汇率风险。汇率风险是指在较长的付款期中，由于汇率变动而造成结汇损失的风险。在国际货币市场上各种货币之间汇率的涨落天天发生。然而当这种涨落十分微小而货币交易量又不大时，对于交易双方来说其损益状况可能都是微不足道的。当这种涨落在一段时期内变得十分明显，而且又涉及巨额货币交易量时，其结果会使一方欢欣不已，另一方则痛心疾首。汇率风险主要发生在国际商务谈判活动中，由于双方往往使用不同的货币，在签订商务合同的时候，一般是采用一种货币作为货款结算标准，两种货币之间的汇率一般会参考当时的国际市场汇率。由于国际市场上不同货币种类之间的汇率变化无常，难以预测，且在合同签订到合同履行之间会经历一段时间，在这段时间汇率会发生变动，从而影响到最后货款支付的数额，所以存在外汇风险。例如，上海某商业大楼项目借日元还美元，结果损失巨大，这就是非常典型的一个例子。又如，我国某企业向银行贷款100万美元进行投资，期限为一年，年利率为10%。假如贷款时美元与人民币的汇率是1美元＝3.70元人民币，那么企业贷进100万美元的等值人民币是370万元，这是企业的债务额。一年到期后，企业以人民币偿还。如果这时美元对人民币的汇率变为1美元＝4.70元人民币。那么企业以人民币表示的债务额就是517万元。其中，本金债务额是470万元人民币，利息债务额是47万元人民币。如果不计利息，就可以看到，企业偿还本金100万美元所需的人民币期末比期初要多支出100万元。这就是由于汇率变动所带来的外汇买卖风险。这样的例子对于缺乏汇率风险意识的发展中国家来说是不胜枚举的。

虽然汇率风险很难预测，但仍可通过一定的途径来避免或者减轻其带来的影响。一般来说，有以下几种主要途径：一是随时观察国际外汇市场的汇率波动状况。如果遇到汇率波动比较剧烈的情况，可以考虑推迟合同签订的时间，等待汇率稳定下来之后再考虑签订合同。二是尽量缩短从合同签订到货款结算之间的期限。因为这一期限与外汇风险的大小相关。时间越长，汇率波动的可能性越大；反之则越短。所以，要减少外汇风险，缩短从合同签订到货款结算之间的期限是一个切实可行的途径。三是在合同中添加相关的附加条款。在谈判协议中约定以合同签订时的汇率作为最后货款结算时本外币的兑换汇率，从而排除外汇风险。

当然，这样也会失去由于汇率变动而带来的额外收益的机会。四是进行科学的外汇风险管理，选择适当的金融产品，如远期外汇买卖、外汇期权、人民币与外币的掉期、与汇率挂钩的结构性存款等。

（2）利率风险。利率是金融市场的杠杆，利率的变动制约着资金的供给与需求的方向和数量。由于国际货币基金组织、世界银行以及各国政府提供的贷款一般具有还款期限长、固定利率低的特点。因此，这种含有捐助性质的贷款一般不存在利率风险。利率风险主要是指国际金融市场上由于各种商业贷款利率的变动而可能给当事人带来损失的风险。如果贷款以固定利率计息，则同种贷款利率升高或降低就会使放款人损失或得益，受款人得益或损失。这种利率风险对于借贷双方都是同时存在并反向作用的。自20世纪70年代以来，由于各国受日趋严重的通货膨胀的影响，国际金融市场利率波动的幅度较大。金融机构很少贷出利率固定的长期贷款，因为放出长期贷款需要有相应的资金来源作支持。由于资金来源主要是短期贷款，而短期贷款利率接近市场利率。因此在通货膨胀的情况下，借入短期贷款而放出长期贷款的机构显然就要承受风险损失。为了避免这种损失，在国际信贷业务中逐渐形成在长期贷款中按不同的利率计息，主要有变动利率、浮动利率和期货利率，这些利率都有按金融市场行情变化而变化的特点。因此在通货膨胀的情况下，放出贷款的机构可由此得以降低损失。

但对于因开展国际商务活动而需筹措资金者，就应该根据具体情况采取相应的办法。如果筹资时市场利率估计已达顶峰，有回跌之趋势，则以先借短期贷款或以浮动利率借入长期贷款为宜。这样，在利率回跌时就可再更新短期借款。如果筹资时市场利率较低，并有回升的趋势，则应争取设法借入固定利率的长期借款。

由于对国际金融市场行情的观察角度不一，认识深度不一，对行情趋势的分析也会不同。因此利用国际商业贷款从事商务活动，其承担的利率风险是不可避免的。例如，我国某企业从美国进口一套设备，以美元计价，总金额为200万美元。签订合同时汇率是1美元＝4.73元人民币，对中方企业来讲，进口设备的人民币价格是2000×4.73＝946万元。三个月后，设备装船交货。中方支付货款时的汇率已变为1美元＝5.07元人民币。在此汇率下中方进口该套设备的人民币价格就变为200×5.07＝1014万元，较签订合同时上升了1014－946＝68万元。因此，中方企业必须较订立合同时多支付68万元的人民币才能获得这套设备。在这场交易中，汇率风险的损失都是由中方承担的。对美国商人来讲，由于没有发生本币与外币的兑换，合同价格与其实际收到的货款都是200万美元，因而没有任何风险。

（3）价格风险。这里谈的价格风险是狭义的价格风险，它撇开了作为外汇价格的汇率和作为资金价格的利率的风险问题。它主要是对于投资规模较大、延续时间较长的项目而言的。例如，大型工程所需要的有些设备往往要在项目建设后期提供。由此，在项目建设的初期，甚至在合同谈判阶段就把这些设备的价格确定下来并予以固定是具有风险的，因为许多情况是要发生变化的。

影响工程设备远期价格的因素很多，主要有下面四种。

1）原材料价格。一般而言，钢材、有色金属、木材等价格随着时间的推移一般是要上升的。

2）工资也是一项不断增长的费用。

3）汇率和利率风险。

4）国内外其他政治经济情况的变动，如地区冲突、石油禁运等。

因此，在合同标的金额较大、建设周期较长的情况下，若硬性要求对方以固定价格形式报价，就会使对方片面夸大那些不确定的因素，并把它全部转移到固定价格中，使固定价格最终偏高，并构成一种风险。

一般而言，价格形式除了固定价格以外，还有浮动价格和期货价格。期货价格既有避险的动因，也有投机的动因。然而无论是何者都表明了其隐含的风险。当我们对国际期货市场买卖尚缺乏经验时，采用浮动价格形式不失为一种积极的、稳妥的方法。采用浮动价格形式，虽然不能同时避免汇率风险和利率风险，但至少可以在决定原材料、工资等方面的情况时更具有客观性、公平性与合理性。由此，在一些大型涉外项目合作中，对于那些需要外商在项目建设开始后 5～7 年才提供的有关设备，就可采用浮动价格形式。这样可以避免外商夸大原材料价格、工资等上涨因素，相对节约了项目投资。国际商务往来中价格风险不仅存在于硬件价格中，同时也存在于软件价格中。长期以来，我国对软件方面的投资不够重视。其实，一定的软件投资对于发展中国家来说不仅重要，而且是必要的。然而计算合理的软件价格是一件十分困难的事情。虽然在理论上，可将对机会成本、市场占有率等因素的分析作为计算的依据，但是受市场供求关系的影响，确定软件价格的弹性很大。因此，我们可以充分利用国外著名的管理咨询公司、专利事务所、律师事务所和会计事务所等，通过他们的帮助来确定软件价格。

综上所述，市场需求的起伏波动决定着国际市场中外汇、资金、生产资料和劳务的价格变动，其中风险时时处处都存在。值得注意的是，汇率、利率、价格的变动往往不是单一的。它们既可能归之于某一种共同因素的影响，又可能在它们之间构成互为因果的作用。所以汇率风险、利率风险、价格风险常常是错综复杂，交织在一起的。

3. 技术风险

在商务谈判中，特别是国际商务谈判中，有很多是有关引进技术、设备以及管理经验的谈判。这些谈判都会涉及各类技术问题，不仅有项目的技术工艺要求，还有项目管理的技术问题。由于国家技术环境的变化和谈判中信息的不对称性，往往会产生技术风险。技术风险主要包括技术超标风险、技术落后风险以及技术强迫风险。

（1）技术超标风险。技术超标风险是指由于技术或设备引进方对技术及设备的使用情况不了解，对技术水平提出过高要求，超出了实际需要的水平，从而造成成本过高的风险。在涉及引进技术、引进设备等项目谈判中，引进方在进行项目技术谈判时，常有不适当地提出过高技术指标的情况。这种情况对于发展中国家来讲是比较普遍的现象，特别是那些参与谈判的工程技术人员总是希望对方提供的技术越先进、越完善，功能越全面越好。这样做实际上也为项目成本的大幅度增长埋下了种子。例如，在一项远距离控制系统设备的引进及项目管理中，我方技术人员向外方提出了过多的要求，这给我方商务人员在合同价格谈判时带来了很大的困难。需要指出的是，在项目管理中，我方要求外方承担部分责任。而这部分工作涉及我方负责的项目部分，外方感到要承担这种责任存在过多的不确定因素。这些因素对外方来讲都是未知的。因此外方认为做这些事情风险很大，依据“较大的风险，较多的收益”的准则，他们提出的报价就比较高。他们企图在最大的风险条件下依旧能获得稳定的收益，通过抬高合同价格的途径把风险重新转移给我方。由此可见，过高要求技术指标也会带来风险。所以，我们的工程技术人员、谈判人员在提出有关要求时，应考虑这些要求既要能符合我方的需要，又要能符合对方的技术规范。这样不仅在技术上可行，在经济上也可以达到合理的目标，并且有助于商务谈判的顺利发展。

（2）技术落后风险。技术落后风险由于引进的技术或设备落后于引进方的需要或国际先进水平，达不到对技术及设备的改造要求，从而遭受损失的风险。造成技术落后风险的原因主要有两个：一是由于合作伙伴选择不当引起的风险，主要是来自于技术或设备输出商将落后的技术输出，并且对其先进性进行隐瞒，从而造成引进方的损失；二是来自于国家技术环境的变化，由于国际上技术更新换代的速度加快，造成引进前后技术水品在短期内落后。发展中国家在开展国际经济合作中，常常以引进资金、技术、设备及管理为主要内容。但能否如愿以偿地从发达国家的合作伙伴中得到这些内容，却往往不是十分确定的。不能仅仅认为对方是发达国家的企业，拥有先进技术，就一定能保证合作顺利成功。在我国某市的一个大型项目中，谈判人员选择了美国的一家中型企业作为技术设备供应商。但是实践证明，这个选择是不慎重的。这家公司技术比较先进，但它的资金实力、商务协调能力比较差，对中国的情况不了解，缺乏在中国开展活动的经验。特别是它在美国收购了另一家公司，此家公司曾向银行借贷了一笔款项，到期无力偿还，这笔债务就转而由这家公司承担。然而这家公司此时又无足够的资金抵债，于是被银行冻结了它的银行账务往来，各项业务被迫停止，并累及与我国某市合同的履行。鉴于此项目的重要性，本已紧张的工期不能够再拖延，最后我方只得采取非常措施帮助该公司继续履行合同，使其摆脱困境，也使该工程得以完成。所以，在商务合作项目中，除了考虑合作伙伴的技术状况之外，考察其资信条件、管理经验等方面的情况也是一个相当重要的问题。只有选择了合适的伙伴，才有可能保证项目合作达到预定的目的。对于那些重要的、敏感的工程，我们更要寻找信誉良好、有实力的合作伙伴，就是为此承担稍高一些的合同价格也是完全值得的。

因此，要规避技术落后风险，应该在充分调查对方信息基础上，并要求对方提供技术或设备先进程度的保证之后再慎重选择合作伙伴，同时，密切注意国际上同行业内技术及设备的最新发展水平以及发展趋势和动态，从而避免为己方带来不必要的风险。

（3）技术强迫风险。在国际政治事务上，往往会有一些大国凭借自己的实力强迫弱小国家接受它们提出的方案，否则就以各种制裁相威胁。在这种形势下，事态的发展要么以弱小国家屈服妥协为结局；要么导致冲突加剧升级，甚至可能带来战争的危险。

与此类似，在国际商务活动中，一些发达国家的企业在与发展中国家的企业交往中，利用发展中国家的企业有求于发达国家的特点，比如希望给予政府贷款，要求转让某些技术等，在项目合作条件中，对发展中国家提出苛刻要求的事也是时有发生的。于是，发展中国家的企业就面临着强迫风险：要么接受不公平的条件，承受利益分配上的不平等；要么拒绝无理要求，承受机会成本的损失。对于发展中国家来讲，既要维护与发达国家企业的合作，又要维护自己的合理利益，这确实是有相当难度的一个两难选择。

反过来，发展中国家的有些企业在开展对外商务合作时，俨然以高高在上的“皇帝”自居，对国外客商的合作条件横加挑剔，强迫对方做一些他们根本做不到或者做不好的事情。甚至以为这是理所当然的，唯有如此才能保证自己的利益不受侵犯。殊不知，这样一来，谈判就容易陷入僵局。如果对方知趣撤退，到头来就会落得一个“鸡飞蛋打”的下场，而且很难希望其他的客商会“乘虚而入”自愿挨“宰”。即使最终对方被迫让步，接受了我们的要求。但是商人“不做亏本的买卖”的禀性使他们在日后的合作中一定会伺机把他们早先失去的利益再偷偷摸摸地找回去。这种明亏暗补的做法，最明显的莫过于偷工减料，由此会对整个项目造成危害。对于这些商务谈判人员来说，其结果也只能是真正领受一次“捡了芝麻，丢了西瓜”的滋味而已。曾有一个重大工程项目由中方某公司与外方某公司联合承包，由中方公司提供部分技术和设备。在合同谈判中，中方公司为了降低自己的风险，坚持要求外方公司负责整个项目的管理工作。外方公司认为整个项目主要是由中方公司承担的，这部分项目管理工作不应由外方公司负责，不愿因此承担连带责任。由于外方公司曾在十多年前因连带责任陷入危机，险些破产，心有余悸，因此谈判陷入僵局。后来，中方有关部门作了适当的让步，矛盾才得以解决。

事实上，发展中国家在商务谈判中采取“强迫”的做法是与“奢求”的思想一脉相承的。当奢求的愿望变得愈加强烈，并且自恃有利的地位逐步在态度上变得强硬起来，那么“强迫”就会发生。同时，风险也伴随而来了。看来，在对外商务合作中，我们既要反对国外合作伙伴的大国沙文主义立场，也要警惕我们自身的某种强人所难的态度和做法可能给合作带来的危害。

（二）谈判对手风险

来自谈判对手的风险，主要是表现为谈判对手有可能采取欺诈、暴力、贿赂等各种非法谈判手段来设置各种谈判陷阱。

1. 欺诈

欺诈是指在商务谈判中利用伪造、欺骗等手段给谈判对手以错误信息，从而使己方获利的行为。商务欺诈行为主要有合同欺诈、金融欺诈、保险欺诈、广告欺诈和海运欺诈五类，而在商务谈判中出现的多是合同欺诈和金融欺诈。

2. 暴力

暴力是指谈判中的一方为了达到其谈判目的，使用暴力手段威胁、恐吓或者强迫谈判对手答应其谈判条件的行为。

3. 贿赂

贿赂是指谈判中一方为了达到其谈判目的，利用向谈判对手个人行贿来使其答应己方的谈判条件。

4. 窃取

窃取是指谈判中为了获取更多的有关谈判对手的信息，使用偷窃的手段获取谈判对手的资料行为。

5. 监视

监视这种手段常常被谈判中的主方使用，他们利用己方安排谈判地点、时间以及客房住宿、行程等优势，暗中对谈判客方进行监视，从而获得客方的内部消息，为谈判进程创造有利地位。作为谈判的客方，要避免被监视的情况。不完全听任主方的安排，提出部分自己的意见和建议；在到达下榻地点以及谈判地点时，及时仔细检查布局结构，排除被监视的可能；灵活安排谈判桌外的活动并尽量分散活动，在内部集体讨论时也应该注意周围环境，防止被监视和窃听。一旦发现被监视和窃听，要及时掌握证据，并以此敦促对方停止这种行为，否则将终止谈判甚至报警。

以上几种行为均为非法行为，只是严重程度不同，谈判人员要及时掌握谈判进程中的各种迹象，若发现以上行为，受害方要及时报警，并暂停谈判。

（三）谈判内部风险

谈判内部风险主要是指由于谈判人员在性格、知识、能力、经验等方面存有漏洞，并被谈判对手抓住而失去谈判中的有利地位，从而导致谈判目标无法实现的风险。因此，这种风险也可称之为素质风险。在商务合作中，当谈判主题一经明确，谈判人员一经确定，风险即已形成。事实上，谈判人员的无知、好自我表现、怕担责任、经验不足、不适宜地隐瞒真相、拖延时间、最后通牒等手段都会给谈判与交易带来风险。因此，无论是谈判人员作风方面的，还是知识经验、策略技巧方面的不足或失误都极可能造成谈判陷入僵局乃至败局的结果。一般来说，商务谈判中，谈判人员的内部风险主要是由于心理素质不过硬，专业知识和经验不足所造成的。

1. 心理素质不过硬

具有性格缺陷的人不适宜参加谈判，如固执的人、意志薄弱的人、不愿意合作的人等。这些有性格缺陷的人，一旦参加谈判很容易被对方发现并利用，同时也会作为主要攻击对象。这些人面对攻击很容易将性格的弱点放大，并影响谈判计划的进行，从而由主动陷入被动局面。如有的谈判人员在谈判过程中表现出急躁情绪，急于求成，好表现自己，或者拖泥带水，迟缓犹豫，怕承担责任，并由此造成不能真正把握时机，争取最佳获益。事实上，造成这种风险固然有谈判人员先天的性格因素，但更重要的往往是谈判作风方面的问题。还有些谈判人员不敢担负责任，一遇到来自对方的压力或来自自己上司的压力，就感到难以适从，不能自主。具体表现为：有时在未与对方充分交涉洽商的情况下匆忙作出承诺，使经过努力可以争取获得更大利益的局面丧失殆尽；有时则久拖不决，不从工作出发，而是沉湎于谈判结果对于个人进退得失影响的考虑，不能争取更有吸引力的合作前景。甚至有的谈判人员刚愎自用，自我表现欲望过强，在谈判中坚持一切都要以他的建议为合作条件，寸步不让，从而使有些合作伙伴不得不知难而退。例如，我国某企业打算引进一批先进设备。经有关部门牵线搭桥和多方比较，最终选定某国 A 公司的产品。A 公司以前从未与中国有过直接的业务来往，因而合作态度十分积极，希望借此机会开拓中国市场。为此，A 公司在商务谈判中报出了非常优惠的价格。然而，中方主谈者是一位新上任的副厂长，为了表现自己，把谈判看成是一场胜负赛，不顾实际情况再三地向对方压价，并在合同条款上向 A 公司提出了许多实在难以让人接受的条件。如对于一台定制设备，要求 A 公司交货后必须 10 天内安装调试完毕，等等。这位副厂长还公然声称："合同签订七八个都可以，大不了再改嘛！"这种表面看来有些毛糙的性格，实际上却是作风不踏实、责任心不强的反映。显然这种做法只会把客商吓跑，丧失一个好的合作机会。可见，不良的性格常常会给谈判带来消极的影响。

谈判中的心理缺陷是由于谈判人员的心理素质不过硬，加上对方的干扰而形成的。这些缺陷可能包括不自信、怀疑、恐惧、烦躁、悲观、盲目乐观、骄傲等，无论是消极的还是过分积极的情绪和心理，都会造成对谈判目标和谈判过程的错误判断。而这些缺陷一旦被谈判对手发现，很容易通过对方的施压、迷惑和干扰等手段夸大己方不良情绪，并且利用这些不良情绪来削弱己方的谈判实力，从而控制谈判局势，所以，在谈判中要尽量挑选心理素质好的谈判人员，并且在谈判前做好足够的准备，以防止在谈判中因为突发事件而产生强烈的心理变化。一旦在谈判中有人员产生了不良的情绪，其他成员应该首先发现，并且及时疏导他的不良情绪，同时防止感染其他人。

2. 专业知识和经验不足

在商务活动中，由于缺乏必需的知识，又没有充分的调查与研究以及细心地向专家请教，也会带来隐患。例如，我国某公司曾在泰国承包了一个工程项目，由于不了解施工时期是泰国的雨季，运过去的轮胎式机械在泥泞的施工场地上根本无法施展身手，只得重新再组织履带式机械。因为耽搁了采购、报关、运输时间，以至延误了工期，于是对方提出了索赔。如果当初我们能多懂一点世界地理知识，知道泰国的气候特点或主动向专家了解一下在泰国的施工可能遇到的困难，那么后来最终蒙受的经济损失和信誉损失就会得以避免。其实，在商务合作中，对客观环境不够了解，对专业问题不够熟悉是很正常的事情。关键是谈判人员要正视自己的这种不足。那些应该掌握的情况、可以预知的知识缺陷是可以通过一定的途径、方式加以了解和弥补的，否则就可能蒙受不必要的经济损失。如果所面临的未知因素是事先无法预测和控制的，即主要是由外界环境的意外变化引起与决定的，那么自然也只能被动应付。尽管有些情况反映了谈判人员在专业知识方面存在不足，但是只要事先能充分地进行调查分析、认真全面地做好可行性研究，特别是聘请一些专家顾问，如工程技术人员、律师、会计师等参与可行性研究，那么就可能对这些客观因素的影响作出预先的估计，并可相应地采取一些防范措施。

第二节 商务谈判风险的规避

随着经济全球化的发展，商务谈判的活动范围更加广泛，谈判环境也更为复杂，由此所引发的风险问题也越来越严重。因此，对风险的研究与防范已经成为商务谈判人员的必修内容。

一、提高谈判人员的素质

在商务谈判中，谈判人员的素质始终是谈判能否成功的重要因素，尤其是当双方合作的客观条件良好、共同利益较一致时，谈判人员的素质高低往往起决定的作用。因此，谈判人员的挑选应当着重依照一定的素质要求从严掌握。对谈判人员，特别是首席谈判代表，必须提出严格的要求。最终被选定的谈判人员应该以事业为重，有较强的自我控制能力，不图虚荣，敢于负责。这样，人员的素质风险就可能避免。谈判人员应该知识面广、谦虚好学、注重求教他人；工作作风应该深入细致、洞察力强、信息渠道多、善于营造竞争局面，多方择优，由此可以克服伙伴选择方面的风险隐患；既能坚持合理要求，又不要提出过分的条件，那么奢求风险也就不复存在了；谈判人员还应该对政治与经济的辩证关系有深刻而清醒的认识。从事商务活动者应该不断努力提高对政治形势的分析预测能力，由此提高对政治风险的控制能力。商务谈判人员要试图避免或减少由其素质条件引发出的各种谈判风险，也只有通过不断提高自身的素质来有效地规避风险。

二、善于利用外脑，搭建专家平台

即使一个商务谈判人员的知识面再宽，整个商务谈判班子的知识结构再合理，也总难免会有缺漏，特别是对于某些专业知识方面的问题会缺乏全面的把握与深刻的了解。请教专家，聘请专家作顾问常常是商务谈判取得成功所必不可少的条件。例如，到海外投资，一定要请国际政治问题专家帮助考证当地政治环境是否稳定，与周边国家和地区关系的状况如何等；如为国外客商发射通信卫星，一定要请气象专家精确推算计划发射时间内的气象变化趋势，请他们参与发射方案的制订。专家不仅可以帮助谈判人员了解客观环境，而且在选择国外合作伙伴时，主动征询专家的意见有助于我们避免因伙伴选择不当而造成的风险损失。虽然，专家不能保证完全消除这些风险，但总要比外行更了解这些风险，而这些正是商务谈判人员所需要的。

三、审时度势，果断出击

一个谈判人员是否能够审时度势，当机立断，在很大程度上要归结于心理素质的优劣，谈判的准备是否充分。然而，实际情况是纷繁复杂的，要进行反复比较。作出最佳选择往往是非常困难的。决策理论告诉我们，现实生活中很少存在对某一事务进行处置的绝对最佳方案。商务谈判工作既不可急于求成，也不可当断不断。风险不会一成不变，在商务活动中，大量存在的是投机风险，即损失与收益的机会同时存在。因此，对于投机风险应该以积极、主动的态度去对待它。在商务谈判中，有些方面必须相当谨慎、细致地反复推敲权衡，但在总体上不能过于计较细节，一旦条件基本成熟，就应当当机立断，对于大项目谈判尤其是如此。特别是国际商务谈判既不可急于求成，也不可当断不断。有些外商利用我们有求于他的心理，在谈判中提出苛刻的合作条件，如果我们急于求成，就要承受价格不合理的风险。相反，在谈判中表现出过多的犹豫，想把方方面面的情况条件包括各种细微之处都考虑周全再作决策，那就得承受失去合作机会的风险。风险不会一成不变。在商务谈判活动中，大量存在的是投机风险，即损失与收益的机会同时存在。因此要想彻底消灭风险，那也就彻底消灭了收益的机会，而对于投机风险是不应该简单地、消极地运用完全回避风险的策略的，而应该以积极、主动的态度去对待它。

四、通过财务手段化解风险

首先，对于市场风险中所涉及的汇率风险、利率风险和价格风险，是可以通过一定的财务手段予以调节和转化的。作为商品交换的高级形式，期货期权交易在这方面充当了主要的角色。由于政治、经济等因素的影响，未来供求关系将不断变化，由此而引起的价格波动，对买方和卖方均会产生不利影响。为减少这种风险，交易者通过在期货期权市场公开竞争，以其认为最适当的价格随时转售或补进商品，与现货交易对冲，从而将价格波动的风险转移给第三者，达到保值的目的。我们要发展商务合作，还应该在专家指导下，大胆地尝试利用期货期权交易手段规避市场风险；其次，市场风险可以通过加强预防措施来达到减少风险的目的。例如，在寻找设备供应商时，选择单一伙伴往往会因其面临设备性能或价格难以符合目标要求、资信状况不佳而有可能导致供货不及时等风险，由此应该详细地考察该供应商各方面的合作条件，对合同中的违约责任予以细致明确的规定，若有必要还可以通过联系多家供应商，形成竞争局面从中选择最有利的合作伙伴，以此减少或消除损失发生的机会，这就是风险损失控制策略的体现。最后，针对汇率风险，可以通过对历史资料的分析及今后国际外汇市场走势的预测，确信某种外币对本国货币将升值，采取远期交易的方式以现汇汇率或约定汇率来买入未来某个时刻的外币，这样的外币价格就被锁定，如若日后该种外汇汇率上升，不仅损失能得以避免，而且相对而言等于有了一笔额外收益。

五、利用保险市场和信贷担保工具

在商务活动中，向保险商投保已经成为一种相当普遍的转移风险方式。与价格浮动、汇率风险这些投机风险不同，保险一般仅适用于纯风险。然而是否要就项目中存在的纯风险投保、如何投保等一些问题，谈判人员还应虚心求教保险专家的意见。在商务活动中，信贷担保不仅是一种支付手段，而且在某种意义上也具有规避风险的作用。在大型工程项目中为了预防承包商出现差错延误工程进度，业主为了保护自己的利益可以要求承包商或供应商在签订合同时提供银行担保。因此，向国际保险商投保，不失为对付市场风险的一种有效途径。

六、公平负担，合理化解风险

在项目合作过程中，谈判双方如何分担风险是谈判中的一个重要的议题。当不测事件发生后，如何处理共同的风险损失，构成了合作双方需要磋商的内容。在这样的谈判过程中，坚持公平负担原则是能带来合理结局的唯一出路。例如，分担国际市场的风险是合作双方经常讨论的问题。如 A 方要求 B 方在结算时支付德国马克，而 B 方则只愿支付英镑。在焦点的背后隐藏着双方共同的认识，马克在未来一段时间内会日趋坚挺，而英镑会日趋疲软，所以双方谁都不愿意承担外汇风险。于是一个合理的解决方案是双方共同到外汇市场上去做套期保值，或双方自行约定一个用于结算的英镑对马克的汇率。这样无论 B 方最终向 A 方结付英镑还是马克，对双方都是公平的。市场价格波动也是一件令人头痛的事。对大型项目的一些后期供应的设备选择浮动价格形式，这既考虑了若干年限内原材料、工资等价格上涨的因素，又避免了供应商片面夸大这些不确定因素而使用户承受过高固定价格的风险。对于交易双方来讲，这样彼此都合理承担了各自应负的风险责任。

本章小结

商务谈判风险是指在商务谈判中由于某些谈判环境因素、谈判对手因素或者谈判内部因素的作用，使得谈判出错或者失误，无法达到预期目标的可能。在任何商务谈判中，谈判风险都是存在的。商务谈判风险具有不可预见性、突发性、可控性等特征。

商务谈判风险按照谈判风险的来源可分为环境风险、谈判对手风险和谈判内部风险三种。环境风险指的是由于谈判外部环境变化所带来的谈判风险，具体包括社会风险和自然风险两大类。前者又包含政治风险、市场风险和技术风险，后者则是指由于商务谈判所处的外部自然环境发生变化，而对商务谈判过程和主体产生影响的可能性。来自谈判对手的风险，主要是表现为谈判对手有可能采取欺诈、暴力、贿赂等各种非法谈判手段来设置各种谈判陷阱。谈判内部风险主要是指由于谈判人员在性格、知识、能力、经验等方面存有漏洞，并被谈判对手抓住而失去谈判中的有利地位，从而导致谈判目标无法实现的风险。

有效规避商务谈判风险的方法有：提高谈判人员的素质；善于利用外脑，搭建专家平台；审时度势，果断出击；通过财务手段化解风险；利用保险市场和信贷担保工具；公平负担，合理化解风险。

复习思考题

1. 如何理解商务谈判风险的含义？
2. 商务谈判风险有哪些特征？
3. 商务谈判环境风险包括什么内容？
4. 商务谈判对手的风险包括什么内容？
5. 商务谈判内部有什么风险？

6. 如何应对商务谈判风险?

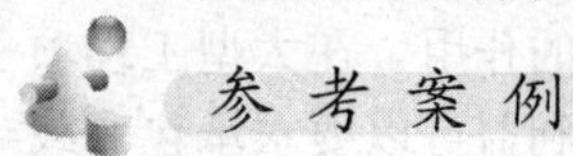

参考案例

中国石油企业海外投资面临的政治风险

在全球经济化的背景下，我国石油企业参与国际分工合作，实现跨国经营已成为国际化战略的必然选择。企业一旦走出国门，不仅要承担经济风险，更要承担由此而来和难以预期的国际政治风险。

全球石油资源分布的不平衡，加大了地缘政治风险。世界石油资源最丰富的地区，从地缘政治角度来看，也是最不稳定、最为复杂的地区。由于石油和天然气在全球分布的不平衡，围绕石油资源的竞争将会愈演愈烈，特别是在中东、中亚、俄罗斯等地区，尤其是中东地区的石油争夺最为剧烈。一是世界石油供应地太过集中，中东地区在世界石油供应中占据重要的地位，已成为世界石油市场的主要供应者。2007 年，欧佩克原油储量达到 1270. 52 亿吨，占全球总储量的 69. 5%，控制着全球 40%以上的产能和 55%的出口量。二是世界油气资源地理分布区域与生产消费区域间存在严重的失衡。从全球石油的供需对比来看，中东和亚太是两个失衡最严重的地区，当前及未来十几年内，世界石油供应主要在中东地区，石油消费则主要在北美、亚太和欧洲三大地区。

石油资源引发的地区战争与军事冲突将长期存在。随着石油在能源消费结构中所占比例的上升，围绕石油资源的纷争更加剧烈。1980 年，美国总统卡特在国会上宣称:任何企图阻碍从波斯湾向西方输送石油的敌对势力，都被视作是对美国生死攸关利益的威胁，这个被称为卡特主义的规则一直主导着美国的海湾政策。美国和平与世界安全问题专家迈克尔·克莱尔教授指出:“在所有的资源中,没有哪一个能比石油更可能在 21 世纪挑起国家之间的冲突。”1973 年的石油危机、2000 年以来的海湾战争和美伊战争，都表明军事冲突与能源安全问题之间存在关系。特别是后两次战争，就是一场以美国为首的西方国家为争夺石油能源而进行的战争。石油领域的竞争，在当今国际事务中，已经远远超出了商业领域的竞争，成为各国经济、军事和政治争斗的筹码。国际大型石油跨国公司的形成，不仅加强了国际石油市场的垄断，还事关这些国家的经济命脉，因此，其商业利益、政治与军事利益的一致性，相继得到其母国政府的支持。

富集石油资源的东道国往往政局动荡、纷争不断。因为中东地区油藏丰富，所以它历来是政局动荡、纷争不断的多事之地。缺少海上出口通道的里海地区，其生产的石油必须通过管线运输，因此也易成为东道国政局动荡、纷争的攻击目标。非洲和拉美等油藏丰富的地区，贫富差距和分配不公所产生的尖锐社会矛盾，以及极端分子与既得利益者之间所形成的政局动荡不稳，也往往使外商投资经营活动面临着很大风险，甚至成为直接的受害者。如尼日利亚国内发展壮大的反政府武装，其中的一些就专门破坏油田设施和石油管道。印度尼西亚反政府武装“自由亚齐运动”，破坏埃克森美孚公司经营的印尼亚齐省油田设施。类似的事件也在刚果、哥伦比亚等资源国发生。而上述国家或地区也正是中国石油企业近年来努力争取或者已经进入的海外石油市场。

金融管制风险。因为世界石油市场是以美元交易的，所以国际石油投资还面临汇率波动风险。中国在海外进行投资，不但涉及人民币与美元汇率的变化风险，也面临美元与东道国货币汇率变化的风险。当前，在人民币不断升值的背景下，对外投资用人民币兑换美元的数量比较少，将来获取的美元收益换取人民币也会比较少。当前和将来的汇率变化对国际直接投资似乎总是不利的。因此，国际直接投资必须考虑这种客观存在的汇率风险。培养熟悉世界外汇市场和汇率机制的优秀人才，建立有效的汇率监控机制，是降低投资汇率风险的基本手段。

第十一章 国际商务谈判

学习目的和要求

通过本章的学习，使学生掌握国际商务谈判的含义、特征和要求，掌握世界各地商人的谈判风格，了解文化差异对国际商务谈判的影响。

1972年尼克松访华时，住在上海锦江饭店，饭店服务人员不懂西方文化的习俗，将尼克松安排在第15层，基辛格安排在第14层，而国务卿罗杰斯等人则安排在第13层。罗杰斯等人心中本来就有气，主要是对基辛格不满。基辛格深得尼克松赏识、重用，《中美联合公报》的起草过程中，美方的意见都是基辛格一手包办的，而罗杰斯被撇在一边。按美国的规定，外交事务本来理应由国务卿主管的。恰好罗杰斯又被安排在第13层，更是气上加气。他们对即将发表的、《中美联合公报》提出了一大堆意见，要求修改，不修改他们就不同意。尼克松差点气昏过去，他虽然知道这是罗杰斯存心捣乱，但也毫无办法，后来还是周恩来出面做工作，才解决了这个问题。

1972年2月27日，周恩来特地去看望罗杰斯及其助手们。他走进大厅，上了电梯，电梯迅疾上升，头顶的电梯标志牌上，"13"处亮着红灯。周总理望着标志灯，恍然大悟似地说："怎么能安排他们住第13层？13呀!西方人最忌讳13……"见面后，周总理对罗杰斯说："有个很抱歉的事，我们疏忽了，没有想到西方风俗对13的避讳。"周总理转而又风趣地说："我们中国有个寓言，一个人怕鬼时，越想越可怕；等他心里不怕鬼了，到处上门找鬼，鬼也就不见了……西方的'13'就像中国的'鬼'。"说得众人哈哈大笑。于是"13"的忌讳问题得到了圆满解决。

由此可见，触犯对方的习俗，就会受到对方的抵触。如果在谈判过程中己方谈判代表犯了这样的错误却毫不知道，那就不可能去有意识地加以弥补，反而可能会"变本加厉"，结果就可能造成谈判局势越变越僵。

第一节 国际商务谈判的含义、特征和要求

中国已经加入了世贸组织，与外方的接触日益频繁，对外经济贸易往来更加多元化，不论是进行国际间的货物买卖、技术引进、劳务合作，还是合资建厂，中外双方都不可避免地需要经过一个业务磋商以求达成协议。因此，我们比以往任何时候都需要了解国际商务谈判。

一、国际商务谈判的含义

国际商务谈判是指在国际商务活动中，处于不同国家或不同地区的商务活动当事人为了达成某笔交易，彼此通过信息交流，就交易的各项要件进行协商的行为过程。国际商务谈判是国际商务活动的重要组成部分，是国际商务理论的主要内容，更是国内商务谈判的延伸和发展。

可以这样说，国际商务谈判是一种在对外经贸活动中普遍存在的、解决不同国家的商业

机构之间不可避免的利害冲突，实现共同利益的一种必不可少的手段。

由于谈判双方的立场不同，所追求的具体目标也各异。因此，谈判过程充满了复杂的利害冲突和矛盾。正是这种冲突，才使谈判成为必要。而如何解决这些冲突和矛盾，正是谈判人员所承担的任务。一项谈判能否取得成功，在于参加谈判的双方能否通过各种不同的讨价还价的方式或手段往返折中，最后取得妥协，得出一个双方都能接受的公平合理的结果。这就要求参加谈判的人员要具备高度的原则性和灵活性，具备广博的知识和丰富的想象力，既有远见卓识，又能适时而动，这样才能立于不败之地。所以，谈判本身是各种知识的综合运用，而运用本身则是一种艺术。

二、国际商务谈判的特征

国际商务谈判既具有一般贸易谈判的共性，又具有国际商务谈判的特殊性。

1. 较强的政策性

谈判双方之间的商务关系是一国同别国或地区之间的经济关系的一部分，并且常常涉及一国同该国或地区之间的政治关系和外交关系。国际商务谈判必须贯彻执行国家的有关方针政策和外交政策，还应注意国别政策，执行对外经济贸易的一系列法律和规章制度。例如，我国政府的对外开放政策极大地推进了涉外商务谈判及其带来的商务交易活动；美国国会一年一度的关于是否保留中国最惠国待遇的辩论和投票以及西方国家实施或取消对中国的经济制裁等，都对中美之间和中西方国家之间的商务谈判产生着积极或消极的影响。因此，各类国际商务谈判的参与者，都通过各种渠道积极寻求我国政府以及有关的外国政府或地区当局的支持或认可。

2. 国际性

国际性是国际商务谈判的最大特点，又称为跨国性。国际商务谈判商讨的是两国或两个地区的企业之间的商务关系，因此在适用的法律方面就不能完全以任何一方所在国家或地区的经济法为依据，而必须以国际经济法为准则，按国际惯例行事。当需要仲裁时，仲裁地点与仲裁所适用的规则直接相关。一般说来，规定在哪一国仲裁，往往就要适用该国的有关仲裁规则和程序。

3. 风险性

由于国际商务谈判的影响和制约因素比一般商务谈判要多很多，所以国际商务谈判结果的不确定性和协议执行过程中的风险也更大。这就要求谈判人员事先进行充分的调查和准备，以防范可能出现的不测。

4. 影响谈判的因素复杂多样

由于谈判人员来自不同的国家和地区，有着不同的社会文化背景和政治经济体制，人们的价值观念、思维方式、行为方式、语言及风俗习惯各不相同，从而使影响谈判的因素大大增加，导致谈判更为复杂，难度更大，稍有不慎就会面临挫折和失败。

5. 谈判的内容广泛复杂

由于受供求关系的影响，加之国际市场价格变化多端，竞争十分激烈，必须特别重视调查研究工作。通过调查研究，了解国外的经济情况和市场情况。出口业务要了解市场的需求，进口业务要了解国外的供应。对不同国家和地区，还应根据国别政策，区别对待。

由于谈判结果导致有形或无形资产的跨国转移，因而要涉及到国际贸易、国际金融、会计、保险、运输等一系列复杂的问题。这就对从事国际商务谈判的人员在专业知识方面提出了更高的要求。

三、国际商务谈判的基本要求

国际商务谈判是国内商务谈判的延伸和发展，两者之间没有本质上的区别。但是，如果谈判人员以对待国内商务谈判的逻辑和思维去对待国际商务谈判中遇到的问题，则很难取得好的效果。因此，为了做好国际商务谈判工作，除了要掌握好商务谈判的基本原理和方法外，还必须注意以下几个基本要求。

1. 树立正确的国际商务谈判意识

谈判人员谈判意识的正确与否，将直接影响到谈判方针的确定，谈判策略的选择，影响到谈判中的行为准则。正确的国际商务谈判意识主要包括：谈判是协商，应争取双赢；谈判中既存在利益关系，又存在人际关系，要注意平衡两者之间的关系；国际商务谈判既要着眼于当前的谈判，又要着眼于双方长久的合作关系。

2. 做好国际商务谈判的准备工作

由于国际商务谈判的复杂性和风险性，要求谈判人员在开始谈判之前必须做好相关的调查和准备工作。要充分分析和了解对手，要对谈判的环境进行详尽的调查，并在此基础上合理制订谈判计划，选择合适的谈判策略，拟订各种风险防范措施，准备多种谈判方案。

3. 正确认识和对待文化差异

国际商务谈判的跨文化性要求谈判人员必须了解谈判对手的商业文化，正确认识和对待文化差异。不同的文化之间没有高低贵贱之分，尊重对方的文化是对国际商务谈判人员最起码的要求。作为国际商务谈判人员，还应该从对方的角度去看待问题，善于理解对方看问题的思维方式和逻辑判断方式。

4. 熟悉国家政策、国际公约和国际惯例

国际商务谈判的政策性要求谈判人员必须熟悉双方国家的有关政策，尤其是外交政策和对外经济贸易政策；同时还应该了解有关国际公约和国际惯例，如《联合国国际货物买卖合同公约》、《2000 年国际贸易术语解释通则》、《跟单信用证统一惯例》等。

5. 具备良好的外语技能

语言是沟通、交流必不可少的工具。良好的外语技能有利于双方良好的沟通，而且语言本身是文化的重要组成部分，学好有关外语也能更好地了解对方的文化。

四、文化差异对国际商务谈判的影响

几个商人在一条船上开国际贸易洽谈会，突然船开始下沉。

“快去叫那些人穿上救生衣，跳下船去。”船长命令大副。

几分钟后，大副回来了，他报告说：“那些家伙不肯跳。”

于是，船长得亲自出马。不一会儿，他回来告诉大副：“他们都跳下去了。”

“那么您用了什么方法呢？”大副忍不住问道。

“我告诉英国人跳水是有益于健康的运动，他就跳了。我告诉法国人那样做很时髦；告诉德国人那是命令；告诉意大利人那样做是被禁止的；告诉苏联人这是革命的……”

“您是怎么说服那帮美国人的呢？”

“这也很容易。”船长说，“我就说已经帮他们上了保险。”

上述这个笑话说明了不同文化背景下的人的行为动机的不同，这告诉人们，在谈判中应重视不同文化对谈判方式的影响。

谈判中，特别是涉外谈判中最容易犯的一个错误便是忽视文化间的差异。普拉胡·古普塔拉（Prabhu Guptala）说，不同的社会群体对什么是正当的外交礼仪和程序有不同的理解。谈判人员要时刻记得具有不同文化背景的人，有他们自己独特的谈判方式。由于不同文化强调的前提不同，谈判的规则和理念也相差甚远。因此，在跨文化谈判中，谈判双方应该互相尊重彼此的文化习惯。否则，在一种文化中的优秀谈判人员的谈判风格在另一种文化中可能会到处碰壁。因此，要了解不同的文化、文化差异的界定。

1. 文化差异的解释

荷兰研究专家吉尔特·霍夫斯泰德（Geert Hofstede）于 1967～1973 年进行了一项关于多国文化差异的研究。他调查分析了 IBM 公司分布在 50 多个国家的 1 万～1.6 万名雇员，结果发现：不同国家的人对什么是公正、什么是合理、什么是正当行为的看法大不相同，可以说存在着很大的差异。经过综合分析和比较，霍夫斯泰德发现这些差异在很大程度上可以用下列四个重要因素来解释。

第一，权力距离（Power Distance）。霍夫斯泰德用权力距离作为文化尺度来衡量社会承认机构和组织内权力分配的不平等程度。一个权力距离大的社会承认组织内权利分配的巨大差别，雇员对权威显示出极大的尊敬。具体表现为老板比下属拥有大得多的权力，掌权者拥有特权，下属将上级看作另一类人，属于这种文化的国家有菲律宾、印度、委内瑞拉、葡萄牙、希腊、法国和比利时。

权力距离小的社会尽可能减少这种不平等。虽然上级仍然拥有权威，但是雇员并不恐惧或敬畏老板，雇员们感到老板很容易接近，他们可以经常走到老板身边，请老板对自己的工作提出意见。属于这种文化的国家有丹麦、爱尔兰、奥地利、挪威和英国。

第二，生活的数量与质量（Quantity and Quality of Life）。强调生活的数量的文化特征是过分自信和物质主义，强调生活的质量的文化强调人与人之间的关系以及对他人幸福的敏感和关心。

霍夫斯泰德发现，日本和奥地利的文化更倾向于生活的数量维度，相反，挪威、瑞典、丹麦和芬兰的文化则更倾向于生活的质量维度。

第三，个人主义与集体主义（Individualism & Collectivism）。个人主义是指一种松散结合的社会结构，在这一结构中，人们只关心自己和直系亲属的利益。集体主义以一种紧密结合的社会结构为特征，在这一结构中，人们希望群体中的其他人在他们有困难的时候帮助并保护他们。集休主义换来的是成员对团休的绝对忠诚。

第四，不确定性规避（Uncertainty Avoidance）。霍夫斯泰德用这一文化因素来衡量人们受不确定性影响的程度，以及避免无组织状态的程度。避免不确定性的途径包括为社会成员提供更稳定的职业，有更为正式的身份，排斥越轨思想和行为，接受真实信息及获取专门知识。不确定性规避程度高，表明人们希望能够控制未来。不确定性规避与社会的教义、权威、传统和迷信都有关系。

在跨文化研究的基础上，罗依（Ronen）又于 1986 年根据霍夫斯泰德的著述，对几个特定国家的文化特点进行了简要的描述。

比利时：强调责任，风险忍耐程度低；注重灵活性；不善于宽容和思考；不确定性规避程度高；权力距离相对较大。

德国：风险忍耐程度低；强调自我才能的发挥、领导能力和独立性，并将这些作为生活目标；竞争意识很强，耐心程度和可信程度不高；权力距离较小。

丹麦：风险忍耐程度高；欣赏成熟和稳重，强调宽容和和气；不确定性规避程度低；权力距离较小。

英国：具有很强的社会等级传统；安全性是一个重要目标，但认为快乐是一个终生目标；认为机智性、逻辑性和适应性非常重要；竞争意识很强；权力距离较小；不确定性规避程度低；个人主义严重。

荷兰：荷兰人注重专业知识，强调责任，不太关心自我才能的发挥；风险忍耐程度高，满足于退步而不愿进取，强调灵活性。

法国：法国人非常讲究逻辑和理性，看重个人选择，认为个人风格和能力对组织的成功非常关键；认为灵敏、成熟、稳重和可靠非常重要；单向沟通相对容易接受；不确定性规避程度高；权力距离较大。

意大利：风险忍耐程度低，不确定性规避程度高；竞争意识很强，但偏向集体决策，权力距离一般。

迈克尔·邦德最近的一项研究证明，在对待时间问题上，各国文化也存在明显的差异。他特意设计了一份东方式的问卷，对23个国家学生的时间价值观进行调查。通过对问卷数据的分析，他发现除了霍夫斯泰德提出的四个因素之外，又找到了与霍夫斯泰德的研究成果毫不相关的第五个因素，于是把这个因素称为“儒家精神”(Confucian Dynamism)，用来指社会中长期和短期取向的关系，以及一个人对将来还是对过去的迷恋程度。邦德之所以选用“儒家”这个称谓，是因为东方国家几乎所有的价值观似乎都直接来源于孔老夫子的教诲。他的研究表明：

(1) 具有短期取向的人强调坚定性，处理人际关系时看重地位和富裕程度。

(2) 具有长期取向的人强调个人的稳定性，注意维护你的“面子”，尊重传统，热情友好，讲究礼尚往来。

用“儒家思想”来衡量所调查的23个国家，邦德发现：

(1) 西欧和北美人具有短期取向，迷恋过去。

(2) 大多数东亚人抱有长期取向，更加关心未来。

(3) 一些欧美国家，如巴西和荷兰，也具有很明显的儒家特征。

(4) 英国、加拿大、尼日利亚和巴基斯坦是最具有短期取向的国家。

2. 文化差异对谈判的影响

谈判中没有意识到自己内心深处早已形成的文化对行为的影响。尽管绝大多数人一般都意识到了文化差异的存在，但其中多数人并没有认识到我们的行为方式是如何受文化习俗和先见影响的。由于我们的文化行为是自幼形成的，因此我们常常会不自觉地受到它的影响。

谈判中把别人的文化标准认为是同自己的文化标准一样的。文化在很大程度上已成为我们自身的一部分，以至于我们很难发现它的存在。由于我们看不到自己的文化标准，我们便假定其他人也与我们相同。当来自其他文化背景的人在行为上表现出与我们有差异时，我们会感到非常震惊。这种“文化近视症”，既看不到自己的文化构造，常常导致管理中的潜在种族优越感，也总认为自己的行为方式是最好的，把其他文化都看成是异类，期望别人也如此表现。

要想使国际谈判有效进行，面对来自不同文化背景的人，你必须认识你自己和对方的文化特点，并将它们记在心上，至少要考虑到这些特点。虽然认识到文化差异并不一定意味着你就一定能很容易地克服它们的影响，但知道这种差异至少会给你提供一个机会，以避免由于在这方面的无知所带来的问题。

3. 针对特定文化采用特定谈判战略

相同的谈判战略和策略在不同的国家会产生不同的效果。有鉴于此，有必要简单看一下在不同的文化下最有效的谈判战略和策略。

在成就取向型（achievement-oriented）文化中：

（1）确保你或你的谈判小组里的其他人有足够的技术、知识和经验，以使对方相信你的建议是可行的。

（2）注意对方需要显示他们的强大、有能力和有经验，挑战对方的专家气派可能会招来不满和报复。

（3）合理利用专家头衔和专业资格来表明你的能力和个人成就。

在地位取向型（status-oriented）文化中：

（1）确保你的谈判小组里有足够的年长或老资格的成员，因为这些人在社会中有正式的地位。派一个年轻（尽管才华横溢）的代表去一个东方国家，例如印度或中国，很可能被印度或中国的谈判人员看成是对他们的羞辱。

（2）尊重对方谈判小组的排位。不要损害资格最老的人的威信，哪怕你对他的权威性表示怀疑。

（3）注意利用头衔或象征物来表明你在社会中的地位。

（4）穿戴要保守一些。称呼对方要用姓，不要用名，不要开玩笑和闲谈，不要通过电话或邮件谈判。面对面做生意更有礼貌，效果更好。

在未来取向型（future-oriented）文化中：

（1）避免表现出不耐心。当谈判没有进展时，准备接受延长的决定。美国人属短期取向型，使他们在面对未来取向型文化（如巴西、新加坡和台湾）的谈判对手时，常常处于不利地位。

（2）在谈判进行过程中，多花点时间用于人际关系。来自未来取向型社会的人在谈判中常常依靠个人威望和友谊，而不是依靠法律来达成协议。他们更看重关系，而不是很看重书面协议。因此，需要仔细考虑你的要求和建议对双方保持长期关系的影响。

（3）在未来取向型的文化中，礼尚往来和个人恩惠是一种非常重要的社会习俗。

在不确定性规避文化中：

（1）在不确定性规避文化特征明显的国家中（如德国、比利时和法国），人们在遇到模棱两可或不清楚的情况时，会感到受到了威胁。因此，当与来自这种文化的人谈判时，聪明的办法是进行充分的准备，因为他们要求所有的细枝末节都必须能够随时提供。

（2）在一个不确定性规避特征强烈的文化中，对规章制度的需要十分迫切，守时非常重要。

（3）不确定性规避倾向强的社会非常讲究形式，称呼正式头衔，从不在公开场合对时局和人物进行评论。

（4）来自不确定性规避倾向强的文化的人，在谈判中立场强硬。他们习惯于一开始就提出极端化的要求，不肯作大的让步。讨价还价是在这种人的谈判中经常出现的现象。

不同国家的人具有不同的民族文化、不同的风俗习惯、不同的价值观念，导致不同国家的商人具有不同的谈判风格。涉外谈判人员必须熟知各国商人的谈判风格并烂熟于心，才有可能取得谈判的成功。

第二节 世界各地商人的谈判风格

国际贸易的特点之一是多国性、多民族性、谈判对象多层次性。不同国家、不同民族、不同地域的人，其价值观、消费习俗、生活方式、文化背景等差异极大，因而形成了各具特点的谈判风格。这些都是我们进行国际贸易谈判时应当了解和掌握的，因势利导，才能取得谈判的成功。

一、美洲商人的谈判风格

（一）美国商人谈判的特点和与其谈判的要诀

在国际贸易中，美国占有举足轻重的地位。相应地，美国人的谈判风格在世界上也具有相当大的影响力。我国商务人员与美国商人谈判的机会较多，因此，掌握美国人的谈判方式对我国商务人员具有十分重要的意义。

从总体上讲，美国人的性格是外向、随意的。有些研究美国问题的专家，将美国人的性格特点归纳为外露、坦率、诚挚、豪爽、热情、自信、说话滔滔不绝、不拘礼节、幽默诙谐、追求物质上的实际利益等，随时能与别人进行滔滔不绝的洽谈，即使是与陌生人初相识，也会表现出老友久别重逢般的亲热之情。在国际商务谈判的过程中，美国人把他们的这些性格特点带到了谈判桌上。

（1）美国人办事干脆利落，不兜圈子。在谈判桌上，他们精力充沛，头脑灵活，会在不知不觉中将一般性交谈迅速引向实质性谈判，并且一个事实接一个事实地讨论，直爽利落，不讲客套，并总是兴致勃勃，乐于以积极的态度来谋求自己的利益。为追求物质上的实际利益，他们善于使用策略，采用各种手法。正因为他们自己精于此道，所以他们十分欣赏那些说话直言快语、干净利落，又精于讨价还价，为取得经济利益而施展策略的人。也正因为美国人具有这种干脆的态度，与美国人谈判，表达意见要直接，“是”与“否”必须清楚。如果美国谈判人员提出的条款、意见是无法接受的，就必须明确告诉他们不能接受，不得含糊其辞，使他们存有希望。有人认为，为了不失去继续洽谈的机会，应该装出有意接受的样子而含糊作答，或者迟迟不答，这种做法实际上适得其反，不仅会给对方造成不良印象，还容易导致纠纷的产生。

（2）谈判方式灵活多样。为了取得谈判的成功，有着根深蒂固的商人秉性的美国人总是采取不同的策略和手段。在谈判开始前，他们会兴致勃勃地步入谈判会场，表现出他们对谈判成功的信心和把握，从而收到一种先声夺人、从气势上压倒对方的效果。谈判中，他们语气明确、肯定，是非清楚，不断地发表见解和提出各种权益要求，以积极的态度和诚意来谋求己方的经济利益。他们精力充沛、头脑灵活，能在不知不觉间将一般性交谈迅速引向实质的商洽。在谈判桌上，美国人利用策略的目的，是让他们的谈判对手也同他们一样注重长远和整体利益，希望他们在某些方面也适当作出合理让步，从而使谈判成功。

（3）珍惜时间，重视最后期限。美国谈判人员重视效率，喜欢速战速决。因为美国经济发达，生活、工作节奏极快，造就了美国人信守时间、尊重进度和期限的习惯。美国有句谚语："不可盗窃时间。"在美国人看来，时间就是金钱，如果不恰当地占用了他们的时间就等于偷了他们的美元。他们常精确到以"分"来计算时间。比如，年薪 10 万美元，每分钟就值 8 美元，美国谈判人员连 1min 也舍不得去做无聊的会客和毫无意义的谈话。假使别人占用了他 10min 时间，在他的观念里就认为是偷了他多少美金。因此在国际商务谈判过程中，许多美国谈判人员约好时间，走到办公室，坐下来就谈正事。他们认为直截了当就是效率，是尊重对方的表现，它表明自己知道对方很忙，不愿意浪费对方的宝贵时间。在谈判中，最成功的谈判人员就是能熟练地掌握把一切事物用最迅速、简洁、令人信服的语言表达出来的艺术的人。谈判中，他们十分重视办事效率，尽量缩短谈判时间，力争每一场谈判都能速战速决。如果谈判一旦突破其最后期限，谈判很可能破裂。

（4）重视利润，积极务实。在许多美国谈判人员看来，谈判做生意的唯一目的就是获取利润，因为一家公司要想长期存在，必须有可观的收入。美国人积极务实，利他主义不是他们做生意的主要动机，而是意外的副产品，只有利润才是至关重要的。对他们而言，关系最大的是谈判，而不是参加谈判的人员，在多数情况下，双方素昧平生，并不需要互相认识。若能建立起良好的个人关系当然最好，但那往往要花费宝贵的时间，只要对象合适、条件合适、时间合适，就可以进行洽谈。如果采取某种做法有利于合理而有效地实现目标，他们就那样做。如果出现另一种能使生意做得更好的办法，他们立即改变自己的方法。他们把高效率和取得进步看得比为保持旧习惯而保持旧习惯更重要，特别是如果那些旧习惯减慢了他们获取利益的速度时更是这样。在美国，只要一个人在经济中取得成功就会受到人们的敬重。因此，能否取得巨额利润始终为他们所关注。

（5）重合同，法律观念强。美国是一个高度法制的国家，他们的法律观念在商业交易中也表现得十分明显。美国人认为，交易最重要的是经济利益。为了保证自己的利益，最公正、最妥善的解决办法就是依靠法律，依靠合同，其他的方法都是靠不住的。因此，他们特别看重合同，十分认真地讨论合同条款，而且特别重视合同违约的赔偿条款。一旦双方在执行合同条款中出现意外情况，就按双方事先同意的责任条款处理。因此，美国人在商务谈判中对于合同问题的讨论特别详细、具体，也关心合同适用的法律，以便在合同执行过程中能顺利地解决各种问题。律师在谈判中扮演着重要角色。美国谈判人员在同外国一些不遵守有关承诺的人进行谈判后，吃过很大的苦头，从而导致了许多纠纷的出现。于是凡有商务谈判，特别是到国外谈判，美国人一定要带上自己的律师，一旦谈判协议达成，必须请律师到场。如果律师没有从一开始就参加谈判，还得帮他熟悉了解有关情况，并在协议中加以说明。

（6）美国人在谈判方案上喜欢搞全盘平衡的"一揽子交易"。所谓一揽子交易，主要是指美国商人在谈判某项目时，不是孤立地谈其生产或销售，而是将该项目从设计、开发、生产、工程、销售到价格等一起商谈，最终达成全盘方案。美国文化培养的谈判人员较注重大局，善于通盘筹划，他们虽讲实利，但在权衡利弊时，更倾向于从全局入手。所以，美国谈判人员喜欢先总后分，先定下总交易条件，再谈具体条件。他们这种一揽子交易的手法，对于拓宽谈判思路、打破僵局有一定积极意义，然而却显得居高临下，咄咄逼人。我们相应的策略是从分析入手，不争高位。首先，谈判的项目不同，决定权不同。有的可由地方决定，有的需由中央批准，只有协调后才可进行一揽子交易。因此可以以协调各部门为借口，推掉一些不合适的交易谈判内容。其次，一揽子交易中若有许多关键细节不明确，双方实际利益不平衡，那么谈判就会像漏桶打水，所得不多。这些细节条件可作为敲定全盘的前提。最后，一揽子交易是由大及小的策略，可用逆向思维去应付，即由小及大的方法，用局部思维将其由大化小，以看透其中计谋。上司要参与一揽子谈判，应在谈判人员进行了局部谈判之后，坚持由下向上，由分到总的原则。

美国商人既重视商品质量，又重视商品包装。商品的外观设计和包装，体现一国的消费文化状况，也是刺激消费者购买欲望、提高销售量的重要因素。美国人不仅对自己生产的商品不遗余力地追求内在品质和包装水平，而且对于购买的外国商品也有很高的要求。

（7）民族优越感强，谈判不轻易让步。美国人有着一种几乎是与生俱来的优越感，这种优越感在谈判人员身上的集中体现，便是对自己的谈判方式坚信不移，认为这是最顺应自然、合乎逻辑的，所有的人都该采纳，全世界都应赞同。谈判时，他们不喜欢听到外国人否定的回答，特别是当他们认为自己的道理十分正确时，他们不仅希望对方同意，而且希望对方当场同意。有时在进行第一次谈判时，他们甚至就带着空白合同，随时准备签约，如果他们看出外国人对他们的谈判感兴趣，但尚未下定决心，他们可能给其尝点甜头，如主动介绍情况以打消对方的疑虑、提供种种便利条件等，以便把犹豫不决的外国人拉到谈判桌上来。但他们在正式的洽谈中，却很少作出诸如减价等让步，在他们的心目中，一味地在谈判中让步，不是因为缺乏信心，害怕自己竞争不过别人，就是根本不懂怎样运用谈判策略。当然他们也并非一味地坐等别人屈从于他们的条件，而是积极通过开展公关、广告宣传等方式，笼络对方的感情，树立自己的形象，使自己的种种优势昭然于大庭广众，从而使谈判对手心甘情愿地接受他们提出的各种条件，取得谈判的最后成功。

（8）不同地区间谈判风格迥异。

1）由于美国移民种族混杂，各地商人的习惯和谈判作风有较大的差异。美国的东部，特别是以纽约等大城市为中心的东北部，是美国现代文明的发祥地，200 多年来一直处于美国政治、经济、金融、贸易活动的中心地位。这里犹太人的势力很强，人们深受现代文明的熏陶，随时掌握全球经济动态，在谈判中严格按照国际惯例办事，雷厉风行，寸利必争，他们做生意头脑灵活，具有商人意识，精于讨价还价，精通国际贸易业务知识，因此在与其进行的商务交往中要特别慎重。同他们谈判签约时，必须绝对注意合同措辞的严谨，不能让他们有隙可乘。否则，精明而苛刻的东部人会在市场行情发生变化时，千方百计在合同中寻找理由毁约。

2）作为美国目前工业中心的中西部，商人以北欧血统的人居多，他们不但和蔼可亲，喜欢交际，平易近人，而且非常守信用。一旦取得他们的信任，可望将生意长期做下去，然而一旦背信弃义也是很难恢复信用的。美国中西部地区以汽车、电机、钢铁工业及制造业为主，是美国工业的心脏。该地区的人比较保守，同时又比较和蔼和朴素，易于交往。如果在准备与他们做生意之前就常以朋友的身份款待他们，如邀请他们去高尔夫球场等娱乐场所，日后与他们进行商业谈判时，会收到很好的效果。这就是先交朋友，后做生意的原则。中西部地区有个商业习惯，每年 9～11 月是他们的黄金采购时间，他们往往把一年所需的货物集中在这个时候一次采购，因此，同他们做生意要注意，错过这段时间会为谈判增加许多困难。美国西部是以加利福尼亚州为中心的太平洋沿岸地区，这里的商人性格直爽，但生意经验略为生疏，故很注重文字契约的作用，且契约的内容详细、明确，否则日后难免发生纠纷。

3）与东部相比，南部商人待人诚恳、心地善良，但性急，往往喜怒哀乐形之于色，有时会大发脾气。他们很注重文字契约和商业信用，合同中应尽量详细表述各项条款。美国南方人性格较为保守，决定了他们的谈判节奏相对较慢，需要较长时间才能同他们建立良好的商业关系。

虽然美国谈判人员普遍具有上面所说的共同特点，但是由于美国地域宽广、种族众多，不同地域的美国人的处事方式和商业习惯或多或少有些差异，因此有必要分别研究，才能在谈判中得心应手。

（二）同美国人谈判的要诀

（1）同美国人谈判，“是”与“非”必须保持清楚，这是一条基本的原则。当无法接受对方的条款时，要明白地告知对方，而不应含糊其辞或迟迟不作答复，否则会导致日后纠纷的产生。

（2）如果在同美国人的生意往来中出现了纠纷，在商谈解决办法时应格外注意谈判的态度，必须诚恳、认真，绝对不要笑，因为在美国人看来，当因出现了纠纷而争论时，双方的心情都不好，此时的笑容必定是装出来的，这会使他们更加生气，甚至认为你已经自认理亏了。

（3）同美国人谈判，绝对不要指名批评某人。指责客户公司中某人的缺点，或把以前与某些人有过摩擦的事旧话重提，或把作为己方竞争对手的公司的缺点抖搂出来进行贬低等，都是绝对不可以的。美国的谈判人员在触及这类话题时，会讲得很婉转，尽量避免损伤别人的人格。对于这一点，请务必牢记于心，否则是会被对方蔑视的。

（4）美国的谈判人员，不少都会讲一口流利的汉语，因此在谈判时，不要以为他们听不懂中文而大意地用中文讨论对策，此时他们很可能会装出听不懂的样子而专注聆听，这就会在无意中让他们摸清我方的底牌，从而掌握谈判的主动权。

（5）除非特殊需要，同美国人谈判时间不宜过长，因为美国公司每月、每季都必须向董事会报告经营利润情况，如果谈判时间太长，就会对美国人失去吸引力。因此，只要报价基本合适，谈判进行了二三个回合，就应抓住时机拍板成交。

（三）加拿大商人的谈判风格

加拿大经济比较发达，外贸总额约占国民生产总值的1/3左右，但其对外贸易额的2/3左右是同美国进行的。加拿大的出口商品主要是汽车、原油、小麦、木材、纸浆、矿产品、面粉等；进口商品主要是机器、石油产品、电器设备和纺织品等。加拿大的绝大部分工业集中在安大略和魁北克两省，尤以蒙特利尔和多伦多两城市的工商业最为发达。此外，温哥华的运输和贸易也很发达，该城市是加拿大距离亚洲最近的港口，是加拿大每年定期举行国际贸易博览会的地点。

加拿大居民大多数是英国和法国移民的后裔，在加拿大从事对外贸易的商人也主要是英国后裔和法国后裔。英国裔商人大多集中在多伦多和加拿大的西部地区；法国裔商人主要集中在魁北克。温哥华是华侨的主要聚居地，温哥华商人中，华侨有一定势力，他们为我国与加拿大的商务合作起到了桥梁的作用。

（四）拉丁美洲商人的谈判风格

拉丁美洲是指美国以南的地区，包括墨西哥、中美洲和南美洲，一共有24个国家。它东临大西洋，西濒太平洋，由于曾受属于拉丁语系的西班牙和葡萄牙的殖民统治，所以称为拉丁美洲。由于历史上受宗主国的长期剥削，加上政治混乱，政变频繁，目前，拉丁美洲许多国家的经济仍很落后，经济单一化严重，贫富分化明显。但是拉美人并不是带着纯粹的羞辱感来看待自己的历史的，他们有着强烈的民族自尊心，以自己悠久的传统和独特的文化而自豪。他们坚决反对并且非常痛恨那些发达国家商人趾高气扬、自以为是的态度，他们不愿接受北美或欧洲人的教训式的谈话方式。拉美商人总希望双方能在平等互利的基础上进行商贸合作。所以，和拉美商人打交道时，要尊重他们的人格，尊重他们的历史。

（1）拉丁美洲人最突出的性格特点是固执、个人人格至上和富于男子气概；同时，他们也比较开朗和直爽，与处事精明敏捷的北美商人有所不同。固执不妥协的特点体现于拉美人的商贸谈判中，就是对自己意见的正确性坚信不移，往往要求对方全盘接受，很少主动作出让步；如果他们对别人的某种请求感到不能接受，一般也很难让他们转变。个人人格至上的特点使得拉美人特别注意谈判对手本人而不是对手所属的公司或者团体。

他们判定谈判对手的工作能力以及在公司、团体中所处的地位，往往是根据对手讲话的语气和神情来判断。一旦他们认定对方有较强工作能力和丰富工作经验、并且是公司或团体中的重要人物，便会对之肃然起敬，以后的谈判就会比较顺利。拉美人对男子气概的崇尚使他们瞧不起妇女，这在日常生活小事上就可以看出来，正因为如此，他们不喜欢同女性进行谈判。当然也有例外，那就是女性谈判人员如果能用带有权威的、不容置疑的语调和大量事实向他们表明，自己同他们一样有经验、懂技术、胜任业务，甚至做得比他们更好，并且令人信服地向他们展示自己的能力，这就能让他们感到敬佩，从而暂时消退他们所谓的男子气概，因为拉美人是崇尚个人奋斗、敬仰成功者的。

（2）拉美人的生活比较悠闲和恬淡，他们不很注重物质利益，而比较注重感情，这与崇尚实际利益的美国人大为不同。因此，想与拉美人做生意，最好先与他们交朋友，一旦你成为他们的知己后，他们会优先考虑你为做生意的对象。同样，在拉美人进行商务谈判中，感情因素也很重要，以公事公办、冷酷无情的态度对待他们是绝对行不通的。相反，若彼此关系熟悉、私交不浅的话，如果你有事拜托他们，他们会毫不犹豫地为你优先办理，并充分考虑你的利益和要求，这样，双方的洽谈会自然而然地顺利进行下去。

拉美人是享乐至上主义者，即便是谈判做生意，他们也不愿意使一些娱乐活动受到妨碍。许多拉美国家假期很多，如秘鲁的劳动法规定，工作一年，就可以有一个月的带薪假期。因此在商务谈判过程中，常常会碰到这样的情况：一笔生意正在洽谈中，拉美谈判人员突然休假，使得谈判活动嘎然而止。即使你心急如焚，也得耐着性子等到谈判对方休假归来，才能继续谈判下去。在谈判中，他们也常常会慢半拍。当你觉得谈判已经到了实质阶段，他们却会认为这仅仅是准备阶段。在洽谈中，常会听到他们说：“明天再谈吧”，或是“明天就办”，到了明天，却仍然是同样的话。拉美人这种处理事务节奏较慢、时间利用率低的情况往往会让性急的外国人无可奈何。但是，如果想用速战速决的办法和拉美人谈判只会令他们非常恼火，甚至会使他们更加停滞不前。因此，最好的办法还是放慢谈判节奏，始终保持理解和宽容的心境，并注意避免工作与娱乐发生冲突。

（3）拉美商人责任感不强，信誉较差。跟拉美人打交道的谈判人员十有八九都会提到拉美人不讲信用，仅就货款收回这一点就令人深有感触。他们接到货物后，不一定会按付款日期把钱汇来。有位银行家曾说过，他们是会付钱的，只是生性懒散，不把当初约好的付款日期当回事而已。所以，对这类问题，要多花时间耐心催促，不必太担心他们赖账。另外，迟付货款会影响到你的资金周转，因此，要开拓拉美市场，必须有充足的资金。

（4）拉美国家的教育水平较低，能够管理业务的经理人才不多，而且有许多商人掌握的国际贸易知识不多，有的商人对信用证付款的观念极为淡薄，甚至还有商人希望同国内交易一样使用支票付款。因此，交易时应注意寻找靠得住的对象，必须与负责管理的人谈生意，确保谈判成果，降低风险。

（5）在拉美做生意，至关重要的一点是寻找代理商、建立代理商网络。大多数拉美国家，普遍存在代理制度。如果在当地没有代理商，做生意时会困难重重。尽管你可以向这些国家派驻代表，但他们同样必须与当地的代理商打交道。外国人在拉美的首次谈判很可能发生在与期望成为其代理商的拉美人之间。在选择代理商时必须非常慎重，要仔细审查，看其是否符合你开展业务的需要。如果不慎选中了一个不合格的代理商，日后想摆脱其就会遇到很大的麻烦。因为大多数拉美国家的法律保护当地的代理商，禁止随便解雇他们，即使可以解雇，雇主也必须赔偿由于其“任意”解雇而给代理商造成的损失。可见，要解雇一名无能的代理商不是件容易的事。选定代理商后，必须与其签订代理合同，在合同中明确规定双方的权利和义务，更为重要的是应该详细清楚地规定代理权限，以免日后发生纠纷。

（6）拉美国家政局不稳定，人们对此习以为常，发生政变时街上仍是一派平静的气氛，对商业交易几乎没有影响。不过，凡是涉及与拉美国家政府的交易，则不可轻视。拉美人工作时间普遍较短而且松懈，一方面是因为工业水平较低，企业家的竞争意识不强；而另一方面是由于气候的原因，早上起床晚，午饭后必须午睡，午休时间一般是从中午 12 点到下午 3 点。另外，拉美国家金融界不稳定，罢工时常发生，造成金融活动停顿，这点应当引起注意。

拉美国家经济发展相对落后，产品在国际上缺乏竞争力，造成进口大于出口，既导致外汇紧张，又影响民族工业的发展。因此，大多数拉美国家都采取了奖出限入的贸易保护措施，法律、法规也以此为根本出发点，进出口手续也比较复杂，一些国家还实行进口许可证制度。所以，在进行贸易谈判前，必须深入了解这些保护政策和具体执行情况，以免陷入泥潭。例如，在未取得拉美国家的进口许可证之前，千万不能擅自发运货物，否则可能无法收回货物，即便能收回，也白付了高昂的运费。拉美一些商人，常会利用外商履约后收不到货款而惊慌失措的心理，威逼利诱外商重新谈判价格，乘机压价。鉴于这种情况，在与拉美商人谈判时，可适当在交易价格上掺些水分，以免被迫降价造成的损失。近年来，拉美国家逐步认识到保护主义给本国经济带来的不利影响，逐渐放开了一些进口限制。在这方面，巴西走在了前面。即使如此，外商也不应放松警惕。

拉美各国的商人，有相同点，也有不同点。巴西人酷爱娱乐，他们不会让生意妨碍其享受闲暇的乐趣。当举世闻名的巴西狂欢节来临之时，千万别去同拉美人谈生意，否则会被视为不受欢迎的人。巴西人重视与个人的良好关系，他们愿意和自己喜欢的人做生意。

阿根廷人比较正统，非常欧洲化。他们在同你一见面时就会不停握手，会在商谈中不厌其烦地与对方反复握手。

哥伦比亚、智利、巴拉圭人非常保守。他们穿着讲究，谈判时服饰正规，也特别欣赏彬彬有礼的客人。

厄瓜多尔人和秘鲁人的时间观念不强，他们大多不遵守约会时间。但作为谈判另一方，在这点上千万不能“入乡随俗”，而应遵守时间，准时出席。

总的说来，由于拉丁美洲与中国相距甚远，商业交往开始也较晚，交易额相对较小，因此，要增进两地商贸关系就必须注意他们的谈判风格。

二、欧洲商人的谈判风格

（一）英国商人谈判的特点及同英国人谈判的要诀

1. 英国商人谈判的特点

英国的全称是大不列颠及北爱尔兰联合王国，是世界上资本主义发展最早的国家。它率先进入工业化，并成为世界头号经济大国，被称为世界工厂、日不落帝国、海上霸王、世界贸易垄断者及世界金融中心，其经济、政治、军事实力曾经显赫一时。自19世纪以来，美国、德国的经济水平相继赶超英国；第一次世界大战以后，英国殖民体系逐步动摇和瓦解，经济实力进一步削弱。近年来，英国的经济增长率不高，经济实力增长不快，在资本主义世界中徘徊于第5～7位之间。而他们又依然保留着岛国民族的特性，比较保守和怕羞，对新事物裹足不前，并且显得高傲、矜持，给人难以接近的印象。

（1）英国人性格傲慢、保守。在开始与人交往时，他们总是保持一段距离，然后才一步一步接近，交往中比较讲究礼仪和绅士风度。因此，在与英国商人的谈判中要主动介绍商品情况、提供报价等，同时在谈判中必须注意修养和风度。

（2）英国人的时间观念很强。他们严格遵守约定的时间，通常拜会英国人或与他们洽谈生意一定要预约，并最好提早到达，以取得他们的信任和尊重。

（3）英国商人恪守诺言。一旦签约，很少改变。

（4）在和英国人交谈时，话题尽量不要涉及爱尔兰的前途、共和制和君主制的优劣以及大英帝国的崩溃原因等政治色彩较浓的问题。比较安全的话题是天气、旅游和英国的继承制度等。英国由英格兰、威尔士、苏格兰和北爱尔兰四部分组成，虽然都是君主制国家，但四个民族在事务上有许多微妙之处。我们提到“英格兰”时，一般是指整个联合王国，但在正式场合使用就显得不妥，因为这样会不自觉地漠视了其他三个民族。所以在正式场合不宜把英国人叫做英格兰人，涉及女王时要说“女王”或正规地说“大不列颠及北爱尔兰联合王国女王”，而不应说“英格兰女王”。

（5）英国人一般比较冷静和持重。英国商人在谈判初期，尤其在初次接触时，通常与谈判对手保持一定距离，决不轻易表露感情。随着时间的推移，他们才与对手慢慢接近，熟悉起来，并且你会逐渐发现，他们精明灵活，善于应变，善于交际，待人和善，容易相处。他们常常在开场陈述时十分坦率，愿意让对方了解他们的有关立场和观点，同时也常常考虑对方的立场和行动，他们对于建设性意见反应积极。英国商界赞同一句话：“不要说‘这种商品我们公司没有’，应该说‘只要您需要，我们尽量替您想办法’。”这一点，不仅反映了英国商人的灵活态度，也表现了他们十足的自信心。他们的自信心强，还特别表现在讨价还价阶段，如果出现分歧，他们往往固执己见，不肯轻易让步，以显示其大国风范，让人觉得他们持有一种非此即彼、不允许讨价还价的谈判态度。

英国人生活比较优裕舒适，每年夏冬两季有三周至四周的假期，他们利用这段时间出国旅游。因此，他们较少在夏季和圣诞节至元旦期间做生意。英格兰从1月2日开始恢复商业活动，在苏格兰则要等到4月以后。在这些节假日应尽量避免与英国人洽谈生意。

（6）英国商人十分注意礼仪，崇尚绅士风度。他们谈吐不俗、举止高雅、遵守社会公德，很有礼让精神。无论在谈判场内外，英国谈判人员都很注重个人修养，尊重谈判业务，不会没有分寸地追逼对方。同时，他们也很关注对方的修养和风度，如果你能在谈判中显示出良好的教养和风度，就会很快赢得他们的尊重，为谈判成功打下良好的基础。由于古老的等级传统使英国人的等级观念变得非常严格而深厚，他们颇为看重与自己身份对等的人谈问题，英国商人的绅士风度还表现在他们谈判时不易动怒，也不易放下架子，喜欢有很强的程序性的谈判，一招一式恪守规定。谈判条件既定后不愿改动，注意钻研理论并注重逻辑性，喜用逻辑推理表明自己的想法。他们听取意见时随和，采纳意见时却不痛快，处理复杂问题比较冷静。这种外交色彩浓厚的谈判风格常使谈判节奏受到一定制约。但是，采用简单、直截了当又不失礼貌的谈判手法会使他们为证明自己并不拖拉而配合你，从而加快节奏。绅士风度常使英国谈判人员受到一种形象的约束，甚至成为他们的心理压力，对此应充分利用。在谈判中以确凿的论据、有理有力的论证施加压力，英国谈判人员就不会因坚持其不合理的立场而丢面子，从而取得良好的谈判效果。

2. 同英国人谈判的要诀

（1）礼尚往来，平等交往。英国商人行动按部就班。在商务活动中，招待客人的时间往往较长，当受到英国商人款待后，一定要写信表示感谢，否则会被视为不懂礼貌。与英国人约会时，若是过去不曾谋面的，一定要先写信告之面谈目的，然后再去约时间，一旦确定约会，就必须排除万难，按时赴约。因为英国人做生意颇讲信用，凡事要规规矩矩，不懂礼貌或不重诺守约，以后办事就难以顺利进行。

在对话人的等级上，诸如官衔、年龄、文化教育、社会地位上应尽可能对等，这对推进谈判、加强讨价还价的力量会有好处。

（2）与他们做生意要尽可能地讲英语。英国商人在商务活动中一般不善于从事日常的业务访问。并且英国商人都以使用英语为自豪，即使他们会讲第二外语，他们也不愿在谈判中使用。英国商人在商务活动中有些明显的缺点，例如，他们经常不遵守交货时间，造成迟延，引起直接的经济损失。这使他们在谈判中比较被动，外国谈判人员会利用这点迫使他们接受一些苛刻的交易条件，如索赔条款等。

（3）英国裔商人谨慎、保守、重守信誉。他们在进行商务谈判时相当严谨，一般要对所谈事物的每个细节都要充分了解后，才可能答应要求。并且，英国裔商人在谈判过程中喜欢设置关卡，一般不会爽快地答应对方提出的条件和要求，所以从开始到价格确定这段时间的商谈是颇费脑筋的，所谓“好事多磨”，对此，要有耐心，急于求成往往不能把事情办好。不过，一旦最后拍板，签订契约，英国裔商人日后执行时很少出现违约的事情。

（二）德国商人谈判的特点及同德国商人谈判的要决

1. 德国商人谈判的特点

（1）德国人具有自信、谨慎、保守、刻板、严谨的特点。他们办事富有计划性，注重工作效率，追求完美，做事雷厉风行，有军旅作风。德国谈判人员身上所具有的这种日耳曼民族的性格特征会在谈判桌上得到充分的展现。德国商人严谨保守。他们在谈判前就准备得十分充分周到，会想方设法掌握翔实的第一手资料；他们不仅要调查研究对方购买或销售的产品，还要仔细研究对方的公司，以确定对方能否成为可靠的商业伙伴。只有在对谈判的议题、日程、标的物的品质和价格，以及对方公司的经营、资信情况和谈判中可能出现的问题及对应策略作了详尽研究、周密安排之后，他们才会坐到谈判桌前。这样，他们立足于坚实的基础之上，就处于十分有利的境地。德国人对谈判对方的资信非常重视，因为他们保守，不愿冒风险。

德国商人自信而固执。他们对本国产品极有信心，在谈判中常会以本国的产品为衡量标准。德国企业的技术标准相当严格，对于出售或购买的产品他们都要求很高的质量，因此要让德国商人相信你公司的产品能够满足交易规定的高标准，他们才会与你做生意。德国商人的自信、固执还表现在他们不太热衷于在谈判中采取让步的方式。他们考虑问题周到、系统，缺乏灵活性和妥协性。他们总是强调自己方案的可行性，千方百计迫使对方让步，常常在签订合同之前的最后时刻还在争取使对方让步。

（2）德国商人非常讲究效率，并且他们的思维富于系统性和逻辑性。德国人认为那些“研究研究”、“考虑考虑”、“过段时间再说”等拖拖拉拉的行为，对一个商人来说简直是耻辱。他们的座右铭是“马上解决”。他们觉得判断一个谈判人员是否有能力，只需看其办公桌上的文件是否快速有效地处理了。如果文件堆积如山，多是“待讨论”、“待研究”的一拖再拖的事情，那就可以断定该工作人员是不称职的。因此，德国商人在谈判桌上会表现出果断、不拖泥带水的特征。他们喜欢直接表明所希望达成的交易，准确确定交易方式，详细列出谈判议题，提出内容详细的报价表，清楚、坚决地陈述问题。他们善于明确表达思想，准备的方案清晰易懂。如果双方讨论列出问题清单，德国商人一定会要求在问题的排序上体现各问题的内在逻辑关系，否则就认为逻辑不清，不便讨论。并且他们认为每场讨论应明确议题，如果讨论了一上午却不涉及主要议题，他们会抱怨组织无效率。

（3）崇尚契约，严守信用，权利与义务的意识很强。德国人素有“契约之民”的雅称，在商务谈判中，他们坚持己见，权利与义务划分得清清楚楚，涉及合同任何条款，他们都非常细心，对所有细节认真推敲，要求合同中每个字、每句话都准确无误，然后才同意签约。德国商人对交货期限要求严格，一般会坚持严厉的违约惩罚性条款，外国客商要保证成功地同德国人打交道，就得严格遵守交货日期，而且可能还要同意严格的索赔条款。德国人受宗教、法律等因素影响，比较注意严格遵守各种社会规范和纪律。

在商务往来中，他们尊重合同，一旦签约，他们就会努力按合同条款一丝不苟地去执行，不论发生什么问题都不会轻易毁约，而且签约后，他们对于交货期、付款期等条款的更改要求一般都不予理会。他们注重发展长久的贸易伙伴关系，求稳心理强。

2. 同德国商人谈判的要决

（1）做好充分准备。如果与德国人做生意，一定要在谈判前做好充分准备，以便回答关于你的公司和你的建议的详细问题，用很满意的回答表明自己的实力。如果事先准备不足，谈判中思维混乱，往往会引起德国商人的反感和不满。另外，德国谈判人员经常在签订合同之前的最后时刻都试图让对方降低价格，因此，更要有所提防，要么拒绝，要么作出最后的让步。在与德国商人谈判时，要进行严密的组织、充分的准备、清晰的论述，并明确鲜明的主题，可以促进谈判效率，在时间的利用以及双方误解的减少等方面都可看到谈判效率的改善。

（2）鉴于日耳曼民族这种倔强的个性特点，应尽量避免采取针锋相对的讨论方法，而要“以柔克刚”、“以理服人”。常言道：“有理不在声高”，要以灵活的态度选择攻击点，体现分歧，表明立场，同时始终保持友好和礼貌的态度以扭转其僵硬的态度，不要激起对方的“犟脾气”。大多数德国商人虽然固执，但还是很重理性的。只要把握住这点，本着合理、公正的精神，就能最终软化其僵硬立场。

（3）务必守时。德国人非常守时，不论工作还是干其他事情，都是有板有眼，一本正经。因此与他们打交道，不仅谈判时不应迟到，一般的社交活动也不应随便迟到。对于迟到的谈判人员，德国商人对之不信任的反感心理会无情地流露出来，破坏谈判气氛，令对方处于尴尬的境地。

（4）谈判时间不宜定在晚上，除非特别重要。虽然德国人工作起来废寝忘食，但他们都认为晚上是家人团聚、共享天伦之乐的时间，而且他们会认为你也有相同的想法。所以，冒昧地请德国人在晚上谈论商务或是在晚上对他们进行礼节性拜访会让他们觉得你不知趣。

（5）正确看待谈判对手。德国经济高度发达，其在国际贸易中所占份额也比较高。因此，人们容易产生一种错觉，认为德国谈判人员都具备国际经济技术合作和贸易方面的专业知识和丰富经验。其实不然，对他们不能盲目崇拜，甚至不能估计过高，在洽谈时，千万不能想当然地以为“这种事情凡是谈判人员都应该会了解的”而不对细节加以规定，以免为日后纠纷的产生留下隐患。

（三）法国商人谈判的特点及同法国商人谈判的要决

1. 法国商人谈判的特点

（1）对于签约比较马虎。与法国商人刚开始接触时，你会觉得他们都非常和蔼可亲，平易近人，客气大方。但是只要坐下来谈判，涉及实质问题时，他们就判若两人，讲话慢吞吞，难以捉摸。因此，若希望谈判成功，就要有耐性。法国裔商人常常在主要条款谈妥之后就急于要求签约。他们认为次要的条款可以等签约后再谈，然而往往是那些未引起重视的次要条款成为日后履约纠纷的导火线。法国商人不如德国商人那么严谨，但法国商人却喜欢追求谈判结果，不论什么会谈、谈判，在不同阶段，他们都希望有文字记录，而且名目繁多，诸如“纪要”、“备忘录”、“协议书”、“议定书”等，用以记载已谈的内容，为以后的谈判起到实质性作用。对于频繁产生的文件应予以警惕，慎重行事，对己有利的内容，可同意建立文件；对己不利却难以推却的，可仅建立初级的纯记录性质的文件，注意各种不同类型文件的法律效力，严格区别“达成的协议点”、“分歧点”、“专论点”、“论及点”等具体问题，否则产生的文件会变得含糊不清，成为日后产生纠纷的隐患。

（2）对本民族的灿烂文化和悠久历史感到无比骄傲。在近代世界史上，法兰西民族在社会科学、文学、科学技术方面有着卓越成就。法国商人具有浓厚的国家意识和强烈的民族、文化自豪感。他们性格开朗、眼界豁达，对事物比较敏感，为人友善，处事时而固执、时而随和。他们时常把祖国的光荣历史挂在嘴边，诸如，他们拥有巴黎公社、波拿巴王朝、法兰西共和国的历史等。重视历史的习惯使法国谈判人员也很注意商业与外交的历史关系和交易的历史状况，即过去的交易谈判情况。传统友好国家的谈判人员会为双方外交关系的历史所鼓舞或制约，因此利用历史的观念可以排除一定的现实干扰，比如现实中可能出现的第三者的干扰。讲究历史就为谈判双方树起一道历史的墙，使双方在历史交易的基础上只能前进，不能后退。

（3）为自己的语言而自豪。他们认为法语是世界上最高贵、最优美的语言，因此在进行商务谈判时，他们往往习惯于要求对方同意以法语为谈判语言，即使他们的英语讲得很好也是如此，除非他们是在国外或在生意上对对方有所求。所以，要与法国人长期做生意，最好学些法语，或在谈判时选择一名好的法语翻译。

（4）非常珍惜人际关系。法国商人很重视交易过程中的人际关系。一般来说，在尚未结为朋友之前，他们是不会轻易与人做大宗生意的，而一旦建立起友好关系，他们又会乐于遵循互惠互利、平等共事的原则。与法国人洽谈生意时，不应只顾谈生意上的细节，这样做很容易被法国对手视为“此人太枯燥无味，没情趣”。要注意，法国商人大多性格开朗、十分健谈，他们喜欢在谈判过程中谈些新闻趣事，以创造一种宽松的气氛。据说，在法国就连杂货店的女老板都能轻松自如、滔滔不绝地谈论政治、文化和艺术。所以，在谈判中除非到了最后决定拍板阶段可以一本正经地只谈生意之外，其他时间可谈一些关于社会新闻和文化艺术等方面的话题来活跃谈判内容。另外，要引起注意的是，法国人在谈判中讲究幽默与和谐，但他们不愿过多提及个人和家庭问题，与他们谈话时应尽量避免此类话题。

（5）思路灵活，手法多样。法国商人常会借助行政、外交的手段或让名人、有关的第三者介入谈判。这种承认并欢迎外力的心理和做法可以为我所用。例如，有些交易中常会遇到进出口许可证问题，往往需要政府出面才能解决问题。而当交易项目涉及政府的某些外交政策时，其政治色彩就很浓厚，为达成交易，政府可以从税收、信贷等方面予以支持，从而改善交易条件，提高谈判的成功率。

（6）要求包装精美。法国商人对商品的质量要求十分严格，条件比较苛刻，同时他们也十分重视商品的美感。法国人从来就认为法国是精品商品的世界潮流领导者，巴黎的时装和香水就是典型代表，因此他们在穿戴上都极为讲究。在他们看来，衣着可以代表一个人的修养与身份。所以在谈判时，稳重考究的着装会带来好的效果。

（7）法国人的时间观念不强，他们在商业往来或社会交际中经常迟到或单方面改变时间，而且总会找一大堆冠冕堂皇的理由。在法国还有一种非正式的习俗，即在正式场合，主客身份越高，来得越迟。

2. 同法国商人谈判的要决

（1）谈判时应力求慎重，一定要在所有合同条款都定得详细、明了、准确之后，才可签约，以避免不必要的麻烦和纠纷。签约时要小心从事，用书面文字加以确认。法国商人习惯于集中精力磋商主要条款，对细节问题不很重视，并且在主要条款谈成之后，便急于求成，要求签订合同，而后又常常会在细节问题上改变主意，要求修改合同，这一点往往令人十分为难。为了保证最终的文件具有法律约束力，以防止他们不严格遵守，在市场行情不看好的时候撕毁协议，签约时要小心从事，用书面文字加以确认。

（2）善于和他们建立起友好关系，这不是件十分容易的事，需要做出长时间的努力。在社会交往中，家庭宴会常被视为最隆重的款待。但无论是家庭宴会还是午餐招待，法国人都将之看作人际交往和发展友谊的时刻，而不认为是交易的延伸。因此，如果法国商人发现对方的设宴招待是为了利用交际来促使商业交易更为顺利，他们会很不高兴，甚至断然拒绝参加。所以，要与他们做生意，就需学会忍耐。但法国人对于别人的迟到往往不予原谅，对于迟到者，他们会很冷淡地接待。因此，如果你有求于他们时，千万别迟到。

（3）法国全国在每年 8 月份都会放假，很多法国人都度假去了，任何劝诱都难以让他们放弃或推迟假期去做生意，甚至在 7 月底和 9 月初，他们的心思都还放在度假和休息上。所以千万注意尽量避免在这段时期与法国人谈生意。

（四）意大利商人的谈判风格

（1）国家意识比较淡薄。法国人常为祖国感到自豪，意大利人却不习惯提国名，而更愿意提故乡的名字。虽然如此，意大利商人与法国商人有许多共同之处。在商务活动中，两国人都非常重视商人个人的作用。意大利的商业交往大部分都是公司之间的交往，在商务谈判时，往往是出面谈判的人决定一切，意大利商人个人在交往活动中比其他任何国家的商人都更有自主权，所以，与谈判对手关系的好坏是能否达成协议的决定因素之一。

（2）不遵守约会时间。有时候他们甚至不打招呼就不去赴约，或单方面推迟会期。他们工作时有点松松垮垮，不讲效率。但是，他们在做生意时是绝对不会马虎的。

（3）善于社交，但情绪多变，做手势时情绪激动，表情富于变化。他们生气时，简直近于疯狂。意大利人喜好争论，他们常常会为了很小的事情而大声争吵，互不相让，如果允许的话，他们会整天争论不休。在进行合同的谈判和作出决策时，他们一般不愿仓促表态。如果对方给他们一个作出决策的最后期限，他们会迅速拍板决定。这说明他们办事多是胸有成竹而且有较强的处理紧急情况的能力。

（4）看重商品的价格，谈判时表现得寸步不让。意大利人对于合同条款的注重明显不同于德国人，而接近于法国人，在商品的质量、性能、交货日期等方面则比较灵活。他们力争节约，不愿多花钱追求高品质。

意大利的商业贸易比较发达，意大利商人与外商交易的热情不高，他们更愿意与国内企业打交道。由于历史和传统的原因，意大利人不太注意外部世界，不主动向外国观念和国际惯例看齐，他们信赖国内企业，认为国内企业的技术生产的产品一般质量较高，而且国内企业与他们存在共同性。所以，与意大利人做生意要有耐性，要让他们相信你的产品比他们国内生产的更为物美价廉。还有一点应注意的是，在意大利从事商务活动，要充分考虑其政治因素，了解对方的政治背景，以防政局变动而蒙受经济损失。

（五）西班牙商人的谈判风格

西班牙人生性开朗，略显傲慢，其商人在谈判时常常怀有一种居高临下的优越感，仿佛自己是世界的主人。西班牙人考虑问题很注重现实，他们对工作、生活中的各种关系和事务的安排，都是十分严肃认真的。

西班牙人一般不肯承认自己的错误，其商人也是如此，他们即使按照合同遭受了一点损失也不愿公开承认他们在签订合同时犯了错误，更不会主动要求对合同进行修改。这时，如果对方考虑到他们在合同中无意遭受到的损失而帮助他们下台阶的话，就会赢得他们的信任和友谊，为今后更好地与他们进行商务合作奠定坚实的基础。

不能使用诱导式问句。鉴于社交礼仪和传统习惯，西班牙人认为直截了当地拒绝别人是非常失礼的，因此绝不说“不”字。西班牙商人口头上一般也不会说“不”字，所以在与他们洽谈时，不能让他们回答“是”或“否”，否则，即使你得到了肯定的答复，也可能久久得不到回音，实际上他们拒绝了你。遇到这种情况，千万不要性急，只有仔细揣摩他们的真实意图，设法与他们达成相互谅解与信任，才能与他们继续商谈和合作。

西班牙商人强调个人信誉，签订合同后一般都会很认真地履行。但这也不排除其中存在一些投机性的掮客，且不乏资金雄厚者，这些掮客的主要目的是赚钱，一旦出现波折，如市场情况不利时，他们可能会一走了之。所以，与他们做生意要小心谨慎。

西班牙商人与外商洽谈时态度极认真，谈判人员一般也具备决定权。因此，与他们谈判必须选派身份、地位相当的人员前往，否则他们会不予理睬。日期等方面则比较灵活。他们力争节约，不愿多花钱追求高品质；德国人却宁可多付款来换取高质量的产品和准确的交货日期。

另外，穿戴讲究的西班牙商人也希望谈判对方衣饰讲究，他们绝不愿意看到穿戴不整或过于随便的人坐到谈判桌前，西班牙商人通常在晚餐上谈生意或庆祝生意成功，他们的晚餐大多从晚上 9 点以后开始，一直进行到午夜才结束。

（六）葡萄牙商人的谈判风格

葡萄牙人善于社交，而且很随和，在初次认识时，就会表现出亲密感来。但是，当你想进一步接近他们时，他们却又退缩回去，因此，难以和他们开诚布公地交谈。

葡萄牙人处理问题常以自我为中心，协调性较差，无法使优秀的个人能力结合起来而发挥团体的效用。

葡萄牙人讲究打扮，即使在很热的天气也是西装革履，在工作和社交等场合一般都打领带。葡萄牙商人在工作之余，也与客户进行交际，但共进晚餐的机会不多。

葡萄牙商人做生意没有很强的时间观念，他们在决策时有拖延的习惯。他们喜欢用汇票作为交易的支付方式，但常常不能爽快履约。比如约定货款在某日汇付，而到了约定日期，他们往往不会如数汇付，而是毫无愧意地提出只付其中一部分，剩下部分要延后到某日再汇付。这种要求延迟支付的现象常有发生，因此与他们进行交易时应在合同中严格确定付款日期，并尽可能加入相应的迟付解决条款。

（七）希腊商人的谈判风格

希腊人敬重有钱的人或是有羊群、土地、橄榄园和房子的人，他们很清楚什么有利可图，怎样才能赚钱，因为古希腊很早就进入商品买卖阶段，商人很多，商业的观念在希腊人头脑中根深蒂固。至今，希腊商人做生意的方法还是很传统的，讨价还价随处可见，甚至餐馆的菜价也可以讨价还价。

希腊人在做生意时比较诚实，但是履行义务的效率并不高。他们一点也不珍惜时间，更少遵守时间，在谈判时很少严谨地安排时间，有时提前结束，有时拖延好几天。希腊商人喜欢带客人到熟悉的餐馆，不论午餐安排在什么时候，都会耗掉整个下午，这对于许多视时间如生命的外商简直是不能忍受的，但如果希望达成交易的话就必须忍耐。

与希腊商人谈话时，尽量别提及土耳其，因为大多数希腊人对于来自土耳其的军事威胁这一问题非常敏感。

希腊商人不十分讲究穿戴，因此外国商人一定不要"以貌取人"，不要通过谈判人员的穿戴来判断他们的财富和成就。

还应注意的是：每年的6～8月，希腊的商务活动很少，每个星期三下午，很难联系到任何人。

（八）荷兰、比利时和卢森堡商人的谈判风格

荷兰、比利时、卢森堡是三个政治、经济关系密切的国家。

这三个国家的人有一些共同特点。例如，他们办事比较稳重，一般在面谈之后会及时写信给对方提起面谈时的有关内容，目的是为了确认谈判的内容。他们都喜欢花些时间对商业协定或会谈作出计划，然后才行事，他们不喜欢对方没有事先约定就去拜访他们。

荷兰人曾是欧洲最正统的民族。荷兰人比较朴素，性格坦率、开诚布公。荷兰人没有比利时人的贵族气息。他们讲究秩序，事先安排计划是他们的习惯。因为荷兰是靠对外贸易起家的商业国，荷兰国民对贸易的认识非常深刻。荷兰商人擅长赚钱和理财，善于进行贸易谈判和建立国际商务关系，也很会利用自己的经济实力签订对自己有利的合同来获得额外的利益，他们在国际商贸领域非常有竞争性。

荷兰商人多数会讲多国语言，一般都会英语和德语，但在内部协商时一般都用荷兰语。他们在商务谈判中喜欢时时插入闲谈，还会端出咖啡，边喝边谈。要记住，与荷兰商人面谈

后要及时写信给他们以确认谈话内容。

比利时是一个发达的工业国家，与荷兰和法国接壤，兼有这两国的一些特征。首都布鲁塞尔是欧盟总部所在地，首都以北居住着佛拉芝人，他们是几个世纪以前来此定居的荷兰人的后裔；首都以南居住着说法语的比利时人。日耳曼血统的荷兰裔人与法国裔人的民族感情相当独立，而且多年来他们之间积怨很深，隔阂很大。因此，在比利时进行商务活动时，要考虑到这点，尽量避免卷入他们的争执中去。例如，在寄送产品目录时，使用英文目录较为保险，若寄送法语目录，则引起荷兰裔人的不满。同样，在洽谈业务时也不要用法语同荷兰裔的比利时商人交谈，否则可能会受到严厉的指责。

比利时人的贵族气息比较浓厚，他们注重地位、外表和礼节。谈判时，他们总希望对方的地位与自己相当。因此，与他们做交易，己方谈判人员的身份必须与之相当或略高。另外，非常想达成交易，应直接找高级负责人洽谈，首先要写信给他，写明要点并请他指定会面的日期，这被视为应有的礼节。在商谈中，若他们偶然提及对方下榻的旅馆并得知该旅馆仅属于一般旅馆时，他们尽管表面上不一定有蔑视的表示，但心中可能已经看轻对方了，这可能会对交易产生不利的影响。比利时人注重礼节已到了极端的地步，无论什么时间、什么地点，只要相遇都要握手，只要道别，都要握手并说“再见”，即使在离开办公室时，对同事也是如此。可以说，在比利时，握手多多益善。

比利时人喜欢社交，常把做生意和交际娱乐结合在一起，他们喜欢招待客人。比利时人的工作态度很现实、很稳健。公司的上层雇员工作很努力，愿意加班。工作需要时，周末也可以洽谈；若有急事，即使在乡下度假，也会马上赶回来。

（九）奥地利商人的谈判风格

奥地利人和蔼可亲，善于交际，容易接近，除非在交易中发生很大纠纷，否则，他们深藏不露的排他性格不易被发现，他们讨厌不检点的行为。

奥地利人喜欢招待客人，一般愿意在自己家中进行，当然，上餐馆用餐的机会也不少，而且菜肴丰富。若商务繁忙使你需要在奥地利逗留较长时间，不应总让对方破费请客，最好在对方招待一两次之后回请对方一次。适于招待的时间是周末下午。

奥地利国有企业工作人员的素质比较高，但人浮于事明显，洽谈中往往难以判断谁是主要负责人。他们重视地位、头衔，所以在写信或平时称呼时应加倍小心，别把头衔弄错了。奥地利人比较保守，一般在建立商业关系之前，他们不愿意公开有关公司业务情况的数据。

（十）北欧商人的谈判风格

北欧在一般意义上是指位于日德兰半岛、斯堪的纳维亚半岛上的芬兰、挪威、瑞典、丹麦和冰岛五国。它们有着相似的历史背景和文化传统，它们都信奉基督教，历史上为防御别国的侵扰而互相结盟或是宣布中立以求和平。现代的北欧，国家政局稳定，人民生活水平较高。由于其宗教信仰、民族地位及历史文化，北欧人形成了心地善良、为人朴素、谦恭稳重、和蔼可亲的性格特点。

北欧人是务实型的，工作计划性很强，没有丝毫浮躁的样子，凡事按部就班，规规矩矩。与其他国家商人相比，北欧商人在谈判中显得沉着冷静。他们喜欢谈判有条不紊地按议程顺序逐一进行，谈判节奏较为舒缓，但这种平稳从容的态度与他们的机敏反应并不矛盾，他们善于发现和把握达成交易的最佳时机并及时作出成交的决定。

北欧人看问题比较固执，这种固执与他们那种具有建设性的积极意愿相呼应。然而，伴随着积极的行动之后，一般是消极的固守。此时，外国商人不能太着急，为了不让北欧商人使性子，应充分注意论述的理由。最后，利用北欧商人愿意追求和谐稳定的心理和善于提建设性方案的长处，可以为牟取较大的利益而有意制造僵局、激化矛盾，让他们提出方案，从中得利。但这样做必须注意火候，一般应在对方刻意追求解决的问题上，或与之关系重大的条件上制造危机。

北欧商人不喜欢无休止的讨价还价，他们希望对方的公司在市场上是优秀的，希望对方提出的建议是他们所能得到的最好的建议。如果他们看到对方的提议中有明显的漏洞，就会重新评估对方的职业作风和业务能力，甚至会改变对对方企业水平的看法，进而转向别处去做生意，而不愿与对方争论那些他们认为对方一开始就应该解决的琐碎问题。

北欧商人性格较为保守，他们更倾向于尽力保护他们现在拥有的东西。因此，他们在谈判中更多地把注意力集中在怎样作出让步才能保住合同，而不是着手准备其他方案以防作出最大让步也保不住合同的情况。

北欧商人为保证其竞争力，总是大规模地投资于现代技术，他们的出口商品往往是高质量、高附加值的产品，而他们进口的商品也多半是自己需要而在国内难以买到的高品质产品。北欧人有着强大的市场购买力，在谈判中，对于高档次、高质量、款式新奇的消费品，他们会表现出很大的兴趣，千方百计地想达成交易；而对一般性商品则不屑一顾，常以种种苛刻条件让对方知难而退。

在北欧，代理商的地位很高。尤其在瑞典和挪威，没有代理商的介入，许多谈判活动就难以顺利进行。因此，与北欧人做生意，必须时刻牢记这些代理商和中间商。

北欧人较为朴实，工作之余的交际较少。晚间的招待一定在家里进行，不到外面餐馆去用餐。如果白天有聚餐，一般是在大饭店里预订好座位吃饭，这种宴会也不铺张浪费；如果是私下聚会则往往只有咖啡和三明治。北欧人力戒铺张，他们把简朴的招待视为对朋友的友好表示，即使对待老主顾也是如此。

北欧人将蒸气浴视为日常生活中必不可少的一部分。大多数北欧国家的宾馆里都设有蒸气浴室。在北欧，谈判之后去洗蒸气浴几乎成了不成文的规定。如果北欧谈判人员邀请对方去洗蒸气浴，不要以为这很荒唐，这充分说明对方是很受欢迎的，因为洗蒸气浴是受到良好招待的明显标志。到北欧洽谈生意的外国客商也应不失时机地发出邀请或接受邀请，以增加双方接触的机会，增进友谊。

（十一）东欧商人的谈判风格

东欧诸国一般是指捷克共和国和斯洛伐克共和国、波兰共和国、匈牙利共和国、罗马尼亚共和国、保加利亚共和国、前南斯拉夫等。它们与我国的交往比较密切。这些国家的政治体制改革和经济体制改革对社会文化的影响很大，国家制度的变化给这些国家人民的思想带来很大冲击。他们的谈判人员在此背景下显得作风散漫，待人谦恭，缺乏自信。在谈判中，他们显得急于求成，注重实利，虽然顾及历史关系，但对现实利益紧抓不放。

在目前东欧政治、经济不稳定的历史条件下，更加剧了东欧商人的不稳定情绪。他们言行随便，谈判准备工作懈怠，信誉较差。对此，应在谈判之前就约法三章，在谈判时循章行事，对于无诚意的对方应尽早结束谈判，不要再耗费时间和精力。

现在的东欧商人特别看重别人的尊重。所以与他们谈判时，应以尊重为前提，以敬换情，通过一系列尊敬对方的措施感动对方，换取信任，来促进思想的沟通和信息的交流，以使谈判顺利进行。

现在的东欧商人更为注重现实利益。因此，谈判时，不要过分怀念传统，而应在珍惜传统的同时追求开阔的眼界和更高的利益。对于各种交易条件，都要权衡利弊，以利换利。对已获得口头承诺的利益，应立即用严格的书面形式明确，确保自己的利益。

东欧商人有以上共同特征，也有各自的差异。例如，匈牙利人具有东方人的气质，重视信誉，容易交往；罗马尼亚人精明、开朗，善于察言观色和讨价还价；捷克和斯洛伐克的商人进取心强，反应敏捷等。

（十二）俄罗斯商务谈判的特点及同俄罗斯人谈判的要诀

1. 俄罗斯商务谈判的特点

由于从统一的中央集权的制度中分解出来，俄罗斯的社会生活发生了极大变化，人们的社会地位、自我价值观念也发生了显著的变化，思维方式自然也随之改变。另一方面，原有计划体制对人们思维模式的影响依然存在。

（1）固守传统，缺乏灵活性。在涉外谈判中，一些俄罗斯商人仍然带有明显的计划体制的痕迹。在进行正式谈判时，他们喜欢按计划办事，如果对方的让步与他们原定的具体目标相吻合，容易达成协议，如果有差距，使他们让步则特别困难，甚至他们明知自己的要求不符合客观标准，也不妥协让步。曾有一个俄罗斯代表团到中国洽商一个合资项目，上一条方便面生产线，由中方提供设备和人员培训，共计 120 万元人民币，俄方以厂房、土地作价投资，共计 40 万元人民币。按国际惯例，双方合资项目，利润分成可按投资比例确定，但俄方坚持他们得 80%利润，中方得 20%利润，这种明显不合理的要求自然导致谈判破裂。之所以会这样，就是他们先定的目标是获利 80%，尽管他认为你的建议也有道理，但要他们改变原来的打算是困难的。这是诸多谈判人员与俄罗斯商人打交道的一致结论。

一些俄罗斯人缺乏灵活性，还因为他们的计划制订与审批要经过许多部门、许多环节，这必然要延长决策与反馈的时间，这种传统体制也僵化了人们的头脑。尽管现在体制有了较大的变革，但还没有形成正常的经营秩序和健全的管理体制。

（2）注重技术细节。俄罗斯商人特别重视谈判项目中的技术内容，这是因为引进技术要具有先进性、实用性，由于技术引进项目通常都比较复杂，对方在报价中又可能会有较大的水分，为了尽可能以较低的价格购买昂贵有用的技术，他们特别重视技术的具体细节，索要的东西也是包罗万象，如详细的车间设计图纸、零件清单、设备装配图纸、原材料证明书、化学药品和各种试剂、各种产品的技术说明、维修指南等。

（3）善于讨价还价。俄罗斯人十分善于与外国人做生意，如果他们想引进某个项目，首先要对外招标，引来数家竞争者，随后不慌不忙地进行选择，并采取各种手段，让争取合同的对手之间竞相压价，相互残杀，最后坐收渔翁之利。有这样一个事例：

1980 年在莫斯科举办奥运会，谁都知道出售奥运会电视转播权是一笔好买卖。美国哥伦比亚广播公司、美国广播公司、全国广播公司三家大型电视台都准备出大价钱购买独家电视转播权。于是俄罗斯人把美国三家电视台的上层人物都请到他们的豪华客轮阿列克赛·普希金号上，他们提出要 2.1 亿美元现金，这个开价比 1976 年的 2200 万美元几乎高出 9 倍。为了达到他们的目的，俄国人分别与美国的这三家电视台的决策人物接触，让他们相互之间你争我夺，用美国人自己的话说：“我们像装在瓶里的三只蝎子那样互相乱咬，咬完之后，两只死了，获胜的一只也被咬得爬不起来了。”最后，几经反复，美国国家广播公司以 8700 万美元购得奥运会转播权。后来才知道，俄国人预期的售价在 6 千万～7 千万美元之间。俄罗斯人在讨价还价上堪称行家里手，不论你的报价是多么公平合理，怎样计算精确，他们也不会相信，而是千方百计地要挤出其中的水分，达到他们认为理想的结果。

俄罗斯商人对于研究过俄罗斯文化艺术的外商特别尊重，这会给商务谈判带来友善的气氛。传统上，俄罗斯人有喝酒、吸烟、跳舞和运动四大爱好。俄罗斯人不论男女，几乎没有不喝酒的，而且大多爱喝烈性酒，如伏特加之类。俄罗斯人吸烟也很普遍，而且爱抽烈性烟。跳舞是俄罗斯人的传统，一般每周末都有舞会。过去人们主要跳民族舞蹈，但现在的年轻人更愿意跳交谊舞，他们常在花园中的空地上或马路边的小广场上，在手风琴或吉它的伴奏下翩翩起舞。俄罗斯人重视体育运动，许多人都有一两项专长。

2. 同俄罗斯商人谈判的要诀

（1）配备技术专家。在与俄罗斯商人谈判时，可能要就产品的技术问题进行反复大量的磋商，为了能及时准确地对技术问题进行阐述，要有充分的准备，在谈判中要配备技术方面的专家。

（2）谨慎订立索赔条款。同俄罗斯商人谈判，要十分注意合同用语的使用，语言要精确，不能随便承诺某些不能做到的条件。对合同中的索赔条款也要十分慎重，例如，在出口一方国家的气候条件下，产品可能不轻易出问题。但不能轻易拍胸脯保证机器在任何温度下工作都没问题，更不能作出产品出现问题后愿意赔偿一切损失的承诺。在这种情况下，出口方可能会十分被动，其产品有可能被送到西伯利亚的雅库茨克的工厂去，如果其产品在零下 30℃的气温中冻住了，生产线停产并使工厂没有达到生产额度，那么毫无疑问，这个赔偿金是必须出的。

（3）讲究实效。不论合同金额大小，均立足实效进行谈判。例如，有的交易虽小，但先交钱后取货，实效不错。有的交易虽大，如某交易涉及 1.5 亿美元，但交易条件却十分苛刻，参与者要出钱出人，还要协助货物与美元的交换，而他自己拿人家的原料生产，产品由人家包销，销价还要追求高利。这种合同尽管数额巨大，却毫无意义，因为不见实效。

（4）选择适当的报价策略。对俄罗斯人的报价策略有两种形式：第一种是报出你的标准价格，然后力争作最小的让步。你可以事先印好一份标准价格表，表上所有价格都包含适当的溢价，给以后的谈判留下余地。第二种策略是公开在你的标准价格上加上一定的溢价（如15%），并说明这样做的理由是同其做生意承担的额外费用和风险，因为在政治体制不稳的环境中做生意的风险与费用是难以估量的。一般来讲，第二种策略要好些，因为如果在报价之初就定死一个价格，几个星期甚至数月后，情况可能会发生很大变化，俄罗斯的通货膨胀率已远远超过欧美。所以，如果俄罗斯商人不用硬通货支付交易额，那么，你与他们做买卖就

很有可能吃亏，所以要对俄罗斯商人尽量缩短报价期限，并充分考虑报价在合同期内所受的通货膨胀的影响。

三、亚洲商人的谈判风格

（一）日本商人谈判的特点及与日本人谈判的要诀

1. 日本商人谈判的特点

日本的传统文化和经济发展的现实，使日本企业形成了鲜明的谈判特性。总体上看，日本人进取性强，工作态度认真，等级观念强，不轻信人，注意做人的工作，考虑交易的长远影响，善于开拓新领域。他们慎重、规矩、礼貌、耐心，在国际商务谈判中，日本人被称为

“最难对付的谈判对手”。日本人的谈判方式具有以下特点：

（1）团队精神或集团意识。单个日本人与其他民族的人相比，在思维、能力、创新精神或心理素质方面往往都不见得出类拔萃。但是，日本人一旦结为一个团体，这个团体的力量就会十分强大。在日本企业中，决策往往不是由最高领导层武断地作出的，而是要在公司内部反复磋商，凡有关人员都有发言权。企业高层领导通常派某人专门整理所需决策的情况，集中各方面意见，然后再作出决策。谈判团内角色分工明确，但每个人都有一定的发言决策权，实行谈判共同负责制。在谈判过程中常常会遇到这样的情形：碰到日方谈判团事先没有准备过或内部没有协商过的问题，他们很少当场明确表态、拍板定论，而是要等到与同事们都协商过之后才表态。集体观念使得日本人不太欣赏个人主义和自我中心主义的人，他们往往率团前去谈判，同时也希望对方能率团参加，并且双方人数大致相等。

（2）彬彬有礼地讨价还价。日本人在与外国人面对面谈判时，对年长者、某个地方强于自己的人彬彬有礼，殷勤谦恭，充满崇敬之情。在国外，他们尊重所在国家或地区的礼节和习惯。在谈判过程中，日本人的报价往往水分很高，然后再经过漫长的讨价还价过程以达到成交，所以对日商的报价要特别留心，要认真做好比价工作，做到心中有数。相反，日本人在还价时往往杀价较狠，但只要你拿出有说服力的资料或证据，他们还是愿意接受的。因此，不要因日本人杀价过狠而动摇谈判的信心。

（3）固执、坚毅、不轻易妥协。在国际商务谈判中，日本人几乎毫不退让地坚持原有条件。一次又一次地商谈，他们始终重复原有的主张，提出同一个目标，日本人那谦恭的外表下隐藏着誓不屈服、妥协的决心。不到最后失败，只要能找到一点办法，他们就认为有可能突破敌阵。日本人的这种耐心和固执己见，不仅是终身雇佣制的结果，而且是由于他们相信坚持不懈就能克服多重障碍，他们认为自己的不屈不挠会使谈判对手厌倦并最终妥协。

（4）保持沉默，静观事态发展。在许多场合，日本谈判人员不愿率先采取行动并表明自己的意图，因此会长时间保持沉默，采取静观事态发展的战术。在遇到出乎意料的问题时，日本人对任何要求都不作答复。日本人认为“沉默是金”、“祸从口出”，只要沉默就可避免麻烦，只要不将自己的意见告诉别人就是一种贤明。当谈判人员对一些不愿回答的问题必须回答时，他们多半回答：“这是一个很好的习题，反过来我想问一下你是怎样认为的。”有时他们也会摇摇头，微微一笑说“对这个问题我一点也不明白”，“实际上我也搞不清楚”或者“此事还是问一下别人为好”。日本人在故作镇静、掩盖事实和感情方面是很高明的，他们把能否将心事不表露在脸上而隐藏在内心作为衡量谈判人员是否成熟的标志。

（5）注重最后期限，有耐心。日本谈判人员特别有耐心，他们认为，不耐烦是一个人的严重缺点，只要耐心等待肯定会有效果，许多合同、协议都是在最后期限签订的。因此日本谈判人员大多会通过各种渠道千方百计地打探谈判对手的最后期限。在谈判过程中，日本谈判人员为使对方放弃自己的条件，使用的最好办法就是把对方逼到墙角，使对方没有时间再拖下去。因此，同日本人谈判，要保持冷静，表明自己有充裕的时间。

（6）重视贸易的长远效应。日本人在国际商务活动中，重视销售额远胜于重视利润，很注意规模效益，喜欢薄利多销，把扩大市场占有率放在首位。他们善于在国际贸易中运用“吃小亏占大便宜”和“卡关键、放长线、钓大鱼”等经营策略。对此，在交往中一定要保持清醒的头脑，冷静分析，不要为小利而冲动，要全面长远地进行权衡。特别是大型商务谈判，必须对他们埋下的伏笔十分敏锐，万分小心，尽可能周密，如条件问题、维修问题、综合配备因素以及结算货币等方面都要想到。

（7）重视相互信任和相互尊重。日本人倾向于信任与尊重的道德观，往往把合同视为一份婚约而非商业协议。他们非常重视相互的信任与尊重，如果在商务谈判中，你把律师带去参加，日本人会认为这是不信任的表现，反而会增加谈判阻力，唯一的途径是消除怀疑，创造出一种相互信任的气氛。当合同双方发生争执时，日本人通常不选择诉诸法律这一途径，因为日本在很长的历史中，不是靠法律而是求助权贵的仲裁来解决争端的。与日本人进行交易，不能一接触就谈生意，往往要花费大量的时间用于开场白，来强调合作诚意和对方的好处，这些诚意要反复强调，并贯穿于整个洽谈过程中。这种通过相互赞扬以示尊重对方的做法，逐渐成为一种客套和礼仪。

（8）等级观念根深蒂固，重视尊卑秩序。日本企业都有尊老的倾向，一般能担任公司代表的人都是有 15～20 年经历的人。他们讲究资历，不愿与年轻的对手商谈，因为他们不相信对方年轻的代表会有真正的决策权。日本商人走出国门进行商务谈判时，总希望对方迎候人的地位能与自己的地位相当。在日本谈判团内等级意识也很严重，一般都是谈判组成员奋力争取、讨价还价，最后由“头面人物”出面稍作让步，达到谈判目的。还应注意的一点是，日本妇女在社会中的地位较低，一般都不允许参与大公司的经营管理活动，日本人在一些重要场合也是不带女伴的。所以遇到正式谈判，一般不宜让妇女参加，否则他们可能会表示怀疑，甚至流露出不满。利用日本人这种尊老敬长的心理，与日方谈判时，派出场的人员最好官阶、地位都比对方高一级，这样从对话、谈判条件、人际相处等方面均会有利于谈判的进行。

（9）重视人际关系。日本谈判人员是搞人际关系的“专家”，他们利用不同层次的人出场与谈判对手不同层次的人交际，从而探听情报、研究对策、施加影响、争取支持。日本商人善于把生意关系人性化，他们通晓如何利用不同层次的人与谈判对方不同层次的人交际，从而探明情况、研究对策、施加影响、争取支持，并且日本谈判人员总是善于创造机会，与谈判对手的关键领导拉关系，以奠定发言的基础。在谈判中，日本人尽力避免直接争论，因为在激动时会说出不得体的言辞，而导致个人冲突，这对双方都不利。通常日本人不会直截了当地拒绝谈判对手的建议，使对方难堪，他们总是老练地运用彬彬有礼和模棱两可的态度来消除意见的分歧。日本商人在同外商进行初次商务交往时，喜欢先进行个人的直接面谈，而不喜欢通过书信交往。对于找上门来的客商，他们则更倾向于选择那些经熟人介绍来的，因此在初访日商时，最好事先托朋友、本国使馆人员或其他熟悉的人介绍。

（10）只要有可能，日本谈判团里就不会包括律师。日本人觉得每走一步都要同律师商量的人是不值得信赖的，甚至认为带上律师参加谈判，就是蓄意制造日后的法律纠纷，是不友好的行为。当合同双方发生争执时，日本人通常不选择诉诸法律这一途径。他们善于捕捉时机签订含糊其辞的合同，以便将来形势变化时可以作出有利于他们的解释。

2. 同日本人谈判的要诀

（1）保全面子。与日本人谈判要注意的首要问题是保全面子，要做到这一点，以下四个方面需要注意：第一，千万不要直接指责日本人，否则肯定会有损于相互之间的合作关系，较好的方法是把自己的建议间接地表示出来，或采取某种方法让日本人自己谈起棘手的话题，或通过中间人去交涉令人不快的问题。第二，避免直截了当地拒绝日本人。如果不得不否定某个建议，要尽量婉转地表达，或做出某种暗示，也可以陈述你不能接受的客观原因，绝对避免使用羞辱、威胁性的语言。第三，不要当众提出令日本人难堪或他们不愿回答的问题。有的谈判人员喜欢运用令对方难堪的战术来打击对方，但这种策略对日本人最好不用。如果让其感到在集体中丢了面子，那么完满的合作是不存在的。第四，要十分注意送礼方面的问题。赠送各种礼品是日本社会最常见的现象。日本的税法又鼓励人们在这方面的开支，因为送礼的习惯在日本已是根深蒂固的事情。

（2）千万不要选派年龄在 35 岁以下的人同日本人谈判。美国一位高级技术公司的经理这样告诫人们："派一位乳臭未干的年轻人去同日本的高级经理人员谈判，人家都已经是 65 岁的老头了，这不是存心戏弄人家吗?"以下这个例子很能说明这个问题：美国总统福特访问日本之前，美国电视台 CBS 公司派了一位年轻的代表去日本，与日本的 NHK 电视台商谈福特总统访问日本的电视转播问题。这位年轻的代表没有与日本人谈判的经验，他以美国人的谈判风格，直截了当地向 NHK 电视台的主管提出电视转播要求，他要求日本方面到时提供超出实际需要近 2 倍的人员和通信设备，他的态度使日本人感到盛气凌人。日本 NHK 电视台的主管是一位老成持重且有资历的人物，他立刻有礼貌地回绝了那位年轻代表的要求。随着总统访日日期的临近，谈判毫无进展，CBS 公司非常焦急，只好撤换代表，改派公司高层领导到东京重新与 NHK 电视台进行谈判。美方首先向日方道歉，请求 NHK 电视台在这次福特总统访日期间帮助 CBS 公司进行电视转播。日方见美方态度转好，言辞恳切，也就同意通融，经过商谈满足了美方的要求。后来，那位年轻的美国代表终于觉悟到美国式的谈判风格对日本人来说是不能接受的。

同时还要注意，不要把日本人礼节性的表示误认为是同意的表示。在谈判中，日方代表可能会不断地点头，并且嘴里说着"嗨（是）"，但是日本人这样说往往是提醒对方他在注意听，而不表示同意。

（3）谈判前获得日方的信任。在同从未打过交道的日本企业谈判时，必须在谈判前就获得日方的信任。公认的最好办法是取得日方认为可靠的、另一个信誉很好的企业的支持，即找一个信誉较好的中间人。在谈判的初始阶段，就是在面对面地讨论细则之前，对谈判内容的确定往往都由中间人出面，中间人告诉你是否有可能将谈判推向下一步。总之，中间人在沟通双方信息，加强联系，建立信任与友谊上都有着不可估量的作用。所以，在与日方谈判时，要千方百计地寻找中间人牵线搭桥。中间人既可以是企业、社团组织、皇族成员、知名人士，也可以是银行、为企业提供服务的咨询组织等。

（4）耐心是谈判成功的保证。日本人在谈判中的耐心是举世闻名的。日本人的耐心不仅仅是缓慢，而且是准备充分，考虑周全，谈判有条不紊，决策谨慎小心。当日方谈判代表仔细推敲某一个问题时，总是一下子变得沉默不语。一些外国人对这一点常常不能理解，很容易掉进圈套，等他们醒悟过来时已是后悔莫及。其实，只要他们再耐心地等待几分钟，一切都会圆满解决。为了一笔理想交易，他们可以毫无怨言地等上两三个月。耐心使日本人在谈判中具有充分的准备，耐心使他们多次成功地击败那些急于求成的欧美人，耐心使他们成功地运用最后期限策略，耐心使他们赢得了每一次的主动。所以，与日本人谈判，缺乏耐心或急于求成，恐怕会输得一败涂地。

（二）韩国商人的谈判风格

他们非常重视商务谈判的准备工作。在谈判前，他们会千方百计对对方的情况进行咨询了解。一般是通过海内外的有关咨询机构了解对方情况，如经营项目、生产规模、企业资金、经营作风以及有关商品的市场行情等。了解掌握有关信息是他们坐到谈判桌前的前提条件。一旦韩国商人愿意坐下来谈判，就可以肯定他们早已对这项谈判进行了周密准备，胸有成竹了。

韩国商人很注重谈判礼仪。他们十分在意谈判地点的选择，一般喜欢在有名气的酒店、饭店会晤洽谈。如果由韩国商人选择会谈地点，他们定会准时到达，以尽地主之谊；如果由对方选择地点，他们则会推迟一点到达。在进入谈判会场时，一般走在最前面的是主谈人或地位最高的人，多半也是谈判的拍板者。

韩国商人重视在会谈初始阶段就创造友好的谈判气氛。他们一见面总是热情地打招呼，向对方介绍自己的姓名、职务等。就座后，若请他们选择饮料，他们一般选择对方喜欢的，以示对对方的尊重和了解，然后再寒暄几句与谈判无关的话题如天气、旅游等，以此创造一个和谐融洽的气氛，之后才正式开始谈判。

韩国商人逻辑性强，做事条理清楚，注重技巧。谈判时，他们往往先将主要议题提出讨论。按谈判阶段的不同，主要议题一般分为阐明各自意图、报价、讨价还价、协商和签订合同五个方面。对于大型谈判，他们更乐于开门见山、直奔主题。韩国商人在谈判时远比日本商人爽快，他们往往在不利的形势下，以退为进，稍作让步以战胜对手。在签约时，韩国商人喜欢用三种具有同等法律效力的文字作为合同的使用文字，即对方国家的语言、朝鲜语和英语。

（三）南亚和东南亚商人的谈判风格

南亚和东南亚包括许多国家，主要有印度尼西亚、新加坡、泰国、菲律宾、印度、马来西亚、巴基斯坦、孟加拉国等。这些国家与我国贸易往来频繁、互补性强，是我国发展对外经济贸易的重点地区之一。东南亚人因国别不同而体现出不同的性格特点，从事商务谈判的方式也有所不同。

印度尼西亚除了雅加达等大城市使用英语外，一般都使用马来语。印尼的宗教信仰十分坚定，所以与之进行贸易往来必须特别注意他们的宗教信仰。印尼人非常有礼貌，与人交往也十分小心谨慎，绝对不讲别人的坏话。在商务洽谈时，如果双方交往不深，虽然他们表面上十分友好亲密、谈得投机，但心里想的可能完全是另一套。只有建立了推心置腹的交情，才可能听到他们的真心话，这时他们也可以成为十分可靠的合作伙伴。因此，与印尼人打交道不能性急，要花时间努力与其建立友谊。

新加坡华侨有着浓重的乡土观念，同甘共苦的合作精神非常强烈。他们的勤劳能干举世公认。他们注重信义、友谊，讲面子。在商业交往中，十分看重对方的身份、地位及彼此的关系。对老一辈华侨来说，“面子”在商业洽谈中具有决定性意义，交易要尽可能以体面的方式进行。交易中，遇到重要决定，新加坡华侨往往不喜欢签订书面字据，但是一旦签约，他们绝不违约，并对对方的背信行为十分痛恨。

泰国商人崇尚艰苦奋斗和勤奋节俭，不愿过分依附别人，他们的生意也大都由家族控制，不信赖外人。同业之间会互相帮助，但却不会形成一个稳定的组织来共担风险。与泰国商人进行商务谈判时，要尽可能多地向他们介绍个人及公司的创业历程和业务开展情况，以获得他们的好感。与他们结成推心置腹的朋友，要费相当的时间和努力，一旦建立友情，他们就会信任你，遇到困难，也会给你以帮助。他们喜欢的是诚实、善良和富有人情味的人，而不仅仅是精明强干的形象。

菲律宾人天性和蔼可亲，善于交际，作风落落大方。他们在商务活动中应酬颇多，常常举行聚会。聚会大多在家中举行，稍微正式一点的聚会，请帖上会注明“必须穿着无尾礼服等正式服装”，若没有无尾礼服，可以穿上当地的正装，即香蕉纤维织成的开襟衬衫式衣服。同菲律宾人做生意，最容易取得沟通的途径是入乡随俗，在社交场合尽可能做到应酬得体，举止有度，言行中表现出良好的修养和十足的信心。

印度是个古老的国家，印度商人观念传统、思想保守。印度的企业家，包括技术人员在内，一般不愿把自己掌握的技术和知识教给别人。在商务谈判中，印度商人往往不愿作出有责任性的决定，遇到问题时也常常喜欢找借口逃避责任。在工作中出现失误受到指责时，他们会不厌其烦地重复解释，狡辩到底。所以，与他们做交易，要能够拉下面子，先小人后君子。合同条款规定务必严密细致，力求消除日后纠纷的隐患。印度商人疑心很重，要在商务往来中建立相互信任需要很长时间，而且无论如何不会亲密到推心置腹的地步。在没有利害关系时，他们还是较好相处的；一旦发生利害冲突，他们就会判若两人，层层设防、处处猜疑。印度社会层次分明、等级森严，这与他们古老的宗教教义有关，因此与他们打交道时要注意这点。

印度税收很高，逃税情况却相当严重而普遍，因此对印度公司进行资信调查很困难，调查报告所列数据的真实性也不易分辨。所以，同印度人进行商务往来之前，最好先委托我国驻外机构帮助调查，或亲自进行调查，以免受骗上当。另外，由于印度法制不健全，社会监督不严，使得整个社会各个领域普遍存在行贿受贿现象。

巴基斯坦和孟加拉国两国的国民绝大部分是回教徒，在从事商务交往时应首先了解这两个国家的社会生活和风俗习惯，否则难免会因为小事而伤了对方的自尊心，妨碍商业活动。

巴基斯坦和孟加拉国两国商业活动的对象是处于管理职位上的人，这些人出生于上流社会且以留学欧美者居多。他们不喜欢与对方用电话商谈，而希望对方亲自登门造访，双方促膝而谈，这样才能达成交易。与孟巴两国商人做交易，会讲一口流利的英语是至关重要的，否则会被认为没有受过良好教育而遭到蔑视，从而影响商业活动。谈判中还应注意的一点是，任何约定都必须采用书面形式，以防日后产生纠纷。

（四）阿拉伯商人的谈判特点及阿拉伯人谈判的要决

1. 阿拉伯商人的谈判特点

由于受地理、宗教、民族等问题的影响，阿拉伯人以宗教划派，以部族为群。他们家庭观念较强，性情固执而保守，脾气也很倔强，重义气，热情好客，却不轻易相信别人。他们喜欢做手势，以形体语言表达思想。尽管不同的阿拉伯国家在观念、习惯和经济力量方面存在较大差异，作为整个阿拉伯民族来讲却有较强的凝聚力。

在阿拉伯国家，伊斯兰教一向被奉为国教，是除阿拉伯语以外阿拉伯民族的又一重要凝聚力量。阿拉伯人非常反感别人用贬损或开玩笑的口气来谈论他们的信仰和习惯，嘲弄或漠视他们的风俗。

（1）信誉非常重要。谈生意的人必须首先赢得他们的好感和信任。与他们建立亲近关系的方法有：由回族人或信仰伊斯兰教或讲阿拉伯语的同宗、同族的人引见；以重礼相待，例如破格接待；在礼仪和实际待遇上均予以照顾，使其既有面子又得实惠。阿拉伯人好客知礼的传统使他们对亲友邻居敞开的大门对外国客商同样是敞开的。对远道而来并亲自登门拜访的外国客人，他们十分尊重。如果他们问及拜访的原因，最好是说，来拜访他是想得到他的帮助。因为阿拉伯人不一定想变得更加富有，但却不会拒绝“帮助”某个已逐渐被他尊重的人。当合同开始生效时，拜访次数可以减少，但定期重温、巩固和加深已有的良好关系仍非常重要，给他们留下一个重信义、讲交情的印象，会让客商在以后的谈判中获得意外回报。另外，崇尚兄弟情义的阿拉伯人不会因为商务缠身而冷落了自己的阿拉伯兄弟。常与他们打交道的外商经常会遇到这样的情况：谈判正在紧张进行，阿拉伯一方的亲友突然到访，他们会被请进屋内边喝茶边聊天，外商则被冷落一旁，直到亲友离去谈判才会继续。在阿拉伯人看来，这不是失礼行为，对此，你只能表示理解和宽容。

（2）阿拉伯人的谈判节奏较缓慢。他们不喜欢通过电话来谈生意。从某种意义上说，与阿拉伯人的一次谈判只是同他们进行磋商的一部分，因为他们往往要很长时间才能作出谈判的最终决策。如果外商为寻找合作伙伴前往拜访阿拉伯人，第一次很可能不但得不到自己期望出现的结果，还会被他们的健谈所迷惑，有时甚至第二次乃至第三次都接触不到实质性话题。遇到这种情况，要显得耐心而镇静。一般来说，阿拉伯人看了某项建议后，会去证实是否可行，如果可行，他们会在适当的时候安排由专家主持的会谈。如果这时你显得很急躁，不断催促，往往欲速则不达。因为闲散的阿拉伯人一旦感到你把他挤进了繁忙的日程中，他很可能会把你挤出他的日程。

（3）中下级谈判人员在谈判中起着重要作用。阿拉伯人等级观念强烈，其工商企业的总经理和政府部长们往往自视为战略家和总监，不愿处理日常的文书工作及其他琐事。许多富有的阿拉伯人是靠金钱和家庭关系获得决策者的地位的，而不是依靠自己的能力，因此他们的实际业务经验少得可怜，有的甚至对公司有关方面的运转情况一无所知，不得不依靠自己的助手和下级工作人员。所以，外商在谈判中往往要同时与两种人打交道，首先是决策者，他们只对宏观问题感兴趣；其次是专家以及技术员，他们希望对方尽可能提供一些结构严谨、内容翔实的资料以便仔细加以论证，与阿拉伯人做生易时千万别忽视了后者的作用。

（4）代理商非常重要。几乎所有阿拉伯国家的政府都坚持，无论外商的生意伙伴是个人还是政府部门，其商业活动都必须通过阿拉伯代理商来开展。此举为阿拉伯国民开辟了生财之道，提供了一个理想职业。如果没有合适的代理商，很难想象外商能在生意中进展顺利。一个好的代理商，会为外商提供便利，对业务的开展大有裨益。例如，他可以帮助雇主同政府有关部门尽早取得联系，促使其尽快作出决定；快速完成日常的文书工作，加速通过繁冗的文件壁垒；帮助安排货款回收、劳务使用、货物运输、仓储乃至膳食等事宜。

（5）阿拉伯人极爱讨价还价。无论商店大小均可讨价还价。标价只是卖主的“报价”。更有甚者，不还价即买走东西的人，还不如讨价还价后什么也不买的人更受卖主的尊重。阿拉伯人的逻辑是，前者小看他，后者尊重他。市场上常出现的情景是，摆摊卖货的商人会认真看待与他讨价还价的人，价格与说明会像连珠炮似地甩出，即使生意不成也仅是肩一耸、手一摊表示无能为力。因此，为适应阿拉伯人讨价还价的习惯，外商应建立起见价即讨的意识，凡有交易条件，必须准备讨价与还价的方案；凡想成交的谈判，必定把讨价还价做得轰轰烈烈。高明的讨价还价要有智慧，即找准理由，令人信服，做到形式上相随，形式下求实利。

（6）阿拉伯人注重小团体和个人利益，所以他们谈判的目标层次极为鲜明，谈判人员法也不相同。在整体谈判方案中，应预先分析他们利益层次的所在范围，了解利益层次要讲究多种形式以及高雅、自然、信任的表达方式。在处理层次范围时，要注意交易的主体利益与小团体和个人利益是成反比的，应以某种小的牺牲换取更大的利益。只有先解决好利益层次的问题，在谈判时才会有合理的利益分配，从而为最终的成功打下基础。

2. 同阿拉伯人谈判的要诀

（1）尊重阿拉伯人的宗教习惯。在阿拉伯国家，宗教影响着国家的政治、经济和人们的日常生活，因此，想要与阿拉伯人打交道，就必须对宗教有所了解。

（2）放慢谈判节奏。在谈判中，阿拉伯人看了某项建议后，会将它交给手下的技术专家证实是否有利可图并且切实可行，如果感兴趣，他们会在自认为适当的时候安排由专家主持的下一次会谈，以缓慢的节奏推动谈判的进展。在此请千万记住，同阿拉伯人打交道，往往是欲速则不达，因为他们喜欢用悄无声息的、合乎情理的方式来开展自己的业务，而不喜欢那种咄咄逼人的强行推销方式。因此，不管实际情况如何，都要显得耐心、镇静，倘若原定计划不能实现，也应在表面上显得从容不迫。

（3）在谈判中采取数字、图形文字相结合的方式，并留心图片的使用是否正确。许多阿拉伯人不习惯花钱买原始知识和统计数据，他们不欣赏不能实际摸到的产品。因此，在与阿拉伯人谈判时应采取多种形式，将抽象服务项目变成看得见、摸得着的有形事物，并采取数字、图形、文字相结合的方式加以说明，增强说服力，从而会收到较好的效果。另外，如果附属材料中有图片，那么应当注意一下图片的内容是否适用，顺序是否正确。

（4）按阿拉伯国家的文化要求，做好翻译工作。因为阿拉伯人不欣赏抽象介绍和说明，但假如在商务谈判中又确实需要提供一些附属材料，那么必须要做的一件事是，按照阿拉伯人的风俗习惯，将这些材料进行精细的翻译。哪怕成本高些，也应尽可能地雇用最好的翻译。在翻译时，翻译人员和策划人员除了注意使用恰当的语言外，还应注意翻译的文种是否符合需要，因为在盛产石油的阿拉伯国家有许多外籍工人，他们可能成为产品或劳务的主要消费者。要注意的是，对于确实需要提供的材料，必须请一流的翻译并按照阿拉伯人的习惯进行精细的译解，千万别为了节省成本而随便找人翻译，否则，翻译的失误可能造成灾难性的后果。另外，材料中所附图片也应以从右向左的顺序排列，并且图片内容不得冒犯阿拉伯人的风俗习惯。

（5）由于阿拉伯社会宗教意识的影响，妇女地位较低，一般是不能在公开场合抛头露面的。因此，应该尽量避免派女性去阿拉伯国家谈生意，如果谈判小组中有妇女，也应将其安排在从属地位，以示尊重他们的风俗。在谈话中尽量不涉及妇女问题。

四、大洋洲和非洲商人的谈判风格

（一）大洋洲商人的谈判风格

大洋洲包括澳大利亚、新西兰、斐济、巴布亚新几内亚等 20 多个国家和地区。其中澳大利亚和新西兰是两个较发达、也较为重要的国家。居民有 70%以上是欧洲各国移民，其中以英国和法国的移民后裔居多，多数国家通用英语。经济上以农业、矿业为主，盛产小麦、椰子、甘蔗、菠萝、羊毛以及铅、锌、锰等多种矿物。主要贸易对象是美日和欧洲一些国家。出口以农、畜、矿产品为主，进口商品主要是机械、汽车、纺织品和化工品等。

澳大利亚商人在商务谈判中很重视办事效率。他们派出的谈判人员一般都具有决定权，同时也希望对方的谈判代表也具有决定权，以免在决策中浪费时间。他们极不愿意把时间花在不能作决定的空谈中，也不愿采用开始报价高，然后慢慢讨价还价的做法。他们采购货物时大多采用招标的方式，以最低报价成交，根本不给对方讨价还价的机会。

澳大利亚员工一般都很遵守工作时间，不迟到早退，但也不愿多加班，下班时间一到就会立即离开办公室。经理阶层的责任感很强，对工作很热心。

澳大利亚商人待人随和，不拘束，乐于接受款待。但他们认为招待与生意无关，是两项活动，公私分明。所以与他们交往，不要以为在一起喝过酒生意就好做了；恰恰相反，澳大利亚商人在签约时非常谨慎，不太容易签约，一旦签约，也较少发生毁约现象。他们重视信誉，而且成见较重，加上全国行业范围狭小，信息传递快，如果谈判中有不妥的言行会产生广泛的不良反应。所以谈判人员必须给他们留下好的第一印象，才能使谈判顺利进行。

澳大利亚人不大注意商品的完美性，加上他们以进口关税来控制外来商品的竞争，所以他们的商品质量提高得很慢，而国内市场上进口商品的销售也处于不利地位。

新西兰是一个农业国，工业产品大部分需要进口。国民福利待遇相当高，大部分人都过着富裕的生活。其商人在商务活动中重视信誉，责任心很强，加上经常进口货物，多与外商打交道，他们都精于谈判，很难应付。

（二）非洲商人的谈判风格

非洲是面积仅次于亚洲的世界第二大洲，东临印度洋，西濒大西洋，北隔地中海与欧洲相望，东北角的苏伊士海峡与亚洲相连，地理位置十分重要。非洲大陆有 50 多个国家，近 6 亿人口，绝大多数国家属于发展中国家，人民健康水平低，卫生状况差，教育和福利水平落后，经济贸易不发达，加上各国内部的暴力冲突和外部战乱连年不断，天灾人祸，使他们在经济上严重依赖大国。

按地理习惯，非洲可分为北非、东非、西非、中非和南非五个部分。不同地区、不同国家的人民在种族、历史、文化等方面的差异极大，因而他们的国籍、生活、风俗、思想等方面也各具特色。

非洲各国内部存在许多部族。各部族之间的对立意识很强，其族员的思想大都倾向于为自己的部族效力，对于国家的感情则显得淡漠。非洲人有许多禁忌需要注意。比如，他们崇尚丰盈，鄙视柳腰，因此在非洲妇女面前，不能提“针”这个字。又如，非洲人认为左手是不洁的，因此尽管非洲商人也习惯见面握手，但千万注意别伸出左手来握，即使对方人很多也一样，否则会被视为对对方的大不敬。

非洲各部族内部的生活，具有浓厚的大家庭色彩。他们认为，有钱人帮没钱人是天经地义的。只要其中有人有职业、有收入，他们的亲戚就会来要钱。这种风俗使得很少有人愿去积极谋职，努力赚钱，大多数人都将希望寄托在已有职业或家境富裕的族人身上。由此带来的后果就是，非洲人工作效率低下，办事能拖就拖，时间观念极差。谈判时，他们很少准时到会，即使到了也很少马上开始谈论正事，往往要海阔天空地谈论一通。对此，其他国家的谈判人员只能忍耐。

非洲人的权力意识很强，每个拥有权力的人，哪怕是极小的权力，都会利用它索取财物。在非洲，利用采购权吃回扣的事也屡见不鲜。因此，去非洲做生意，应当注意用“吃小亏占大便宜”的方法，以小恩小惠来取得各环节有关人士的信任和友谊，才可能使交易进展顺利。

由于历史的原因，整个非洲的文化素质较低，有些从事商务谈判的人员对业务并不熟悉，因此与其洽谈时，应把所有问题乃至各个问题的所有细节都以书面形式确认，以免日后产生误解或发生纠纷。另外，在非洲还要避免与那些“皮包商”做生意。他们往往只为骗取必要的许可证再转卖出去，或为了拿到你提供的样品，积极找你谈生意并一口答应你的条件和建议，得手后便逃之夭夭。非洲国家的法制不健全，很难依靠法律追究他们的责任。

在非洲诸国中，南非的经济实力最强，黄金和钻石的生产流通是其经济的最大支柱。南非商人的商业意识较强，他们讲究信誉，付款守时。他们一般派出有决定权的人负责谈判，一般不会拖延谈判时间。尼日利亚的经济实力也较强，虽以农业为主，但石油储量丰富，工业发展很快。当权人物都受过高等教育，能巧妙运用关税政策，低价进口物美价廉的外国产品。扎伊尔以农业为主，是重要的矿产国。其国民缺乏商业知识和技巧。坦桑尼亚、肯尼亚和乌干达三国位于非洲东部，形成共同市场，期望经济合作。现在，这三个国家的地方资本已有所发展，但商人缺乏经验，推销也不可靠，因此与这三国的商人洽谈时，不能草率行事。

本章小结

国际商务谈判是指在国际商务活动中，处于不同国家或不同地区的商务活动当事人为了达成某笔交易，彼此通过信息交流，就交易的各项要件进行协商的行为过程。国际商务谈判既具有一般贸易谈判的共性，又具有国际商务谈判的特殊性：较强的政策性、国际性、风险性、影响谈判的因素复杂多样及谈判的内容广泛复杂。

做好国际商务谈判工作必须注意的基本要求：树立正确的国际商务谈判意识、做好国际商务谈判的准备工作、正确认识和对待文化差异、熟悉国家政策、国际公约和国际惯例及具备良好的外语技能。

在跨文化谈判中，谈判双方应该互相尊重彼此的文化习惯。否则，在一种文化中的优秀谈判人员的谈判风格在另一种文化中可能会到处碰壁。文化差异在很大程度上可以用权力距离、生活的数量与质量、个人主义与集体主义和不确定性规避四个重要因素来解释。

美国商人的性格特点归纳为：外露、坦率、诚挚、豪爽、热情、自信、说话滔滔不绝、不拘礼节、幽默诙谐、追求物质上的实际利益等，随时能与别人进行滔滔不绝的洽谈。

拉丁美洲商人性格固执、个人人格至上和富于男子气概；比较开朗和直爽，生活比较悠闲和恬淡，他们不很注重物质利益，而比较注重感情。拉美商人责任感不强，信誉较差。

英国商人性格傲慢、保守，时间观念很强。英国商人恪守诺言，一旦签约，很少改变。

德国商人具有自信、谨慎、保守、刻板、严谨的特点。他们办事富有计划性，注重工作效率，追求完美，做事雷厉风行，有军旅作风；非常讲究效率，并且他们的思维富于系统性和逻辑性；崇尚契约，严守信用，权利与义务的意识很强。

法国商人对本民族的灿烂文化和悠久历史感到无比骄傲，为自己的语言而自豪；非常珍惜人际关系；思路灵活，手法多样；要求包装精美；穿戴上都极为讲究；时间观念不强。

意大利商人的国家意识比较淡薄，不习惯提国名，而更愿意提故乡的名字；不遵守约会时间；善于社交，但情绪多变，做手势时情绪激动，表情富于变化；看重商品的价格，谈判时表现得寸步不让。

西班牙商人生性开朗，略显傲慢，考虑问题很注重现实，他们对工作、生活中的各种关系和事务的安排十分严肃认真。一般不肯承认自己的错误，强调个人信誉，签订合同后一般都会很认真地履行。

北欧商人心地善良、为人朴素、谦恭稳重、和蔼可亲；工作计划性很强，没有丝毫浮躁的样子，凡事按部就班，规规矩矩。谈判中显得沉着冷静；看问题比较固执，这种固执与他们那种具有建设性的积极意愿相呼应；北欧商人不喜欢无休止的讨价还价，北欧商人性格较为保守，在北欧，代理商的地位很高。

东欧商人言行随便，谈判准备工作懈怠，信誉较差；特别看重别人的尊重；更为注重现实利益；作风散漫，待人谦恭，缺乏自信。

俄罗斯商人固守传统，缺乏灵活性，注重技术细节，善于讨价还价。

日本商人团队精神或集团意识强，彬彬有礼地讨价还价，固执、坚毅、不轻易妥协，保持沉默，静观事态发展；注重最后期限，有耐心；重视贸易的长远效应；重视相互信任和相互尊重；等级观念根深蒂固，重视尊卑秩序；重视人际关系。

韩国商人很注重谈判礼仪；重视在会谈初始阶段就创造友好的谈判气氛；逻辑性强，做事条理清楚，注重技巧。

阿拉伯商人以宗教划派，以部族为群。他们家庭观念较强，性情固执而保守，脾气也很倔强，重义气，热情好客，却不轻易相信别人，爱讨价还价。

澳大利亚商人在商务谈判中很重视办事效率。他们待人随和，不拘束，乐于接受款待。但他们认为招待与生意无关，是两项活动，公私分明。

非洲商人的权力意识很强，整个非洲的文化素质较低；非洲各国内部存在许多部族，各部族之间的对立意识很强，其部落成员的思想大都倾向于为自己的部族效力，对于国家的感情则显得淡漠。非洲人有许多禁忌需要注意。

在非洲诸国中，南非的经济实力最强，黄金和钻石的生产流通是其经济的最大支柱。南非商人的商业意识较强，他们讲究信誉，付款守时。

复习思考题

1. 文化差异对国际商务谈判有何影响?
2. 国际商务谈判与国内商务谈判有何不同?
3. 东西方文化差异主要表现在哪些方面?
4. 日本商人的谈判风格是怎样的?
5. 美国商人的谈判风格是怎样的?
6. 英国商人的谈判风格是怎样的?
7. 法、德两国商人的谈判风格有何不同?
8. 与阿拉伯商人谈判时应该注意什么?

参考案例

案例 1：

三位日本商人代表日本航空公司来和美国一家公司谈判。会谈从早上 8 点开始，进行了两个半小时。美国代表以压倒性的准备资料淹没了日方代表，他们用图表解说、电脑计算、屏幕显示、各式的数据资料来回答日方提出的报价。而在整个过程中，日方代表只是静静地坐在一旁，一句话也没说。终于，美方的负责人关掉了机器，重新扭亮了灯光，充满信心地问日方代表："意下如何?"一位日方代表斯文有礼，面带微笑地说："我们看不懂。"

美方代表的脸色突然变得惨白："你说看不懂是什么意思?什么地方不懂?"

另一位日方代表也斯文有礼，面带微笑地说："都不懂。"第三位日方代表以同样的方式慢慢答道。将会议室的灯关了之后，美方代表松开了领带，斜倚在墙边，喘着气问："你们希望怎么做?"日方代表同声回答："请你再重复。"美方代表彻底丧失了信心。谁有可能将秩序混乱，而又长达两个半小时的介绍重新来过?美国公司终于不惜代价，只求达成协议。

案例 2：

美国一家大百货公司 ALAR 公司，为了节省开支，考虑将原来设在市中心的公司本部迁出市区。经过寻找，他们看中了位于市郊结合部的一栋楼宇。经过调查，他们得知楼宇的主人是从遗产继承中得到这栋楼宇的，现在急于出售，开价 1550 万美元。ALAR 公司计划以 1000 万美元的价格买下这栋楼宇。

苦于没有买主的楼主听到 ALAR 公司想买他的楼宇，非常高兴。他热情地接待了 ALAR 公司的代表，然后不厌其烦地说明 1550 万美元的价格是合理的。ALAR 公司报价 800 万美元，同时，搬出许多资料来证明这个价格是恰当的。可是楼主听了这个几乎对他的报价“拦腰斩”的价格很不乐意，一场欢喜顷刻间化作泡影，谈判也就中止了。过了几天，又有另一家公司找上门来，楼主在前次与 ALAR 公司谈僵之后，对于新的买主寄予很大的期望。那家公司对楼宇很感兴趣，楼上楼下仔仔细细地看了一遍，又详细地询问了许多情况，查阅了楼主提供的所有资料，看来这家公司是诚心诚意要买这栋楼的，他们提出的最高报价是 500 万美元。楼主一听傻了眼，搞了半天，只有 500 万。“不成，不成!”楼主一口回绝了这家公司。

又过了两天，来了一位新买主，这位买主不但认真查看了楼宇，询问了有关情况，而且事先作了精心准备，研究了许多有关的资料，他们依据精确的计算，逐项逐项地算给楼主听，最后得出总价为 457 万美元。这一次楼主真的被震动了，他对自己价格的信心开始动摇。

以后又来了几位买主，价格大同小异，都在 500 万美元左右，楼主无奈之下给 ALAR 公司打了一个电话，要求继续谈判。楼主的想法是：还是 ALAR 公司的报价高，要是 ALAR 公司能再提高一点报价就好了。

实际上，前面这几家所谓的“买主”都是 ALAR 公司事先串通好了的，都是 ALAR 公司策划的。接到楼主的电话以后，他们意识到时机已到，应该速战速决，以免夜长梦多。因为万一消息传开，也许有人会出 1200 万美元或 1300 万美元，那就前功尽弃了。于是，第二天他们立刻派出代表与楼主谈判，经过讨价还价，终以 937 万美元成交。

参 考 文 献

[1] 李品媛. 现代商务谈判. 大连：东北财经大学出版社，1995.
[2] 李爽. 商务谈判. 北京：清华大学出版社，2007.
[3] 王绍军，刘增田. 商务谈判. 北京：北京大学出版社，2009.
[4] 樊建廷，干勤. 商务谈判. 大连：东北财经大学出版社，2007.
[5] 杨晶. 商务谈判. 北京：清华大学出版社，2005.
[6] 龚荒. 商务谈判与推销技巧. 北京：清华大学出版社，北京交通大学出版社，2005.
[7] 冯华亚. 商务谈判. 北京：清华大学出版社，2006.
[8] 刘向丽. 国际商务谈判. 北京：机械工业出版社，2005.
[9] 徐宪光. 商务沟通. 北京：外研出版社，2005.
[10] 刘文广，张晓明. 商务谈判. 北京：高等教育出版社，2001.
[11] 杨群祥. 商务沟通. 大连：东北财经大学出版社，2001.
[12] 周乾. 交易谈判技巧. 济南：山东人民出版社，2002.
[13] 王淑贤. 商务谈判理论与实务. 北京：经济管理出版社，2003.
[14] 王国梁. 推销与谈判技巧. 北京：机械工业出版社，2003.
[15] 郭秀闳. 商务谈判制胜艺术. 济南：山东人民出版社，1995.
[16] 周中兴. 商务谈判原理与技巧. 南京：东南大学出版社，2003.
[17] 贾书章. 现代商务谈判理论与实务. 武汉：武汉理工大学出版社，2007.
[18] 杨群祥. 商务谈判. 大连：东北财经大学出版社，2001.
[19] 张奎. 国际商务谈判的方法. 太原：山西经济出版社，2000.
[20] 王力. 业务谈判的全面探索. 北京：中国财政出版社，2001.
[21] 杨晶. 现代商务谈判. 北京：中国人民大学出版社，2009.
[22] 丁建忠. 商务谈判. 北京：中国人民大学出版社，2007.
[23] 殷庆林. 商务谈判. 大连：东北财经大学出版社，2009.
[24] 石永恒. 商务谈判实务与案例. 北京：机械工业出版社，2008.
[25] 孙健敏. 谈判技能. 北京：企业管理出版社，2004.
[26] 王海云. 商务谈判. 北京：北京航空航天大学出版社，2003.
[27] 潘马琳. 商务谈判实务. 郑州：河南人民出版社，2000.
[28] 刘园. 国际商务谈判——理论·实务·案例.2 版. 北京：中国商务出版社，2005.
[29] 方琪. 商务谈判——理论、技巧、案例. 北京：中国人民大学出版社，2004.
[30] 陈福明，王红蕾. 商务谈判. 北京：北京大学出版社，2006.
[31] 张煜. 商务谈判. 成都：四川大学出版社，2005.
[32] 冯德连，管州. 谈判就这几招. 郑州：河南人民出版社，2000.
[33] 张百章，何伟祥. 商务谈判. 杭州：浙江大学出版社，2004.